本书为国家社会科学基金重大项目"双循环"新格局下现代流通体系创新及高质量发展路径研究（项目编号：21&ZD120）的阶段性成果

# 营销思想史

张闯 ◎ 著

## THE HISTORY OF MARKETING THOUGHT

北京大学出版社
PEKING UNIVERSITY PRESS

图书在版编目(CIP)数据

营销思想史/张闯著.—北京:北京大学出版社,2024.5
ISBN 978-7-301-34964-9

Ⅰ.①营… Ⅱ.①张… Ⅲ.①市场营销学—经济思想史 Ⅳ.①F713.50

中国国家版本馆 CIP 数据核字(2024)第 068208 号

| | |
|---|---|
| 书　　　名 | 营销思想史 |
| | YINGXIAO SIXIANGSHI |
| 著作责任者 | 张　闯　著 |
| 责 任 编 辑 | 贾米娜 |
| 标 准 书 号 | ISBN 978-7-301-34964-9 |
| 出 版 发 行 | 北京大学出版社 |
| 地　　　址 | 北京市海淀区成府路 205 号　100871 |
| 网　　　址 | http://www.pup.cn |
| 微信公众号 | 北京大学经管书苑(pupembook) |
| 电 子 邮 箱 | 编辑部 em@pup.cn　总编室 zpup@pup.cn |
| 电　　　话 | 邮购部 010-62752015　发行部 010-62750672 |
| | 编辑部 010-62752926 |
| 印 刷 者 | 北京鑫海金澳胶印有限公司 |
| 经 销 者 | 新华书店 |
| | 720 毫米×1020 毫米　16 开本　24.75 印张　395 千字 |
| | 2024 年 5 月第 1 版　2024 年 5 月第 1 次印刷 |
| 定　　　价 | 68.00 元 |

未经许可,不得以任何方式复制或抄袭本书之部分或全部内容。
**版权所有,侵权必究**
举报电话: 010-62752024　电子邮箱: fd@edu.cn
图书如有印装质量问题,请与出版部联系,电话: 010-62756370

# 推荐序一

改革开放四十余年后的今天，继续简单移植西方市场营销学理论与实践的局限性日益明显。构建本土营销学思想与知识体系是我们的重任。做"顶天立地"的研究成为很多营销学者追求的目标，也是很多营销学教授对学生（尤其是博士研究生）的要求。所谓"顶天"，通常是指研究要有高度，此外还要处于"前沿"，有理论贡献；所谓"立地"，通常是指研究要扎根本土营销管理实践，对企业的决策有启示。

说易行难。在许多人心目中，"顶天"就是发表学术论文，发在国内权威期刊上"不错"，发在SSCI（社会科学引文索引）期刊上"厉害"，"搞定"国际顶级期刊则"最牛"。这是因为"一流"高校普遍实行"非升即走"制度，新入职的教师要尽快发表高质量的论文以期站住脚；一般高校则有样学样。如此，营销学者，尤其是青年学者们，面临越来越大的压力。

至于"立地"，则是扎根于中华传统文化，基于历史和制度背景，根据中国国情、乡情、人情，从营销实践中提炼研究问题，解决问题，建构独特的本土营销理论，做出对世界营销学与管理学具有原创贡献的"顶天"研究。越来越多的中国营销学者在这个方向上努力探索，并且卓有成效。

"千里之行，始于足下。"（《道德经·第六十四章》）整体来看，中国营销学研究似乎"后顾"比"前瞻"差。这主要表现为两个方面：一方面是对优秀传统文化的古为今用关注不足，主要"基于"西方理论的"视角"开展研究；另一方面是对营销理论的"来龙"了解不够，在博士研究生培养中，这一点尤其薄弱。知"来龙"，才可能更好地推测"去脉"。了解现代营销思想的起源与演进过程无疑有助于我们基于优秀传统文化创新营销理论。

1984 年，我进入美国犹他大学攻读营销学博士学位，有一门必修课——"营销思想史"（The History of Marketing Thought）。教学资料除了已发表的论文，还有两本书：罗伯特·巴特尔斯（Robert Bartels）的《营销思想史》（*The History of Marketing Thought*）（1976 年出版的第 2 版）与谢尔比·亨特（Shelby Hunt）的《营销理论：营销科学哲学》（*Marketing Theory: The Philosophy of Marketing Science*）。那是一门"软课"，与那些讲战略、消费者行为或数学模型的"硬课"相比，看上去没有什么用。教师很少讲课，主要是让学生阅读与讨论。巴特尔斯教授还应邀向我们介绍他的营销思想史研究。通过学习那门课，我逐渐了解到，作为一门应用性很强的学科，营销学产生于美国的市场经济，起步时主要受经济学影响，基于"经济人"假设分析市场。随着政治、经济、社会与文化环境的变化，社会学、行为科学等其他学科对营销学的影响逐渐增大。那时，中国刚开始实行改革开放政策，市场经济逐渐融入计划经济，营销学的教学和研究刚刚起步，美国营销学的发展和应用有不少可以模仿与借鉴之处。"以史为鉴，可以知兴替"（《旧唐书·魏征传》），我学得很起劲，开了眼界。

后来，我曾针对中国学术界写过一篇专文，部分内容如下：

> 中国的营销人员在学习研究美国营销理论时，应特别注意营销学在美国发展的基础及背景。美国实行的是资本主义自由企业经济制度，企业是私人拥有的。企业生产的商品在市场上自由交易及竞争，以期获取利润。利润动机促使企业生产能满足市场需要并比竞争对手更能拿出手的商品。虽然中国的社会、经济制度与美国不同，但企业应该生产能够满足顾客需求的优质商品却是没有差异的。从这一点看，对中国来说，美国的营销学是有可以借鉴的地方的。（周南：《美国营销学发展初探》，《美国研究》1988 年第 2 卷第 2 期）

张闯告诉我，2007 年他博士研究生毕业后去加拿大西安大略大学访学时，读了巴特尔斯的《营销思想史》（1976 年出版的第 2 版），对市场营销学有了一种全新的认识，因此萌生了写一本结合中美营销思想史的学术著作的想法。2016 年，他在东北财经大学为市场营销专业的博士研究生开设了一门营销思想史课程。现在，他将这门课的部分内容整理成书出版，这需要勇气，也需要奉献精神。我希望这本书能够引起营销学界对营销思想史的关注，无论是作为一个研究领域，还是作为营销学博士研究生培养方案中的一门课程，它对当下及未来中国的营销学教育与科学研究都意义非凡。

也是2016年，张闯开始牵头在东北财经大学举办中国文化与营销理论建构学术论坛，到2020年年初新冠疫情暴发前，一共举办了四届。为表示支持，我每一届都参加了，因为我认为扎根中国传统文化来建构营销理论对中国学者尤为重要。

后生可畏，中国营销学的未来充满希望。我已经退休，如闲云野鹤一般，但我会继续支持对现代营销理论体系构成及其发展演化过程的研究以及构筑独特的本土营销思想与知识体系的努力。

周　南

香港城市大学市场营销学系退休教授

教育部2007年度企业管理学科长江学者讲座教授

2024年3月于香港骏景园

# 推荐序二

现代营销理论是在改革开放后的 20 世纪 70 年代末 80 年代初被引入中国的，那时的营销理论已经形成了以营销管理理论为主流范式的比较成熟的理论体系。因此，可以说中国学术界对营销理论的学习是从营销管理理论开始的。在这个过程中，菲利普·科特勒（Philip Kotler）的经典教科书《营销管理》对中国的营销教育和科学研究产生了巨大影响。这带来的一个结果是，在相当长的一段时间内，在很多中国营销学专业的教师和学生的认知中，科特勒的营销管理理论似乎就等同于市场营销理论。当然，随着中国营销教育和学术研究逐渐与国际接轨，这种认知上的偏差得到了相当程度的矫正，但我依然无法确定这种认知偏差在新一代的年轻学者和学生中是否已经消除。实际上，在过去的二十多年中，随着中国营销学术研究逐渐融入国际学术界，新的问题随之而来。在与国际接轨的过程中，高校商学院无论是在对博士研究生的培养上，还是在对青年教师的招聘与考核上，都日益强调学术发表能力。对研究型大学来说，国际发表能力更是不可或缺的。这种导向当然促进了中国营销学术研究水平与国际发表能力的快速提升，但同时也使得博士研究生和青年教师在学术发表的压力之下日益关注具体而细微的研究选题，对自己研究领域内的文献如数家珍，而对领域之外的理论文献知之甚少，对营销学理论体系的了解就更少了。一些具有企业管理或相关专业背景的营销学博士研究生或青年学者对营销理论的认知依然基本停留在以科特勒的营销思想为代表的营销管理理论的水平上，甚至相当比例的博士研究生或已经走上工作岗位的营销学青年教师连营销管理的理论框架都一知半解。而对于那些经济学、心理学或其他非企业管理专业背景的营销学博士研究生和青年教师而言，情况似乎就更糟糕了。那么，这些未来的营销学教授在课堂上会如何传授以及传授什么样的营销学知识给他们的学生呢？这种"窄而深"的营销学者会具有持续的创新能力，将中国营销的"故事"讲给国际学术界听吗？对于这些问题，我隐隐有些担忧。

实际上，上述问题也并非中国所独有，近年来，以美国为代表的西方营销学界也在反思营销学博士研究生培养以及提高营销学科影响力等问题。张闯在本书的第9章中对这些问题做了很好的梳理和反思。虽然导致这些问题产生的原因是多方面的，要解决这些问题也并非一朝一夕之功，但强化营销学博士研究生培养过程中营销理论的基础性作用，让博士研究生对营销学理论体系及其思想的发展演化史有一个全景式的系统认知，已经成为解决上述问题的一种共识。这需要将营销理论及营销思想史等课程嵌入博士研究生培养方案中去，以弥补此前以方法训练和前沿文献选读为核心的课程体系之不足。

长期以来，营销思想史课程在我们的博士研究生培养方案中是缺位的，在学术研究中也极少有学者涉足（据我所知，郭国庆教授和李飞教授是国内少有的对营销思想史进行系统研究的学者）。当然，这与这门课程的开设和讲授难度直接相关，也与我们的学术评价体系相关。几年前，张闯向我提及他面向博士研究生开设了这门课程，我很高兴他敢于在这个领域做一些有意义的尝试，但我也提醒他这门课程具有相当大的挑战性。前一段时间，我收到张闯寄来的本书的打印稿，以及撰写序言的邀约。我非常高兴看到这本书的完成，并深知写作这样一本书的难度和工作量，因此对张闯在这个领域的坚持以及完成这本书的写作表示赞赏。在如今竞争激烈的学术界，愿意静下心来写作这样一本可能既没有很大的市场，对各种学术评价的"贡献"也有限的教科书，实在难能可贵。在中国营销学科发展日趋成熟、日益强调基于中国情境创新营销理论以增大中国营销学贡献的阶段，我认为学术界需要这样的"公共产品"。作为一本教科书，张闯的这本《营销思想史》虽然不可避免地存在局限和不足，但它为国内营销学研究生的培养打开了一扇窗，帮助学生系统地了解现代营销思想产生与发展的历史，了解现代营销理论体系的结构及其演化过程，深入理解那些我们在教材中看过、讲过很多次的概念和理论框架产生的背景及发展历程。从这个意义上，我推荐营销学专业的博士和硕士研究生以及青年营销学者们阅读这本书，相信他们一定能够从中受益良多。

庄贵军
西安交通大学管理学院营销学教授
2024 年 3 月于古城西安

# 目 录

**第1章 绪 论** ········· 001
  1.1 营销史与营销思想史 ········· 001
  1.2 营销思想史的研究与营销历史学派 ········· 015
  1.3 主流营销思想发展的基本框架与本书的结构 ········· 021

**第2章 现代营销思想产生的背景** ········· 039
  2.1 经济与社会背景 ········· 039
  2.2 商业的发展 ········· 047
  2.3 早期经济学理论提供的思想基础 ········· 053

**第3章 营销思想的早期发展（1900—1930）** ········· 067
  3.1 早期的营销学课程（1900—1910） ········· 067
  3.2 早期营销思想的发展（1911—1920） ········· 074
  3.3 营销知识的整合：营销学原理教科书的出现（1921—1930） ········· 081
  3.4 早期营销思想发展的中心 ········· 085
  3.5 对早期营销思想发展的几点观察 ········· 097

**第4章 早期营销思想的整合与学派** ········· 103
  4.1 早期营销思想学派的形成与概览 ········· 103
  4.2 营销功能学派 ········· 106
  4.3 商品学派 ········· 111
  4.4 营销机构学派 ········· 119
  4.5 区域间贸易学派 ········· 124

## 第 5 章 营销思想发展的"范式转换"（1931—1970） 129
### 5.1 继承与发展：新视角的出现（1931—1950） 129
### 5.2 营销的重新概念化（1951—1960） 140
### 5.3 "范式转换"的完成（1961—1970） 151
### 5.4 小结 166

## 第 6 章 营销思想的拓展（1971—1990） 171
### 6.1 营销观念的拓展 171
### 6.2 组织间营销理论的发展 179
### 6.3 服务营销理论的发展 187
### 6.4 国际营销理论的发展 195
### 6.5 关系营销理论的发展 204

## 第 7 章 营销思想的成熟与现代学派 219
### 7.1 现代营销学派概览 219
### 7.2 营销管理学派 222
### 7.3 营销系统学派 226
### 7.4 消费者行为学派 230
### 7.5 宏观营销学派 235
### 7.6 交换学派 240
### 7.7 营销历史学派 245

## 第 8 章 营销思想在中国的引进与发展 251
### 8.1 营销思想的引进与传播（1978—1990） 252
### 8.2 营销思想的吸收与模仿式创新（1991—2010） 266
### 8.3 中国营销学研究的国际接轨及自主创新（2011 年以后） 285

## 第 9 章 结 语 295
### 9.1 来 路 296
### 9.2 路 口 302
### 9.3 去 向 311

附录 1　营销学先驱 ················································· 323

附录 2　营销思想史研究重要参考文献 ··························· 331

附录 3　一般营销理论重要参考文献 ······························· 335

参考文献 ································································· 337

后　记 ···································································· 377

# 第 1 章

# 绪 论

学习目标
- 了解营销史与营销思想史的研究内容
- 了解营销思想的形式、范围与维度
- 了解营销思想史的研究进展及营销历史学派
- 了解现代营销思想史的发展阶段与历史分期

## 1.1 营销史与营销思想史

### 1.1.1 什么是营销思想史？

营销思想史（the history of marketing thought）是关于营销思想、概念、理论、学派，以及营销学术（知识）共同体等生成、发展与演进的历史（Jones & Monieson，1990a）。营销思想史是广义的营销历史研究（historical research in marketing）的一部分，后者还包括对营销实践历史的研究（Savitt，1980）。从营销历史研究的角度来看，营销思想史和营销实践史并不是相互割裂的，营销思想不仅会促进营销实践的创新，而且往往会受到营销实践的驱动（Hollander，1989），二者相互作用，不仅共同促进了营销学科的发展，也是营销学科发展历程留下的印记。然而，营销思想史研究却不是简单地对这些思想的历史印记进行记录和描述，回答"是什么"（what）、"在何时"（when）、"在哪里"（where），以及"谁提出"（who）等基础性问题；更重要的是要对这些思想产生、发展与演进的过程（模式）及其产生、发展与演进的原因进行解释（Savitt，1980），回答"为什么"（why）和"如何"（how）的问题。为了回答营销思想是如何产生、发展与演进的，以及为什么会产生、发展与演进的问题，营销思想史研究者往往需要将特定的营销思想置于其产生、发展与演进的时代背景下,通过追踪其产生与发展变化的过程来对其原因和结果进行解释。

在营销思想史学界内部,虽然存在争议,但似乎有必要区分营销想法(marketing ideas)和营销学科(marketing discipline)。显然,前者与营销实践更为相关,相关研究认为营销想法可以追溯到古希腊时期关于交换、集市与贸易等的相关论述(Shaw,1995),经过中世纪的发展延续到现代。对于后者,学界有着较为一致的认识,认为现代营销学科的发展始于19世纪末20世纪初(Bartels,1962,1976,1988;Jones & Shaw,2002)。这种观点认为,现代营销学科产生与发展的标志性事件是大学中开设了最初的营销学课程,并在此基础上产生了对现代营销现象和问题的系统学术探索与研究,逐步建立起我们今天所熟悉的现代营销知识体系。从现代营销思想史的研究来看,学界基本一致地认为现代营销思想和营销学科的产生与发展建立在一个重要的基础之上——市场经济体制作为国家主导经济制度的确立(Bartels,1988)。因此,将营销思想的产生追溯到古希腊和中世纪时期的观点并不是营销思想史研究的主流观点,但营销学者并不否认其在经济思想史或商业史研究中的地位。交换与贸易活动是人类社会最为古老的行为和实践之一,在诸多古典经济学著作中,交换与贸易得到了非常充分的关注,这也是经济学成为现代营销思想近乎唯一的母体的原因。然而,19世纪末20世纪初,营销学之所以从经济学母体中逐渐分离出来并发展成一门相对独立的学科,一个重要的原因就在于,随着市场经济制度的建立和工业化、城市化的快速发展,在传统的交换与贸易领域产生了诸多新现象和重要的新问题。当经济学者发现传统经济学理论无法充分地对这些影响经济与社会发展的新问题做出解释时,新的探索与新的思想就产生了(Bartels,1976,1988)。

因此,本书遵循的是现代营销思想史研究的主流观点,我们关注的营销思想史只"狭义"地包括从19世纪末20世纪初开始发展的与现代营销学科产生和发展同步的现代营销思想史,对世纪之交之前任何历史阶段的营销想法或营销思想都不进行追溯,但并不否认其在历史上的存在。我们将研究的焦点置于现代营销思想产生的时代背景之下,努力回答现代营销思想史是"如何"产生与发展的这一重要问题。我们也将沿着现代营销思想发展的时间脉络，探寻其发展与演进的历程，努力回答现代营销思想及其构成的营销知识与营销理论体系是"如何"发展与演进到我们今天所看到的形态的。在这个探索的过程中，我们也努力将营销思想的发展与演进置于不同阶段的经济与社会背景下，尝试回答现代营销思想"为什么"如此发展与演进的问题，尽管回答这个问题非常艰难。

### 1.1.2 营销思想的范围、形式与维度

在开展营销思想史研究之前，对营销思想的一些基本要素进行界定是必要的。这主要涉及营销思想界定的范围、呈现的形式，以及可以对其进行分析的维度（Bartels，1976，1988）。

#### 1.1.2.1 营销思想的范围

对营销思想范围的讨论可以大体界定营销思想史研究的边界，为研究者决定研究资料的取舍提供大致的参考标准。虽然这个边界和范围是不可能清晰界定的，但仍然可以让营销思想史的研究较为容易地开展，而不必陷入各种"纠结"之中。根据 Bartels（1976，1988）的观点，营销思想范围的界定可以主要从以下几个方面来考量：

第一，思想是与营销概念相关的。这显然与营销概念的定义相关，经过一百多年的发展，学界和社会在不同的时期对营销概念的认识与界定是存在巨大差别的（Lichtenthal & Beik，1984）。2020年，美国市场营销学会（American Marketing Association，AMA）对营销做出如下定义：营销是创造、沟通、传递和交换对顾客、客户、合作伙伴和整个社会有价值的产品的一种活动、制度和过程。在这个一般的概念之下，我们可以将其区分为"管理的"和"社会的"定义，这在某种程度上代表了对营销概念界定的两个不同的视角和层面。科特勒等（2022）给出的"管理的"营销定义是"以与组织目标相一致的方式识别并满足人类与社会的需求"（第4页）。与 Kotler（1972）关于"一般的交换"的思想相一致，这个概念包含了营利性组织和非营利性组织通过识别并满足人类与社会需求来实现组织目标的过程。从组织的角度，可以认为这是对营销的一个微观的、"管理的"定义。与之相应，科特勒等

（2022）将"社会的"营销定义为"一个社会过程，在这个过程中，个人和群体通过创造、提供并与他人自由交换有价值的产品和服务来获取他们的所需所想"（第4页）。营销的"社会的"定义更一般地体现了营销活动在人类社会中的作用。在这个更加一般和基础的层面，营销本质上是识别并满足人类某种需求的方式（Bartels，1988）。根据波兰尼（2020）的经典观点，满足人类需求、实现社会目标的方式包括互惠、再分配、自给自足、无市场交换（贸易），以及以市场为基础的交换等多种形式。营销就是在市场经济条件下通过自由交换来满足人类需求、实现社会目标的主要方式。因此，现代市场营销产生的一个基本条件是市场经济体系的建立，在市场机制起根本作用的体系中，营销不仅仅是一种经济活动，或更加狭义的管理职能，也是一种社会制度——一种通过交换来实现社会目标的制度（Bartels，1988）。从这个角度来看，只有那些与这种营销概念的范畴相关的思想才可以被纳入营销思想的范畴。

第二，思想是由致力于营销研究的人所产生的。营销学作为一门独立的学科和一个专业领域，贡献营销思想的主体是营销学的研究者——既包括营销专业的教师与学生，也包括来自业界但对营销问题具有启发性思考的专业人员。在现代营销学科产生与发展的早期，尤其是营销学尚未脱离经济学母体阶段，从事营销学教学与研究的人员大多是经济学者，而早期营销学者的主要专业背景也是经济学。因此，区分他们是否为营销思想做出贡献的标准并不是他们的专业背景或专业出身，而是他们所致力于贡献的领域是营销学而非经济学。

在这里一个值得探讨的问题是来自业界人员的贡献。Bartels（1988）认为营销从业者可能提供了一些概念或研究发现，但营销知识体系是由营销专业的研究和教学人员所创造的，因此前者并没有贡献营销思想。然而，在营销思想发展过程中，来自业界从业人员的贡献是非常显著的，我们可以大体将这些从业人员分为两类。第一类人员是通过创新营销实践而间接促进了营销思想的发展，这种情况大体上可以归入Bartels所称的"贡献了概念和发现"而没有直接贡献营销思想。比如在消费者行为研究发展的早期，关于消费者媒体习惯和购买动机的大量研究都是由来自业界（尤其是咨询机构）的人员完成的（具体参见本书第 7 章的相关内容）。这些研究的目的显然并不是产生营销理论，而是致力于解决企业所面临的营销问题。然而，这些研究的成果却极大地促进了营销学者的理论研究，从而极大地推动了消费者行为研究的发展。第二类人员通过参与营销学界的对话而直接产生了营销思想或直接促进了营销思想的发展。这一类情况在营销思想发展史中是非常广泛而常见的。比较典型的例子是来自企业的高级管理人员 McKitterick（1957）关于营销观念的思想、Keith（1960）关于营销革命四个时代的思想，以及 Shostack（1977）关于产品营销与服务营销差别的经典论述。虽然 Keith 的观点受到很多营销思想史学者的质疑，但其关于生产导向、销售导向和营销导向的思想构成了营销观念有关思想的重要元素；Shostack 的论断则更是直接促进了服务营销思想的发展。另一个典型的例子来自 Arch W. Shaw，在其职业生涯中，他始终都是一名成功的商人。1912 年，他在发表于 *Quarterly Journal of Economics* 的经典论文《市场分销中的一些问题》（Some Problems in Market Distribution）中，首次提出了营销功能的概念，并对其进行了类别的划分，这被认为是对早期营销思想的重要贡献之一。而当时，作为一名出版商的 Shaw 正以进修的方式在哈佛商学院旁听课程，这篇文章就是他旁听了哈佛商学院院长 Edwin Gay 讲授的经济史课程被激发了思考与灵感而写成的（详见本书第 3 章）。我们认为这一类业界人员的思想和洞察是直接贡献于营销思想的，因此应当将其纳入营销思想的范畴。

围绕着营销思想贡献主体——专业营销研究人员——的讨论，还需要额外关注一类特殊的主体，即来自营销或管理咨询公司的专业人员。这些人员的职业身份决定了他们所从事的研究的目的是解决营销管理实践中的各种问题，而非创造营销知识或理论。但正是营销作为一个专业应用领域的特点，使得这一类专业人员的身份与贡献变得模糊起来。一方面，这一类专业人员很多都具有双重身份，他们在某个阶段可能既是大学中的专业研究人员，也是某些咨询公司的咨询专家。其中最具代表性的就是 Wroe Alderson。在 1959 年正式加入沃顿商学院之前，Alderson 一直在美国商业部、出版公司（Curtis Publishing Company）和咨询公司（Alderson and Sessions Inc.）从事研究工作（Smith，1966；Beckman，2007）。因此，他的大量学术著述，包括 1957 年出版的经典名著《营销行为与经理人行动——功能主义视角的营销理论》(*Marketing Behavior and Executive Action: A Functionalism Approach to Marketing Theory*)都是他在作为一名非专业研究人员期间写作和出版的,而这些著述对营销思想的贡献是不言而喻的。另一方面,即使是出于解决企业实际营销问题的目的,很多咨询公司的专业人员所开发的模型或创造的想法也直接对营销思想做出了贡献。在当代营销思想体系中,这样的例子有很多,如波士顿咨询公司开发的波士顿矩阵模型、里斯战略定位咨询公司提出的定位理论等,都是主流营销学教科书中的重要内容。显然,这些身份有些模糊的非专业研究人员对营销思想的贡献是不能被简单地排除在外的。

第三,思想为营销学术社区所普遍接受。任何思想都不是凭空产生的,营销思想贡献者提供的新思想往往都是建立在前人思想的基础之上的,而新产生的思想也同样会激发同辈或后来的学者产生新的思想,从而推动营销思想不断向前发展。这种营销思想的相互借鉴与参照的基础是该思想为营销学术社区所接受和认可。这个标准也在某种程度上解释了前面两个标准在界定营销思想范围时的某些无形的准则。当一些思想处于模糊的边缘地带时,随着时间的推移,营销学术社区对这些思想的接受程度可能在某种程度上决定了它是处于边界以内还是边界以外。营销社区的接受程度可以直观地表现为学术共同体对承载该思想的文献与资料的引用,那些被极少引用或者被极少关注的文献资料往往就会连同其所承载的思想淹没在文献资料的汪洋大海中。这意味着这些被遗忘的思想要么对于营销知识体系的建构与发展来说无足轻重(没有贡献),要么其贡献并未为学术共同体所接受。只有那些被学术共同体接受和认可的思想,才会如大浪淘沙般地在文献的汪洋大海中不断地闪现,持续地被用来激发新思想的产生。因此,当我们面对文献的汪洋大海时,总是能够按照时间的线索,以若干最为闪亮的思想为参照,进入文献海洋,并根据它们所指引的路径和方向按图索骥地抓住营销思想发展的关键线索和节点,而不至于迷失在文献的汪洋之中。

#### 1.1.2.2 营销思想的形式

营销思想的形式是其得以呈现和表达的载体或媒介。显然,思想的表达方式有很多，既包括短期的、无法长久保存的（如会议上的演讲和讨论），也包括各种有形载体的文字或音像记录。但无论是对于营销思想的发展，还是对于思想史研究者而言，只有那些能够为人们所获取的思想才是有价值和意义的。在过去百余年的发展过程中，能够持续产生影响的营销思想的形式主要为各种纸质材料，包括书籍、期刊和其他档案资料等，其中书籍和期刊是营销思想的主要载体。

根据书籍的内容和著述方式可以将其分为以下几类。首先是营销学相关的教科书。营销思想产生于营销教学领域，而营销思想最重要的传播方式也是通过教学。营销学教科书在营销思想发展的不同阶段都扮演着非常重要的角色，是营销思想的主要呈现形式之一。一方面，教科书所包含的内容具有对营销思想和营销知识进行整合的功能（Bartels，1988）。无论是 20 世纪 20 年代营销学原理教科书对早期营销思想和知识体系的整合，还是 20 世纪 50 年代营销管理教科书的出现标志着营销思想范式转换的完成，教科书这种承前启后的整合性功能对于营销思想的呈现和发展都是具有非凡意义的。另一方面，教科书中所包含的内容往往是在特定历史阶段比较成熟或为营销学术共同体所普遍接受的知识，这使得教科书的内容反映了其所出版年代营销共同体的集体思想（Lichtenthal & Beik，1984），并且教科书的内容随着营销思想的发展而不断地被修订，在某种程度上展现了营销思想随时间而演进的轨迹。

其次是营销学相关的学术著作。与教科书和期刊论文不同，学术著作展现的是作者对某一主题系统性的思想，具有独立性和完整性的特征。此外，学术著作往往也不是综合性或整合性的，而具有专题性的特征，同时也更能体现作者思想的深度。在营销思想史浩如烟海的文献资料中，一些学术著作对营销思想发展的推动和引领作用是非常重要的。

最后是营销学相关的各种论文集，包括会议论文集。以论文集或"专题读物"形式出现的书籍体现了编撰者在某个主题下有意识地集中展现该主题所包含的思想。因此，无论这类书籍是否正式出版，都具有非常高的参考价值。如 Kelley 和 Lazer（1958）主编的影响广泛而深远的论文集《管理的营销：视角与观点》(*Managerial Marketing: Perspectives and Viewpoints*) 就集中了那一时期有关营销管理理论建构的最为前沿的一些话题，为促进营销范式的转换提供了重要的参照。此外，大量没有正式出版的会议论文集也汇聚了特定时期前沿性或专题性（某些专业领域会议的论文集）的营销思想。

除各种书籍以外，营销思想最为重要的形式就是各种周期性出版的期刊，包括学术期刊和与营销相关的各种行业或贸易类专业期刊。在营销思想的发展经过缺乏学术社区的早期阶段以后，各种学术组织出版的学术期刊定期发表最为前沿的学术论文，成为展现营销思想最重要的形式。当然，各种正式出版的学术期刊本身就是营销思想发展水平和阶段的重要标志物。除学术期刊以外，一些与营销相关的行业或贸易类专业期刊也是一些营销思想表达的渠道。尤其是在营销思想发展的早期，由于专业学术期刊的缺乏，早期营销先驱们的大量营销思想就是通过这种方式来表达的（Jones & Tadajewski, 2017）。随着营销学术社区的制度化建设和各种学术期刊的出版，这类期刊对营销思想的影响也逐渐减弱。

营销思想的第三种主要形式是各类档案资料，主要是没有公开出版发行的资料。比如早期营销思想的产生主要表现为大学开设的课程，而能够记录这些早期课程内容的主要载体就是课程简介、课程大纲以及为课程准备的各种资料等。从某种程度上说，这是营销思想史研究中最为宝贵也最难获取的资料。由于年代久远，少数被存档的资料作为那个时代营销思想的代表性形式被展现出来。这些资料还包括各种研究报告，会议记录，以及营销学者个人的书信、日记、手稿等，它们从另一个侧面，以一种非正式的方式记录了当事人在某个时间点的所思所想，从而构成了营销思想的一种重要形式。

当然，随着信息技术的发展，营销思想的呈现形式也更加多元化。但当我们回首过去百年来的营销思想发展历程时，上述形式的营销思想依然是营销学者和营销思想史研究者最为依赖的形式。

### 1.1.2.3 营销思想的维度

营销思想的维度（dimension）是用来分析和衡量整体营销思想的"参数"，或体现营销思想某些方面的特征。对于营销思想整体来说，它是一个"多面体"，从不同的角度来观测，可以看到该体系的不同方面。对营销思想的维度进行定义为营销思想史研究提供了不同的观测与研究角度，也正是这种多角度的探索与研究使得将营销思想多姿多彩的不同方面加以更为充分的展现成为可能。根据 Bartels（1988）的观点，营销思想至少包括结构、科学、时间、空间、理论基础和人员等几个重要维度。

第一，营销思想的结构维度（structural dimension）反映了营销知识体系的结构。以不同主题或研究领域的文献为基础，营销思想的知识体系可以被区分为许多不同的专业领域。例如在文献中，我们可以根据不同的研究主题或细分的专业领域将营销知识体系区分为诸如产品、品牌、渠道、广告、销售促进、销售管理、市场研究、批发与零售等非常具体的主题；也可以将整体营销知识体系区分为诸如消费品营销、农产品营销、服务营销、组织间营销、国际营销、宏观营销、网络与数字营销等更加"宏观"的领域。在营销思想史研究中，不同的学者会根据研究的需要选取不同的标准来区分营销思想的结构维度。如 Bartels（1962，1976，1988）的经典著作就是按照细分的专业领域和一般营销（general marketing）来分别考察每个专业领域营销思想的发展与演进过程。也有一些学者通过区分与定义营销思想学派的方式来展现营销思想的结构（Sheth，Gardner & Garrett，1988；Shaw & Jones，2005），每一个学派都是一个专业领域知识体系的集合，这些学者通过考察学派的发展演变来反映营销思想结构的发展与演进。

第二，营销思想的科学维度（intellectual dimension）反映了营销思想所包含的科学要素的程度。一门学科的发展过程大体体现了从基于事实或现象的描述、概念化（conceptualization），到更高水平的归纳（generalization）与整合（integration），并形成一般性的原理的过程。这一过程体现了理论的建构和科学化的过程。营销思想的发展也大体体现了这一发展路径。营销思想从最初对分销与贸易现象的描述和分析，到对营销功能、机构与商品的概念化和分类，进而整合为以营销学原理为主要形式的一个知识体系，再经过"范式转换"形成以营销管理理论为主导理论的框架体系。然而，在营销思想史的发展过程中，学界对一般营销理论构建的探索直到 20 世纪 40 年代末才开始（Alderson & Cox，1948）。学界对一般营销理论的关注也引发了 20 世纪 50 年代以后关于"营销学是否科学"的争论（Bartels，1951a）（参见本书第 5

章）。这两个问题其实是一枚硬币的正反两面，它们共同反映了营销学界对营销思想和营销学知识体系发展的不满——过于强调对营销现象与问题的描述，而缺乏解释性。这个争论一直持续到20世纪80年代。不过，一般营销理论的建构实际上一直都是营销思想发展过程中比较薄弱的一个方面（Cunningham & Sheth, 1983）。从营销思想的科学维度来考察营销思想史体现了对营销作为一门科学，或者朝向一门社会科学发展的关注。

第三，营销思想的时间维度（temporal dimension）反映了营销思想随时间而产生、发展与演进的过程。就营销思想史的研究而言，时间维度是最基本也可能是最重要的一个维度，它为营销思想史研究提供了一个基础的分析框架。虽然营销思想史的过程自然地体现了营销思想随时间的演进过程，但这个过程却并不是发生在真空中的。营销思想的产生与发展都是嵌入在其所处的经济与社会环境中的，因此，沿着时间维度对营销思想史的分析必须至少纳入不同时间点的经济与社会环境中。为了使分析更加容易进行，对历史过程进行分期（periodization）是思想史研究的一项基础性工作（Hollander et al., 2005）。本书对营销思想史的分析主要遵循时间维度展开，关于我们对营销思想史分期问题的讨论，参见本章第3节。

第四，营销思想的空间维度（spatial dimension）反映了营销思想产生与发展的地点及其空间结构。空间维度和时间维度共同反映了营销思想产生与发展的时空环境特征。营销思想的空间维度可以从以下两个层面来反映营销思想产生与发展的特点。其一，营销思想产生于哪里——关注哪一个国家。根据营销思想史的文献，学界较为一致地认为现代营销思想产生于美国。当然，学界谨慎地提示了以美国为代表的营销思想并不是一个一般性的（universal）理论体系，而是一个文化嵌入的系统（Bartels, 1988），这强调了在国与国之间进行比较研究的重要性。对这一问题的进一步讨论参见本书第3章的内容。其二，当我们以美国作为营销思想产生与发展的主要观测地点时，也有必要在区域的层次上关注不同的区域环境对营销思想产生与发展的影响（Bartels, 1988）。这一点在营销思想发展的早期是很重要的，那些对早期营销思想做出重要贡献的思想中心——以威斯康星大学、哈佛大学以及美国中西部大学集团（the Middle Western Group）为代表，因所处区位的产业特征和经济社会发展面临的关键问题的差异,对营销思想发展的贡献也呈现出巨大的差别(参见本书第 3 章)。

第五,营销思想的理论基础维度(interdisciplinary dimension)反映了营销思想从其他社会科学学科吸收概念与理论以支撑其自身发展的程度。作为一门应用社会学科,营销思想不是从真空中发展出来的,在其发展过程中,从经济学、社会学、心理学、管理学、统计学等诸多学科借鉴相关概念、理论与工具构成了营销思想发展的重要特征。在其发展的早期阶段,营销思想近乎唯一地以经济学为理论基础,但这种状况在 20 世纪 40 年代末期受到了强调建构一般营销理论的学者的批评(Alderson & Cox,1948)。为了应对这种不足,20 世纪 50 年代以后,营销学从社会学、心理学、管理学等社会科学借鉴了大量的概念和理论,从而促进了营销思想的发展。从营销思想的理论基础维度来探索其结构,有助于认识营销思想产生与发展的学科基础和理论渊源,对于营销思想未来的发展无疑是重要的。

第六,营销思想的人员维度(personal dimension)反映了营销思想的贡献者这一主观因素对营销思想发展的影响。作为营销思想的贡献者,营销专业人员对营销问题的认知、思考与解释不可避免地带有个人特征的烙印。纵观营销思想史上那些对营销思想做出重要贡献的人,他们的思想大多受到个人性格特质、家庭背景、教育背景以及职业经历等因素的影响。从某种程度上看,对这些营销思想重要贡献者个人特征的研究构成了营销思想史研究的一个有趣而又富有启发性的部分(Converse,1959a;Jones,2012)。

### 1.1.3 为什么要研究和学习营销思想史?

营销思想史对于营销学科和营销理论本身,以及营销学者(尤其是未来的营销学者——营销学专业的学生们)的重要意义是不言而喻的。然而,营销思想史无论是在营销教学(Witkowski,1989)还是在营销学研究(Savitt,1980)中,都没有得到应有的重视。某种程度上说,营销史(包括营销思想史)是当代营销学发展洪流,尤其是日益提高的学术专业化水平的牺牲品(Shapiro,1964)。Savitt(1980)进一步指出,这种现象是由营销学应用学科的性质所决定的。作为一门应用学科,营销理论的"客户市场"是各类组织的决策者，营销理论的发展必须为这些"客户"在市场中做出更好的决策服务，这一点在20世纪60年代营销管理理论取得主导地位以后更是不断地被强化。此外，高校对营销学者专业化能力的要求，以及对营销学者的考核压力则不断地强化营销学者在研究领域和研究方法等方面的专业化水平，对于压力巨大、时间和精力稀缺的营销学者而言，回顾过去是一种奢侈。与此同时，营销学科本身也必须不断地吸收持续增加的新概念和新方法，以将其应用于解决当前的各种问题，从而使得对学科史的研究在某种程度上被忽视了。值得庆幸的是，自20世纪80年代以来，营销学界日益重视营销思想史的研究，不仅专业化的学术社区已经出现，作为现代营销思想学派的营销历史学派也处于快速发展中（Shaw & Jones，2005）。这表明了营销学界对营销思想史研究的日益重视，也彰显了营销思想史对于营销学科发展的重要意义。那么，我们为什么要研究和学习营销思想史呢？下面三个方面或许可以为回答这个问题提供参考。

首先，营销思想史研究有助于强化营销学科的身份，提升学科发展的质量（Savitt，1980）。能够唤起学者们对学科历史的关注是一门成熟学科的正常功能（Bedeian，2004），对学科发展历史的尊重也是其健康发展的标志。通过对营销思想史的研究，营销学科的学者，以及其他学科的学者和社会公众，可以更好地了解营销学科的起源、发展与演进过程，形成我们对学科传统的尊重（Hollander, Rassuli & Nevett，1998）。了解我们是如何、从哪里走到我们今天所处的位置，不仅有助于我们评估自己身处何方，也有助于我们明确自己将要前进的方向（Steckel & Brody，2001）。对于学术共同体而言，我们可以通过了解学科的发展历史和现状，更好地规划和引领学科发展的未来。历史可以深化和拓展我们对营销学科的理解，因为历史为我们现在的营销实践和思想提供了思考的情境及观察的视角（Jones，2009；Hunt，2010a）。通过回望学科的发展史，我们可以获取很多学科发展过程中留下的"历史线索"，包括那些成功的经验和失败的教训，这些都可以为我们学术共同体在规划发展方向和发展战略时所借鉴（Steckel & Brody，2001）。此外，思想史研究还可以将营销学科与其他相关学科（如经济学、管理学和心理学等）之间的相互影响关系梳理得更加清晰，从而有助于建立营销学科的科学身份。对于在发展过程中高度依赖从经济学、社会学、心理学及管理学等学科汲取养分、借用概念与理论的营销学科而言，这一点是非常重要的。诸如营销学科的边界、营销学科的属性，以及营销学科的一般理论基础与框架等基础性问题在学科发展史上不断地被争论与关注（Hunt，1976a，1983），而对学科发展史的审视，对于理清这些攸关学科发展的关键问题无疑具有重要的启发意义。

其次，营销思想史是营销理论发展的基础（Tamilia，2009），了解营销思想发展的历史可以使我们在推进理论发展过程中避免"重新发明轮子"的风险（Witkowski，1989；Tadajewski & Jones，2008a；Wooliscroft，2008；Shaw，2009）。Tamilia（2009）认为，对于一门学科来说，如果现在和将来的学生总是通过新标签或新概念来重复发明早已长期存在的概念或理论观念是非常不健康的信号。然而，非常遗憾的是，这种"重新发明轮子"的情况在营销学领域中太过经常地发生了。Tadajewski 和 Saren（2008）将营销理论建构过程中对过去的知识和理论的忽视与遗忘称为"营销理论的健忘症"（amnesia），而对营销思想史的忽视则是产生营销健忘症的关键原因之一。营销健忘症导致的直接后果之一就是营销理论发展过程中"重新发明轮子"的问题。在一篇充满批判意味的文章中，Wooliscroft（2008）详细地论证了被认为对营销理论做出重要贡献的研究——服务主导逻辑（Vargo & Lusch，2004）是如何"重新发明"了 Alderson（1965）经典著作——《动态营销行为：一个功能主义营销理论》（*Dynamic Marketing Behavior: A Functionalism Theory of Marketing*）中的诸多核心思想的。Wooliscroft 认为，服务主导逻辑并没有从根本上发明一个新的理论范式，而只是用不同的说法（phraseology）重新表达了 Alderson 在40年前的思想，因此服务主导逻辑也并没有在40年前 Alderson 的思想基础上推进营销理论的发展。然而，这种情况为何会出现呢？一个关键的原因在于，虽然并没有人质疑 Alderson 在营销思想史上的地位，但真正了解其思想的人却非常少，Alderson 留下的思想遗产，绝大多数都没有获得继续发展或者经过检验。这只是营销理论健忘症的一个典型表现而已。Wooliscroft（2008）在文章的最后提出了一个非常令人警醒的问题：再过40年，当我们回顾服务主导逻辑时，它是否也被遗忘，并且没有经过检验？对营销思想史的忽视就非常可能会导致这样的问题在不同时代的营销学者中重演，那么，我们的营销理论又能够向何方发展呢？不断地"重新发明轮子"会导致混乱的语义丛林（semantics jungle of confusion），因为经常转换的概念将无法形成构建一般营销理论的坚实基础（Shaw，2009）。而对营销思想史的学习与研究则可以让我们更为清晰地了解某个概念或理论在思想史演进过程中的来龙去脉，包括它产生的经济与社会背景、前辈营销学者是如何提出概念并将其发展成为一个理论的。这不仅可以避免"重新发明轮子"的问题，也可以令我们从思想史中汲取经验与灵感，并促进真正创新的营销理论的建构。

最后，营销思想史有助于为营销学者，尤其是博士生这个未来营销学者群体，提供更为深厚的专业基础。营销思想史的学习可以使年轻学者站在前辈的肩膀上，从而可以看得更远（Hollander & Rassuli，1993）。在营销理论发展不断趋向专业化的过程中，营销学者所受的训练也日益变得"深"而"窄"，从而产生"只见树木，不见森林"的专业化陷阱。新一代的营销学者带着这种专业化的烙印开始其学术生涯显然是危险的，不断"重新发明轮子"的问题当然无法避免。更危险的是，当这些高度专业化的营销学者向他们的学生传授营销知识时，除了其熟悉的专业领域，他们大概也只能"照本宣科"地告诉学生，"营销观念产生于 20 世纪 50 年代""关系营销是一种对传统营销产生了挑战的新范式"，所有这些都被装入一个由"STP"和"4P"等模型构成的被称为"营销管理"的理论框架中，至于这些知识背后的"Why"（为什么）和"How"（如何）则无从谈起（Tadajewski，2009a）。这种状况在很多年中反复出现，因为在那些没有经历过营销思想史学习的一批批营销学者的意识中，营销管理大概就是营销理论的全部（Layton，2011）。即便抛开这种认知偏差，作为一名教授营销知识的教师，"我们真的了解我们以为自己知道的知识吗"（Savitt，2009：191）。即使是写在教科书中的知识也有很多并未经过历史的验证（Keith 的营销革命四个时代的观点就是其中典型的一例），可怕的是，我们教给学生的是我们以为准确无误的知识，但他们其实却可能是存在偏差甚至错误的。更可怕的是，在我们的博士生中，除自己研究领域的专业文献以外，连营销管理的框架都说不清楚的也大有人在。营销学在这样一代又一代的"新一代"学者的手中怎么可能不"碎片化"，又怎么能够获得一个光明的未来呢？Wooliscroft（2008）的观点是非常具有启发性的——"那些在毕业前没有对学科历史进行学习和研究的人是无法对学科发展做出贡献的,因为他们无法站上前人的肩膀向前看"(p.378)。"只要站在巨人的肩膀上,即便是矮人也可以看得更远一些。"(Tadajewski & Jones, 2008a: XX)对营销思想史的学习就是帮助未来的营销学者们站上前辈营销思想家的肩膀,让他们既能看清来路,也能看清前进的方向。

## 1.2 营销思想史的研究与营销历史学派[①]

整体而言,营销思想史的研究开始于20世纪30年代,并在之后的30年中保持着较为稳定的发展。虽然这一时期的文献数量占全部营销学研究文献的比例很低(Grether, 1976),但其保持着较为稳定的增长(Jones & Monieson, 1990a; Witkowski & Jones, 2016)。20世纪60—70年代是营销思想史研究的一个相对低潮期,整体文献数量有所下降。自20世纪80年代开始,营销思想史研究进入了一个全新的发展时期,Savitt(1980)发表的标志性论文,以及Hollander与Savitt在密歇根州立大学组织的"首届北美营销历史研究工作坊"(the First North American Workshop on Historical Research in Marketing)标志着营销思想史研究进入制度化建设阶段,并以此为基础发展形成营销历史学派(Shaw & Jones, 2005)。

### 1.2.1 早期营销思想史研究:20世纪30—50年代

20世纪30年代是现代营销思想发展过程中一个非常重要的承前启后的时期。这一时期,一方面,现代营销思想在早期发展的基础上完成了第一次整合,以营销功能分析、机构分析和商品分析为主要主题的营销思想被整合到以营销原理为代表的教科书中。另一方面,营销学术社区的制度化建设也在这一时期基本完成,美国市场营销学会正式成立,*Journal of Marketing*(JM)作为学会的旗舰期刊正式创刊出版,为营销思想的讨论提供了专业化的平台。

---

[①] 本节的内容并不是对营销思想史研究的文献综述,而是概括性地阐述该领域的发展历程与状况。详细的文献综述可参见 Jones 和 Monieson(1990a)、Jones 和 Shaw(2006)、Tadajewski 和 Jones (2014),以及 Witkowski 和 Jones(2016)。

这些都为营销思想的进一步发展奠定了坚实的基础。在这样一个阶段，那些参与和经历了早期营销思想发展及营销学科建立的营销学者发表了一些追溯和回顾现代营销思想产生与整合，以及营销学科建立与发展的文献，从而形成了营销思想史研究的一个小高潮。

这一时期营销思想史研究主要关注的主题包括以下三个方面：

第一，关注早期营销思想与文献的发展情况，这是这一时期营销学界最为关注的主题。Paul D. Converse 是这一时期最为活跃的学者之一。其 1933 年发表的《营销文献的最初 10 年》(The First Decade of Marketing Literature) 就是最早发表的有关营销思想发展的文章之一。在这篇简短的文章中，Converse 回顾与总结了营销思想发展最初 10 年的文献情况。在一篇针对早期进入营销专业领域的 45 位营销学者的调查中，Converse（1945）较为系统地评估了影响早期营销思想发展的学科基础、文献、学者与学术机构（包括学术期刊）等，对截至当时的营销思想发展情况进行了一个"历史视角"的评估。在 1959 年出版的《营销思想在美国的发端》(The Beginning of Marketing Thought in the United States) 一书中，Converse（1959a）采用编年体的方式记录了 1900 年以前的营销思想，以及 20 世纪初至 20 世纪 30 年代营销思想的发展过程和重要的研究文献。Bartels（1951b）对 1900—1923 年营销思想发展早期的三个重要影响因素——营销思想产生的促进因素、最早开设营销学课程的先驱的影响，以及影响营销思想发展的思想中心——进行了系统的研究。这篇文章的核心内容后来成为 Bartels 经典著作的组成部分，该文也是最具有思想史研究风格的早期文献。此外，Applebaum（1947，1952）分别针对 JM 最初 10 年和第二次世界大战后的文献进行了简单的文献计量分析，从一个侧面反映了作为营销思想讨论的主要平台的 JM 创刊以后，营销思想和文献的结构与演变。

第二，关注作为早期营销思想发展重要形式的营销学课程的发展情况。这个主题下的文献主要是早期营销思想发展的亲历者（Maynard，1941，1942；Weld，1941；Bartels，1951b），包括营销学课程最早的开设者发表的一系列回忆文章（Hagerty，1936；Litman，1950），其中包含着对最早开设课程的大学和开课教师的考证与讨论。这些文章多以评论文章的形式发表，并且包含几篇以会议发言稿为基础整理而成的文章，虽然它们并不是规范的营销思想史研究文献，但由于其作者的特殊性，文章的内容本身成为非常难得的营销思想史资料。其中关于最早开设课程的大学和教师的讨论，形成了后续营销思想史研究公认的观点。

第三，关注早期营销学先驱的贡献与营销组织的发展。对早期营销学先驱贡献的关注大多与前述第二个主题的文献相关，因为早期营销学先驱的主要贡献之一就是开设了最早的营销学课程。非常值得关注的是，Converse（1959a）的著作用了近一半的篇幅阐述 20 位营销学先驱的贡献。此外，为了致敬与记录早期营销学先驱的贡献，JM 专门成立了一个传记委员会（Committee of Biographies），遴选和评价营销学先驱的贡献。该委员会的工作成果——24 位营销学先驱的小传于 1956—1961 年陆续在 JM 上发表，这一系列文章形成了非常珍贵的营销思想史资料。对营销组织发展情况的讨论则主要关注美国市场营销学会的发展历程，以及在该组织发展历程中起到关键作用的营销领军学者（Agnew，1941；Converse，1952）（参见本书第 5 章）。

### 1.2.2　相对低潮的 20 世纪 60—70 年代：Bartels 的贡献

20 世纪 60—70 年代是营销范式转换完成，营销学术社区应对"科学合法性危机"在研究范式上转型，并致力于"营销观念拓展运动"的时期。可以说这一时期主流营销理论的发展基本塑造了当代营销思想体系的结构。相对于前一个阶段而言，营销思想史研究在这一时期处于相对低潮阶段，尤其是 20 世纪 70 年代，研究文献的数量下降很明显（Witkowski & Jones，2016）。但这一时期出版的几本营销思想史的著作可以说对后续营销思想史研究产生了较为深远的影响。尤其是 Bartels（1962，1976）的经典著作《营销思想的发展》（*The Development of Marketing Thought*）[①] 的出版，在某种程度上成为营销思想史研究领域最具标志性的著作，也使得 Bartels 的名字与营销思想史几乎等同起来（Shaw & Tamilia，2001）。

与其他学者出身于经济学或其他学科背景不同，Bartels 的专业领域一直都

---

① 1976 年第 2 版更名为《营销思想史》（*The History of Marketing Thought*）。

是市场营销。他 1930 年进入卡耐基理工学院（现卡耐基梅隆大学）学习戏剧专业，但很快就转学到俄亥俄州立大学学习市场营销专业，并于 1935 年毕业。凭借着优秀的学业成绩，Bartels 获得了西北大学的奖学金，并于一年之后在那里获得 MBA（工商管理硕士）学位。而后，他于 1936 年返回俄亥俄州立大学攻读营销学博士学位，导师是两位杰出的营销学者——Harold H. Maynard 和 Theodore N. Beckman。这两位杰出学者对 Bartels 的学术生涯产生了重要影响，尤其 Maynard 开设的"营销思想发展研讨课"（the Seminar in the Development of Marketing Thought）更是直接影响了 Bartels 博士论文的选题，并激发他将其作为终生的核心研究领域。1941 年，Bartels 提交了他的博士学位论文《营销文献——发展与评价》（*Marketing Literature—Development and Appraisal*）。这篇可称为"杰作"的博士学位论文系统地梳理了 20 世纪 40 年代之前的营销思想文献发展历程与现状，并指出了营销思想发展所存在的若干关键问题——对营销概念认知与使用的不统一、营销理论建构过于缺乏，以及需要提升方法论（Shaw & Tamilia，2001）。

以该博士学位论文为基础，Bartels 在 1962 年出版了《营销思想的发展》，对截至 20 世纪 60 年代的营销思想产生、发展与演进的历程进行了系统的梳理和研究。全书共包括 12 章和两个附录。书的前三章分别是"营销的含义""与营销思想相关的早期理论"，以及"营销思想的产生"。Bartels（1962）将营销思想研究的时空限定为 19 世纪末 20 世纪初的美国，认为其是现代营销思想发展的起点，并认为那一时期美国经济社会发展所呈现的主要问题和早期的经济学理论分别构成了营销思想产生的现实背景和理论基础。从第 4 章开始，一直到第 10 章，Bartels 分别追溯了广告、商业信用、推销与销售管理、市场研究、零售、批发，以及一般营销的思想发展与演进过程。可以说该部分是这本经典著作的核心与主体部分，在其之后的两版中，几乎没有做实质性修改。其中，在一般营销理论发展部分，Bartels 采用每 10 年一个阶段的历史分期方法，概括了一般营销思想 1900—1960 年的发展与演进。书的最后两章分别是"来自相关学科的概念"和"营销思想的成熟"，前者对来自经济学、心理学、社会学、管理学及其他学科的概念和理论基础进行了阐述，后者则作为结论章对营销思想的发展状况进行了评价。两个附录分别是营销学先驱和主要文献目录（1900—1960）。1976 年，该书第 2 版以《营销思想史》为题出版。Bartels 几乎保留了该书第 1 版的全部结构与内容，除将文献更新至 1974 年以外，还新增了两章内容——"营销管理"和"营销思想的新领域"。"营销管理"一章显然是为了弥补第 1 版出版时对因营销范式转换而尚未充分发展的营销管理理论关注的不足，梳理了营销管理思想的发展历程和关键文献。而"营销思想的新领域"则主要介绍 20 世纪 60 年代以后营销思想发展的一些新动态，作为对营销思想发展的一个展望。[①]

Bartels 及其经典著作对营销思想史研究，对营销专业教育（尤其是博士研究生层次的教育），乃至营销思想发展的影响都是非常深远的。与其他学术著作一样，《营销思想史》也受到了来自学界的一些批评（Shaw & Tamilia, 2001），尤其是随着 20 世纪 80 年代以后营销思想史研究领域的快速发展，这本经典著作中诸多观点的局限性也日渐暴露出来。但该著作在其出版之后的半个世纪里，一直近乎是唯一一本系统梳理了 1900 年以后现代营销思想发展历程的著作，它的影响不仅局限于过去的半个世纪，对未来的营销思想史研究依然会产生深远影响。

与 Bartels 的这本经典著作几乎同期出版的另两本著作分别是 Coolsen（1960）的《19 世纪晚期美国的营销思想》（*Marketing Thought in the United States in the Late Nineteenth Century*）和 Schwartz（1963）的《营销理论的发展》（*The Development of Marketing Theory*）。这两本著作的内容在某种程度上与 Bartels 的著作形成了互补。其中，前者在阐述 19 世纪后期美国经济发展背景的基础上总结了四位自由主义经济学家（Edward Atkinson, David A. Wells, Arthur Farquhar, Henry Farquhar）的营销思想；后者则主要总结了 20 世纪 60 年代前营销理论和方法的发展。显然，这两本书的影响力都远逊于 Bartles 的经典著作。

### 1.2.3　20 世纪 80 年代及以后：Savitt 和 Hollander 与营销历史学派

进入 20 世纪 80 年代以后，在一系列标志性事件的推动和影响下，营销思

---

① 该书第 3 版于 1988 年出版，除将文献更新到 1987 年以外，该版只增加了最后一章"营销思想发展的影响，1950—1987"，这一版也是该经典著作的最后一版。

想史研究进入快速发展阶段，文献数量增长迅速（Jones, Shaw & Goldring, 2009；Witkowski & Jones, 2016）。一个标志性的事件是 Savitt（1980）在 JM 上发表的经典论文——《营销中的历史研究》（Historical Research in Marketing）。这是营销学旗舰期刊首次刊发与营销历史研究相关的理论文章，因此这篇文章具有很强的奠基性和里程碑式意义。Savitt（1980）在这篇论文中关注的对象是宽泛的营销历史研究，它包括营销思想史研究和营销实践史研究两个紧密关联的部分。要有效地开展营销历史研究，历史研究的视角和方法必须被引入营销学研究中来。Savitt 认为历史研究的视角是通过描述和比较来定义的，但历史研究必须在描述和比较的基础上进行解释，对营销历史事件（思想或实践）发生的原因与结果进行解释，尤其要解释发展变化的原因。他认为营销学界缺乏历史研究的主要原因有两点：一是没有充分认识到历史研究对营销学科的重要性，二是缺乏可参照的历史研究方法。对于前者，Savitt 指出历史研究能够提高营销学科的稳健性质量（robust quality），它不仅能够使营销学者，也可以使社会大众更为充分地了解营销学科的起源和发展变化的模式，从而能够帮助营销学科确立学科地位。对于后者，Savitt 阐述了一个系统的历史研究方法框架，用以指导和促进营销历史的研究。发表在营销学旗舰期刊上的这篇论文无疑确立了营销历史研究的"合法性"地位，并奠定了这一领域研究的若干概念和方法基础。

另一个标志性的事件则是开始于 1983 年的营销历史研究学术社区建设。1983 年，在 Hollander、Savitt 和 Lazer 三位对营销历史研究有着浓厚兴趣的杰出学者的共同创立和推动下，"首届北美营销历史研究工作坊"在密歇根州立大学召开。此后，在 Hollander 的领导和组织下，这个营销历史领域的学术会议以双年会的形式隔年召开一次，成为汇聚营销历史研究学者，推动包括营销思想史在内的营销历史研究的重要平台（Jones, Shaw & Goldring, 2009）。持续召开的学术研讨会在促进大量营销思想史研究文献产出的同时，也极大地激发了整个营销学界对营销思想史和营销实践史研究的兴趣。20 世纪 80 年代，营销历史研究不仅得到美国市场营销学会和美国营销科学学会（the Academy of Marketing Science, AMS）的直接支持，包括 *Journal of the Academy of Marketing Science*（1990）、*Journal of Macromarketing*（1994,

1995）、*Psychology & Marketing*（1998），以及 *Marketing Theory*（2005，2008）在内的学术期刊也分别推出了营销历史研究的专刊，为快速增长的营销历史研究文献提供了发表的渠道。2001 年，营销历史研究学会（the Association for Historical Research in Marketing）正式成立，其后更名为营销历史分析与研究学会（the Conference on Historical Analysis & Research in Marketing，CHARM）。Shaw 和 Jones（2005）将"营销历史学派"——以营销历史分析（包括营销思想史和营销实践史）为主体的学术共同体（详见本书第 7 章）①——纳入他们归纳总结的现代营销学派体系之中。

## 1.3 主流营销思想发展的基本框架与本书的结构

### 1.3.1 主流营销思想发展的历史分期

历史分期是历史研究，当然包括思想史研究的基本工具（Hollander et al.，2005；Fullerton，2011），某种程度上也是开展思想史研究的前提和基础。一方面，分期为历史研究提供了总结性和结构性的工具，通过将连续的历史年表划分为若干个更小的时间区间，可以为历史研究提供参量，从而有助于研究者对浩如烟海的历史资料进行归类与整理，识别其中可能存在的模式。另一方面，历史分期也有助于读者将他们的注意力集中在一个特定的时间范围内，从而有助于他们对历史事件及其来龙去脉的理解。显然，对于历史研究而言，历史分期是一个基础性的研究议题，对于如何分期也存在诸多不同的观点（Hollander et al.，2005）。然而，我们在此并无意继续深入讨论历史分期的基

---

① 2000 年以后，以 D. G. Brian Jones、Eric H. Shaw、Mark Tadajewski 和 Terrence H. Witkowski 等为代表的营销思想史学者以 CHARM 以及 2009 年创刊的会刊 *Journal of Historical Research in Marketing*（Jones 担任创刊主编）为平台，极大地推动了营销思想史的研究，一大批各种形式的高质量学术成果陆续产出。如 Tadajewski 和 Jones（2008b）主编的《营销思想史》（*History of Marketing Thought*）（共 3 卷）收录了包括营销思想发展、营销思想先驱、营销思想学派等主题在内的 74 篇文献，是营销思想史教学与研究非常难得的资料。Jones（2012）的《营销学先驱》（*Pioneers in Marketing：A Collection of Biographical Essays*）则为 8 位不同领域的营销学先驱撰写了翔实的个人传记，是营销学者生平及其贡献研究方面的一部力作。Jones 和 Tadajewski（2017）合著的《营销思想的基础：德国历史学派的影响》（*Foundations of Marketing Thought：The Influence of the German Historical School*）详细地考察了德国历史学派经济思想对早期营销思想发展的影响，填补了早期营销思想发展关键节点的一个缺口。

本理论问题，但如何对营销思想史进行分期却是我们必须解决的一个问题，因为它是我们开展研究的基础。

在探讨具体的营销思想史分期问题之前，有三个更为基本的问题需要明确。第一个问题是我们所关注的营销思想史的时间"起点"问题。如前所述，我们关注的营销思想史是开始于19世纪末20世纪初与现代营销学科发展同步的现代营销思想史，这首先为我们所关注的营销思想史设定了一个较为明确的起点。当然，任何思想都不是凭空产生的，工业化与市场经济体制的建立也不是一个从无到有的突变过程，而是遵循着基于历史的发展路径与逻辑渐次演变而来的。因此，我们在探讨现代营销思想于19世纪末20世纪初产生这一问题时，将不得不"适当"地向前追溯其学科母体——经济学在19世纪的发展，以及现代营销思想的诞生地——美国的经济与社会在19世纪的发展历程。我们希望通过这种"适当"的回溯能够更好地回答现代营销思想是如何产生，以及为什么会在那个时间产生的问题。

第二个问题是我们所关注的营销思想史的"地点"问题，即现代营销思想在哪里产生。从现代营销思想史的研究文献来看，学界基本一致地认为现代营销思想产生于美国（Converse，1959a；Bartels，1962，1976，1988；Jones & Tadajewski，2017）。显然，这是个容易陷入争论的问题。这种观点是否与美国在世界营销学界，乃至商学领域的主导地位有关？或者是否与建立营销思想史研究领域的学者也以美国学者为主有关？抑或是否与营销思想史研究对世界其他国家（如英国、德国、法国等比美国更早建立现代大学制度的国家）的营销思想史缺乏关注有关？要准确地回答这些问题是非常艰难的，其中一个重要的原因就在于，现代营销思想或营销学科的产生与发展并非以一种独立的学科形态呈现，而是与现代商学教育的起源和发展紧密相关（Jones & Tadajewski，2017），要去追溯与考证这些问题显然偏离了本书的主旨。实际上，在营销思想史文献中，部分学者已经意识到了营销思想史研究近乎单一地关注美国营销思想史发展这个问题，而试图对英国（Jones & Tadajewski，2017）、加拿大（Jones & Richardson，2007），以及日本（Lazer，Murata & Kosaka，1985；Usui，2000）等国家现代营销教育与营销思想的起源进行研究，以填补现代营销思想史拼图上缺失的板块。当然，这些研究并未推翻学界关于现代营销思想和营销学科起源于 20 世纪初期的美国的主流观念，反而在某种程度上进一步强化了美国现代营销思想（当然也包括现代商科教育）的发展向这些国家的"溢出"与示范效应。基于此，我们也遵循这一主流观点，将研究的注意力主要集中于美国现代营销思想的产生与发展，而不特别关注世界其他国家现代营销思想的发展情况。当然，作为一个例外，我们将会讨论现代营销思想在中国引进、传播与发展的过程。实际上，以美国市场营销学会以及 JM 等学术期刊为代表的世界营销学术社区交流与对话的载体，为全世界营销学者的交流与对话提供了开放的平台。所以，当我们以在 JM 为代表的学术期刊上发表的学术论文为追溯现代营销思想发展的主要线索时，实际在相当大程度上体现了来自全世界的营销学者对现代营销思想发展的贡献。

第三个问题是我们所关注的现代营销思想史的"主体"对象。如前所述，现代营销思想体系是一个以一般营销思想或主导营销理论为基础，包含诸多相互关联的分支领域的复杂的知识与理论体系。在处理现代营销思想史研究的"主体"对象这一问题时，较为存在争议的是 19 世纪末 20 世纪初与主流现代营销思想的产生和发展相对比较独立的几个分支领域，如广告、零售、推销与销售管理等是否需要给予特别的关注（Hollander et al.，2005）。营销思想史研究文献在处理一般营销思想或主导营销理论与这些分支领域的关系上主要有两种做法。以 Bartels（1962，1976，1988）为代表的一些学者将这些分支领域的发展与一般营销思想的发展并行处理，即试图全面地展示营销思想的知识结构及其演化过程。以 Sheth、Gardner 和 Garrett（1988）等为代表的学者则重点关注一般营销思想及主导营销理论的发展，并通过区分和定义不同的营销思想流派的方式来兼顾各个分支领域的发展。我们在本书中采用后一种方法，以一般营销思想及主流营销理论的发展为主线，重点关注其产生、发展与演进的过程。同时，在其发展的不同阶段，通过对早期经典营销思想学派与现代营销思想学派的讨论来兼顾不同分支领域营销思想的发展情况。我们这样做主要基于以下两点原因。一方面，一般营销思想及主导营销理论的发展在整个营销思想史体系中的作用是"主干"，而各个分支领域则是基于这一"主干"的分支，将注意力集中于"主干"部分显然更有助于梳理一般营销思想的来龙去脉。另一方面，营销学的各个分支领域在相当大程度上都各自形成了较为独立的研究领域，而在这些领域中，思想史的研究也是非常重要的主题。如在广告领域对广告史或广告思想史的研究，以及对零售史的研究等，都已经取得了丰硕的成果。因此，对某个分支领域有兴趣的读者完全可以在其专业领域内检索并阅读更为"专业"也更具系统性的思想史研究。这就可以使我们将注意力聚焦于一般营销思想的产生、发展与演进。

在对上述三个基础问题做出澄清和界定的基础上，我们再来看看现有营销思想史研究中对营销思想史分期的几个代表性观点。[①] 首先，最有代表性的观点来自 Bartels（1962，1976，1988）对一般营销思想发展的阶段划分。他将现代营销思想的发展划分为以下几个阶段：1900—1910 年的发现阶段（The Period of Discovery），1910—1920 年的概念化阶段（The Period of Conceptualization），1920—1930 年的整合阶段（The Period of Integration），1930—1940 年的发展阶段（The Period of Development），1940—1950 年的重新评价阶段（The Period of Reappraisal），1950—1960 年的重新概念化阶段（The Period of Reconception），1960—1970 年的分化阶段（The Period of Differentiation），以及 1970 年以后的社会化阶段（The Period of Socialization）。显然，这个分期框架是非常典型的以每十年为一个阶段的一种简单且常规的分期方法[②]（Hollander et al.，2005），但 Bartels 对每个阶段营销思想史发展的特点进行的概括却是非常细致且准确的，十分简洁且直接地概括了每个阶段营销思想史发展的"主题"。

除 Bartels 上述细致的时间跨度比较小的分期以外，更多的分期框架中每个阶段都包含更长的时间跨度。如 Jones 和 Shaw（2002）的分期框架如下：1800 年之前的古代与中世纪时期，19 世纪的应用经济学时期，1900—1957 年的营销学科产生时期，以及 1957 年之后的后 Alderson 时期——现代营销思想发展阶段（Post Alderson—Modern Marketing Thought）。显然，相对于 Bartels 的细致分期，Jones 和 Shaw 的分期代表了一种时间跨度比较大的较为极端的观点，他们实际上将 1900 年以后的现代营销思想以 Alderson（1957）的经典

---

① 关于营销思想史分期的观点是复杂且多样的，Hollander 等（2005：33-34）总结了 30 余种观点，我们在这里仅讨论其中比较具有代表性的几种观点。
② Bartels 的分期阶段实际上是 11 年，前后两个阶段各有一年重叠。Bartels 并未对这种存在重叠的分期方式进行过解释和说明，也许只是出于将整个年代划分为一个阶段的便利性考虑，但这在某种程度上并不合乎历史研究的范式（Fullerton，2011）。

著作《营销行为与经理人行动——功能主义视角的营销理论》的出版作为一个标志性事件分成前后两个部分。这种分期标准体现了 Hollander 等（2005）阐述的"转折点"（turning points）方法。

介于 Bartels 与 Jones 和 Shaw 的时间跨度之间，更多的分期框架采用了中时间跨度的方法。Wilkie 和 Moore（2003）将营销思想分成四个时期：1900—1920 年的奠基时期（Founding the Field），1920—1950 年的正式化时期（Formalizing the Field），1950—1980 年的范式转换时期（A Paradigm Shift），以及 1980 年以后的转换增强与主流分裂时期（The Shift Intensifies—A Fragmentation of the Mainstream）。① 与之类似，Vargo 和 Lusch（2004）将营销思想史的发展分成以下四个阶段：1800—1920 年的古典与新古典经济学阶段，1900—1950 年的早期形成阶段，1950—1980 年的营销管理阶段，以及 1980—2000 年及之后的营销作为社会和经济过程发展阶段。② 在这个分期框架中，Vargo 和 Lusch 同时考虑了不同发展阶段主要营销思想学派的影响。

除上述主要基于营销思想史研究的代表性分期观点以外，还有一个在营销思想史发展过程中对营销思想，尤其是营销教学产生了重要影响的分期框架——Keith（1960）关于企业革命的四个时代的观点。在《营销革命》（The Marketing Revolution）这篇著名的论文中，作为 Pillsbury 公司执行副总裁的 Keith 基于该公司的实践提出了营销革命四个时代的观点：1860—1930 年的生产导向（Production Oriented）时代，1930—1950 年的销售导向（Sales Oriented）时代，1950—1960 年的营销导向（Marketing Oriented）时代，以及 1960 年之后的营销控制（Marketing Control）时代。虽然 Keith 的观点只是基于他对一家公司的观察，但该观点在 1960 年以后却产生了令人意想不到的影响，关于营销革命四个时代的观点被大量地写入营销学教科书。在那之后的几十年中，尽管这一观点招致营销思想史学者的批评与矫正（Fullerton，1988；Jones & Richardson，2007），但仍然持续地产生影响（Hollander，1986；Jones & Rich-

---

① Hunt（2018a）在此框架基础上增加了营销思想演化的第五个时期，将第四个时期的截止时间确定为 2020 年，并认为 2020 年以后是营销思想演化的新阶段。他并未明确说明为什么要以 2020 年为分界点，但他从营销思想面向未来演化的角度补充了 Wilkie 和 Moore（2003）营销思想演化分期的框架，尤其是 20 世纪 80 年代以后营销思想演化为营销学科带来的问题。我们将在本书的最后一章回到这个问题的讨论上来。

② Vargo 和 Lusch（2004）的划分方法不同阶段存在交叉。

ardson，2007）。

尽管营销思想史学者关于历史分期有着迥然不同的观点，但 1900 年之后现代营销思想发展过程所呈现出来的阶段性特点还是不同程度地在这些不同的分期框架中呈现出来。整体上来看，在过去 100 余年的发展历程中，营销思想的发展经历了一次重要的"范式转换"。经过那次转换以后，以营销管理理论为主导范式的现代营销理论体系得以形成。虽然 Jones 和 Shaw（2002）以 Alderson（1957）经典著作的出版作为该范式转换的标志性事件，但科学史研究表明，任何科学范式的转换都不可能一蹴而就（库恩，2003），而是会经历一个转换的过程。营销思想从传统的经济学范式转向管理学范式是从 20 世纪 30 年代末开始，到 20 世纪 60 年代初完成的。虽然 Alderson（1957）的经典著作对营销管理范式的形成贡献巨大，但该范式转换完成更具标志性的事件却是 McCarthy（1960）《基础营销学：管理的方法》（*Basic Marketing：A Managerial Approach*）的出版（Hunt, Hass & Manis，2021）。我们之所以将该书的出版看作营销范式转换基本完成的标志性事件，主要是因为其吸纳并整合了 20 世纪 30 年代末至该书出版时有关营销管理理论的思想，形成了完整的框架，尤其是 4P 营销组合的提出，确立了现代营销管理理论的基本框架。当然，营销范式的转换并非在该书于 1960 年出版以后就宣告完成了，之后的 20 世纪 60 年代，营销管理范式都在不断地强化其作为主导理论范式的地位和影响。到 20 世纪 60 年代末，这个转换的过程就基本结束了，现代营销思想进入一个新的发展阶段。因此，从大的转折点来看，营销范式的转换是我们对现代营销思想史进行分期时必须考虑的首要因素。

我们要考虑的第二个转折点是营销思想史发展过程中的"第一次整合"。20 世纪初，以密歇根大学、加利福尼亚大学和伊利诺伊大学等为代表的一批大学陆续开设了营销学相关的课程，从而开启了学界对现代营销思想的探索历程。在这个早期阶段，一方面，营销思想的主要表现形式为营销教育先驱们的课程讲义与课程资料，以及少数发表在经济学期刊上的学术论文（Bussière，2000）。这个阶段营销学尚未从经济学母体中分离出来，也没有形成独立的学术社区。另一方面，这些早期的探索由于开课教师个人的专业背景与兴趣及其所在大学的区位与学科特点等因素的影响而呈现出比较发散的状态，并以此为基础形成了营销思想的早期学派。随着这些自发、分散的营销思想的发展与积累，对其进行整合与梳理成为一项重要且必要的任务。营销学界对早期营销思想的第一次整合是在20世纪10年代的后几年至20年代末完成的，以这一时期出版的一系列以"营销学原理"（Principles of Marketing）为标题的教科书为主要标志（Ivey，1921；Clark，1922；Maynard，Weidler & Beckman，1927）。这些最早出版的营销学教科书对20世纪20年代末之前的营销思想进行了系统的整合，初步形成了一个被称为"营销学原理"的知识体系。

我们要考虑的第三个标志性的转折点是"营销思想的（社会化）拓展"。20世纪60年代营销管理理论取得主导地位以后，随着美国商学教育科学化运动的兴起（Tadajewski，2006），营销学为了解除"科学合法性危机"，除紧跟整个商学领域的科学化步伐以外，营销思想还以Kotler和Levy（1969a）发表《拓展营销观念》（Broadening the Concept of Marketing）这篇经典论文为标志，开始了从传统经济与企业领域向社会、政治、文化等诸多领域的社会化拓展。这场一直持续到20世纪80年代的"营销观念拓展运动"（Kotler，2005）虽然不乏批评与争议，但成功地将营销管理理论的哲学观念与管理框架拓展至非经济领域，极大地提升了营销学作为一门社会科学学科的地位。与此同时，在主流营销管理理论基础上，20世纪70年代也见证了诸多营销学分支领域——消费者行为、组织间营销、服务营销、国际营销、关系营销，以及量化营销科学的快速兴起与发展。这些现代营销学的分支领域与主流营销管理理论共同构成了现代营销思想的主要部分，也形成了若干营销思想的现代学派。这些分支领域的发展与营销观念拓展运动几乎是在同期进行的，从20世纪60年代后期开始，到90年代基本结束。

以上述三个关键的转折点为标志，本书将现代营销思想史划分为以下三个时期：

一是1900—1930年的营销思想早期发展时期。这一时期从标志着现代营销思想产生的第一门营销学课程开设开始到营销思想的第一次整合结束，包含了Bartels分期中的发现阶段、概念化阶段与整合阶段。

二是1931—1970年的营销思想范式转换时期。这一时期包含了20世纪30年代这个承前启后的"发展阶段"（Bartels，1962，1976，1988），以及范式转换的核心30年。这一阶段的前十年（1931—1940）是营销学术社区建设与形成的关键时期，在这个阶段，美国市场营销学会正式成立，营销学旗舰期刊 *Journal of Marketing* 正式出版，为即将开始的范式转换奠定了坚实的基础。之后，1941—1970 年，营销范式转换基本完成。整体而言，这个时期对应着 Bartels 分期中的发展阶段、重新评价阶段、重新概念化阶段和分化阶段。

三是 1971—1990 年的营销思想拓展时期，包含了营销观念的拓展运动与现代营销学若干分支领域的发展。严格来讲，这一时期从 1969 年 Kotler 和 Levy 的标志性论文发表就已经开始了，但为了在时间边界上不相互重叠，我们从 1971 年开始阐述这一阶段的发展。为了保持叙事的连续性，我们在本书讲解相应内容的章节（第 6 章）开始时会对 20 世纪 60 年代的"遗产"进行专门的阐述，以与 1969 年开始的营销思想的拓展相衔接。

需要指出的是，营销思想的发展如同其他学科或科学领域的思想史一样，是一个连续渐进的过程。学术思想的产生与发展固然有跳跃或突破的特点，但对思想史分期的任何努力都难以避免地带有高度的个人主观色彩。因此，我们在本书中对营销思想史的分期也仅是出于叙述方便的目的，营销思想在不同阶段之间是高度连续的，不可避免地存在横跨两个阶段的特征。对于这一点，我们在后文的研究与阐述中也将做适当的"策略性"处理，不同时期的分界点是我们为读者设定的参照点，我们将尽力在叙述中避免不同时期之间的"思想断裂"。另外，我们在本书中对主流营销思想史的研究截至 20 世纪 90 年代，当然，对营销思想在中国的传播与发展的研究，我们尽量将时间点后移至 21 世纪 10 年代。之所以这样做，并不是因为我们认为 20 世纪 90 年代以后主流营销思想的发展变得不重要了，只要营销学科保持着活力，营销思想前沿就会始终随时间的推移而向前发展。但如同任何历史研究一样，我们总要为研究设定一个较为明确的时间框架，以使其能够完整。之所以将这项研究的结束时间设定为 20 世纪 90 年代，一方面是因为我们认为，到 20 世纪 90 年代现代营销思想的基本体系与内容已经趋近完整；另一方面是因为我们认为，只有与我们今天所处的时间点间隔一段时间，才能减少认知上的误差，更好地对营销思想发展的"历史"做出更加符合其实际情况的评判。

## 1.3.2　主流营销思想发展的基本框架与标志性事件

以上述对营销思想史的分期为基础，我们建立了一个主流营销思想发展的基本框架（见图1-1）。这个框架主要按时间轴展示了主流营销思想或Bartels（1962，1976，1988）所称的一般营销思想的发展与演进历程。首先，我们认为现代营销思想的产生建立在两个重要的基础之上——世纪之交美国的经济与社会背景，以及经济学思想基础。前者为现代营销思想的产生提供了现实的背景和动因，正是一系列重要的现实经济与社会问题引发了营销学先驱们的关注，并促使他们为解决这些问题而展开探索。而后者——世纪之交的古典与新古典经济学思想，以及大量留德归国的年轻学者带回美国的德国历史主义经济思想和方法论则为现代营销思想的产生提供了直接的思想基础。我们在图1-1中明确地标识了每一个历史阶段内部营销思想发展的若干阶段性主题，虽然其中难免存在主观概括的偏差，但却有助于读者更好地把握营销思想在每个阶段发展与演进的关键性特征。

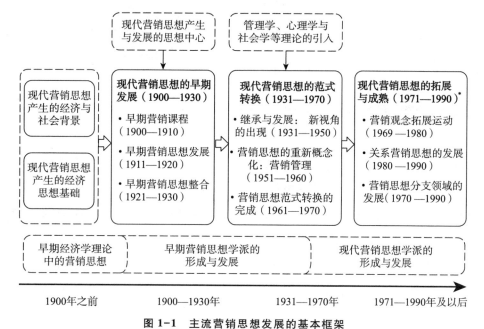

图1-1　主流营销思想发展的基本框架

注：*该阶段内部营销思想发展的阶段性主题划分时段存在交叉，之所以会出现这种情况，是因为一些标志性事件或标志性文献的发表时间存在交叉，后文中对此有解释说明。

在框架图的上方，我们标识了对营销思想的发展与演进产生了重要影响的理论基础。在营销思想发展与演进的第一个阶段，经济学是近乎唯一的理论基础。早期营销思想的发展形成了几个思想中心（Bartels，1951b），构成这些思想中心的大学对早期营销思想的发展做出了重要贡献。进入20世纪30年代以后，尤其是现代营销思想开启"范式转换"之后，由于管理学、社会学和心理学等诸多社会科学理论视角的引入，营销思想发展的思想基础变得更为多元，不仅在某种程度上弥补了单一依托经济学理论的局限，也为营销思想的范式转换以及诸多重要分支领域的发展奠定了基础。

在框架图时间轴的上方，我们标识了营销思想学派与主流营销思想演进的对应关系，以及这些思想学派之间的连续性。营销思想学派反映了特定历史时期营销思想的结构，它们在不同的阶段之间不是相互独立的；相反，它们体现了思想源流和发展方向上的交叉与连续。正是从这一点来考虑，我们将现代营销思想产生前存在于经济学理论中的营销思想作为早期营销思想学派的源流放置在框架内，与营销思想产生前的经济学思想相对应。

为了便于读者对照营销思想发展与演进的框架图，快速地了解与把握营销思想在整个发展与演进阶段所呈现出的那些关键的影响要素，我们制作了现代营销思想史发展的标志性事件一览表（见表1-1）。我们在表中以现代营销思想发展与演进的历史阶段为单元，依据研究文献选择了若干重要的标志性事件（包括时间、地点、人物和事件）。虽然这些标志性事件的选择难免存在偏差，但基本上可以反映现代营销思想发展与演进过程中对其产生了重要影响的若干关键事件。从表中我们也可以大致看出，一方面，那些具有开创性的事件和具有承前启后作用的整合性的事件都在营销思想史发展过程中起到了重要的作用；另一方面，与营销学及其主要分支领域相关的学术社区的建设，包括学术组织及其相关的学术会议（表中未单独列出）的组织和学术期刊的出版等，也在相当大程度上起到了推动与促进的作用。

表 1-1　现代营销思想史发展的标志性事件一览表

| 营销思想发展阶段 | 标志性事件 |
| --- | --- |
| 早期发展阶段<br>（1900—1930） | 1902 年，Jones 在密歇根大学开设了第一门营销学课程"美国的分销与规制产业"（The Distributive and Regulative Industries of the United States）<br>1912 年，Shaw 在 Quarterly Journal of Economics 上发表经典论文《市场分销中的一些问题》，首次提出了营销功能的概念，并对营销功能进行了类别的划分<br>1917 年，Butler 出版《营销方法》（Marketing Methods），该书被认为是第一本直接以"营销"作为书名的教科书<br>1921 年，Ivey 的《营销学原理》（Principles of Marketing）出版，该书是第一本以"营销学原理"为题出版的教科书，试图对营销功能、机构、商品分析方法和相关的知识进行整合，建立一个初步的营销学知识框架体系 |
| 范式转换阶段<br>（1931—1970） | 1937 年，美国市场营销学会正式成立，此前一年学会会刊 Journal of Marketing 先行正式出版<br>1940 年，Alexander 等（1940）所著的《市场营销》（Marketing）出版，该书将营销概念化为一种管理职能，并试图从管理的视角建立新的框架<br>1957 年，Alderson 的经典名著《营销行为与经理人行动——功能主义视角的营销理论》出版，力图构建一般营销理论，为营销管理理论框架的建立奠定了一定的思想基础<br>1957 年，McKitterick 提出"营销观念"（marketing concept）的概念<br>1959 年，福特基金会和卡耐基基金会资助的关于美国商学教育的报告发布，有力地推动了包括营销学在内的美国商学研究的科学化历程<br>1960 年，Levitt 发表经典论文《营销近视症》（Marketing Myopia）<br>1960 年，Keith 提出营销革命四个时代的观点，将营销观念表述为营销导向（marketing oriented）的概念<br>1960 年，McCarthy 出版《基础营销学：管理的方法》，书中提出了 4P 模型<br>1964 年，美国市场营销学会的专业期刊 Journal of Marketing Research 出版<br>1967 年，Kotler 出版了其经典教材《营销管理：分析、计划和控制》（Marketing Management: Analysis, Planning, and Control），建立了明确的营销管理理论框架<br>1969 年，Kotler 和 Levy 在 Journal of Marketing 上发表论文《拓展营销观念》，开启了"营销观念拓展运动" |

(续表)

| 营销思想发展阶段 | 标志性事件 |
| --- | --- |
| 拓展与成熟阶段（1971—1990） | 1971年，消费者研究学会（Association for Consumer Research，ACR）正式成立<br>1971年，第一本专注于工业品营销问题的学术期刊 *Industrial Marketing Management* 正式出版，从而有力地促进了组织间营销理论的发展<br>1974年，*Journal of Consumer Research* 正式出版<br>1976年，IMP集团启动了第一个跨国协作研究项目"工业品营销与采购"（Industrial Marketing and Purchasing），有力地促进了对工业品营销与采购的研究<br>1977年，Shostack 在 *Journal of Marketing* 上发表经典论文《冲破产品营销的束缚》（Breaking Free from Product Marketing），有力地回应了营销学界对服务营销合法性的质疑，极大地促进了服务营销理论的发展<br>1981年，宏观营销领域的专业学术期刊 *Journal of Macromarketing* 正式出版，成为宏观营销学研究成果的主要发布渠道<br>1982年，*Marketing Science* 作为管理科学协会营销科学分会的旗舰期刊正式出版，进一步促进了量化营销科学的发展<br>1983年，Berry 首先从服务营销领域提出了关系营销的概念，同年，Levitt 在 *Harvard Business Review* 上发表的经典论文《销售完成之后》（After the Sale is Over）从B2B（组织间）领域提出了关系营销的概念，有力推动了关系营销理论的发展<br>1983年，专注于国际营销领域的学术期刊 *International Marketing Review* 正式出版，为国际营销研究提供了专业的讨论平台 |

### 1.3.3 本书的结构安排

根据前述营销思想史分期及其发展的基本框架，我们将按照时间顺序来考察现代营销思想史的发展。全书共包括9章，除本章"绪论"外，其余章节的主要结构和内容安排如下：

在第2章"现代营销思想产生的背景"中，我们将主要基于美国经济史和经济思想史阐述现代营销思想在19世纪末20世纪初的美国产生的经济与社会背景，以及经济思想基础。通过对19世纪美国工业化历程的考察，我们能够较为明确地展示现代营销思想产生于一个什么样的经济与社会环境中，从而可以为读者思考"为什么现代营销思想会在这一时期产生"这个问题提供启发和思考的起点。现代营销思想孕育于经济学母体中，而其产生和发展却并非仅仅受到美国经济学思想的影响。这一时期，大量赴德国留学的经济学专业的学生将德国历史学派的经济学思想传统带回美国，随着他们中相当多的学者成为现代营销思想产生的推动者和先驱者，现代营销思想中也带有德国历史学派的深刻烙印，这成为现代营销思想产生的一个重要特点。我们将在第2章中阐述来自美国和欧洲的经济学思想如何成为现代营销思想产生的思想基础。

在第3章"营销思想的早期发展（1900—1930）"中，我们将系统地考察1900—1930年现代营销思想的产生和早期发展。在这一章中，我们将主要从三个方面来展示早期营销思想的发展。首先，我们将重点关注最早期营销思想的主要载体——营销学课程的开设及其主要内容。我们将关注的焦点放在1902年在三所大学几乎同期开设的最早的三门营销学课程上。为了更好地与第2章的内容衔接，我们也将这些最早开设的课程置于其所开设大学的商科或经济学教育背景下，同时也对最早开设这些课程的营销学先驱的专业背景和个人生平予以关注。对这些课程所代表的早期营销思想的考察将主要集中于1900—1910年。在此基础上，我们将注意力集中在早期经典营销思想的发展上，这一发展时期主要指的是1911—1920年。这期间，包括"营销"这一概念的统一使用、Shaw和Weld等营销学先驱关于营销功能经典思想的提出也将会被给予重点关注。在接下来的1921—1930年，现代营销思想迎来了第一次整合，我们将重点关注这一时期最早出版的几本代表性"营销学原理"教科书是如何对早期营销思想进行整合的。以上内容按照时间的纵向维度展示了早期营销思想的发展情况，该章最后我们将从空间维度来阐述早期营销思想产生与发展的几个思想中心的主要贡献，包括对威斯康星大学和哈佛大学，以及被称为中西部大学集团的伊利诺伊大学、密歇根大学、俄亥俄州立大学及明尼苏达大学早期营销思想贡献的讨论。我们希望通过对几个思想中心贡献的讨论来弥补基于时间维度讨论所可能产生的遗漏，从而做到"点""线""面"的结合。

第 4 章是"早期营销思想的整合与学派"。经过 30 年的发展,营销思想已经形成了较为丰富和复杂的知识体系。虽然我们在第 3 章中对这 30 年的发展情况进行了"点""线""面"结合的讨论,但依然无法较为系统、全面地展示营销思想的全貌。这一章我们将从早期营销思想学派的角度来展示早期营销思想的结构,以期与第 3 章的内容形成互补。基于营销思想史的研究文献,在该章中,我们将重点讨论功能学派、商品学派、机构学派和区域间贸易学派这四个早期营销思想学派。我们除对每个学派的主要营销思想和观点进行阐述以外,还将适当按照时间线索展示这些学派在 20 世纪 30 年代以后的发展状况。这个延伸的时间线所包括的内容将会与后续章节的内容形成互补,以更加全面地展现营销思想的整体结构。

第 5 章"营销思想发展的'范式转换'(1931—1970)"将重新回到营销思想发展的时间线索上,我们将在该章中聚焦 1931—1970 年这 40 年中一般营销思想的发展与演进。这一阶段是一般营销思想从基于经济学视角的第一次整合的结果——"营销学原理"向基于管理学视角的"营销管理范式"的转换阶段,是现代营销思想发展中至关重要的时期。我们将首先基于 20 世纪 20 年代营销思想整合的基础,重点考察 1931 年以后一些新的思想和视角的出现及其对营销思想发展的影响。我们也将为现代营销学术社区——美国市场营销学会及其会刊 *Journal of Marketing* 的建设与发展提供一个简洁的"历史纪要"。其次,我们将重点考察 20 世纪 50 年代"营销的重新概念化"(Bartels, 1988),即管理学的视角如何重塑主流营销思想,并最终确立管理理论的基本框架。在这个部分,我们将重点阐述 Alderson、Howard、Kelley、Lazer 以及 McCarthy 的贡献,展示营销观念、营销组合,以及 4P 模型的产生与发展。接下来,我们将关注 20 世纪 60 年代基于营销管理理论的框架,营销管理范式是如何强化其在营销思想中的主导地位的。我们将重点讨论 Kotler 的贡献,以及在 20 世纪 60 年代蓬勃兴起的消费者行为和量化营销科学的发展。20 世纪 60 年代营销学遭遇的"科学合法性危机"极大地影响了 20 世纪 70 年代以后的营销思想发展,我们也将在这一部分阐述这一危机产生的背景,以及营销学术社区做出的应对。

在第 6 章 "营销思想的拓展（1971—1990）" 中，我们将继续沿着时间主线考察 20 世纪 70 年代以后营销思想的发展。这一章的内容将主要包括这一阶段营销思想在几个方向上并行拓展的主题。首先是始于 1969 年的 "营销观念拓展运动"，由 Kotler 领导的这场学术运动一直持续到 20 世纪 80 年代，其结果是营销观念及营销管理的战略框架由经济领域成功进入社会、政治、文化等诸多领域，彻底改变了公众对于营销只服务于营利性组织市场销售行为的偏见，当然也极大地提升了营销学科在社会科学中的地位。其次是以营销管理理论为依托，营销思想在几个主要分支领域的发展，包括组织间营销、服务营销、国际营销和关系营销等。其中，关系营销思想在 20 世纪 80 年代初出现，到 20 世纪 90 年代成为一种影响力巨大的思想范式，甚至对主流营销管理范式形成了挑战。我们也将结合文献对这一所谓的 "营销革命" 进行相应的讨论。经过 20 世纪 70 年代以后的拓展，现代营销思想的主体结构和知识体系基本形成了。

第 7 章是 "营销思想的成熟与现代学派"。这一章的写作目的与第 4 章相同，我们希望通过对 20 世纪 30 年代以后形成的现代营销思想体系结构的横向展示与基于时间线索的营销思想演进的内容形成互补，以更加完整、全面地展现现代营销思想的结构与内容。在这一章中，我们将基于营销思想史文献，对现代营销思想的六个主要学派——营销管理学派、消费者行为学派、营销系统学派、宏观营销学派、交换学派和营销历史学派的主要观点及其发展的历史脉络进行梳理和讨论。通过对这些现代思想学派的讨论，读者可以清晰地了解营销思想从传统范式（以营销学原理为核心的经济学范式）向现代范式（以营销管理理论为核心的管理学范式）转换的过程中，那些 "偏离" 了主流演进方向（营销思想向管理学导向和微观企业导向演进），即经济学导向、宏观导向的 "传统" 营销学思想去哪里了。这些营销思想当然并没有消亡，而是以主流营销思想分支学派的方式存在于现代营销思想体系中，与主流的营销管理理论共同构成了现代营销思想的整体。

第 8 章 "营销思想在中国的引进与发展" 是体现本书 "本土视角" 的一章。在这一章中，我们将视野聚焦于 1978 年改革开放以后西方（以美国为主）的营销思想在中国的引进、传播与发展过程。我们将这个过程大体划分为三个阶段：营销思想的引进与传播（1978—1990），营销思想的吸收与模仿式创新（1991—2010），中国营销学研究的国际接轨与自主创新（2011年以后）。我们将基于可以查阅到的文献和资料，尽力展现过去40余年中国营销学者和企业家对引进的西方营销思想的学习、消化吸收、模仿创新与自主创新的探索历程，讲述在此过程中做出重要贡献的那些营销学前辈学者、出版机构、营销咨询机构等的故事。因此，这一章的内容并不是真正意义上的"思想史"，而更像是记录营销思想在中国引进、传播与创新发展的一段"当代史"。尽管如此，我们还是认为在营销思想史这本书中放入这样一章内容不仅对中国营销学界具有重要意义，对世界营销思想也具有一定的文献价值。

第9章是"结语"，作为本书的最后一章，我们将首先对营销思想史的发展历程做简要的总结。其次，本着面向未来的考虑，我们也将尝试对营销思想发展过程中，尤其是营销学科当前发展中所呈现出的若干重要问题进行反思和探讨，并期望能够对未来营销思想的发展有所启迪。

除正文的几章内容以外，为了更为完整地展现营销思想史的各种"要素"，本书在正文之后还包含三个附录。附录1是"营销学先驱"，我们将依据营销思想史文献按照年代次序列出对营销思想发展做出重要贡献的营销学先驱，并简要列示其代表性作品或贡献。附录2是"营销思想史研究重要参考文献"，我们将在这个附录中列出重要的营销思想史研究的英文文献。虽然这一部分在内容上可能与书后列出的参考文献有所重叠，但考虑到本书参考文献数量比较多且涉及主题众多，为了方便对营销思想史研究有兴趣的读者快速查阅最为重要的文献，我们将其单独整理出来，从而形成了一个虚拟的专题"文库"。附录3是"一般营销理论重要参考文献"，我们将在该附录中列出有关一般营销理论建构的关键文献。"经典营销文献选读"课程一般涉及营销思想史的发展，单独整理这个附录是为了方便开设或学习"经典营销文献选读"课程的读者参考，当然也可以配合"营销思想史"课程教学和学习使用。

那么，就让我们一起开启营销思想史的旅程吧！

**思考题：**

1. 营销史与营销思想史的区别和联系是什么？
2. 营销思想史包括哪些形式与维度？
3. 如何界定营销思想史的范围？
4. 营销思想史的学术研究经历了什么样的发展历程？
5. 现代营销思想史的发展阶段划分有哪些典型的观点？

# 第 2 章

# 现代营销思想产生的背景

学习目标
- 了解现代营销思想产生的经济与社会背景
- 了解商业的发展对现代营销思想产生的促进作用
- 了解早期经济学理论为现代营销思想产生提供的思想基础
- 了解德国历史学派经济学思想对现代营销思想产生的影响

营销思想显然不会凭空产生。经济思想史的发展表明,当社会经济环境发生剧烈变化进而引发新的问题时,新的思想、新的理论和新的学派往往就会产生。对于19世纪与20世纪之交的美国而言,其正处于这样一个经济社会发生剧烈变化的时代。19世纪后半叶开始的快速工业化不仅在20世纪来临前将美国从一个农业社会转变为一个工业社会,其经济与社会环境也随之发生了巨变。营销思想正是在这个剧烈变化的时代背景下产生的。因此,了解现代营销思想产生的经济与社会背景对更好地理解营销思想的产生与发展无疑是非常必要且重要的,而这正是本章的主要任务。

## 2.1 经济与社会背景

### 2.1.1 工业化与美国国内市场

根据美国经济史学者的观点,美国的工业化开始于18世纪末,1790—1860年这段时间是美国工厂制度逐渐兴起、工业革命基础逐渐奠定的时期(福克纳,2018)。到1860年,多数家庭作坊已经消失,小工厂取而代之成为重要的生产形式。虽然1840年以后蒸汽动力在生产中的应用增加得很快，但直到1860年，水力仍然是生产动力的主要来源。在对生产与流通产生巨大影响的交通运输基础设施方面，虽然1850年以后铁路的建设步伐开始加快，但依托内河的水利交通仍然是主要的运输手段。然而，这一时期一系列技术发明及其在工业生产中的应用却为美国工业化的加速奠定了基础。根据福克纳（2018）的研究，1790—1811年，美国商标局登记的发明平均每年有77项，而1830年的发明数量则为544项。1841—1850年的十年中，商标局颁发了6 460项专利；接下来的十年这一数字更是达到25 250项。这些重要的发明和技术专利包括惠特尼于1790年首先在兵工厂中应用的零件标准化原理，其使得机械的零部件可以互相调换；1814年罗威尔设计制造的动力织布机首次使纺纱和织布过程在同一家工厂里进行，这家被称为"实施瓦特罕姆制度"的工厂无疑向现代工厂迈出了重要的一步。其他重要的发明还包括高压力蒸汽机、火车头、无烟煤冶炼铁矿、缝纫机和磁石电报等。这些重要的发明无疑为美国快速工业化阶段的到来奠定了基础。

1860年以后，南北战争对工业生产产生了巨大的刺激作用，美国的工业化进程开始加速。在宏观上，福克纳（2018）提供的一组数据可以充分说明这个阶段美国工业的发展。1850—1900年，美国的人口数量增加了3倍，同样处于变革中的农业产值也增加了3倍，但同期制造业的产值却增加了11倍。从国际比较来看，1860年美国制成品价值居世界第4位，而到1894年就已经居世界第1位。那时，美国生产了相当于英国的2倍、所有欧洲国家总产量1/2的产品。快速提升的生产能力的背后是数量和规模都在快速增加的工厂。1859年，美国工厂的数量为14万家，而到了1899年，这一数字则变成了51.2万家，翻了约3.7倍；1859年，美国工厂领薪工人的人数为131.1万人，而到了1899年，这一数字为530.6万人，约为1859年的4倍。1884年，美国工业产值首次超过农业，这使得美国成为一个真正意义上的工业化国家。

这些宏观数据的背后是微观生产企业生产能力惊人的提升，其主要特点就是基于机械化和标准化的"大量生产"（钱德勒，1987；福克纳，2018）。美国工业化时代最具代表性的人物之一福特的观点很好地概括了这种大量生产的特征（福克纳，2018）："大量生产，就是把动力、准确性、经济性、制度化、连续性和高速度等原理集中地应用在制造一种产品上面……其结果就会有这样一个生产组织：用最低限度的成本，大量地出产用标准材料、人工和设计所造成的有用商品。"（第55页）这种大量生产体制所创造的生产能力是非常惊人的。钱德勒（1987）给出的两个具有代表性的例子足以说明这种机械化生产能力在当时达到的水平。在烟草工业中，邦萨克于1881年申请专利的制造香烟的机器在试验阶段可以在一天（10个小时内）生产7万支香烟。到了19世纪80年代末，一台机器一天可以生产的香烟量达到12万支以上。相对于当时最为熟练的手工操作工人一天可以生产3 000支香烟来说，自动化机器的产量是非常令人震惊的。钱德勒估计15台这样的机器就可以满足1880年美国全国市场对香烟的需求，而30台这样的机器就可以使1885年的美国国内香烟市场饱和。另一个典型的例子来自火柴制造业。1881年，4家使用高效率火柴制造机器的公司联合生产了一种机器，该机器以10亿计的速度制造火柴并自动装盒。这使得钻石火柴公司很快就占领了世界火柴市场，并在进入20世纪后的很多年中一直在该市场处于支配地位。高效率的机械化生产的一个自然而然的结果就是生产成本的大幅降低。以上述香烟生产为例，每千支香烟的总生产成本从5先令（60便士）降到了10便士（钱德勒，1987）。进入20世纪以后，著名的福特T型车的案例同样体现了这种自动化大量生产的效率。1913年，福特可以每天生产1 000台汽车；1908—1927年，T型车的销售价格从850美元降到了290美元（克雷纳，2003）。相同的状况也发生在其他很多行业中。

这种大量生产体制的建立一方面有赖于生产技术的进步与发明，另一方面则有赖于获得适当的资本和一个大得足以吸收产品的国内市场。显然，到20世纪初，这些条件都已经具备了。19世纪90年代至20世纪初，美国政府颁发的专利数量令人吃惊地达到23.5万项（福克纳，2018），这一数字是1850—1860年的近10倍。随着金融业的发展和铁路、电报、电话等基础设施的快速建设，不仅制造业发展所需的资本有充足的供应，一个统一的国内市场也已经形成，这足以消化大量生产的产品。根据福克纳（2018）的统计，在19世纪最初的几十年中，美国市场的供应还主要依靠从英国等国家的进口，到了 1860 年，美国消费者从本国生产者那里购买了 89% 的制成品，而到了 1900 年，这一比例更是达到 97%。当然，如此高的内销比例是与美国政府实施的高关税保护政策相关的，我们将在后文"矛盾的'自由放任'经济政策及其调整"中再讨论这一问题。

构成工业制成品巨大市场需求的是人口及其购买力，这些相关的指标也在 1900 年前的几十年中得到了快速的发展。1860 年，美国总人口约为 3 150 万，而到了 1900 年，人口总量已经达到 7 610 万（沃尔顿、罗考夫，2018），约为 1860 年的 2.4 倍。大量移民的涌入以及人口出生率的上升不仅促使美国人口数量在这一时期快速增长，也为快速工业化提供了较为充足的劳动力。随着工业化进程的推进，这一时期的城市化水平也在快速提升，人口向城市集中的程度显著提升。1860 年，居住在 2 500 人以上城市中的人占全部人口的比例为 21%，而到了 1900 年，这一数字则提高到 40%（沃尔顿、罗考夫，2018）。衡量市场购买力的重要指标人均收入按固定美元计算从 1869 年的 233 美元增长为 1899 年的 456 美元（Coolsen，1960），考虑到人口基数的增加，这一增长是非常可观的。除人均收入水平的提高以外，消费信贷的出现与广泛应用进一步提高了人们的消费能力（沃尔顿、罗考夫，2018）。

### 2.1.2 交通与通信基础设施建设

一方面，美国疆域辽阔，工业化前期主要依靠内河（包括运河）航运的运输体系非常低效，尤其在解决东西方向的运输问题方面效率更低。[①] 这不仅对工业原料和制成品的运输形成了巨大的阻碍，也使得广阔的国内市场被分割成无数个以本地市场为主的碎片化市场，基于机械化的大量生产体制无法得到支撑。另一方面，与交通运输低效相伴的是通信的阻碍，无论是供给信息还是需求信息都无法在本地市场以外高效率地传播，这使得市场处于一种高度的不确定状态，任何在这样的市场中运营的企业都面临极大的风险。

在早期试验性建设的基础上，自 19 世纪 50 年代起，美国铁路的建设步

---

① 这是因为美国境内多数河流都是南北流向的，而美国人口在这一时期的移动则是从东部向西部迁移，这使得东西方向的运输成为美国当时面临的一个主要问题（福克纳，2018）。

伐开始加快。1860年，全国运行中的干线铁路轨道里程约为3.1万英里①，到了1900年，这一数字已经变成20.7万英里，约为1860年的6.7倍（沃尔顿、罗考夫，2018）。其中，1869年，第一条横贯美洲大陆的铁路修建完成，这是一个具有里程碑意义的事件，意味着大陆的东西海岸之间有了一条交通运输大动脉。随着遍布全国的铁路网的建设，铁路在运输方面的优势很快显现出来。一方面，除日益提升的运输速度以外，铁路为货物提供了一种可靠而时间准确、全天候的运输方式，极大地提高了货物运输的确定性程度，而不必像航运那样受天气和季节等不确定性因素的影响极大。另一方面，蒸汽火车头不仅提供了迅速、可靠、有规律和全天候的运输方式，还可以通过更加集约地利用既定运输设备极大地降低货物运输的单位成本。在同一条线路上，在水运一次的时间内，铁路运输可以往返数次。即便是在铁路建设初期，铁路每年每英里的货运量也达到水运货运量的50倍以上（钱德勒，1987）。1870—1900年，美国铁路部门的全要素生产率几乎翻了一番（沃尔顿、罗考夫，2018），平均每吨英里的运费从1867年的1.92美分降到1899年的0.724美分（Coolsen，1960），这表明铁路运输的效率提升和成本降低都是非常可观的。

当然，铁路建设的经济与社会意义远远超出其提供低成本、高效率运输的意义。铁路在打破农村的孤立状态，连接城市与乡村方面的经济与社会价值是难以估量的（福克纳，2018）。一方面，以铁路网为依托，一个全国统一的市场逐渐形成。铁路彻底改变了城市与农村之间、城市之间、乡村之间的孤立状态，使得各种要素、信息与人员的高效率流通成为可能。另一方面，在铁路建设的高峰阶段，铁路的建设往往领先于对铁路的需求，这无疑促进了人口的流动和迁移，尤其对西部地区的开发产生了促进作用，并迅速将这些"边疆"纳入一个统一的国内市场中。从企业运行的角度来看，铁路网建设的一个直接结果就是企业可以有更加确定和稳定的供应，企业大规模生产所产出的大量商品也可以突破当地市场的边界，进入更大规模的市场（Bartels，1988）。显然，这两个方面对企业生产规模和销售市场范围的扩大所

---

① 1英里约等于1.609千米。

起的作用是直接而意义非凡的。

通信革命随着交通运输革命而来。电报发明于1844年，1847年开始在商业领域应用（钱德勒，1987）。由于电报线路的修筑成本低廉，在政府的补贴和支持下，电报线路在1861年就通达太平洋沿岸。那一年，运营中的电报线路里程有约5万英里（福克纳，2018）。到了1880年，运营中的电报线路里程达到29.1万英里，在该线路上共发出3 170.3万封电报（钱德勒，1987）。显然，铁路网络和电报网络的建设是相互促进的，电报公司以铁路作为架线的基本路径，而铁路则利用电报的服务来协调列车和客货运的流量。如果说铁路网的建设为美国经济社会的发展提供了高效率的物流基础设施，那么电报网络的建设则提供了可以瞬时通信的信息流基础设施。通信技术的第二个具有划时代意义的创新——电话也在19世纪后期快速发展起来。1880年，美国的电话线有3.4万英里，而根据美国电话电报公司的报告，1900年时，该公司已经拥有85.5万部电话（福克纳，2018）。

除了铁路网、电报和电话网络建设，19世纪后期，在美国政府一系列法令的促进下，邮政服务业也快速发展起来。不仅单位邮件的邮资不断下降，遍布全国城市与乡村的邮路和邮政服务点作为电报与电话的补充把全国都纳入一个统一的通信体系中。

## 2.1.3 矛盾的"自由放任"经济政策及其调整

在南北战争以后的半个世纪里，亚当·斯密和他的继承者们所主张的自由放任主义经济哲学主导了美国的经济政策。这种经济哲学相信"看不见的手"的力量，认为政府的管理与干预通常是存在弊端的，社会团体中的每一个成员在"看不见的手"的指引下去追求其自身利益的最大化最终将会为公共利益做出最大的贡献（罗尔，2021）。[①] 在这一哲学观念的指引下，19世纪后期新兴的资本家以及一般的美国民众都认为，对私人资本和私人企业进行

---

① 这种经济哲学甚至影响了《美国宪法》第十四修正案第一节的内容："任何州政府不得制定或执行使美国公民的特权受到剥夺的法律。任何州政府不依法律程序不得剥夺任何人民生命、自由或财产权利，也不得否认法律对一切人民均应给予平等的保障。"虽然这一内容被认为在宪法上是保护黑人的，但由于各大公司不断对法院施加压力，最终形成了一种解释，使该条文可以限制各州政府对企业运营的干预。参见福克纳（2018：78）。

限制及管理不仅是不必要的，而且是错误的；相反，政府还应当尽可能地为企业的发展提供支持和协助。企业领袖们坚定地相信他们拥有不受政府限制和干预而获得并拥有财产的权利；他们不遗余力地强调财产权、财富的累积法则和市场竞争法则（Coolsen，1960）。当时的民众也普遍接受这样一种观念：勤俭和努力工作一定会获得回报，而贫穷多是因为懈怠和懒惰（Bartles，1988）。这些观念由于边疆拓荒者的个人主义思想而进一步得以增强，这些人要求行动上最大的自由（福克纳，2018）。因此，自由竞争与放任主义思想在1860年以后的几十年里通过企业界对联邦政府的影响而得到了实际的应用，成为美国主导的经济政策。

然而，这种自由放任的经济政策却并不是彻底的，一个显著的例外就是美国政府在同期为了保护国内市场和快速工业化过程中的制造业而实施的保护性关税政策。从1870年到1900年，越来越多的商品被列入保护性关税清单，平均关税税率从47%提高到了57%（Coolsen，1960）。来自国外的竞争者被关税壁垒挡在国门之外，这为美国本土的制造业发展提供了不受外部影响且在不断拓展的市场空间。显然，限制自由国际贸易的保护性关税政策与国内实施的自由主义经济政策是不一致的。自由主义经济学家强烈地呼吁取消这一限制自由竞争和自由贸易的保护性政策，认为这是一项对国家经济发展不利的错误政策。围绕保护性关税问题，持有针锋相对意见的经济学家展开了持久的争论，并且将这种争论一直延续到20世纪初。

美国政府在19世纪后半期实施对内自由主义、对外保护主义的经济政策产生了两种不同的结果。一方面，如前所述，美国的生产制造业在这一阶段得到了快速的发展。尤其是在政府推动铁路、电报和电话等基础设施建设的基础上，制造业的发展速度和企业的生产能力都得到了极大的提高。不断扩容的企业生产能力加上对进口商品的限制，使得美国迅速成长为一个基本能够自给自足的工业化国家。另一方面，随着越来越激烈的市场竞争，企业面临的生存压力越来越大。这种压力不仅来自越来越大的生产规模和日趋饱和的市场，也来自为了应对过剩的生产能力而不断下降的商品价格。从1870年到1899年，为了满足国内市场消费而生产和流通的商品量几乎翻了两番。而同期，商品批发价格指数则从1870年的135降到了1897年的68（Coolsen，

1960）。国内市场的趋近饱和，无疑对生产制造企业的生存和发展提出了严峻的挑战，此间周期性出现的经济危机更是放大了这一影响。在自由主义经济政策的主导下，企业也必须自己面对挑战，并致力于应对生产能力过剩与不断下降的商品价格这一双重压力。

生产制造企业解决上述问题的方法虽然是多样的，但以垄断的方式限制生产并控制价格成为最有效的方法，这催生了19世纪后半叶企业合并的高潮。研究表明，从1850年到1910年，在美国13个主要工业行业中，平均每家制造工厂的资本都增加了39倍以上，工人数量增加了约7倍，产品的价值增加了19倍以上（福克纳，2018）。垄断的形成更加扩大了工业企业的影响力，不仅消费者购买商品的价格被提升到一个不自然的水平，这些生产企业上游供应商的利益也遭受了不同程度的损失，因为原来能够保护它们利益的市场竞争因垄断而消失了，这让它们在面对下游垄断企业时完全缺乏谈判能力。以铁路和石油为代表的托拉斯日益引起公众和政府的关注，终于促使美国政府在19世纪末重新审视自由放任的经济政策。

随着企业合并所导致的工业垄断组织产生的影响越来越大，社会公众以及舆论对垄断的关注和抗议也越来越多，要求联邦政府通过立法来限制垄断资本、恢复市场竞争的呼声日益高涨。在这一背景下，联邦政府的立法者们开始审视垄断所带来的一系列社会与经济问题。虽然自由放任主义者仍然坚信"看不见的手"的力量，但19世纪末美国的实践表明，亚当·斯密理想中"个体追求自身利益的最大化最终将会为公共利益做出最大的贡献"的目标似乎很难实现。对自由放任哲学的反思最终导致联邦政府分别在1887年、1890年颁布《州际商业法案》（the Interstate Commerce Act）和《谢尔曼反托拉斯法案》（the Sherman Anti-Trust Act）。经济史学者指出，这两部法案并没有突破自由放任经济哲学的思想，政府通过这两部法案是希望能够对由垄断所造成的自由竞争秩序进行调整，以恢复国内市场的自由竞争（Coolsen，1960）。因此，在1900年之前，美国政府实际上并未实质性地执行这两部限制垄断的法案。1900年以后，反托拉斯运动由于社会公众对于垄断资本对社会公共福利忽视的不满而掀起了新的高潮，在罗斯福总统任期内，美国政府反垄断立法和执法的力度开始加大，美孚石油公司与美国烟草公司的解散成为反垄断的标志性事件（福克纳，2018）。

## 2.2 商业的发展

以批发和零售为代表的商业随着美国的工业化、城市化得到了快速的发展。钱德勒（1987）认为大规模的生产需要与大规模的分销相匹配才能高效率地将商品从生产领域转移到消费者手中。因此，这一阶段批发和零售企业的发展也是以专业化和规模化为主要特征的，这些规模日益大型化、经营形态日益多样化的商业企业在经济与社会生活中也扮演着日益重要的角色。

### 2.2.1 批发商业的发展

整体而言，美国批发和零售商业是随着工业化、城市化进程的推进而发展的。18世纪末，美国的整体经济格局与殖民地时期并没有本质的差异，全职能商人仍是这一时期最大的"商业机构"，他们买卖各种商品，执行所有基本的商业功能，集出口商、进口商、批发商、零售商、船东、银行家和承保人于一身（钱德勒，1987）。这些全职能商人主要集中在东北部的港口城市，协调着手工业工厂产品的销售和生产所需的原料、工具及设备的流通。因此，可以说这些全职能商人支配了美国前工业化时期的经济。在1790年之后的半个世纪中，随着美国工业化的启动和推进，商业机构也随之走上了专业化发展之路，到了1840年，各种专业化的商业企业已经在社会经济系统中扮演着重要角色。首先是批发和零售从传统的商人职能中分离出来，进而在批发商和零售商内部出现了以商品种类为基础的专业化。随后，金融、运输、保险等商业职能也都相继专业化了。虽然这种专业化趋势在18世纪后期就已经开始了，但专业化商业机构迅速发展的直接原因却是1815年以后前所未有的棉花的大量出口和新纺织品进口贸易的发展（钱德勒，1987）。

随着英国工业革命带来的纺织业的快速发展，美国南部棉花的商业化种植和棉花贸易迅速发展起来，因此新形态商业企业的演化首先在繁荣的棉花贸易中开始了。美国南部商业化农业的发展，加速了东北部地区商业走向专业化的进程，前所未有的棉花贸易不仅使纽约成为美国首屈一指的大城市，也造成了早期全职能商人的急剧没落。棉花的交易逐渐由专业公司来经营，它们不再采用早期商人买进的方式，而采取代理销售获得服务佣金的方式进行棉花贸易（钱德勒，1987）。最早从事棉花贸易的代理商是由英国纺织公司出售布匹和采购原棉的代理商转化而来的，后来逐渐加入这个代理商队伍的大多是一些新的商人，而不是原来的全职能商人。这些棉花代理商除为种植园主提供销售服务外，还为他们采购各种供应品。代理商将种植园的棉花直接出售给海外的采购代理商或东部港口城市的代理商，后者再将棉花出售给制造商或别的代理商。在一些交易量巨大的港口，这一时期出现了一种新的批发商形态——经纪公司，它们为代理商提供交易服务，并收取佣金。代理商成为协调工业化初期美国国内外贸易的主要商业形态主要是因为交易的不确定性，随着美国交通与通信基础设施建设的完成，这些代理商也逐渐转化为拥有商品所有权的商业批发商（张闯，2005）。

1850年以后，美国全国铁路网和电报电话网的建设不仅疏通了商品流通中的物流和信息流瓶颈，极大地提高了商品流通的效率，降低了商品流通成本，而且使美国国内的统一市场得以形成，这为快速推进的工业化和商品流通的发展提供了市场保障。首先，在农产品流通渠道中，由于铁路提高了运输的效率和准确性，电报提高了商人应对价格风险的能力，先前农产品流通渠道中的代理商开始直接向农场购买农产品，然后再将其销售给国内外的农产品制造商，即该代理商演变为现代商业批发商。这种变化首先发生在谷物的流通中，随后在棉花等农产品的流通中得到了普及。同时，由于农产品流通渠道的这种变化，这一时期还产生了另一种重要的批发商主体——商品交易所。商品交易所的出现为农产品交易的标准化、农产品经销商市场风险的化解提供了解决机制。其次，在日用消费品流通渠道中，同样的变化也发生了。第一，19世纪70年代，几乎所有的批发商都已转变为拥有经手货品所有权的商业批发商；第二，这些批发商开始由东北部沿海地区向西部和南部扩展；第三，这些现代批发商建立了庞大的采购网络，直接向国内外的制造商采购，然后通过销售网络为农村地区的杂货店和城市专业零售店供货（钱德勒，1987）。这些变化都是物流和信息流基础设施建设完善的结果。由于这种变化，批发业内部的竞争变得激烈起来，一些批发商开始派出大量的推销员，深入农村市场，抢夺市场份额。从19世纪60年代后期到19世纪末，这些商业批发商一直支配着美国经济中的流通，19世纪的最后十几年其开始面临来自制造商自营批发机构和大型零售商的挑战与竞争。

随着美国工业化的推进，批发商业的发展至少经历了以下几个显著的变化（Coolsen，1960）。首先是批发商业与进口商业、出口商业的分离。随着全职能商人各种商业功能的专业化，批发商业逐渐剥离了进口商业与出口商业功能，而专注于国内市场的批发业务。其次是批发商业与零售商业的分离。虽然批发商业与零售商业的界限并没有那么泾渭分明，但日益专业化的批发商和零售商都逐渐建立了各自的主营业务范围，使得批发与零售成为两个专业化的商业领域。再次，随着专业化的发展，批发商业内部产生了各种不同形态的批发企业。从早期不取得商品所有权的代理商，到拥有商品所有权的商业批发商，以及经纪公司、商品交易所等批发经营形态的出现，批发商业成为一个经营形态多元化的商业领域。最后，专业化发展的一个自然的结果就是批发企业的大型化，这使得它们成为经济社会系统中一股举足轻重的力量。一方面，这些大型批发企业建立了庞大的业务网络，经营着庞杂的商品种类。钱德勒（1987）给出的19世纪90年代一家五金批发公司的数据足以说明这一点：该公司经营着6 000种商品，向1 000多家公司进行采购，之后再将其商品销售给数以千计的下游批发商和零售商。另一方面，大型批发企业的经营规模及其增长的速度也达到了令人吃惊的状态。1870年，美国最大的纺织品批发商的年营业额达到5 000万美元；而在19世纪40年代，美国最大的进口商的年销售额也不足25万美元（钱德勒，1987），这一组数字的对比效果是惊人的。可见，到19世纪末，批发商业已经发展成为美国经济体系中一个重要的产业门类，该产业内的大小批发企业已经成为协调农产品和消费品流通不可或缺的中间机构。

## 2.2.2　零售商业的发展

虽然零售商业与批发商业的分离在18世纪末就开始了，但美国零售商业在19世纪前半叶的发展整体上是比较缓慢的，一般杂货商店是零售商的主要形态，在一些商品类别（如书籍、药品、瓷器与玻璃器具等）上，专业商店得到了较为充分的发展（Jones，1936）。南北战争以后，随着工业化与城市化的快速推进，零售商业也开始快速发展，一些现代的零售业态纷纷发展起来。

首先对城市消费以及消费品流通渠道产生重大影响的新形态零售企业是百货商店。1860年以后，现代百货商店开始在人口不断聚集的城市中快速发展起来。美国百货商店的发展路径有两种：一种是从纺织品批发商的零售门店发展而来（如菲尔德百货）；另一种是从经营布匹或纺织品的专业零售店发展而来，百货商店（如梅西百货）是这些专业零售店扩展经营品种的结果。百货商店的出现是对城市化与工业化进程的自然回应，这种回应在19世纪80年代后期开始显现出它在中心城市消费品流通中的巨大作用。百货商店建立了与批发商不相上下的采购组织，直接从制造商那里采购商品，然后直接卖给中心城市的消费者。不仅如此，百货商店还搜集顾客的意见并向制造商反映，以便制造商改进产品，由此增大了百货商店本身对消费品流通渠道的影响力（冈德森，1994）。百货商店对批发商和传统小零售商的影响是巨大的，在新英格兰地区以及类似的城市和工业区域，到19世纪末，百货商店几乎使中间商人消失了（钱德勒，1987）。到19世纪末，百货商店的经营管理水平也已经达到让人惊叹的程度，如梅西百货在1887年的年周转率达到12次，这使得其单位商品的毛利率虽然并不高，但仍然可以获得可观的利润。由于百货商店的服务对象是消费者，因此它们比批发商更注重广告的投入，这也促进了广告代理商的快速成长。

由于百货商店主要集中在中心城市，因此它们并没有对批发商的农村市场——乡村杂货店——产生冲击。对批发商这个市场产生巨大冲击的是继百货商店之后兴起的邮购商店。邮购商店的前身是那些携带产品目录深入农村市场的批发商的推销员。这类商店的兴起与迅速发展也是交通和通信基础设施完善及经济迅速发展的结果。第一家专门以邮购方式出售多种商品的公司是1872年成立的蒙哥马利·沃德公司。该公司成立以后迅速成长，其1887年的产品目录有540页，列有24 000多种商品（钱德勒，1987）。另一家稍晚一些成立的公司是西尔斯-罗巴克公司，到1899年，该公司已经包括24个经营部门，经营的商品品类无所不包。1900年，西尔斯-罗巴克公司的销售额已经高达 1 063.7 万美元，比 5 年前的销售额增长了 10 倍以上（钱德勒，1987）。农村地区的免费送货以及包裹邮寄体系的设立对于邮购商店的发展来说无异于一支强心剂，美国邮政分别在 1896 年、1913 年开始承接免费送货和包裹邮政业务，这使得邮购商店在乡村地区的影响力得以进一步提升（沃尔顿、考罗夫，2018）。

在大零售商还没有占领的那些行业和地区，另一种新的零售组织——连锁商店开始显现其巨大的影响力。区别于百货商店、邮购商店在零售业态上的创新和单体店铺规模的大型化，连锁商店是一种组织管理方式的创新，其使得多家商店在统一商号和统一经营管理架构下能够获得与单体大型店铺类似的规模经济。它们首先进入了那些百货商店没有建立起强大支配力的杂货业、药品业和家具业，并将商店主要开设在小城镇和大城市的郊区。虽然连锁商店的影响力要到 20 世纪 20 年代才真正显现出来，但在 19 世纪后期，这种创新性的零售组织已经展现出强劲的生命力。美国第一家颇具规模的连锁商店是创立于 1859 年的大美国茶叶公司，到 1865 年该公司已经开设了 26 家门店。1869 年，该公司更名为大西洋和太平洋茶叶公司，到 1880 年其分店数量已经达到 100 家。到 1900 年，该公司的经营范围已经横跨美国大陆，年销售额达到 560 万美元（钱德勒，1987）[①]。由于在组织方面的革新，到 20 世纪 20 年代，连锁商店已经发展成为全国性的零售机构，在数量和销售额上很快超过百货商店和邮购商店，并日益成为美国具有代表性的大零售机构。20 世纪 20 年代以后，伴随着乡村市场的衰退，大邮购商店也都开始建立连锁零售店并达到数以百计的规模。到了 20 世纪 30 年代，百货商店也开始在其所在城市的郊区设立分店，进行连锁经营。同样是在 20 世纪 30 年代，另一种革命性的新零售业态——超级市场的诞生和发展更加速了连锁商店的发展步伐。到 1939 年，美国已经有 5 000 多家超级市场在营业，其销售额占整个食品杂货商店销售总额的 20%（张闯，2005）。

这些新形态的大型零售商的发展不仅使得美国城市和农村的商业面貌在

---

① 根据 *Printers' Ink* 杂志 1914 年的统计，美国门店数量超过 50 家的连锁零售企业已经超过 60 家，涵盖杂货、药品、烟草、餐饮、男装、靴鞋、汽油、煤炭、五金、汽车及配件等 16 个大类（Usui, 2008：22）。

19世纪末发生了革命性的变化，城市和农村的消费者开始享受前所未有的商业便利，商品从生产领域向消费领域转移的路径——流通渠道也随之发生了重要的变革。这种变革以批发商主导地位的日益衰落和商业领域资本的多元化为主要表现形态。

### 2.2.3　流通渠道结构的变化

大型批发商对商品流通领域的控制在19世纪80年代达到了顶峰，其主导地位随后受到来自渠道下游大型零售商和渠道上游大型生产制造商的双重挑战，从而导致商品流通渠道结构的重要变革。首先向批发商主导地位发起挑战的是大型零售商。以百货商店为代表的大型零售企业在城市商业中挑战了批发商的主导权。这一类新兴的大型零售企业往往建立了庞大的采购部门，基于低毛利、快速周转的大规模销售战略迅速在城市商业中取得主导地位。随着市场竞争的加剧，为了获得更高的利润率，降低采购环节的成本是这些百货商店的主要策略方向。为此，越来越多的百货商店开始绕过上游批发商，直接向制造商进行采购，这使得批发商被越来越多地从百货商店主导的渠道结构中排挤出去。在百货商店没有触及的农村市场，邮购商店扮演了相同的角色。如前所述，19世纪80年代以后，随着农村免费送货网络的建立，大型邮购商店对批发商主导的农村零售网络产生了巨大的冲击。因此，无论是城市市场还是农村市场，大型零售商对批发商的冲击都是全方位的。

然而，大型零售商的兴起只是对批发商支配地位形成挑战力量的一个方面，另一个方面的力量来自某些进行机械化生产的制造商。随着技术创新和技术进步速度的加快，19世纪90年代以前，现代机械化生产体制已经在一些产业中建立起来，随之出现了制造商向流通领域的延伸。制造商向流通领域的延伸实际上是制造商应对机械化生产带来的过度生产与供应过剩问题的自然反应，对制造商而言，销售问题变得比以往任何时候都要重要（Coolsen，1960）。向流通领域延伸的制造商主要分为两类。一类是那些采用了机械化大规模生产的包装消费品企业，由于产量的急剧扩大，它们面临现有的批发商无法有效分销其产品的问题，这些制造商由此进入流通领域管理其产品从工厂到零售商的流程，从而越过或部分越过了批发商。另一类是那些需要特殊分销服务的制造商，主要包括需要冷冻或温控技术，生产易腐食品的企业，以及生产复杂而昂贵的机器设备从而需要专业技能服务的企业。这些企业通过进入流通领域直接为其用户提供特殊服务（钱德勒，1987，1999）。这些制造商进入流通领域的途径主要包括纵向一体化和横向合并两种方式，在20世纪到来的时候，这种合并和整合正处于高峰期。来自制造商和大型零售商的双重挤压，使得批发商的数量虽然在持续增加，但其在交易中的市场份额却在持续下降。根据钱德勒（1987）的研究，制造商直接销售给零售商的销售额和通过批发商销售给零售商的销售额的比值从1879年的1∶2.40持续下降到1889年的1∶2.33和1899年的1∶2.15。

19世纪的后20年，美国商品流通渠道结构的上述变化产生了两个相互关联的结果。一方面，商业领域的资本结构变得多元化，尤其是生产制造商通过前向一体化进入批发领域，以及大型零售商向批发业务的渗透和扩张，使得来自渠道上、中、下游的企业在这一阶段前所未有地开始互动和相互渗透。另一方面，受到生产过剩和周期性爆发的经济危机影响的制造商前所未有地开始关注商品销售活动和销售渠道，并试图通过对销售活动和销售渠道的控制来解决其面临的问题并缓解压力。这意味着，在快速工业化阶段，大规模生产的问题不再是社会关注的唯一问题，介于生产和消费之间的批发与零售商业及其发挥的重要作用日益得到关注。而这个领域，恰恰是现代营销思想产生并发展的地方。

## 2.3 早期经济学理论提供的思想基础

经济学几乎是现代营销思想产生过程中唯一的母学科，这是因为经济学是当时唯一关注市场以及贸易问题的学科（Bartels，1988）。虽然早期的经济思想被认为对营销思想的发展具有重要意义（Cassels，1936），但对营销思想产生与发展真正产生影响的是现代古典经济学和新古典经济学。从19世纪30年代开始，美国开始出现一些关于经济过程的比较系统的讨论，这在相当大程度上是美国在这一时期开始工业化的结果（罗尔，2021）。南北战争以后，随着美国工业化的加速，经济学理论和研究也进入一个快速发展的时期，经济学逐渐在美国的大学中成为一门受欢迎的制度化的学科，美国经济学会（the American Economic Association，AEA）也于 1885 年成立。如熊彼特（1994）所言，这一时期的美国经济学者大多没有受过专业的经济学训练，他们对经济政策问题的关注远胜于对经济学理论的关注，并且日益受到来自英国和德国经济学传统的双重影响。一方面，在这一时期，由于美国政府奉行自由主义的经济政策，因此这一时期最具影响力的经济学者大多是奉行英国经济学传统的自由主义经济学家，他们在诸多倡导和鼓吹自由主义经济哲学的著述中，对市场、需求、价格、成本以及贸易等诸多营销学相关的议题予以充分的关注，其中就蕴含着很多富有启发性的营销思想（Converse，1959a；Coolsen，1960；Dixon，1999）。另一方面，这一时期诸多从德国留学归来的青年经济学者日益显现出他们在经济学社区中的影响，他们所继承的德国历史学派经济学理论则构成了现代营销思想产生的一个重要基础（Jones & Monieson，1990b；Jones & Tadajewski，2017）。本节我们将分别从上述两个方面阐述现代营销思想在 20 世纪初产生之前的经济学思想基础。

### 2.3.1　美国自由主义经济学家的营销思想

根据 Converse（1959a）和 Coolsen（1960）的研究，19 世纪 70 年代以后对市场、贸易、需求、价格等营销相关问题关注较多的自由主义经济学家主要包括 Edward Atkinson、David A. Wells 以及 Arthur Farquhar 和 Henry Farquhar 兄弟。[①] 和当时的其他自由主义经济学家一样，这些杰出的经济学家坚定地相信自由竞争的力量，坚定地呼吁政府取消所有可能对自由竞争产生限制的政策，尤其是要取消保护性关税政策。需要指出的是，这些自由主义经济学家并无意发展营销学理论，事实上他们也没有明确地提出营销学问题，只是在对自由主义经济政策予以坚定拥护和倡导的经济学著述中关注了与营销相关的若干问题。在其著述中，他们当然也没有明确地提出或强调"marketing"（营销）这一概念，事实上，他们更多使用的是"distribution"（分销）或

---

① 关于这几位经济学家的生平与职业生涯的信息可参见 Coolsen（1960），他们的经济思想以及对现实经济问题的关注与他们的职业背景紧密相关，我们在此仅对他们经济思想中所蕴含的营销思想进行阐述。

"trade"（贸易）等概念，早期现代营销思想被提出时也使用了相同的概念。

19世纪后30年，美国工业与农业发展面临的主要问题是这些经济学家的著述所关注问题的主要背景。随着农业机械化水平的快速提高，以及全国交通与通信基础设施建设的完成，他们都认识到"农民的问题"（the farmers' problem）主要是营销或流通问题。他们发现随着交通与通信基础设施网络的建设，当地市场被整合到一个更大的全国乃至世界市场中；农产品的价格也变成了一个世界范围内的供给与需求问题。更为重要的是，随着农产品产量的提高，新的市场或新的市场需求必须被发现以用来消化过剩的产出。为此，他们利用可获得的统计数据，对农产品营销中的成本与价格问题、市场需求问题进行了深入的分析，试图去识别那些影响农产品成本与价格的因素，以及分析成本与价格的变化如何影响市场需求。他们试图使农民意识到，美国的工业化趋势是不可逆转的，而商业化农业生产是农民必须接受的一种新的农业生产方式。为了获取利润，在这种商业化农业生产中，农民必须根据市场的需求来调整他们的生产计划，以使其产出的产品与市场需求相匹配。这意味着农民除专注于生产以外，还需要对各种营销或流通问题投入更多的精力。可见，将生产计划与市场需求相匹配的观点已经蕴含着营销观念的原始思想。

与农民面临的问题一样，快速工业化进程中的生产制造业通过技术创新和机械化生产极大地提高了产品的产出，"买方市场"的出现与"生产过剩"是美国生产制造企业在19世纪末面临的主要问题。这一问题同样将这些经济学家的注意力引向了连接生产与消费两端的营销或流通过程。他们认为营销或流通活动包括将商品从生产端（制造商）转移到消费端（消费者）过程中的所有活动——买卖、运输、储存、标准化与分级、融资、风险承担、信息收集等，这些活动创造时间、地点和所有权效用，它们在此过程中所产生的成本则构成了营销成本或流通成本。他们所识别的这些营销活动在20年后被以Shaw（1912）为代表的营销功能学派的学者归类定义为营销的功能，可见当时这些经济学家的洞察是极富启发性的。对于这一问题出现的原因和解决思路，几位经济学家有着相似的思想，但视角却不尽相同。Wells认为生产过剩的问题主要是由工厂的生产能力超出了当前的市场需求所造成的，因此需要通过市场需求的拓展来解决这一问题。他认为专业化商业企业在经济体系中的相对重要性与绝对重要性都会不断提升。大规模的生产需要大规模的流通体系来支撑，因此需要发展更有效的商业机构和营销方法来解决生产过剩的问题。

与 Wells 对价格政策、需求创造等问题的分析主要关注消费端不同，Farquhar 主要从生产制造商的角度讨论了企业销售与广告等活动在创造需求方面的作用。他认为"生产过剩"问题的主要原因是"糟糕的分销"（bad distribution）。因此，他督促美国生产制造企业要研究它们的市场，并将市场作为其生产计划的基础，强调要根据不同的市场需求来生产相应的产品以满足市场需求。他相信市场价格竞争的作用，认为企业在需要降价的时候就要降低价格以促进销售，但他也特别强调企业应当尽力实施"产品竞争"（product competition）策略而非仅依靠价格竞争策略。Farquhar 所强调的产品竞争策略就是要根据市场的需求来生产相应的产品，并在为市场提供差异化的服务等方面展开非价格的竞争。如果能够有效实施产品竞争，企业甚至可以避开价格竞争，为它们的产品制定更高的价格。作为一名成功的企业主，他认为成功的秘诀就是"向人们销售他们想要的东西"。从 Farquhar 的这些观点中我们可以惊讶地发现，其中所蕴含的思想与 20 世纪 60 年代以后居于主导地位的营销管理理论的观点有诸多相似之处，这也许与他作为一名企业主的身份直接相关。

在对生产制造业和农民共同面对的营销或流通问题进行分析的过程中，这些经济学家都对 19 世纪 60 年代中期以后美国市场结构的变化，以及批发企业和零售企业的发展及其在营销过程中的作用给予了充分的关注。在这一时期，受到生产过剩和销售压力影响的制造商比以往任何时候都更为关注市场与销售的问题。这些经济学家都见证也经历了大型生产制造企业对市场以及专业商业企业的关注与反应，也都认为大规模、专业化的生产需要大规模、专业化的流通与之相匹配，因此，这一时期批发企业和零售企业的大型化发展是机械化生产制造业发展的需要。他们都认为这些商业企业规模的扩大有利于降低流通成本，有助于解决生产制造企业所面临的问题。与此同时，他们还认为一些大型生产制造企业通过前向一体化进入流通领域也是其对商品流通领域效能不满的一种反应。与此相应，他们认为生产制造企业与大型零售企业对批发环节的挤压和排挤，以制造商和零售商"直接营销"（direct marketing）的方式取代批发商参与的间接渠道有助于降低商品流通成本，尤其是批发成本。从这些观点中我们可以看出，这些经济学家已经对商品流通渠道及其成员与结构有了比较全面而清晰的认识，批发企业和零售企业被认为是"营销者"（marketers）和"分销者"（distributors），它们连接制造商与消费者，构成了商品流通的渠道，在这一渠道中商品的所有权和实体从生产端流向消费端。参与构成这一商品流通渠道的不同商业企业形成了不同的渠道结构，直接影响着商品流通的成本。这些思想和20世纪30年代营销机构学派关于渠道流程与渠道功能的观点具有非常高的相似性。

对于以百货商店为代表的零售企业大型化的发展，这些经济学家认为，零售企业的大型化可以通过零售企业的横向一体化（水平一体化）和纵向一体化来实现。大型化有助于零售企业获得规模经济，降低运营成本，从而有助于商品流通成本的下降。Wells认为这种规模经济可以通过更大规模的零售运营、更大的采购优势、更宽的商品组合、更大的顾客购买便利，以及更低的零售价格和成本等来实现。Atkinson则认为大规模零售企业的规模经济可以通过单位商品低利润的大规模销售策略、在城市中心选址以提高客流量和商品周转率，以及取消不必要的零售服务以节约运营成本等方式来实现。从这些思想中我们可以看出，这些经济学家所关注的零售企业运营问题已经涉及如今的零售管理理论中的零售战略（主要涉及店铺定位问题）、店铺选址、商品组合、商品周转率、顾客服务，以及采购管理等诸多方面。在对商品流通领域或营销过程予以关注时，这些经济学家既有宏观的视角，关注商品流通过程以及流通渠道的结构与成本问题，也有对微观的零售企业运营与管理问题的深刻洞察。对商品流通过程给予的这些关注，并将其与解决生产制造企业生产过剩问题紧密结合起来的思想包含着诸多富有启发性的现代营销思想。

非常值得关注的是，在对上述主要营销问题进行分析与研究的过程中，这些19世纪末的杰出经济学家还对市场和企业的相关活动进行了实证分析。虽然他们当时可以获得的统计数据是非常有限的，但他们还是充分利用并发挥了这些有限数据的价值，对市场中流通的商品量、国际贸易的商品量、营销成本、消费市场规模，以及价格和市场需求衡量等问题进行了量化分析，并试图从这些分析中得出相应的结论。虽然从我们今天的标准来看，他们当时所做的很多分析并不那么科学，甚至包含着一些错误，但他们所崇尚的实证分析方法对营销思想的产生与发展无疑具有重要的影响。

### 2.3.2 德国历史学派经济学的影响

在现代营销思想产生的20世纪初，北美经济学思想可以清晰地区分为新古典经济学派和制度学派（Arndt，1981），前者是英国古典经济学发展的结果，后者则可以追溯到经济学的德国历史学派（German historical school of economics），二者共同构成了现代营销思想产生的经济学基础（Jones & Monieson，1990b）。前述19世纪后期自由主义经济学家的主张主要体现了古典经济学和新古典经济学的影响，而美国制度学派经济学家的思想则主要来自德国历史学派经济学思想的影响。制度经济学被认为是美国经济学对经济学思想最富有影响力和最重要的贡献之一，Thorstein Veblen、John Commons 和 Wesley Mitchell 被认为是美国制度学派最具代表性的经济学家（转引自 Jones & Tadajewski，2017）。制度学派采用相对长期、整体的视角研究社会、政治与经济现象，关注经济演化过程以及制度在塑造经济行为中的作用（Arndt，1981）。与坚定地相信"看不见的手"的力量的自由主义经济学家不同，制度学派经济学家强调制度、法律、历史、社会和伦理等非市场因素的影响，主张国家对经济进行调节与干预，以克服市场的缺陷和弊端。该学派的思想渊源来自德国历史学派。德国历史学派所倡导的诸多主张被19世纪后期大量留学德国的青年经济学者带回美国，他们将其与19世纪后期美国经济社会发展所面临的种种问题相结合，提出了很多对主流经济学发起挑战与批评的主张。这些学者在某种程度上构成了对主流经济学发起挑战的一股新兴力量，其主张不仅影响了19世纪末美国的经济学发展（熊彼特，1994）和美国的经济政策，也直接促进了对早期营销问题的研究与探索。

德国历史学派经济学是在19世纪40年代作为对当时居于主导地位的古典经济学的批判而出现的，Wilhelm Roscher 被认为是该学派的创立者（Jones &

Tadajewski，2017）。① 到了 19 世纪的后 30 年，该学派成为德国经济学的主导学派（熊彼特，1994）。与古典经济学相信自由放任主义的核心思想不同，德国历史学派的经济学家是民族主义的（nationalistic），关注社会福利和社会公平。因此，他们旗帜鲜明地倡导国家在经济中发挥积极的作用，通过对经济运行的干预来矫正市场机制的弊端。他们相信伦理和道德是经济学的核心议题，倡导通过变革来提升全社会的福利，而不是仅由少数既得利益者获益。他们质疑古典经济学的理性经济人假设，认为经济行为是其所处的社会和政治环境的权变变量，这些环境要素相互关联构成了经济活动的范畴，也设定并影响了经济活动与其他相关范畴之间的界限。因此，经济学并不是"象牙塔"中研究的对象，而是更大的社会科学的一部分。他们挑战古典经济学"存在可以适用于不同经济和国家的普遍经济学规律（universal law）"的观点，认为要理解德国或其他任何国家的经济，都必须理解它独特的历史，要对其历史的、文化的、社会的和经济的环境进行细致的考察，由此所产生的理论不是普遍适用的，而是适用于特定国家或情境的（Jones & Tadajewski，2017）。基于此，在理论发展的过程中，他们更强调归纳逻辑（inductive logic），强调对实际经济行为及现象的观察、描述和统计。换言之，他们认为经济学理论必须通过历史方法（historical method）和经验主义（empiricism）来发展，即理论是通过对真实市场的研究所产生的理解和知识（熊彼特，1994）。他们相信只有通过细致的历史研究才有可能构建经济学理论，而任何概念的发展和对其所做的抽象都必须深深地扎根于经验数据（Jones & Tadajewski，2017）。基于对经济学理论建构的这种认识，德国历史学派的经济学家在教学中也特别强调对现实经济现象的关注和观察，现场学习（field trip）和研讨式教学（seminar）是其教学的两大特色（Jones & Tadajewski，2017）。德

---

① 德国历史学派的代表性经济学家包括 Wilhelm Roscher、Bruno Hildebrand、Karl Knies、Gustov Schmoller 和 Adolf Wagner 等，前三位是"旧"历史学派的代表性人物，后两位则是"新"历史学派的代表性经济学家，尤其 Schmoller 被认为是"新"历史学派的领袖。我们无意在此介绍该学派及其主要代表人物的学术思想，而是从整体上阐述该学派的一般思想（尽管其内部不同经济学家的思想和主张也存在显著差异）。德国历史学派及其代表性人物学术思想的详细信息可参见熊彼特（1994）《经济分析史》（第三卷）中的相关内容，以及 Jones 和 Tadajewski（2017）关于德国历史学派的详细讨论。

国历史学派的方法论、认识论和价值论连同他们的经济学思想和教学方法等都被大量在德国留学的美国青年学者带回美国，并在美国产生了比在其他任何国家都大的影响，促进了美国制度经济学的发展。

19世纪，大量寻求高等教育的美国学生被吸引到德国留学。据估计，1820—1920年有大约1万名美国学生到德国求学（Jones & Monieson, 1990b），仅1899年就有150名美国学生赴德国的大学读研究生（Jones & Tadajewski, 2017）。这个数字无论是其绝对值还是相对于在欧洲其他国家留学的学生规模来讲都是非常引人注目的。如1895年，有200名美国学生在德国的柏林大学注册，而同期在巴黎大学的前身索邦神学院注册的美国学生仅有30人（Jones & Tadajewski, 2017）。这些赴德国留学的学生选择的主要专业类别是历史、经济学和自然科学（Jones & Tadajewski, 2017）。

19世纪70年代以后，一大批在德国学习的青年经济学家陆续返回美国，并很快在美国经济学界形成了一股新的力量（罗尔，2021）。这批留德归国的经济学者中，就包括对美国经济学、商学以及营销学发展产生了重要影响的Richard Ely、F. W. Taussing、Edwin Gay，以及Henry Adams。其中，Ely和Adams于1880年回到美国一起接受了约翰·霍普金斯大学的教职，后来Ely于1892年加盟威斯康星大学，担任该大学新成立的经济学、政治科学与历史学院（the School of Economics, Political Science, and History）院长，Adams则去了密歇根大学担任经济学系的系主任。Taussing和Gay一起去了哈佛大学，并成为哈佛商学院的重要奠基者，Gay则是哈佛商学院的首任院长。威斯康星大学和哈佛大学是早期营销思想发展的两个最为重要的中心（Bartels, 1951b），这与上述几位德国历史学派经济学家的贡献是分不开的。

为了更为直观地展示德国历史学派经济学思想对营销思想产生及发展的影响，Jones和Tadajewski（2017）以表格的形式整理了早期营销思想的主要贡献者与德国历史学派经济学者的关系（见表2-1）。其中，美国经济学者姓名后面括号里的起止时间表示他们在德国学习的时间，德国经济学者姓名下面括号里的起止时间表示他们在相应大学的工作时间，"√"表示这些学者在德国学习期间所属的大学和对其有影响的德国经济学者。从表中可以清晰地看

表 2-1 受德国历史学派影响的美国经济学者情况一览表

| | 莱比锡大学<br>W. Roscher<br>(1848—1894) | 海德堡大学<br>K. Knies<br>(1865—1898) | 慕尼黑大学<br>L. Brentano<br>(1891—1914) | 哈勒大学<br>J. Conrad<br>(1872—1915) | M. Sering<br>(1897—1925) | 柏林大学<br>A. Wagner<br>(1870—1917) | G. Schmoller<br>(1882—1917) |
|---|---|---|---|---|---|---|---|
| **哈佛大学** | | | | | | | |
| F. W. Taussing (1879—1880)* | | | | | | ✓ | ✓ |
| W. Z. Ripley (1893—1894) | | | | | | | ✓ |
| A. P. Andrew (1898) | | | | ✓ | | ✓ | |
| C. J. Bullock (1902) | | | | ✓ | | ✓ | |
| E. F. Gay (1890—1893, 1902)* | ✓ | | | | | ✓ | ✓ |
| H. Tosdal (1915)* | | | | | ✓ | | |
| **密歇根大学** | | | | | | | |
| H. C. Adams (1879—1880)* | | ✓ | | | | ✓ | |
| E. D. Jones (1894)† | | | | ✓ | ✓ | | |
| **威斯康星大学** | | | | | | | |
| R. T. Ely (1877—1880)* | | ✓ | | ✓ | | ✓ | |
| H. R. Seager (1891—1893)† | | | | ✓ | | ✓ | |
| S. E. Sparling (1894)† | | | | ✓ | | ✓ | |
| B. H. Meyer (1894—1895) | | | | ✓ | | | ✓ |
| H. C. Taylor (1900—1901)† | | | | ✓ | ✓ | | ✓ |
| B. H. Hibbard (1908)† | | | | | | ✓ | |
| E. A. Ross (1888—1889) | | | | | | ✓ | |

（续表）

| | 莱比锡大学 W. Roscher (1848—1894) | 海德堡大学 K. Knies (1865—1898) | 慕尼黑大学 L. Brentano (1891—1914) | 哈勒大学 J. Conrad (1872—1915) | 柏林大学 M. Sering (1897—1925) | 柏林大学 A. Wagner (1870—1917) | 柏林大学 G. Schmoller (1882—1917) |
|---|---|---|---|---|---|---|---|
| **伊利诺伊大学** | | | | | | | |
| E. J. James (1875) | √ | | | | | | |
| G. M. Fisk (1894—1896)† | | | √ | √ | | √ | √ |
| M. B. Hammond (1894)† | | | | √ | | | √ |
| E. L. Bogart (1898) | | | | √ | | | |
| D. Kinley (1901)† | | | | | | √ | |
| **俄亥俄州立大学** | | | | | | | |
| J. E. Hagerty (1898—1899)† | | | | | | √ | √ |
| **哥伦比亚大学** | | | | | | | |
| J. B. Clark (1873—1875) | √ | √ | | | | | |
| R. Mayo-Smith (1876) | √ | √ | | | | | |
| E. R. A. Seligman (1879—1881) | | √ | | | | | |
| S. M. Lindsay (1891—1894) | | | | √ | | | |
| **宾夕法尼亚大学** | | | | | | | |
| E. J. James (1875—1877) | √ | | | √ | | √ | √ |
| S. N. Patten (1876—1877) | | | | √ | | | |
| R. P. Falkner (1885—1888) | | | | √ | | | |
| E. R. Johnson (1891—1892) | | | √ | | | √ | |

（续表）

| | 莱比锡大学 W. Roscher (1848—1894) | 海德堡大学 K. Knies (1865—1898) | 慕尼黑大学 L. Brentano (1891—1914) | 哈勒大学 J. Conrad (1872—1915) | M. Sering (1897—1925) | 柏林大学 A. Wagner (1870—1917) | G. Schmoller (1882—1917) |
|---|---|---|---|---|---|---|---|
| 纽约大学 | | | | | | | |
| J. F. Johnson (1875—1876) | | | | √ | | | |
| J. W. Jenks (1885) | | | | √ | | | |
| 加州大学 | | | | | | | |
| B. Moses (1873) | | √ | | | | | |
| W. C. Mitchell (1897) | | | | √ | | | |
| S. Litman (1899)* | | | √ | | | | |
| C. C. Plehn (1899—1891) | | | | | | | √ |

资料来源：参见 Jones 和 Tadajewski（2017：37-38）。

注：* 表示 Bartels（1962）识别的早期营销思想贡献者；† 表示早期营销思想贡献者及 R. T. Ely 的学生，这强调了 Ely 对早期营销思想发展的影响。

出这些美国新学派经济学者与德国历史学派之间的紧密关联。[①] 表中所展示的美国经济学者大体上可以分成两类：一类是直接在德国留学归来并对美国经济学和营销学产生重要影响的学者，如 Ely、Gay 和 Taussing 等；另一类则是前一类杰出学者的学生，从对营销思想发展的影响来看，主要是 Ely 的学生，他们受到 Ely 的影响，并且很多人是按照 Ely 的建议赴德留学的。这些接受德国历史学派经济学影响的学者形成了一个相对紧密的社群，1885 年成立的美国经济学会即是作为这个社群的平台而建立的（罗尔，2021）。

Ely 是德国历史学派在美国的"代言人"，也是这一经济学新学派的领袖，他领导了这个正在兴起的新学派对当时主流经济学的批判和攻击。19 世纪 80 年代是新学派经济学家开始显现其影响力的一个关键时期。首先，在 Ely、Edmund J. James 和 Simon N. Patten 等人的推动和领导下，美国经济学会于 1885 年成立。Ely 将这一标志性事件称为"逃亡（hegira）——从旧世界飞往新世界"（Jones & Tadajewski, 2017）。实际上，这远不是"逃亡"，美国经济学会是对自由放任经济学体系的抗议，也反映了新学派经济学家对一个自由讨论替代经济主张——经济学如何影响经济政策以及伦理和社会公正如何影响政治议题的平台的需求（Bartels, 1988）。其次，这一时期还在新旧经济阵营之间发生了关于方法论的论战。传统经济学家批判这些年轻经济学家的社会主义倾向，强调专业经济学的研究要与规范性问题（主要关乎社会变革的考虑）分开，反对政府对经济的干预。年轻一代的经济学家则针锋相对地强调政府对经济进行干预的必要性、伦理与经济学的不可分离，以及经济学研究中历史方法的优势等。

Ely 显然领导了新学派对传统经济学的攻击。他批判古典经济学的死板和教条、过度简化的理性经济人假设，以及包括自由放任主义在内的"自然法"（natural laws）观点。这一时期，随着企业合并所导致的工业垄断组织产生的影响越来越大，经济系统变得比以往任何时候都要复杂。垄断和集中导致大型工业企业的经济权力日益强大，国家的法律法规也难以对这些规模仍在变得庞大的工业企业和金融资本主义实施有效的控制，亚当·斯密的"看不见

---

[①] 关于这些经济学者所阐述的他们在德国学习期间受到的德国历史学派的影响，参见 Jones 和 Tadajewski（2017：38-41）基于历史档案资料的详细阐述。

的手"并未为所有的社会主体带来理想中的福利和公平。因此，这些传承德国历史学派思想的经济学家坚信，只有政府的干预才能对市场失灵进行相应的矫正。以 Ely 为代表的美国制度经济学先驱们的思想和观点不仅对主流经济学的地位产生了冲击，更是极大地影响着他们的学生——更新一代的经济学者。Ely 号召年轻一代的经济学者摒弃英国政治经济学的"枯骨"（dry bones）而拥抱德国历史学派的"活方法"（live methods）——用经验、观察、描述性统计和比较来研究经济现象和问题。"我们被多姿多彩的经济现象所包围，但我们却对此视而不见"（转引自 Jones & Tadajewski, 2017：59），Ely 建议他的学生们仔细地观察市场现象，质疑现有经济学理论的解释，阐释市场在何时何地能够公平而有效率地发挥作用。显然，这种"活方法"是他们从德国带回美国的重要"财富"之一。① 德国历史学派的现场学习和研讨式教学很快在美国经济学教学中被采用。如 Ely 的杰出学生 John Commons 就经常邀请政府公务员、工会领袖以及各类企业家到他的课堂上演讲（Jones & Tadajewski, 2017）。这些实践者的课堂演讲和学生们走入现场观察到的现象使得学生们更能置身于其所探索问题的真实世界中，以决策者的身份进行思考。这些德国历史学派的美国继承者们在这样的思想和方法的驱使下，对主流经济学教科书上被供给曲线、需求曲线抽象掉的市场流通过程进行了细致的观察和探索。他们试图通过对营销活动的细致观察了解商品是如何流动的、成本是如何产生的，以及哪些非效率的因素影响了市场运行的效率和效果。他们试图通过将主流经济学理论与日复一日的营销活动建立经验主义的关联，即对商品从生产领域向消费领域的转移过程进行细致入微的观察来对主流经济学理论进行补充和拓展。现代市场营销思想就在这些观察和探索中产生了。

Bartels（1988）认为现代营销思想的产生有三个重要条件：20 世纪初美国的经济与社会背景，经济学理论提供的思想基础，以及经济学教授及其学生们对营销问题的探索。从本章所阐述的内容来看，这三个条件是相互关联的，并且在 19 世纪和 20 世纪之交基本成熟。到 19 世纪末，美国已经从一个

---

① Ely 形象地将德国历史学派的方法称为"看一看方法"（look and see method），并鼓励他的学生们走到现实世界中去体验和观察。这种方法是德国历史学派方法论的直接继承，也使得现代营销思想在其正式产生的那一刻就包含着比德国历史学派经济学更强的经验主义导向（Jones & Tadajewski, 2017）。

农业国转变为一个工业国。以铁路和电报、电话为代表的交通与基础设施建设为快速工业化提供了坚实的基础,而快速扩容和统一的国内大市场则为快速扩容的生产制造行业提供了市场。一方面,快速的工业化和城市化使得大型工业企业、商业企业在经济社会系统中扮演着日益重要的角色;另一方面,这些大型生产制造企业也面临着解决生产过剩的问题。联邦政府奉行的自由放任主义经济政策在促进快速工业化的同时,也显现出了其弊端。虽然主流经济学家坚定地捍卫自由放任的传统经济学教条,但垄断和集中所导致的各种经济与社会问题也促使联邦政府试探性地对经济运行实施干预。19 世纪末,经济学在美国已经成为一门制度化的学科。除英国传统的古典经济学为解释市场的运行提供思想基础之外,19 世纪后 30 年德国历史学派的继承者——美国制度学派的兴起为美国经济学思想提供了一股"反动"的力量。这个以青年经济学家为代表的新学派在与传统经济学的交锋中不仅对美国经济思想的发展产生了重要影响,也极大地影响了美国政府的经济政策。更为重要的是,这些德国历史学派传统的继承者所倡导的历史方法,在对传统经济学进行抨击与反叛的基础上,促使那些对市场营销问题有兴趣的经济学教授及其学生们走入市场,通过细致的观察和描述对传统经济学所忽视的这个营销(流通)过程进行探索和解释。现代营销思想就是在这样的背景下,在这种带有反叛意味的探索中被营销学的先驱们带入了大学课堂,开启了它的旅程。

**思考题:**

1. 19 世纪后期的工业化和城市化为现代营销思想的产生提供了什么基础?

2. 随着工业化和城市化而快速发展的商业为现代营销思想的产生提供了什么基础?

3. 19 世纪后期的经济学理论为现代营销思想的产生提供了哪些思想基础?

4. 德国历史学派经济学思想为现代营销思想的产生提供了哪些思想基础?

5. 综合本章的内容思考现代营销思想为什么产生于 20 世纪初期的美国?

# 第 3 章

## 营销思想的早期发展（1900—1930）

学习目标
- 了解营销思想产生早期的课程内容
- 了解早期营销思想的发展
- 了解早期营销思想整合的形式与内容
- 了解早期营销思想发展的两个中心及其主要贡献

像很多学科知识的产生和发展一样，营销思想的早期发展是以大学开设与营销相关的课程形式开始的（Bartels, 1988）。这些最初的营销学课程关注的是商品（农产品）从生产领域向消费领域转移的过程，以及在此过程中相关的主体（机构）、活动和政策。"marketing"作为一个名词并未被统一、规范地使用，早期课程名称和讲义中使用较多的名词主要是"distribution""trade""commerce"等，它们被与"marketing"交替使用。这些课程的内容一方面反映了当时美国社会对这些营销相关问题的关注，另一方面也体现了营销学先驱们对这些营销问题的探索和思考。本章关注 1900—1930 年早期营销思想的发展，包括 1900—1910 年的"发现阶段"（period of discovery），1911—1920 年的"概念化阶段"（period of conceptualization），以及 1921—1930 年的"整合阶段"（period of integration）（Bartels, 1988）。

## 3.1 早期的营销学课程（1900—1910）

营销思想史文献一致认为美国大学最早开设营销学课程是在 1902 年（Maynard, 1941; Weld, 1941; Bartels, 1988; Jones & Tadajewski, 2017）。这一年有三所大学——密歇根大学、加利福尼亚大学、伊利诺伊大学开设了营销学课程。

### 3.1.1 密歇根大学：Edward D. Jones 自 1902 年起开设的课程

Edward D. Jones 于 1902 年在密歇根大学开设的"美国的分销与规制产业"（The Distributive and Regulative Industries of the United States）被公认为是大学开设的第一门营销学课程（Maynard, 1941; Bartels, 1988; Jones & Tadajewski, 2017）。Jones 是威斯康星大学经济学、政治科学与历史学院成立以后的第一批学生之一，他 1892 年入学，而后在导师 Ely 的建议下于 1894 年在德国学习一年，回美国后于 1895 年获得博士学位。博士毕业后，Jones 留在威斯康星大学任教，在 1895 年之后的 6 年时间里，他在威斯康星大学讲授经济地理和统计学课程。1901 年，密歇根大学经济学系的系主任 Henry C. Adams 为他提供了一个全职讲师岗位，Jones 接受了聘书，前去密歇根大学执教。

Adams 是 Ely 的朋友，也是深受德国历史学派影响的经济学家，他们二人于 1880 年从德国返回美国后一起在约翰·霍普金斯大学执教。后来，Ely 加入威斯康星大学新成立的经济学、政治科学与历史学院，Adams 则加入密歇根大学担任经济学系的系主任。Adams 是大学开展商科教育的坚定支持者，他招聘 Jones 加入经济学系最初是希望 Jones 开设一门名为"工业组织的物质基础"（The Physical Basis of Industrial Organization）的课程。但这门课最终演变为美国大学开设的第一门营销学课程——"美国的分销与规制产业"。在密歇根大学 1901 年的课程公告中，这门课的内容被介绍为：该课程"介绍多种营销商品的方式，阐述商品的分类、分级与品牌的采用，以及批发与零售贸易。课程还关注引导和控制工业过程的私人组织（除了银行等金融机构），如贸易协会、贸易委员会以及商会"。尽管"marketing"一词在当时尚未被广泛地使用，但在这份课程公告中，"marketing"与"distribution"（出现在课程名称中）、"trade"以及"commerce"被交替使用，它们共同表达了最初的营销学课程所关注的问题领域——商品从生产领域向消费领域的转移过程。

1903—1904 学年，"美国的分销与规制产业"这门课被扩展为三门课，都由 Jones 教授。第一门扩展课程为"农产品分销"（The Distribution of Agricultural Products），主要关注多种形式的农产品营销系统，包括委托销售、合作营销、公共与私人市场合约以及投机买卖。"批发贸易"（The Wholesale

Trade）课程主要关注营销对生产的影响及由此决定的营销的必要性、价格和质量的影响因素、直接和间接销售中采用的经销商，以及促进贸易的方法等。最后一门课"零售贸易"（The Retail Trade）则主要关注零售商的一般市场地位，对零售商的位置、库存管理、销售与广告等要素进行分析。该课程尤其关注零售商的部门划分原理（principle of departmentizing），对百货商店、邮购商店和专业商店（special stores）进行分析与讨论。可见，拓展后的课程更加详细地涵盖了一般消费品和农产品的分销过程，尤其对消费品分销过程的批发和零售企业分别给予了重点关注，充分体现了早期营销思想的关注重心。

Jones 认为营销学课程与管理学、金融学及会计学课程一样，是商科教育的核心模块。为了更好地教授这些课程，Jones 认为科学的调查研究是第一要务，只有通过科学的调查研究才有可能发现一般的原理，这无疑体现了他受到的德国历史学派传统的影响。出于对一般管理学理论的兴趣，Jones 在教授营销学课程十年之后，于 1913 年将他的注意力转向了一般的企业管理领域。他先后讲授了"管理学原理""生产问题"以及"企业组织与管理"等课程。1919 年，Jones 从密歇根大学辞职，在短暂地为政府部门工作了两年后，他接管了其岳父的家族生意，而后主要从事艺术品收集和慈善事业（Jones, 2012）。[1]

### 3.1.2 加利福尼亚大学：Simon Litman 自 1902 年起开设的课程

Simon Litman 在加利福尼亚大学开设的"贸易与商业技术"（Technique of Trade and Commerce）课程比 Jones 的课程晚了一个学期，但也是在 1902 年开设的。Litman 出生在俄国的敖德萨（Odessa）（今属乌克兰），后随父母迁居美国。他的教育背景是高度国际化的，先后在敖德萨商业学院、巴黎政治学

---

[1] Jones 离开教职时只有 49 岁，其离开的原因不详，但营销思想史学者 D. G. Brain Jones（2012）在为其撰写的传记中认为主要原因是他和妻子继承了一笔可观的遗产。Jones 的岳父 White 经营着 Z. L. White 百货公司，该公司为创建于 1884 年的家族企业，White 还同时担任两家化肥公司的董事长和一家银行的副董事长。White 于 1921 年去世，Jones 作为副董事长加入了 Z. L. White 百货公司。关于 Jones 的详细生平以及他在密歇根大学任教期间在营销学和管理学领域发表的主要成果及其学术思想可参见 Jones（2012：19-33）。

院学习商学和政治经济学,后来又在德国慕尼黑大学和瑞士苏黎世大学学习,并于 1902 年在苏黎世大学获得了公法与经济学(public law and economics)博士学位,随后回到美国加州(Litman, 1950; Jones, 2012)。最初,Litman 获得了斯坦福大学哲学系的教职邀请,但他认为自己无法胜任经济学以外的专业领域的教学任务。他剩下的唯一一个选择就是加州大学新组建的经济学系了,该系的系主任 Adolph C. Miller 对开设商业与产业课程非常有兴趣,希望 Litman 能够教授相应的课程。1902—1903 学年的第二个学期,Litman 在加州大学开设了三门课:"现代产业"(Modern Industries)、"近期欧洲的商业政策"(Recent European Commercial Policies),以及"贸易与商业技术"(Jones & Tadajewski, 2017)。

教授"贸易与商业技术"这门课对于 Litman 来说是个不小的挑战。根据 Litman(1950)的回忆,首当其冲的挑战是可以用来准备课程的资料非常匮乏,这使得他不得不在第一年的课程中选择了一些他比较熟悉的德国方面的教学资料。同时,为了让自己尽快熟悉课程内容所涉及的商业企业的运作,他访谈了大量业界的从业人员,包括批发商、零售商、仓库管理人、生产制造企业的经理、运输和广告代理人、出口商和进口商等。当然,这些访谈进行得也并非十分顺利,很多从业人员并不愿意和 Litman 讨论他所关心的问题,这使他必须说服他们,消除他们的抵触情绪,使他们确信分享这些信息非但对他们的生意无害,反而有助于大学专业教育的开展。他带学生们参观当地的工业和商业机构,在课堂上给学生们布置课程作业,鼓励他们进行商业实践、开展调查、撰写报告,并在课堂上讨论。这些活动无疑极大地增进了 Litman 对美国商业机构及其实践的了解,两个学期以后,他放弃了德国方面的教学资料,开始根据自己的理解准备课程资料(Jones, 2012)。

加州大学 1902—1903 学年课程公告中对"贸易与商业技术"这门课的描述非常简短:"研究商业组织和机构,以及商业的实践与形式"(Jones & Tadajewski, 2017: 91)。得益于 Litman 对商业实践的了解,第二学年的课程公告对这门课的描述变得更为详细了:"不同国家的度量衡与货币系统;世界不同市场价格行情的意义及其与销售额之间的关联;质量标准、等级的意义及其决定因素;与贸易相关的发票、提货单、仓库收据、领事证明,以及其他商务文件的形式与意义；贸易组织，以及个人和政府用来促进贸易的手段"（Jones & Tadajewski，2017：91）。从对课程内容的详细描述来看，该课程已经不仅仅是一门一般的营销学课程，Litman 显然对国际贸易问题非常有兴趣，这与他之后的职业生涯方向是高度一致的。Litman 将国际贸易的内容整合到一般商业与技术课程中也体现了他对营销活动"一般性"（universal）的认知。他回忆道："我认为营销问题和方法在本质上在不同国家之间并无差异，这些本质的要素是相同的，而与在哪个国家应用它无关"（Litman，1950：220）。Litman 的这一思想在其 1911 年出版的《贸易与商业》（Trade and Commerce）中得到了更加充分的阐述，他将贸易与商业定义为由现代商人实施的"交换的一般类型"（a universal type of exchange）（Jones，2012），这大概是最早对"一般营销理论"问题进行的思考之一。Litman 的这种思想一直贯穿在他的营销教学中，但他对国际贸易问题的关注驱使他希望离美国的政治中心和工业中心更近一些（Jones，2012），所以 1908 年伊利诺伊大学的 David Kinley 向他发出聘任邀请时，他就离开了加州大学去往伊利诺伊大学任教。

### 3.1.3 伊利诺伊大学：George M. Fisk 自 1902 年起开设的课程

伊利诺伊大学是早期商学教育的积极探索者，1870 年，它就设立了商学院（School of Commerce）。出于种种原因，该学院在 1880 年被撤销了，直到 1902 年，伊利诺伊大学重新设立了商学课程，任命刚刚从德国回来的 David Kinley 担任课程主任。就是在那一年，George M. Fisk 在伊利诺伊大学开设了"国内商业与商业政治"（Domestic Commerce and Commercial Politics）课程。

相对于 Jones 和 Litman 两位营销学先驱在营销思想史文献中得到的关注而言，Fisk 得到的关注是比较少的。Fisk 本科在约翰·霍普金斯大学学习了两年（1886—1887）经济学后，在老师 Ely 的建议下赴德国继续研究生阶段的学习，并于 1896 年获得博士学位。毕业以后，Fisk 在柏林开始了他的职业生涯，1897—1900 年他在美国驻德国大使馆工作。1902 年，他接受伊利诺伊大学新开设的商学课程主任 Kinley 的聘任，开始担任伊利诺伊大学商学教授。当年，Fisk 开设了"国内商业与商业政治"课程。这门课的内容包括销售与采购方法、批发和零售贸易组织的多样化形式，涵盖百货商店、邮购商店和合作商店等零售组织，以及市场、集市、拍卖、存货和农产品交换等（Jones & Tadajewski，2017）。可见，与前述 Jones 和 Litman 所开设的课程相似，Fisk 所开设的课程也主要关注分销领域的活动和组织。开设这门课时，Fisk 刚刚从德国返回美国不久。相对于其更为熟悉的欧洲商业和国际关系而言，他为什么会开设一门聚焦于美国国内商业的课程，我们无法从营销思想史资料中找到答案。①

1908 年，Fisk 与家人决定回到他妻子的故乡——威斯康星州麦迪逊市，以帮助管理他妻子家族的企业（Jones & Tadajewski，2017）。同年，他从伊利诺伊大学离职转赴威斯康星大学。非常不幸的是，那年夏天他因溺水而意外去世。Fisk 从伊利诺伊大学离职以后，Kinley 招聘了加利福尼亚大学的 Litman 来接替他。

在 Litman 到伊利诺伊大学之前，Fisk 教授了两门相关的课程。除前述"国内商业与商业政治"课程以外，还有一门聚焦于国际贸易的课程"外国商业与商业政治"（Foreign Commerce and Commercial Politics）。虽然 Litman 强调将国际贸易与国内贸易相融合，但他到伊利诺伊大学以后并未更改 Fisk 所开设的课程，而是同时教授将国内商业与国际商业分开的两门课程。1911 年，Litman 将"国内商业与商业政治"课程变更为"国内商业机制与技术"（Mechanism and Technique of Domestic Commerce），课程内容也与他在加利福尼亚大学所教授的课程更为一致。1920 年之前，他一直教授这门课；1920 年，他决定将教学重心转向研究生层次，并专注于国际贸易领域（这种情况一直持续到他 1948 年退休）（Jones，2012）。②

### 3.1.4　其他早期课程

1900—1910 年，除上述三所大学最早开设的三门营销学课程以外，还有多所大学陆续开设了营销学相关的课程。Bartels（1988：21-22）整理了这些

---

① 1901 年，Fisk 曾在威斯康星大学做过一个关于欧洲商业的讲座，主要内容是美国与德国之间的商业和外交史。参见 Jones 和 Tadajewski（2017：89）。

② 关于 Litman 的详细生平以及他在营销学和国际贸易领域发表的主要成果及其学术思想可参见 Jones（2012：34-53）。

早期开设的课程：1903 年、1904 年宾夕法尼亚大学分别由 W. E. Kreusi 和 H. S. Person 开设的课程①，1905 年俄亥俄州立大学由 James E. Hagerty 开设的课程，1908 年西北大学开设的课程（开课人不详），1909 年匹兹堡大学开设的课程（开课人不详）和哈佛大学由 P. T. Cherington 开设的课程，以及 1910 年威斯康星大学由 Ralph Starr Butler 开设的课程。

其中，Kreusi 开设的课程是"产品营销"（The Marketing of Products），根据宾夕法尼亚大学课程公告的描述，这门课的主要内容是"工业和商业企业销售分支机构的运作方法。主要关注宣传、广告、商业信函的形式、信贷与收款，以及销售的方式等"（Maynard, 1941: 383）。Person 开设的课程名称是"贸易机制"（Mechanism of Trade），主要关注对产品生产和分销的规制机构，包括贸易委员会、运输代理机构、劳工组织和交换组织等（Maynard, 1941）。可见，前者更加侧重于广告与宣传等营销功能，后者则更加侧重于规制机构。

1905 年，Hagerty 在俄亥俄州立大学开设了营销学课程——"产品的分销"（Distribution of Products），这是该大学最早开设的营销学课程。1906 年，这门课拓展为一年两个学期的两门课："分销与规制机构"（Distributive and Regulative Institutions），以及"商业信贷"（Commercial Credit）。其中，"分销与规制机构"课程与营销学核心知识的关联更为紧密。根据俄亥俄州立大学 1906 年的课程说明，"分销与规制机构"课程的核心内容包括两个方面：一是美国商业机构的起源和演化及其与所处经济环境的关系，以及不同商业机构（批发与零售企业、生产制造企业等）的营销方法与功能；二是商业机构的内部组织管理（Hagerty, 1936）。1907 年，"分销与规制机构"课程更名为"商业机构"（Mercantile Institutions），该课程一直持续到 1916 年，之后则更名为"市场营销"（Marketing）。

根据西北大学的情况介绍，该大学自 1908 年起开设"销售规划"（Merchandising）以及"广告与推销"（Advertising and Salesmanship）课程，但 Fred E. Clark 认为这些课程实际开设的时间为 1909—1910 学年（Maynard, 1941）。

---

① Maynard（1941）根据宾夕法尼亚大学营销学系 Richard R. Mead 的备忘录认为，沃顿商学院的第一门营销学课程是于 1904 年秋季开设的"产品营销"，授课教师是 W. E. Kreusi。1904—1905 学年，H. S. Person 开设了"贸易机制"课程。

匹兹堡大学 1909 年开设的课程是"产品的营销"（The Marketing of Products），但根据 Maynard（1942）的考证，匹兹堡大学的营销学课程后来就中断了，直到 1916 年以后才又常规开设营销学课程。1909 年，Cherington 在哈佛商学院开设了"商业组织与方法"（Commercial Organization and Methods）课程，这是哈佛大学最早开设的营销学课程。1910 年，Butler 在威斯康星大学开设了"销售、采购与运输方法"（Sales, Purchase and Shipping Methods）课程，这被认为是威斯康星大学开设的第一门营销学课程（Jones & Tadajewski, 2017）。

## 3.2 早期营销思想的发展（1911—1920）

1910 年以后，随着越来越多的大学开设营销学相关的课程，以及一些早期教材的写作和出版，教学资料极度匮乏的问题逐渐得到解决。与之相应，早期营销思想的主要载体也逐渐从最初的课程讲义转换到各种形式的书面教学资料，主要是课程教材。这些早期出版的课程教材对营销思想的发展具有非常重要的意义。一方面，随着营销作为一门学科与一个专业的发展，急需一个统一的名词来指代这门新兴且快速发展的学科，这是 Bartels（1988）将 1911—1920 年营销思想发展的主题界定为"概念化"的主要原因。另一方面，早期开设的营销学课程由于研究对象（如农产品和工业制造的消费品）和研究视角（如关注微观商业组织与关注相对宏观的产业规制）的差异，营销思想呈现出分散和碎片化的特征，这些碎片化的思想亟须得到整合。这是 Bartels（1988）将 1921—1930 年营销思想发展的主题界定为"整合阶段"的主要原因。早期营销学原理教科书的出现，初步完成了这项任务，从而为营销思想的进一步发展奠定了基础。

### 3.2.1 营销（marketing）概念的广泛使用：Ralph S. Butler 的贡献

如前所述，最早开设的营销学课程和对营销现象的研究文献都未使用"marketing"这个词，更多使用的是"distribution""commerce"和"trade"等。1910 年前后，"marketing"这个概念被越来越多地用来指代营销专业领域。关于是谁在课程名称中第一个正式地使用"marketing"这个词，营销思想史的研究文献存在一些争议，但 Ralph S. Butler 首次在教材名称上正式使用这个词则是学界所公认的。

Butler 1904 年毕业于密歇根大学，在企业界工作了几年后，他于 1910 年以企业管理助理教授的身份加入威斯康星大学继续教育部门，负责该部门企业管理课程的开发工作。① 在加入威斯康星大学之前，Butler 在宝洁公司作为东部地区销售经理的助理工作了三年，这使得他对消费品的营销过程有了深入的认识，这种实务工作的经验为其开设课程及准备教学资料提供了参照和基础。1910 年 Butler 加入威斯康星大学继续教育部门时，该部门在商业领域共开设了 96 门课程（Maynard，1942），其中在"企业组织与管理"模块下的"组织与管理"模块中包含一个"营销"课程子模块，涵盖"销售与采购方法""广告推广""信贷与收款"等课程（Jones & Tadajewski，2017），但"marketing"并没有被作为一门课程的名称。根据 Butler 在 1940 年写给 Bartels 的信中所回忆的（Bartels，1988），在宝洁公司的工作经历让他了解到生产制造企业在将其产品交付销售或在媒体上发布广告之前有很多工作要做，而当时威斯康星大学课程表上的这些课程都是分散的，并没有被整合到一个统一的框架中。他查阅了可以找到的企业管理相关文献，惊讶地发现并没有人对企业最终销售产品之前的工作进行系统的梳理和阐述。于是，他决定准备相应的课程资料来涵盖企业产品最终进入销售过程之前所执行的所有功能。1910 年秋季，Butler 开设了"销售、采购与运输方法"课程，包括了诸多现代营销学的内容。该课程没有出现在当年印刷的课程目录中，但被正式列入 1911 年冬季学期的课程目录中。Butler 在回忆中提到，他为了找到一个词来概括企业的这些功能煞费苦心，最终决定使用"marketing"这个词（Bartels，1951b）。1913 年，这门课被正式更名为"营销方法"（Marketing Methods）（Maynard，1942）。

Butler 为这门课准备的资料被编写成六本小册子，1911 年，他基于这些资料在 Alexander Hamilton Institute 出版了《销售、采购与运输方法》（*Selling*，

---

① Butler 在威斯康星大学只工作了六年，1916 年离开，而后的职业生涯主要在企业中度过。关于 Butler 作为营销学先驱的贡献可参见 Wood（1961）和 Borden（1961）。

Buying, and Shipping Methods）一书。Maynard（1942）认为这本书的内容基本与现代营销理论的内容一致，因此是早期营销思想的一个重要贡献。1917 年该书再版时，书名变更为《营销方法》（Marketing Methods），这是第一本在标题上使用"marketing"一词的书。① Maynard（1942）关于该书内容的看法得到了 Powers（2015）的认同，后者认为该书对"marketing"的看法及阐述与现代营销管理思想有诸多一致之处。虽然 Butler 在该书中关于营销活动或功能的看法更突出地体现为销售和广告，但他在书中明确地阐明"本书对营销方法的研究将排除具体的广告技巧和推销方法，而是重点关注企业诉诸推销和广告手段影响市场之前的各种活动"（Powers，2015：587）。由于该书是作为 Alexander Hamilton Institute 商学系列教材的第一批书目之一出版的，因此其出版具有非常重要的意义。一方面，随着越来越多的大学采用这本书作为教材和教学参考书，越来越多的营销学课程和出版的教材都以"marketing"为名称；另一方面，这本书使得业界从业人员也接受了"marketing"这个名词，并用它来指代其所从事的营销工作（Maynard，1942）。

根据营销思想史的研究文献，1902 年以后，越来越多的大学开始开设营销学相关的课程，其中有几所大学较早地在课程名称中使用了"marketing"

---

① 这本书是第一本在标题上使用"marketing"一词的书是没有争议的，但关于该书的出版时间文献中有不同的说法。本书作者在写作本书时，并未找到该书的原版，下面的分析主要根据文献中的信息。Bartels（1951b）提到 1911 年《销售、采购与运输方法》出版，"之后一年或两年，书名更改为'marketing'"（p.7）。但 Bartels（1988）在其著作《营销思想史》（第 2 版）中却明确写道，"1917 年，Butler 出版了《营销方法》"（p.25）。Jones 和 Tadajewski（2017：80）也写到《营销方法》一书出版于 1917 年。Powers（2015）在其对《营销方法》一书的综述中注明该书出版于 1918 年。而 Maynard（1942：159）写到该书的出版时间为 1914 年。Maynard 给出了 Butler 从 1910 年准备开设课程，到课程名称更改以及书籍出版的一个非常清晰而明确的时间线。如果学界认同《营销方法》一书是第一本在标题上使用"marketing"一词的书，那么该书的出版时间不应晚于 1916 年，因为 Weld 在 1916 年出版了《农产品营销》（The Marketing of Farm Products）一书（Bartels，1988）。根据 Bartels（1962，1976）在其著作附录中列出的重要营销文献，我们可以看到，Butler 与 DeBower、Jones 合作于 1914 年出版了《营销方法与推销》（Marketing Methods and Salesmanship）；1917 年 Butler 出版了《营销方法》一书。根据这一信息，《营销方法》一书应当是出版于 1917 年，而 1914 年出版的《营销方法与推销》也在标题中使用了"marketing"一词，应当是第一本在标题上使用"marketing"一词的书。Hunt（2020a：190）也支持了这种说法，1914 年出版的《营销方法与推销》为 Butler 与 DeBower、Jones 合作完成，Butler 撰写了该书的第一部分（内容是营销），DeBower 和 Jones 分别撰写了该书的第二部分（内容是个人销售）和第三部分（内容是销售管理）。1917 年该书再版时，Butler 对第一部分的内容进行了拓展，并将该书更名为《营销方法》。

一词。如根据 Bartels（1988）的研究，宾夕法尼亚大学、匹兹堡大学分别于 1903 年和 1909 年开设了"产品营销"课程。因此，Butler 在 1913 年开设的"营销方法"课程确实不是第一门在名称中使用"marketing"一词的课程。但从该课程讲授的内容来看，Maynard（1942）和 Wood（1961）都认为 Butler 讲授了第一门区别于早期关于分销、商业与贸易的营销学课程，而与现代营销理论内容更为一致的营销学课程。

### 3.2.2 营销功能的概念化：Arch W. Shaw 和 L. D. H. Weld 的贡献

营销功能（marketing functions）被认为是早期营销思想发展过程中最有价值、最重要的概念（Converse，1945）。Converse（1945）认为虽然营销功能的概念本身在商业实践中有着悠久的历史，但功能分析方法对营销活动的分析好比原子理论对化学反应的分析，对营销思想的发展意义重大。在早期营销思想发展过程中，虽然 Henry C. Taylor 在农产品营销课程中对农产品从产地到消费地转移过程中经过的运输、加工与销售活动进行了分析①，但他并未使用"营销功能"的概念。在营销思想史文献中，学界公认第一个提出营销功能的概念并在理论层面对其加以分类分析的人是 Arch W. Shaw。他在 1912 年发表于 *Quarterly Journal of Economics* 的经典论文《市场分销中的一些问题》（Some Problems in Market Distribution）中首次提出了营销功能的概念，并对其进行了类别的划分。Shaw 以该论文为主体，加上他新写的"引言"一章结集成书，于 1915 年以相同的标题出版。

相对于其他营销学先驱作为大学教师的身份，Shaw 的身份与角色是比较独特的，他是一位成功的商人而非学者。根据 Copeland（1958）为 Shaw 所做小传的记载，高中毕业后，Shaw 进入奥利韦特学院（Olivet College）学习，但他并没有毕业，而是中途退学了。1899 年，23 岁的 Shaw 与另一个年轻人 L. C. Walker 一起创立了 Shaw-Walker 公司，生产办公设备。虽然公司经营得很好，但 Shaw 后来还是保留了董事席位而脱离了公司的日常管理，自己又创

---

① Taylor 对早期营销思想的贡献参见本章第 3 节关于威斯康星大学作为营销思想发展中心那一部分的内容。

办了 A. W. Shaw 出版公司①，该公司主要出版商业与管理方面的杂志和书籍。其中，*System* 是该公司出版的非常有影响力的管理方面的刊物，其主要定位是作为商业人士之间管理原理和经验的交流平台（Jones & Tadajewski, 2017）。1910 年，作为一位成功的出版商，Shaw 决定到大学去进修一年，于是进入了刚刚成立两年的哈佛商学院。

在哈佛商学院，Shaw 听了学院创始人之一 F. W. Taussing 教授的经济学课程，并深受课程内容的影响。他也结识了哈佛商学院的另一位创始人——商学院的首任院长 E. F. Gay 教授，从此开始了二人之间持续终生的亲密友谊（Copeland, 1958）。Shaw 与 Gay 对商学教育，尤其是市场营销相关的问题有着高度一致的理念和看法，这使 Shaw 对哈佛商学院的早期发展起到了重要作用。② Gay 讲授的经济史课程激发了 Shaw 的思考，尤其是 Gay 在课程中强调商人在英国经济史中的作用，促使 Shaw 去探寻这些商人的功能。Gay 邀请 Shaw 在其课堂上分享 Shaw 的研究发现。在 Gay 的建议下，Shaw 将他的发现和一些思考写进了《市场分销中的一些问题》这篇经典论文中（1912 年发表）。

在一篇回顾性文章中，Shaw 描述了他发展营销功能理论的过程（Shaw, Jones & McLean, 2010）。在研究商人对经济的历史贡献的过程中，Shaw 希望找到一些简明的概念来对商人所执行的营销功能进行明确的分类，并揭示这些功能之间的相互关联。显然，Shaw 最为感兴趣的是执行营销功能的商业企业（distributors），他用"中间商"（middlemen）一词来指代当时市场上诸多形态的商业企业，并提出"中间商的功能"（functions of middlemen）这一概念来识别中间商在商业史上所执行的功能。Shaw 认为中间商主要执行以下五种功能：

（1）分担风险（sharing the risk），在取得商品所有权并且保有商品时要承担商品损毁、信贷损失等方面的风险；

---

① 该出版公司于 1928 年被 McGraw-Hill 公司收购（Jones & Tadajewski, 2017）。

② 1911 年，Shaw 被任命为哈佛商学院兼职讲师及管理委员会成员（Copeland, 1958）。关于 Shaw 对哈佛商学院的贡献参见本章第 3 节关于哈佛大学作为营销思想发展中心那一部分的内容。

(2) 运输商品（transporting the goods），将商品从生产制造商向消费者转移；

(3) 融资（financing the operations），在销售过程中执行融资和信用担保等功能；

(4) 销售（selling），面向下游商业企业或终端消费者沟通商品信息，完成销售；

(5) 聚集、分类和转运商品（assembling, assorting, and reshipping），提高商品的可获得性，从而及时满足消费者需求。

Shaw 认为这些营销功能是由参与将商品从生产领域向消费领域转移的中间商共同执行的，但一些功能也随着社会分工的深化而由一些专业化的"功能性中间商"来执行，如保险公司主要执行风险分担的功能，银行主要执行融资的功能，而专业化的运输公司则主要执行商品运输的功能。虽然这些专业化的功能性中间商主要执行这些功能，但中间商仍然需要不同程度地执行这些功能。因此，Shaw 认为销售商品以及聚集、分类和转运商品是中间商执行的主要功能。显然，Shaw 的工作是富有开创性的，虽然他思考的切入点是经济史分析，但其对营销功能的概念化和分类具有一般的理论意义，对理解商业企业的营销功能是具有奠基性意义的。

在 Shaw 开创性工作的基础上，Weld（1917）对营销功能的思考使得营销功能思想更加贴近一般理论层面。Weld 的学术经历非常丰富，他在哈佛大学学习一年以后转到鲍登学院（Bowdoin College）学习，之后分别在 1907 年、1908 年在伊利诺伊大学和哥伦比亚大学获得经济学硕士和博士学位。毕业之后，他先后在华盛顿大学（1908—1909）、宾夕法尼亚大学（1909—1910），以及美国人口普查局（the U. S. Bureau of the Census）工作，然后于 1912 年加入明尼苏达大学，并在那里工作四年后转到耶鲁大学任教，1917 年以后他基本离开高校在业界从事营销学相关的研究工作（Cowan，1960）。在明尼苏达大学工作期间，Weld 于 1913 年从经济学系转到农学院从事农产品营销的教学和研究工作。同年，他开设了"农产品营销"（The Marketing of Farm Products）课程，这也是第一门在名称中使用"marketing"一词的农产品营销课程（Weld，1941）。为了准备这门课，Weld 做了大量的调查研究工作，获得了丰富的一手调查资料，这些资料以及大量实地调查促使他对营销功能和一般原理进行的思考构成了他的重要著作《农产品营销》（1916）和一系列论文的基础（Weld，1941；Bartels，1951b）。

与 Shaw 强调中间商的功能不同，Weld（1917）在发表于 *American Economic Review* 的论文《营销功能与商业组织》（Marketing Functions and Mercantile Organization）中提出了"营销功能"的概念，并将其定义为将商品从生产者转移到消费者所必须执行的功能。Weld 认为营销功能是一般性的，它们并不总是由中间商来执行，所有参与商品转移的主体，包括制造商和消费者，都或多或少地执行了一定的营销功能。Weld 非常具有洞察力地提出了营销渠道结构理论中的一个基本理论观点：某个渠道成员（如批发商或零售商）可以从渠道结构中消失，但其所执行的功能却不能随之消失，而必须由其他成员来执行。因此，相对于 Shaw 的观点，Weld 的观点更具有理论上的一般性。

Weld（1917）认为营销功能包括以下七个方面：

（1）聚集商品（assembling），包括与采购商品相关的所有活动，比如寻找货源、建立商业联系、分析市场条件以尽可能低的价格购买等；

（2）储存（storing），在便利的地点保有存货；

（3）承担风险（assumption of risks），生产者和中间商需要承担的主要风险包括价格波动、商品损毁、商品变质、款式变化以及财务风险等；

（4）资金融通（financing），包括商品转移过程中的融资和信贷等；

（5）分类整理商品（rearrangement），包括对商品分类、分级、将大包装商品拆分成小包装以及商品包装等；

（6）销售（selling），包括创造商品需求，并将商品销售给购买者；

（7）运输（transporting），完成商品在空间上的移动。

Weld 认同 Shaw 关于银行、运输公司等功能性中间商执行了一些营销功能的观点，但他认为参与将商品从生产领域向消费领域转移的生产者、各类中间商以及消费者并没有因为这些功能性中间商的出现就不需要再执行诸如资金融通、运输等营销功能，这些营销活动的参与者仍然需要或多或少地执行这些功能。虽然 Weld 的思考是基于农产品营销，但他对一般营销功能及其所蕴含的一般原理的概括无疑是极富洞察力的，这些思想至今仍然作为营销渠道理论的基本原理之一在课程中被教授。

Shaw 和 Weld 关于营销功能的研究对于营销思想的发展而言具有开创性和奠基性的作用，是早期营销思想发展过程中最为重要的贡献之一。以他们的开创性研究为基础，一个被称为营销功能学派（marketing function school）的学术体系慢慢发展起来，成为早期营销思想发展过程中最早形成也最为重要的一个学派（Shaw, Jones, & McLean, 2010）。[①] 除对营销功能内容和结构的概括以外，该学派所开创的功能分析方法也为营销思想的发展奠定了基础（Converse, 1945）。

## 3.3 营销知识的整合：营销学原理教科书的出现（1921—1930）

从 1900 年到 1920 年这 20 年，早期营销思想的发展经历了"发现"和"概念化"两个阶段（Bartels, 1988），从早期营销学先驱课程讲义中的碎片化思想，到 20 世纪 10 年代对营销概念与营销功能等核心思想要素相对系统、深入的洞察，营销思想体系随着营销研究文献数量的积累而缓慢发展。随着营销文献数量的增加，功能分析（cataloging functions）、商品分析（classifying commodities）和营销机构分析（cataloging institutions）这三种分析方法渐具雏形，成为相对成形的知识体系（Bartels, 1988）。到 20 世纪 20 年代初，为了更好地促进营销专业领域的发展，对前 20 年累积的营销思想进行整合，形成更加系统化的知识成为一项重要的任务。而这项任务基本完成的主要标志就是一系列营销学原理教科书的出现。

1915—1920 年已经有几本重要的营销学教科书出版，如 Weld（1916）的《农产品营销》、Cherington（1920）的《营销的要素》（*The Elements of Marketing*）、Duncan（1920）的《市场营销：问题与方法》（*Marketing: Its Problems and Methods*），以及 Copeland（1920）的《营销中的问题》（*Marketing Problems*）等，但营销思想史学者一般认为第一本以"营销学原理"为标题出

---

① 关于营销功能学派的发展与演化参见本书第 4 章的相关内容。

版的教科书是 Ivey（1921）的《营销学原理》(*Principles of Marketing*)。该书试图对营销功能、机构和商品分析方法及相关的知识进行整合，建立一个初步的营销学知识体系框架。

Paul W. Ivey 于 1913 年在伊利诺伊大学获得硕士学位，之后曾在密歇根大学、艾奥瓦大学、内布拉斯加大学、西北大学以及南加州大学任教（Bartles, 1951b）。1921 年《营销学原理》出版时，Ivey 在内布拉斯加大学担任营销学教授。在该书的前言中，Ivey（1921）明确地写道："本书的目的不是对营销功能的每个阶段进行细致的描述，而是致力于对营销过程进行分析，并以原理的表达方式来对营销学的知识进行整合"（p. ⅲ），因为这是学习营销学的学生们最为需要的，他们需要一个视角来对快速增加的文献进行分析。Ivey 对营销功能和机构的讨论主要聚焦于消费品，对农产品和原材料的营销并没有给予特别关注，只是出于比较的目的用两章的篇幅对农产品营销的内容进行了概括性的介绍。全书的结构是围绕营销功能展开的，在一般营销功能的基础上着重讨论了中间商（批发商与零售商）的营销功能。该书共 351 页，21 章。第 1—2 章在一般营销功能层面讨论了营销的功能，并从经济史演进的角度讨论了营销功能的整合。Ivey 指出，生产制造企业和商业企业在执行营销功能时为消费者创造的效用包括形式效用以及时间、地点和所有权效用，其中中间商创造的效用主要是后三种。接下来的第 3—4 章讨论批发商，第 5—8 章讨论零售商（主要是百货商店和邮购商店），第 9—10 章分别讨论零售商和制造商对市场的分析，第 11—13 章讨论广告的作用与广告成本，第 14 章讨论商标和不公平竞争，第 15 章讨论价格的影响因素，第 16—18 章讨论营销成本，第 19—20 章讨论农产品营销，第 21 章是总结，即对当时的营销系统进行评论。从全书的内容来看，该书围绕着营销功能分析和机构分析展开，商品分析则是比较淡化的，整体上采用的视角比较宏观，并未明确地从某一主体（制造商或中间商）的角度来阐述营销功能，而是从整个营销系统的角度来阐述商品从生产领域向消费领域转移过程中所涉及的机构（商业企业）和它们所执行的功能。这种分析视角体现了营销学原理教科书的一个共同特点。

相对于 Ivey（1921）对营销功能分析的强调，Clark①（1922）的《营销学原理》（*Principles of Marketing*）则更为强调商品分析，即围绕不同类型的商品来阐述营销机构及其执行的营销功能。该书共 26 章，除第 1 章引言和第 26 章结语外，第 2 章讨论了一般的营销功能，接下来的章节按照商品类别、营销机构、营销功能和营销系统等几个部分展开，体现了不同分析方法的应用。第 3—5 章讨论农产品营销，第 6 章讨论原材料的营销，第 7—10 章讨论工业制造消费品的营销。第 11—14 章讨论分销组织，分别讨论了零售商、农产品营销合作组织，并且分析了营销过程中中间商地位的变化，这几章体现了机构分析方法的应用。第 15—19 章分别讨论了实体分销、市场融资、市场风险、市场信息和标准化等营销功能，体现了营销功能分析方法的应用。第 20—22 章讨论了价格与市场竞争问题，第 23 章讨论了政府规制与营销的关系，第 24—25 章讨论了营销成本与效率问题，这几章集中体现了将营销作为一个宏观的经济系统的分析视角。

从上述最早出版的两本营销学原理教科书的内容来看，这类教科书基本形成了以营销功能、商品和机构分析为主的框架结构，对早期营销知识体系进行了初步的整合。但从整体来看，这类教科书尚缺乏一个统一的理论框架和分析视角，书的内容更像是一个结构化的"拼盘"。这一特点是营销管理教科书出现之前营销学原理教科书的统一特点，在稍晚出版的营销学原理时代影响力最大的教科书——由 Maynard、Weidler 和 Beckman（1927）共同写作的《营销学原理》（*Principles of Marketing*）——中得到了充分的体现。

这部 682 页的教科书共包括 34 章，整体结构与 Clark（1922）类似。在第 1 章引言中，作者开篇将营销定义为"促使商品所有权转移和实物分销的所有必要的活动"（Maynard, Weidler & Beckman, 1927: 1），这代表了 20 世纪 20 年代末学界对营销概念基本一致的看法。与之前的营销学原理教科书不

---

① Fred E. Clark 于 1916 年在伊利诺伊大学获得经济学博士学位，曾在特拉华学院（Delaware College，特拉华大学的前身）和密歇根大学任教，1919 年加入西北大学并在那里工作到退休。1922 年《营销学原理》出版时，Clark 在西北大学担任经济学与营销学副教授。Clark 的另一本重要著述是与 Weld 合作的《美国农产品营销》（*Marketing Agricultural Products in the United States*）（1932），该书是农产品营销领域早期的重要教材之一。1938 年，Clark 担任美国市场营销学会主席（Hobart, 1965）。关于 Clark 的生平可参见 Clewett（1957）。

同，该书在第 2 章中主要基于 Copeland（1924）的观点，系统地讨论了消费者购买的动机分类，这是在早期营销学原理教科书中非常引人注目的一点。接下来的第 3 章概要性地讨论了营销功能及商品的分类，其中后者的分类框架也主要参考了 Copeland（1924）的观点，这为后面的章节详细地讨论营销功能以及按照商品类别来讨论营销过程奠定了基础。第 4 章以不同的商品类别为线索重点讨论了面向消费者的直接营销的主要形式，该章的内容不仅与第 2 章对消费者购买动机的讨论直接相关，也区别于后续章节重点讨论的通过中间商的营销过程的内容。第 5—13 章用机构分析法重点讨论了零售商、批发商（包括农产品批发市场）、辅助性中间商的类型和功能。第 14—17 章采用商品分析法重点讨论了原材料商品（包括农产品和非农产品原材料）的营销过程和形式（农产品合作营销为单独的一章）。第 18—27 章采用功能分析法重点讨论了各种营销功能——销售、采购、需求创造、运输、储存、融资、市场风险、市场预测、标准化和市场信息。第 28 章以后则主要采用宏观系统视角讨论营销与政策层面，以及营销的效率与成本问题。其中，第 28—32 章讨论了价格、品牌、服务与政策，以及营销的伦理问题；第 33—34 章则讨论了营销成本和效率问题。

相较于之前出版的教材，《营销学原理》的内容和结构显然更为完善，但其在结构上与最早的两本营销学原理教材并无本质上的差异，这在某种程度上反映了 20 世纪 30 年代以前营销知识体系的内容和结构。这本经典教材自 1927 年出版以后进行过多次修订，但其修订版本除将新的营销学知识补充到教材框架中外，教材的核心框架并没有发生改变。如 1957 年出版的第 6 版（Beckman, Maynard & Davidson, 1957）的内容已经扩充至 798 页，全书结构被分成 7 个部分：第 1 部分（共 2 章），营销学基础；第 2 部分（共 4 章），终端消费者；第 3 部分（共 6 章），零售系统及其绩效；第 4 部分（共 6 章），批发系统及其绩效；第 5 部分（共 11 章），营销功能分析；第 6 部分（共 5 章），一些重要的营销政策；第 7 部分（共 2 章），营销及其政府规制环境评价。作为营销学原理阶段影响力最大的一本教材，该书第 6 版的内容在某种程度上展现了营销管理教科书主导时代到来之前最为成熟的框架和内容。①

20世纪20年代出版并在之后的几十年中不断修订再版的这些教材在20世纪70年代末完成了其对营销知识进行整合的使命,以营销功能、机构和商品分析为主要分析方法及研究内容的知识体系被整合到一个"营销系统"(marketing system)的框架中(Wilkie & Moore, 2003, 2006),成为营销管理范式出现以前营销学的主导范式(Hunt, 2020a; Hunt, Hass & Manis, 2021)。在这个营销思想和营销知识整合的过程中,营销学术社区逐渐摒弃了营销思想产生早期将"marketing"和"distribution"视作同义词的认知,而逐渐统一使用含义更为丰富的"marketing"来作为学科的核心概念。②

## 3.4 早期营销思想发展的中心

根据Bartels(1951b)的观点,对早期营销思想产生与发展做出重要贡献的思想中心主要是威斯康星大学,哈佛大学,以及由伊利诺伊大学、密歇根大学、俄亥俄州立大学等组成的中西部大学集团,其中,威斯康星和哈佛两所大学作为早期营销思想发展中心的贡献尤其突出。这些大学作为思想中心对早期营销思想的影响不仅在于其学者所发展和贡献的营销思想,还在于它们为早期营销思想发展与传播所培养的营销学者,这一点尤以威斯康星大学最为显著。

### 3.4.1 威斯康星大学

威斯康星大学对早期营销思想发展的贡献主要体现在三个方面。第一,威斯康星大学培养了一大批最早的营销学师资,他们在包括威斯康星大学在

---

① 随着E.J. McCarthy的经典教材——《基础营销学:管理的方法》在1960年出版,营销学理论范式基本完成了向管理学的转换,因此可以说营销原理教科书的影响力在20世纪50年代末达到了顶峰。《营销学原理》的最后一版(第9版)更新于1973年,名称变更为《市场营销》(*Marketing*),作者为Beckman、Davidson和Talarzyk。20世纪70年代,营销学原理教科书基本退出了主流的营销学舞台,完成了其整合营销学知识体系的使命(Shaw, Jones & McLean, 2010)。

② 1932年,由全国营销与广告教师学会(the National Association of Teachers of Marketing and Advertising)定义委员会发布的报告中,明确区分了"marketing"与"distribution"两个术语,并建议二者不再交替使用(Hunt, Hass & Manis, 2021: 13)。

内的诸多大学任教，促进了早期营销学课程的开设和营销思想的传播。第二，威斯康星大学最早设立的农业经济学系对农产品营销的探索构成了对早期营销思想的重要贡献。第三，如前文所述，威斯康星大学的经济学教授最早将"marketing"作为课程和教材的标题，这成为营销思想发展过程中的一个标志性事件。上述三个方面的部分内容我们在本章前两节已经阐述过，本节重点阐述前文没有涉及的补充性内容。

19 世纪末 20 世纪初的威斯康星大学是新学派经济学家的集中地，那里聚集了 Richard Ely、W. A. Scott、J. R. Commons 以及 H. C. Taylor 等杰出的经济学者①，他们吸引并培养了一大批优秀的营销学先驱：Edward D. Jones, James E. Hagerty, David Kinley, Benjamin H. Hibbard, Theodore Macklin, Paul H. Nystrom, Paul D. Converse, Newel H. Comish, 以及 Floyd L. Vaughan，等等（Bartels, 1951b）。作为新派经济学的重要阵地，威斯康星大学经济学教授和学生们对营销问题的关注及探索都与 Ely 这个新学派领袖息息相关，也体现了德国历史学派经济学传统的影响。

1892 年，Ely 离开他工作了 11 年的约翰·霍普金斯大学来到威斯康星大学，担任新成立的经济学、政治科学与历史学院院长。作为美国经济学新学派的领袖，Ely 不仅具有杰出经济学家的声誉，在领导对传统经济学和经济政策的抨击以及倡导社会变革以实现更好的社会公平的诸多著述中，也树立了激进的经济学家的形象。1894 年，Ely 遭遇了他职业生涯中的一次重要危机——"经济学异端"（economic heresy）的指控。威斯康星州教育厅（Public Instruction in Wisconsin）负责人指责 Ely 教授有违美国经济与社会道德观念的价值观，他随即遭受了一系列公开的批判。② 虽然 Ely 在威斯康星大学以及他的一些学生、朋友的支持与帮助下最终走出了危机，但这次指控却让他重新

---

① Scott、Commons 和 Taylor 都是 Ely 的学生。Scott 于 1892 年获得博士学位后跟随 Ely 从约翰·霍普金斯大学来到威斯康星大学，在新成立的经济学、政治科学与历史学院教授经济学与经济史，1900 年他被任命为威斯康星大学商学院的首任院长。Commons 也是 Ely 在约翰·霍普金斯大学的学生，1904 年在 Ely 的邀请下来到威斯康星大学，并在那里一直工作到 1932 年。Taylor 在艾奥瓦州立大学获得本科和硕士学位，1902 年在威斯康星大学获得博士学位。他是 1909 年成立的威斯康星大学农业经济学系的首任系主任，也是农业经济学和农产品营销的先驱之一（Penn, 1969; Parsons, 1970）。

② 关于 Ely 遭受的经济学异端指控的详细内容可参见 Jones 和 Tadajewski（2017：55–60）的研究。

思考其学术研究的方向和著述表达的方式。危机过后，Ely 在学术上变得更为保守，他需要在相对保守的学术领域投入更多的研究精力以获得安全的庇护。营销相关的问题——市场的运作机制与过程就是这样一个安全的领域，而 Ely 显然对这个领域也有着较为浓厚的研究兴趣（Jones & Tadajewski, 2017）。1895 年以后，Ely 在其教授的课程和所指导的学生论文选题中都对营销相关的选题给予了更多的关注。如在其 1899 年教授的"财富的分配"（Distribution of Wealth）课程的结业论文模块中列出了如下选题："从经济学视角考虑广告""广告中的竞争以及商标的影响""时尚变化的经济影响"，以及一系列有关具体产业分析的选题（Jones & Tadajewski, 2017）。在其指导的学生论文中，也非常明显地体现了"历史方法"和对营销问题的关注，如 Hibbard 1902 年发表的论文《威斯康星州 Dane 县的农业史》（The History of Agriculture in Dane County），Nystrom 1914 年发表的论文《商品的零售分销》（Retail Distribution of Goods），Macklin 1917 年发表的论文《美国乳制品与奶酪工厂的组织史》（A History of the Organization of Creameries and Cheese Factories in the U.S.）等。在 Ely 的领导下，威斯康星大学经济学、政治科学与历史学院也获得了快速的发展，到 20 世纪初，威斯康星大学已经成为美国培养经济学博士生的主要机构（Jones & Tadajewski, 2017）。早期的营销学者基本上都具有经济学专业背景，威斯康星大学培养的很多经济学毕业生都对营销思想的发展做出了重要贡献，而他们中的很多人都受到了 Ely 的影响。

#### 3.4.1.1　来自威斯康星大学的营销学先驱

对早期营销学师资和学者的培养是威斯康星大学作为营销思想中心的重要贡献之一（Bartels, 1951b），除本章前面提到的最早开设营销学课程的 Edward D. Jones 以外，重要的早期营销思想发展的贡献者还包括 David Kinley、James E. Hagerty、Henry C. Taylor、Benjamin H. Hibbard、Theodore Macklin 和 Paul H. Nystrom。[①]

---

[①] 威斯康星大学这些早期营销思想发展的贡献者主要在两个领域做出了重要贡献：一个是一般的营销思想，另一个则是农产品营销。其中，Taylor、Hibbard 和 Macklin 的贡献主要在农产品营销领域，我们将在下一小节专门讨论他们的贡献。

Kinley 于 1893 年在威斯康星大学获得博士学位以后，被伊利诺伊大学聘为助理教授，并在第二年晋升为教授。1895 年，他创立了伊利诺伊大学经济学系。1900 年，Kinley 赴德国学习，次年返回美国后被任命为伊利诺伊大学新开设的商学课程主任。1902 年，他将从德国回来的 Fisk 聘任为商学教授，如前所述，后者在伊利诺伊大学开设了最早的营销学课程。1908 年，Fisk 从伊利诺伊大学辞职后，Litman 接受了 Kinley 的聘书从加州大学来到伊利诺伊大学接替 Fisk，而前者则在加州大学开设了最早的营销学课程。

Kinley 对经济学和商学教育的哲学理念与其老师 Ely 非常相似，也深受德国历史学派经济学传统的影响。他强调伦理在教育中的作用，倡导在经济学教育中要引导学生进入并了解真实的世界，培养他们在经济决策中的批判性思维。这些教育理念通过课程的开设、教学方法的采用而对学生们产生了深远的影响。也正是因为在哲学理念上与 Ely 一致，当 Ely 面对"经济学异端"的指控时，Kinley 给予 Ely 坚定的支持，这对 Ely 最终度过危机意义重大（Jones & Tadajewski, 2017）。

Hagerty 在威斯康星大学学习一年后，在 Ely 的建议下于 1898 年赴德国留学。1899 年，Hagerty 回国后在宾夕法尼亚大学开始了其研究生阶段的学习，其学位论文的研究主题为工业品分销（distribution of industrial products）（Hagerty, 1936）。1905 年，Hagerty 在俄亥俄州立大学开设了营销学课程——"产品的分销"（Distribution of Products），这是俄亥俄州立大学最早开设的营销学课程。1905 年，Hagerty 担任俄亥俄州立大学经济学系的系主任以后，最早招聘的营销学教师之一是 M. B. Hammond。Hammond 在威斯康星大学获得经济学硕士学位（导师是 Ely），并曾在 1894 年与 Jones 和 Sparling[①] 一起赴德国学习，回国后在哥伦比亚大学获得博士学位。他 1897 年发表的论文（以其硕士学位论文为基础）对美国棉花产业的经济史进行了较为系统的回顾，其

---

① Samuel E. Sparling 于 1896 年从德国返回威斯康星大学完成他以公共管理为主题的学位论文，并一直在那里任教到 1909 年。他于 1906 年出版的《企业组织导论》(*Introduction to Business Organization*) 被 Bartels（1962）认为是第一本从整体上论述营销的著作。在那本书里，Sparling 将企业的活动概念化为采掘、制造与分销，其中，分销被细分为辅助交换活动的若干功能，营销被概念化为分销的一种功能，并被定义为"与分销原材料和最终制成品相关的商业过程，其功能是通过交换增加商品的附加价值"（Jones & Tadajewski, 2017: 61）。他在书中论述了"市场的演化""交换""直接销售""批发与零售""旅行推销与邮购商业""广告"，以及"信贷与收款"等主题。参见 Jones 和 Tadajewski（2017）。

中有一个部分详细地讨论了棉花的营销问题。Bussière（2000）认为这篇论文是 1900 年之前第一次在"marketing"的现代含义下使用"marketing"这个概念的经济学文献。

Nystrom 分别于 1909 年、1910 年、1914 年在威斯康星大学获得本科、硕士和博士学位，他的主要研究兴趣和贡献是在零售领域。1913 年，作为当时威斯康星大学的政治经济学助理教授，Nystrom 出版了对零售分销具有重要贡献的第一本著作——《零售销售与商店管理》（*Retail Selling and Store Management*）。1914 年，在 Ely 的指导下，他完成了博士学位论文——《商品的零售分销》，该论文以《零售经济学》（*Economics of Retailing*）为题在次年正式出版。这两本书被认为是两卷本的"零售宝典"（Duncan，1957）。获得博士学位以后，Nystrom 于 1914 年离开威斯康星大学赴明尼苏达大学任教，一年后他中断了学术工作转而到企业中任职，直到 1928 年重新回到大学任教，并于同年和次年分别出版了《时尚经济学》（*The Economics of Fashion*）和《消费经济学》（*The Economics of Consumption*）。1950 年，Nystrom 从哥伦比亚大学退休。

#### 3.4.1.2　农产品营销

农产品营销是威斯康星大学对早期营销思想最重要的贡献之一，而其中最为重要的学者就是 Henry Charles Taylor。Taylor 在艾奥瓦州立大学获得本科和硕士学位，1902 年在威斯康星大学获得博士学位。由于农场家庭的背景，Taylor 一直对农业和农民问题抱有极大的热情与兴趣，这与 Ely 一直在寻找的对农业经济学有兴趣和专长的学生相契合。在 Ely 的建议下，Taylor 于 1899 年赴英国和德国留学，并在那些地方学习了农业经济学课程。1901 年，Taylor 返回威斯康星大学以后，接受了 Scott 的聘任，接替去密歇根大学任教的 Jones 教授经济史和经济地理两门课程。Taylor 的经济地理课程重点关注了一些重要农产品的产地和消费地，以及产品从产地到消费地转移过程中发生的运输、加工与销售等活动。这些课程内容无疑奠定了农产品营销的基础。而他为农业经济学课程准备的资料最终形成了他最为重要的著作——《农业经济学研究导论》（*An Introduction to the Study of Agricultural Economics*）（1905）的基础，该书被认为是第一本以英语写作的农业经济学著作（Jones & Tadajewski，2017）。

遗憾的是，该书并未就农产品营销问题进行论述。① 1919 年该书再版时，Taylor 补充了农产品营销相关的内容，重点阐述了农民与中间商的关系。

从 1904 年开始，Taylor 陆续开设了一些新的课程。除经济地理课程以外，1904—1905 学年，他开设了"农业经济学基础"（The Elements of Agricultural Economics）、"农业史与比较农业"（Historical and Comparative Agriculture），以及"农业产业"（Agricultural Industries）课程。1907 年，他又开设了"商业地理"（Commercial Geography）课程，其主要内容是主要农产品的生产与营销。他认为农产品营销课程的内容应当包含营销的功能和机构，以清晰地展现农产品从生产领域向消费领域转移过程中每个阶段所发生的交易。Taylor 的这一系列与农业经济学相关的课程标志着农产品营销研究在威斯康星大学，甚至在美国的开端（Jones & Tadajewski, 2017）。

1909 年，威斯康星大学农学院成立了农业经济学系，其是在美国大学中最早成立的农业经济学系之一，Taylor 被任命为首任系主任。随着该系的成立，农业经济学及与之相关的农产品营销的教学和科研活动都开启了一个全新的局面。Taylor 开始招聘农业经济学领域的学者加入其新成立的系，激励并带领他的学生们对一系列农产品营销问题开展了深入的研究。在其招聘的师资中，有两位值得关注的威斯康星大学的杰出校友——Hibbard 和 Macklin。

Hibbard 于 1899 年开始在威斯康星大学攻读经济学与历史方向的研究生，1902 年获得博士学位。毕业后，他回到本科母校艾奥瓦州立大学教授经济科学课程，直到 1913 年他接受 Taylor 的邀请到威斯康星大学农业经济学系任教。作为农业经济学教授，他开设了一门新课——"合作社与营销"（Co-operation and Marketing），这门课被认为是在美国开设的第一门有关农业合作社与农产品营销的课程（Bartels, 1951b）。Hibbard 在 1921 年出版的《农产品营销》（*Marketing Agricultural Products*）也被认为是这一领域具有深远影响的著作（Bartels, 1962）。

---

① 由于出版的时间压力，Taylor 未能在书中加上农产品营销的内容。根据 Taylor 的回顾，他之所以没有写农产品营销的内容是基于两个方面的原因：一方面是因为他对土地和农场管理的兴趣更浓厚，并且已经积累了很多相关的研究资料；另一方面则是出于职称评定的压力，即为了获得助理教授的聘任（年薪会提高到 1 400 美元），他必须在 1905 年春天出版一本书，因此他将已经准备好的内容先行出版，并将书名定为《农业经济学研究导论》。转引自 Jones 和 Tadajewski（2017：73-74）。

在 Hibbard 回到威斯康星大学的前几年，Macklin 就读于艾奥瓦州立大学，并开始对农产品营销产生浓厚的兴趣。1911 年毕业后，Macklin 在艾奥瓦州立大学担任讲师，为了对农产品营销进行更深入的研究，他从 1913 年开始就读于威斯康星大学，并于 1917 年获得博士学位。在获得博士学位之前，Macklin 还曾在堪萨斯农业学院（Kansas State Agricultural College，即后来的堪萨斯州立大学）任教，教授农产品营销课程。1919 年，他接受 Taylor 的聘任，回到威斯康星大学农业经济学系任教（Bartels，1951b）。在威斯康星大学期间，他出版了产品营销领域的重要著作——《高效率农业营销》（*Efficient Marketing for Agriculture*）（1921）。

Taylor 和他的学生们在 20 世纪初至 20 世纪 10 年代所做的很多农产品营销研究有力地回应了当时美国农业中备受关注的"营销问题"（the problem of marketing），即对农产品中间商操纵农产品价格使农民利益受损的质疑和指控。1906 年，威斯康星州的农民对农产品中间商行为和农产品定价系统的关注度日益提升，Taylor 对威斯康星州南部的乳制品合作社和奶酪工厂进行了调查研究，而后发表了一篇简报——《农产品价格》（The Prices of Farm Products）。Taylor 的结论是中间商在农产品流通过程中执行了必不可少的功能，而提高的农产品价格是为抵补这些功能所产生的成本而必需的。换言之，Taylor 认为中间商执行的营销功能增加了农产品的价值，而这些功能是农产品从生产者向消费者转移所必不可少的。这个结论虽然遭受了一些批评，但基本上终止了各方对营销这种价值增加活动合法性的批评与质疑。1911 年，Taylor 与他的两名高年级学生对威斯康星州奶酪的营销过程展开了系统的研究，1913 年发表的论文《威斯康星州奶酪的营销》（The Marketing of Wisconsin Cheese）更为细致地分析了奶酪中间商所执行的营销功能，并比较了由生产者和中间商来执行这些功能的优势与劣势、奶酪零售商和批发商的类型，以及不同中间商所提供的服务的类型与差异等。这些研究激发了更多农业经济学专业的学生对农产品营销问题产生兴趣，也增加了农产品营销对农业经济学的贡献。

### 3.4.2 哈佛大学

与威斯康星大学对早期营销思想的贡献主要来自经济学、政治科学与历史学院（包括农学院的农业经济学系）不同，哈佛大学的贡献主要来自成立于1908年的哈佛商学院。与其他几所更早成立的商学院（管理学院）不同[①]，哈佛商学院是一所研究生院，并且建立在将商学（business）作为一种职业、艺术和科学的愿景之上。哈佛商学院不仅是早期营销思想发展的中心，也一直是影响营销思想发展的思想中心。哈佛商学院对营销思想的影响不仅体现为其培养了一批卓越的营销学者，如Paul T. Cherington、A. W. Shaw、Melvin T. Copeland、Harry R. Tosdal、Walter C. Weidler、Harold H. Maynard、Malcolm P. McNair、Neil H. Borden以及Roland S. Vaile等，还体现在其分析营销问题的独特方法论和教授营销学的案例方法（case method）等方面（Bartels，1962）。哈佛商学院对商学的认知与理念决定了其在发展营销思想时与威斯康星大学的差别，哈佛商学院的学者们不像其威斯康星大学的同行们对社会变革以及政府在经济中的作用这类问题那么热心，也较少关注营销实践中的伦理问题带来的阴暗面（Jones & Tadajewski，2017），而是更关注企业的营销实践、企业执行的营销功能，以及这些功能对企业发展的影响。另外，由于哈佛商学院1908年才成立，因此哈佛大学正式进入营销领域的时间相对其他先行的大学要稍晚一些，但这并未影响其对营销思想的卓越贡献。

当然，哈佛商学院营销思想的种子依然是经济学播撒的。1906年，哈佛大学成立了一个委员会筹建商学院，该委员会中的两位重要成员分别是F. W. Taussing和E. F. Gay，其中，Gay后来被任命为哈佛商学院的首任院长。他们都是从德国留学回国的经济学者，这使得德国历史学派的认识论与方法论等对他们产生了或多或少的影响，而这些影响则在一定程度上被带入哈佛商学院最初的课程设定与教学方法中（Jones & Tadajewski，2017）。对于企业

---

[①] 19世纪末20世纪初是美国大学的商学院开始快速发展的时期，较早设立商学院的大学包括宾夕法尼亚大学（1881）、加州大学（伯克利）（1898）、芝加哥大学（1898）、达特茅斯学院（1900）、纽约大学（1900）、威斯康星大学（麦迪逊）（1908）和西北大学（1908），等等（Hunt, Hass & Manis, 2021）。

本质功能的认识，Gay 遵循一个基本的假定：企业的核心功能是生产（制造产品）和营销（将所制造的产品销售出去），这一基本假定在某种程度上影响了他对最初课程的设定。在方法论上，Gay 倡导使用归纳和历史的方法，通过研讨式教学和案例方法启发学生的思考。无疑，基于归纳和历史方法论的案例方法成为哈佛商学院在商学（包括营销学）领域最为重要的贡献之一（Converse，1945）。

1908 年，哈佛商学院成立最初的必修课中包括一门"美国的经济资源"（Economic Resource of the United States）课程，这门课由刚刚加入哈佛商学院的 Paul T. Cherington[①] 教授，1914 年，这门课最终演变为"市场营销"（Marketing）课程（Jones & Tadajewski，2017）。显然，1908 年开设的这门课并不是哈佛商学院开设的第一门真正意义上的营销学课程。根据 Maynard（1941）的观点，1909 年，Cherington 在哈佛商学院开设了"商业组织与方法"课程，其被认为是哈佛商学院最早的营销学课程。根据 Crossley（1956）的观点，Cherington 分别于 1908 年、1909 年教授了上述两门课，虽然我们无从确认由 Cherington 教授的这两门课是否为同一门课在 1909 年更改了课程名称，但可以肯定的一点是，在哈佛商学院建立最初，这些营销学的前身课程就是作为必修课开设的，这奠定了营销学课程在哈佛商学院课程表中的核心位置。

在教学方法上，Gay 倡导案例教学，要求教师要尽可能地在课堂上"讨论问题而不是简单地讲授"（discussion of problems rather than by lecturing）（Bartels，1951b：10）。虽然对于哈佛商学院案例方法的起源存在不同的说法，在具体的表达方式上也存在多样化的名称，如实验室方法（laboratory approach）、现场教学（field trips）、研讨课（seminar），以及用案例教学（teaching with cases），但其深层的认识论和教学方法都是以归纳逻辑为基础的，Gay 相信通过归纳的方法可以产生一般的原理（Jones & Tadajewski，2017）。为了推进案例教学，了解企业的实践和问题、收集企业经营的相关信息和资料是前

---

[①] Paul T. Cherington 分别于 1902 年、1908 年在宾夕法尼亚大学获得学士和硕士学位，并于 1908—1935 年在哈佛商学院教授营销学相关的课程（Bartels，1951b）。他对早期营销思想的贡献主要体现在 1912 年出版的《作为企业影响力的广告》（*Advertising as a Business Force*）和 1920 年出版的《营销要素》（*The Elements of Marketing*）上。前者是最早研究广告的书籍之一，后者则是最早讨论营销功能的书籍之一（Crossley，1956）。

提，1911 年，在 Arch W. Shaw 的资金支持和协助下，企业研究所（the Bureau of Business Research）成立了，由 Seldin O. Martin 担任负责人。[①] 该研究所开展的第一个研究项目就是对鞋的批发与零售的调查研究，这体现了 Gay 对营销这个受到较少关注的领域的兴趣和重视。企业研究所在 Melvin T. Copeland 的领导下很快就对促进案例方法的应用发挥了重要作用。

　　Copeland 1906 年从哈佛大学研究生毕业以后，先是在哈佛大学教授"经济史与欧洲经济资源"（Economic History and Economic Resources of Europe）课程，后来在海外考察一年以完成他关于棉花制造业的研究，归国后在纽约大学任教两年，于 1912 年回到哈佛商学院任教。Copeland 早期对营销思想的贡献主要体现在三个方面（McNair, 1957）：发展哈佛商学院的营销学课程，依托企业研究所对零售和批发运营成本开展研究，以及发展案例教学方法。Copeland 回到哈佛商学院被指定的第一项任务就是开设"商业组织"（Commercial Organization）课程，1914 年该课程被正式更名为"市场营销"课程。如前所述，1911 年成立的企业研究所启动的第一项研究就是对鞋的批发与零售的调查研究，Copeland 回到哈佛商学院后直接参与了这个研究项目的研究工作，并且直接负责了从 1914 年开始的对杂货店运营成本的研究。在这两项研究中，Copeland 对分销成本，尤其是零售运营成本进行了开创性的研究（McNair, 1957）。在时任商学院院长 Edwin Gay 的倡导下，Copeland 从 1912 年起开始探索在营销教学中采用案例教学方法（Bartels, 1951b）。企业研究所的两项研究为 Copeland 进行案例写作和教学奠定了相应的基础。1916 年，Copeland 被任命为该研究所的负责人。在当时的商学院院长 Wallace B. Donham 的推动下，企业研究所开始在获取案例材料、全面推进案例教学方面发挥更大的作用。在这个阶段，Copeland 关于案例写作和教学应用的思想对哈佛商学院案例方法的发展产生了深远影响（McNair, 1957）。Copeland 于 1920 年出版了他的第一本营销案例书——《营销中的问题》。1924 年，Copeland 出版了其对一般营销理论做出重要贡献的《商业原理》（*Principles of*

---

　　① 除了资助成立企业研究所，Shaw 的出版公司还出版了 *Harvard Business Review* 的前 7 卷，即从 1922 年创刊一直到 1929 年 4 月的第 7 卷第 3 期（Usui, 2008）。

*Merchandising*）一书。

哈佛商学院作为营销思想中心的另一个重要贡献就是其中走出了一大批杰出的营销学者，他们对早期营销思想的发展做出了重要贡献。除前文讨论过的 Shaw、Cherington 和 Copeland 以外，还有 Tosdal、Weidler、Maynard、McNair、Borden 以及 Vaile 等，他们在不同的专业领域内对早期营销思想的发展做出了重要贡献，我们将在后续章节中讨论这些学者的贡献。

### 3.4.3 中西部大学集团

美国中西部的威斯康星大学、伊利诺伊大学、密歇根大学、俄亥俄州立大学以及明尼苏达大学虽然在早期营销学课程的开设方面对营销思想的发展有所贡献，但除威斯康星大学以外，其他几所大学对早期营销思想和营销文献的贡献都没有那么突出（Bartels，1951b）。随着 20 世纪 10 年代营销教学的快速发展，以及营销概念的普遍应用，在这些大学工作的一批杰出营销学者对营销文献和营销思想的贡献开始凸显，尤其是在早期营销思想和文献的整合方面，包括 L. D. H. Weld、Fred E. Clark、Paul W. Ivey、Paul D. Converse、C. S. Duncan、Harold H. Maynard、Walter C. Weidler 和 Theodore N. Beckman 在内的诸多学者做了很多杰出的工作。因此，Bartels（1951b）将中西部这些大学对营销思想的贡献称为"第二波"。在前文中我们已经简要讨论过 Weld、Clark 和 Ivey 对营销思想发展的主要贡献，下面我们简要讨论其他几位代表性学者的贡献。

Paul D. Converse 分别于 1913 年、1914 年在华盛顿与李大学（Washington and Lee University）获得本科和硕士学位，1914—1916 年曾在哥伦比亚大学和威斯康星大学暑期课程学习（Huegy，1958）。其中，1915 年，Converse 在威斯康星大学学习期间修习了 Butler 的"营销方法"课程——他修习的唯一一门营销学课程。在威斯康星大学学习期间，Converse 认识了 Richard Ely、William Scott 和 Benjamin Hibbard 等对早期营销思想发展产生重要影响的经济学家，他们都激励 Converse 对营销学与经济学进行深入思考。Converse 于 1915 年加入匹兹堡大学，并开始教授营销学课程，1924 年加入伊利诺伊大学。1921 年，在匹兹堡大学工作期间，Converse 出版了他的第一本教材，也是最早出版的营销学教材之一——《营销方法与政策》(Marketing Methods and Policies)。在该书中,Converse 主要采用机构分析方法对批发商、零售商、实体分销设施、合作营销组织和贸易协会等主要营销机构进行了细致的分析。他在书中较早地提出了"贸易渠道"(trade channel) 的概念,分析了渠道的主要结构形态,并从决策的角度讨论了分销方法的选择问题。20 世纪 20—30 年代,Converse 还陆续出版了几本重要的著作:《销售政策》(Selling Policies)(1927)、《营销要素》(Elements of Marketing)(1930) 和《分销基础》(Essentials of Distribution)(1936)。1931 年,Converse 担任美国市场营销学会的前身"全国营销与广告教师学会"的主席 (Hobart, 1965)。[①]

C. S. Duncan 在其学术生涯很早的时候就离开了学界(Converse, 1959a),所以关于他的生平资料很有限。根据 Bartels(1951b)的资料,Duncan 进入营销学领域几乎完全是出于他对营销现象的兴趣。20 世纪 10 年代,当他在俄亥俄州立大学教授英语时,他注册了一门芝加哥大学提供的暑期营销学课程,该课程由哈佛大学到芝加哥大学访问的 Cherington 讲授。这门课对 Duncan 产生了重要影响,修习完成该课程之后,他在芝加哥大学教授了几年营销学课程。1920 年,他以芝加哥大学商学助理教授的身份出版了最早的营销学教材之一——《市场营销:问题与方法》。该书除引言以外,按照商品类型分成两个部分——原材料与食品(主要是农产品)以及工业制成品,针对每一种商品,Duncan 按照市场分析和贸易组织(机构)分析的思路展开对营销过程的阐述。

Harold H. Maynard 于 1916—1919 年在哈佛大学学习并获得硕士学位,1922 年在艾奥瓦大学获得博士学位。在哈佛大学学习期间,Maynard 修习了 Copeland 主讲的营销学课程,并深受 Copeland 和 Cherington 的影响[②],这使他进入了营销学领域。他的博士论文《西北地区苹果营销》(Marketing Northwestern Apples)于 1923 年出版(Beckman, 1959)。1923 年,他加入俄亥俄州立大学,在那里担任企业组织教授。Maynard 在俄亥俄州立大学遇到了 Weidler 和

---

① 关于 Converse 的生平和学术贡献的更详细信息参见 Huegy(1958)。
② Copeland 由于应召到政府部门从事战时工作而没有最终讲完这门课,是由 Cherington 代为完成的(Bartels, 1951b)。因此,Maynard 在这门课中受到了两位杰出营销学者的影响。

Beckman，他们三人共同合作的经典教材《营销学原理》于 1927 年出版。

Weidler 是 Hagerty 的学生，他在 1911—1912 学年修习了 Hagerty 的营销学课程。在研究生期间，他作为 Hagerty 的助教较早地参与了营销学的教学，并对营销学有着浓厚的兴趣。硕士毕业以后，Weidler 到哈佛大学攻读博士学位，在那里他认识了 Maynard（Bartels，1951b）。博士毕业以后，Weidler 回到俄亥俄州立大学任教，正式开启营销学学术生涯。

Beckman 1920 年在俄亥俄州立大学获得学士学位以后继续在该校攻读硕士学位，并将研究方向定为营销学。作为 Hagerty 和 Weidler 的学生，Beckman 深受两位老师的影响，尤其是硕士期间 Weidler 讲授的"批发与零售"课程对他的学术兴趣产生了深远影响。在 Weidler 的指导下，他选择以批发为主题完成了硕士学位论文，并于 1922 年获得硕士学位。Beckman 于 1924 年出版的《信贷和收款的理论与实践》（*Credits and Collections in Theory and Practice*）被接受为他的博士学位论文，这使得他在 1924 年获得博士学位，并于同年被任命为企业组织助理教授（Jones，2012）。Beckman 的硕士和博士学位论文选题成为他终生的学术"标签"，他在批发与信贷领域做出了杰出的贡献，他 1924 年出版的信贷主题的著作和 1926 年出版的《批发》（*Wholesaling*）一书都是各自领域的经典著作。[①]

## 3.5 对早期营销思想发展的几点观察

早期营销思想的产生与发展体现了一批对市场营销现象有兴趣的经济学者的探索。他们的经济学专业背景为他们观察、思考、解释营销现象和问题提供了观念及理论基础，他们观察和思考的结果被转化为最早的营销学课程，而他们为了准备课程所编写的讲义与课程大纲则成为最初的营销思想的载体。最早开设营销学课程的大学和这些大学中经济学院（系）、农学院（农业经济系）的院长（系主任）和教授们开设这些最初的营销学课程既是对世纪之交蓬勃兴起的商学教育的回应，也是对诸如"营销问题"等诸多社会经济问题

---

① 关于 Beckman 的详细生平和学术贡献参见 Jones（2012：109-123）。

的回应。因此可以说，对于最初的这些营销学课程的开设，相关的经济学者们并没有把理论的建构作为目标，更多的是希望对现实问题进行解释，回应现实的关切，由此产生的营销思想可以作为这一目标的"副产品"（Bartels，1988）。当然，营销思想的发展也体现了营销学先驱们为弥补当时经济学理论的不足而进行的努力。虽然经济学理论为营销学先驱们的探索提供了思想基础，但传统经济学理论中对分销问题以及新兴商业机构的解释即便不是缺失的，也是非常薄弱的。因此，营销学先驱们的探索并不是对传统经济学的"革命"或"反叛"，而恰恰是孕育于经济学母体的（Bartels，1988）。

### 3.5.1 早期营销思想的发展开始于产品分销领域

虽然以课程为主要表现形式的早期营销思想的侧重点各不相同，但其共同关注的都是产品从生产领域向消费领域转移过程中有关机构、功能与规制等方面的问题。介于生产与消费之间的流通（或分销）过程在新古典经济学理论体系中几乎被忽略了，而对此过程有所关注的古典经济学理论中的很多观点却很难对快速工业化过程中诸多分销领域的现象和问题提供解释（Bartels，1988；Wilkie & Moore，2003；Hunt，2020a）。正是在这个经济学理论相对薄弱，但又充满了重要现实问题的领域，现代营销思想开始萌芽与发展。早期的营销思想贡献者基本都是接受经济学训练的学者，他们熟悉经济学理论，因此以经济学理论为基础来研究营销问题是再自然不过的结果。也正是基于这样的原因，营销学先驱们在营销思想发展的早期并没有广泛地使用"marketing"这个词（虽然在课程讲义中偶尔使用），而是使用了他们更为熟悉的经济学术语，如"trade""commerce"以及"distribution"，这些词与"marketing"几乎作为同义词被交替使用。直到营销思想发展走过了第一个十年以后，"marketing"才逐渐成为这个领域的通用概念。

早期的营销学课程在研究对象与视角上都存在显著的差异，但这些差异之下是对营销过程的统一关注。无论是关注农产品的营销，还是关注工业制成品（主要是消费品，也涉及少量工业品）的营销，无论是关注微观的商业组织的类型（主要是批发企业与零售企业）与功能（如销售、广告和运输），还是关注对整个分销产业的规制甚至国际贸易活动，这些看起来差异巨大的零散的营销思想背后是相对一致的市场现象，用 Litman 的术语来表示就是"一般的交换"（Jones，2012），以及开展这些交换活动的组织及其执行的功能。Bartels（1988）将早期营销思想的这种差异性称为"营销思想的结构维度"，包含了与产品类型、营销机构与营销功能相关的不同维度。沿着这些不同维度向前发展的结果，就是早期营销思想流派的形成，这是我们下一章要讨论的主题。

### 3.5.2　早期营销思想发展的现实问题导向

早期营销思想发展的现实问题导向一方面源于早期营销学课程开设时教学资料的极度匮乏，使得授课教师不得不通过对营销机构相关人员的访谈和观察等方式获得第一手的资料用于课堂教学。Hagerty（1936）在其回顾文章中谈到了 1900—1910 年开设一般营销学课程的艰难，主要是教学材料的极度匮乏。他为了开设课程不得不通过问卷、访谈等各种方式与费城的商人进行交流，了解他们的商业实践，并到费城商业博物馆查询各种贸易期刊资料、产业委员会（the Industrial Commission）的报告等。他邀请当地商人到课堂上分享他们熟悉的营销问题，但这需要提前花费很多时间与这些商人进行沟通，帮助他们准备其要在课堂上分享的内容。由于教学材料的匮乏，他只能给学生们分配相应的主题让他们自己完成调查并形成研究报告，却发现这极大地激发了学生们的学习热情。Hagerty 的这些经历应该是最早开设营销学课程先驱们共同的经历。Litman 在备课时，显然也遇到了相同的问题。除了找到一些他熟悉的德国方面的资料，他所采用的方法与 Hagerty 完全相同，只是需要花费更多的时间消除那些访谈对象的疑虑，甚至是敌意。这种情况一直持续到 1910 年以后，Weld（1941）在回忆中谈到他 1913 年在明尼苏达大学开设农产品营销课程时，几乎找不到相关的资料，因此不得不亲自跟随运输黄油、鸡蛋和其他农产品的货船，了解农产品如何经过批发商、零售商等中间机构，到达纽约和芝加哥等城市。以这些观察和记录为基础，Weld 得以分析在农产品分销过程中所发生的成本费用，这些资料构成了他课堂教学的第一手资料，也构成了他的早期教材《农产品营销》的基础资料。

另一方面的原因则来自德国历史学派经济学传统的影响（Jones & Tadajewski，2017）。由于早期开设营销学课程的这些经济学者很多都直接（曾在德国留学）或间接（受到他们留德导师的影响）地受到德国历史学派经济学传统的影响，因此他们十分关注现实问题，从对现实问题的观察和调查研究中归纳总结结论，进而建构理论的认识论和方法论深深地影响着这些营销学先驱。当他们无法从熟悉的经济学理论文献中获得授课可用的资料时，转向营销实践从而对企业现实运作进行观察和了解就成为他们解决问题自然而然的选择。上述两个因素相互影响，共同塑造了早期营销思想发展的现实问题导向特点。从某种程度上说，营销思想发展早期的这种现实问题导向的特征在营销思想转向"管理范式"之后得到了进一步的强化，成为营销学科的一个鲜明特点。

### 3.5.3 早期营销思想发展在产品类别上的分野

早期营销思想的发展在研究对象上呈现出农产品营销和工业制成品（主要是消费品）营销两个既关联又存在差别的脉络。这种发展脉络的分野首先反映了早期营销思想发展对当时社会主要经济问题的回应，这一点在农产品营销问题上体现得尤为明显。在世纪之交，农业生产与流通中所谓的"营销问题"引发了社会广泛的关注，甚至引起了农民的抗议运动（Jones & Tadajewski，2017）。威斯康星大学以 Taylor 为代表的农业经济学者对农产品营销问题开创性的研究正是源自对这一现实问题的关切。同样，Weld 在明尼苏达大学从经济学系转到农学院也是源自对明尼苏达州农产品营销问题的现实需求（Weld，1941）。

其次，农产品与消费品营销思想发展的分野也是受开课学校和授课教师个人背景影响的结果。世纪之交正是美国工业化快速发展的时期，美国不同地区的主导产业分布是不同的，这决定了不同地区所面临的现实问题的差异。如威斯康星、明尼苏达等州面临着更多的农产品营销问题，这些地区的大学早期营销思想的发展相应地主要以农产品营销为主。而在农产品营销问题不是主要关注点的波士顿、纽约等地区，像哈佛大学和加利福尼亚大学这样的大学则更为关注消费品分销中的营销机构和功能以及国际贸易（营销）问题。

最后，早期营销思想发展的这种分野也与影响营销思想发展的基础学科有关。世纪之交，以管理学为核心的商学院在美国大学中的发展尚处于起步阶段（Hagerty，1936），早期开设的管理学与营销学课程主要在经济学下设立。当然，这与现代管理学的发展历史相关，管理思想史清晰地表明现代管理学的发展与营销学的发展几乎是同时开始的（雷恩，1997）。那些较早成立了商学院或设立了商学专业的大学，如哈佛大学、宾夕法尼亚大学，更为关注微观的商业组织运作与功能；而以传统经济学或以农学院设立的农业经济学为主要依托开设营销学课程的大学则更为关注农产品营销问题，尤其是从较为宏观的视角来关注。随着美国大学越来越广泛地设立商学院，营销学主要被归入商学院教育体系中，最终也在20世纪50年代完成了从以经济学为主要导向向以管理学为主要导向的转型，研究对象也主要集中于工业制造消费品。而早期营销思想发展中的农产品营销则更多地被归入农业经济学，走上了与以消费品为主要研究对象的主流营销理论相关但又不同的发展道路。

**思考题：**

1. 最早开设的营销学相关课程的内容主要集中在哪些方面？
2. 早期营销思想发展过程中，从"distribution"到"marketing"的转化体现了营销思想的哪些重要发展？
3. 早期营销思想发展过程中，Shaw和Weld的主要贡献是什么？
4. 营销学原理教科书如何对早期营销思想进行整合？
5. 早期营销思想发展的主要思想中心有哪些？它们各自的主要贡献是什么？
6. 阐述早期营销思想发展的主要特点。

# 第 4 章

# 早期营销思想的整合与学派

学习目标
- 了解早期营销思想学派的形成与结构
- 了解营销功能学派的主要内容
- 了解商品学派的主要内容
- 了解营销机构学派的主要内容
- 了解区域间贸易学派的主要内容

20世纪20年代以后,一系列营销学原理教科书的出版完成了对早期营销知识体系进行整合的任务。早期营销思想发展过程中遵循的功能分析、商品分析和机构分析方法不仅构成了早期营销知识体系的主要结构化内容,也各自在功能、商品和机构分析的内部形成了纵向的思想发展脉络,即形成了早期营销思想的学派。本章将在前一章的基础上侧重于阐述各个早期营销思想学派的纵向发展,以从另一个角度展现早期营销思想发展的脉络和广度。

## 4.1 早期营销思想学派的形成与概览

从概念上来看,将营销思想学派(schools of marketing thought)与营销学理论或营销学的某个领域(sub-areas within marketing)区分开来是困难的(Sheth, Gardner & Garrett, 1988; Shaw & Jones, 2005)。但是,为了避免定义的问题对营销思想演进过程的分析形成阻碍,学者们不约而同地选择了遵循营销思想史研究先驱 Bartels(1962)的观点,以对营销现象的分析方法作为定义营销思想学派的基本标准,并在此基础上对构成一个营销思想学派的判别标准进行界定。如 Sheth、Gardner 和 Garrett(1988)认为,一个营销思想学派应当满足以下三个标准：① 必须有明确的与营销目标相关的关注点，以及能够从营销活动和实践中获益的主体（who）；② 对营销活动为什么被执行或者应当被执行这一问题有明确的观点（why）；③ 除思想先驱以外，必须有一批学者持续地推进营销思想的发展。相对而言，Shaw 和 Jones（2005）所设定的标准要更加简洁、明确一些，即一个营销思想学派应当：① 有一个重要的知识体系；② 由很多学者共同发展而来；③ 至少关注了下列营销活动要素的一个方面，即营销活动的内容与类别（what）、如何执行营销活动（how）、哪些主体在执行营销活动（who）、为什么要执行营销活动（why），以及营销活动被执行的时间和地点（when/where）。

在早期营销思想发展的过程中，营销学者们发展了三种主要的方法对营销现象进行科学分析——营销功能分析、商品分析和营销机构分析，即营销研究的传统方法（Bartels，1988）。围绕这三种方法的研究所累积的知识体系形成了早期的营销思想学派——营销功能学派、商品学派和营销机构学派。这三个学派分别关注了三个核心问题：营销的功能——营销做了什么工作（what），营销活动的作用对象（商品）——不同的商品如何被营销（how），以及执行营销活动的主体——谁执行了营销功能（who）。通过对这些核心问题的回答，早期营销思想表明，由专业化的营销机构（营销机构学派）所执行的分销与交换等营销功能（营销功能学派）将各种工业品和农产品（商品学派）从生产领域向消费领域转移不仅创造了经济价值，也具有重要的社会价值（Jones & Shaw，2002），从而初步回应了 20 世纪初理论界和社会公众对于蓬勃发展的商业及其所执行的功能的困惑。早期营销思想学派的形成意味着营销学作为一门独立的新兴学科完成了对早期相对零散的营销知识的整合，具备了相对独立、完善的知识体系。在营销思想史研究中，学界一般将上述三个主要营销思想学派与区域间贸易学派——关注营销活动发生的空间维度所形成的知识体系——一起称为早期营销思想学派，这些学派的代表性学者与观点如表 4-1 所示。

表 4-1　早期营销思想学派的代表性学者与观点一览表

| 营销学派 | 代表性学者及文献 | 关注的主要问题 | 关注问题的层面 | 主要概念和理论 |
| --- | --- | --- | --- | --- |
| 营销功能学派 | Shaw（1912）<br>Weld（1917）<br>Cherington（1920）<br>Clark（1922）<br>Maynard, Weidler & Beckman（1927） | 营销执行了哪些功能（活动）？ | 宏观层面：<br>● 商业企业或中间商 | 营销活动创造的价值 |
| 商品学派 | Duncan（1920）<br>Cherington（1920）<br>Copeland（1923, 1924） | 商品是如何分类的？不同类型的商品完成从生产领域向消费领域的转移所需的营销功能有何不同？ | 宏观层面：<br>● 贸易流<br>● 商品的分类 | 商品的分类：<br>● 工业品与消费品<br>● 便利品、选购品与特殊品<br>● 有形产品与服务<br>● 搜索品与体验品 |
| 营销机构学派 | Weld（1917）<br>Clark（1922）<br>Breyer（1934）<br>Beckman & Engle（1937） | 执行营销功能的主体是谁？这些主体之间的互动关系如何？ | 宏观层面：<br>● 零售商<br>● 批发商<br>● 分销渠道 | 流通渠道理论：<br>● 市场缺口与功能流理论<br>● 平行系统理论等 |
| 区域间贸易学派 | Reilly（1931）<br>Converse（1949）<br>Grether（1950） | 营销活动在区域间的互动关系如何？ | 宏观层面：<br>● 区域间贸易流 | 营销活动的区域间互动：<br>● 零售引力理论<br>● 区域间贸易理论 |

资料来源：根据 Shaw 和 Jones（2005）整理而成。

这四个早期营销思想学派体现了早期营销思想发展的理论基础和对营销现象进行研究的视角。Sheth、Gardner 和 Garrett（1988）在对营销思想学派进行分析时，按照理论视角（经济学与非经济学）和对营销现象关注的视角（互动与非互动）两个维度对营销思想学派进行了归类。其中，理论视角主要是指对营销现象进行研究所依据的理论基础是以经济学还是非经济学理论为主；对营销现象关注的视角主要是指对营销现象的研究是否关注了不同营销主体（如买方与卖方）之间的互动。根据这一理论框架，早期的四个营销思想学派均是以经济学为主要理论基础建立的，这体现了营销学脱胎于经济学母体的事实，其他社会学科对早期营销思想发展的影响远小于经济学的影响。除营销机构学派关注了不同营销主体之间的互动以外，其余三个学派均未关注不同营销主体之间的互动，这也体现了早期营销思想发展的特点。从理论建构的角度来看，互动视角的引入具有非常重要的意义，因为这一视角使得营销学者们不再单一地关注某一营销功能和营销主体，而是在二者之间建立关联，即某一营销功能并非总是由某一特定的营销主体所执行，而可能由多个营销主体（买方或卖方）共同执行（Sheth, Gardner & Garrett, 1988）。与此同时，互动视角的引入也使得营销学者们开始考虑某一主体所执行的营销功能对其他主体可能会产生的影响，以及后者对这一影响的反应（Sheth, Gardner & Garrett, 1988）。这意味着任何营销活动都不是在"真空"中被执行的，任何主体在执行营销功能时都需要考虑其活动对其他营销主体的影响。当我们今天回过头来去审视这一观点时，不难看出这一互动视角的引入实际上为营销理论的后续发展打开了一扇宽广的大门。

下面我们就转入对每一个早期学派主要观点的论述。需要说明的一点是，虽然这些学派都产生于营销思想发展的早期，但很多学派的知识积累与理论发展会随着营销思想的发展而推进，为了更加透彻、清晰地展示每一个学派营销思想演进的历程，下面的论述将不限于其早期的思想与观点，并且我们将按照时间线索展示每一个学派在20世纪30年代以后的发展与演进方向。

## 4.2 营销功能学派

营销功能学派被认为是营销学科萌芽期最早形成的思想学派（Shaw, Jones & McLean, 2010），因为它所关注的问题与促使营销思想萌芽的20世纪初期的理论和实践问题是高度一致的——快速发展的分销企业（尤其是批发与零售企业）在经济与社会生活中发挥着越来越重要的作用，而传统经济学则不仅对这些"中间商"有所忽视，对其所执行的功能更是无法给予充分的解释（Bartels, 1988）。最早对营销功能进行研究的学者——Shaw（1912）和Weld（1917）正是在这样的背景下试图对这些分销机构所执行的"有用的"营销功能做出解释，从而开启了营销功能的研究。因此，学界认为营销功学派的研究几乎是和正式的营销学研究同时开始的（Hunt & Goolsby，1988），而营销功能学派的研究也被认为是营销科学发展过程中最重要的理论发展和理论贡献（Converse，1945）。

### 4.2.1　Shaw 和 Weld 的奠基性贡献（1900—1920）

营销思想史学者一般认为 Shaw 1912 年发表于 *Quarterly Journal of Economics* 的论文——《市场分销中的一些问题》是营销功能学派的奠基之作（Hunt & Goolsby，1988；Sheth，Gardner & Garrett，1988）。虽然有关营销功能的讨论并不是这篇 60 页长的论文的唯一主题（实际上论文中仅有 10 页左右在讨论这一问题），但这篇论文仍然被认为是营销学研究的正式开端，因为其第一次对我们今天意义上的"营销"问题进行了系统的探讨（Hunt & Goolsby，1988）。

如本书第 3 章早期营销思想的发展部分所述，Shaw 认为中间商主要执行以下五种功能：分担风险，运输商品，融资，销售，以及聚集、分类和转运商品。Shaw 从经济史分析的角度认为这些营销功能是由中间商共同执行的，但一些功能，如保险、运输和金融功能则随着社会分工的深化而演化为由一些专业化的"功能性中间商"来执行。

与 Shaw 关注中间商的功能不同，Weld（1917）将营销功能定义为将商品从生产者转移至消费者所必须执行的功能。Weld 认为营销功能是一般性的，它们并不总是由中间商来执行，所有参与商品转移的主体，包括制造商和消费者，都或多或少地执行了一定的营销功能。Weld（1917）认为营销功能包括以下七个方面：聚集商品、储存、承担风险、资金融通、分类整理商品、销售和运输。

虽然 Shaw 和 Weld 都具有经济学的背景，但在对中间商或营销功能进行分类归纳的过程中二人的关注点却有所不同：Shaw 更关注的是制造业生产的商品，而 Weld 则更关注农产品（Hunt & Goolsby，1988）。尽管存在这种差异，但我们对比二人有关营销功能的清单就会发现，虽然表达方式和排序方面存在些许差异，但二人所描述的营销功能并无明显的差异，Weld 的清单只增加了储存这个备货功能。这也说明两位营销功能学派的先驱对营销功能的洞察具有较高的一致性。

### 4.2.2 营销功能学派的发展（1921—1940）

在 Shaw 和 Weld 奠基性贡献的基础上，20 世纪 20 年代和 30 年代是营销功能学派快速发展的 20 年，有关营销功能的新观点大量涌现，有关营销功能研究的争论与批评也促使新生的营销学界更加深入、理性地思考相关理论问题。营销功能学派在这 20 年间的快速发展既得益于大学商学教育的快速发展——营销作为商学教育的一门主要课程促进了教学材料和教科书的大量出版，也受到外部环境中美国经济快速工业化以及 20 世纪 30 年代经济大萧条的影响——对营销功能的研究相较于对商品和营销机构的研究更能够解决商品的销售问题（Hunt & Goolsby，1988）。

众多的学者提出了他们认为的营销功能分类框架，几乎没有任何两位学者的观点是相同的。下面我们重点阐述几位有代表性的学者的观点。① Cherington（1920）认为营销的基本活动就是为了交易而将买卖双方聚集到一起，他强调营销研究应该关注营销功能而非营销机构，因为后者总是处于变化之中，而营销功能则具有稳定性。他把营销功能分成三类，共七个方面：① 商品功能，包括聚集商品、分级、储存和运输四种功能；② 辅助功能，包括资金融通和承担风险两种功能；③ 销售功能。

以 Weld 的营销功能分类框架为基础，Clark（1922）将营销功能概括为三个大类，包括七个方面：① 交换功能（functions of exchange），包括创造需求（销售）和聚集商品（采购）两个方面；② 物流供应功能（functions of physical supply），包括运输和储存两个方面；③ 辅助功能（auxiliary of facilitating functions），包括资金融通、承担风险、标准化和分级三个方面。从我们今天的角度来看，Clark 所建立的营销功能分类框架显然更为简洁和层次分明。在最为畅销的营销学原理教科书中，Maynard、Weidler 和 Beckman（1927）在完全采用 Clark 分类框架的基础上，向辅助功能中添加了一个新的功能——收集和解释市场信息，从而将营销功能拓展为八个方面。在众多的营销功能分类框架中，Maynard 及其合作者的框架产生了更为广泛的影响，以至于当现

---

① 关于这一阶段主要营销功能的观点，参见 Hunt 和 Goolsby（1988）文章的附录。

代营销学者提到"传统营销功能"时，他们一般指的就是该分类框架（Hunt & Goolsby，1988）。

伴随着众多营销功能分类观点出现的是争鸣与批评的声音，这些不同的观点反过来也推动学者们进行更为深入的思考。Vanderblue（1921）认为营销功能之间并不是彼此割裂，而是相互关联的，因此忽视这种关联来探讨营销功能的分类是比较危险的。Converse（1921）针对 Weld 关于一般性营销功能的观点提出了不同的看法，他认为并不是所有的营销功能都是必要的，一些营销功能可能随着执行这一功能的中间商从营销渠道中消失而消失。他进而认为执行营销功能的方法不仅要考虑哪些营销功能是需要被执行的，还要考虑不同营销功能所提供的效用，以及哪些营销机构能够最优地执行营销功能。虽然 Converse 关于营销功能会随着中间商的消失而一起消失的观点在那个时代是个例外，但其关于不同营销主体执行不同营销功能的效用存在差异的观点却被整合到营销渠道结构理论有关渠道流程分配的成本与效率原则中。

在一篇综述性文章中，Ryan（1935）发现截至 20 世纪 30 年代中期，至少有 26 篇文献（包括书和文章）详尽地探讨了营销功能问题，学者们共提出了 52 种不同的营销功能。Ryan 认为绝大多数学者都只是按照不同的标准对营销功能的类别进行了归纳和总结，却缺乏对分销过程完整、细致的描述与分析。Fullbrook（1940）对营销功能学派的批评更加尖锐，他认为尽管营销功能的概念经过了近 30 年的发展，但理论上的进展似乎并不尽如人意。学界对营销功能的概念阐释、执行营销功能的方法等方面的看法还远未达成一致。虽然 Fullbrook 也认为营销功能对于营销理论和实践来说是个有价值的概念，但要发展与完善这一概念和理论体系还有很长的路要走。整体上来看，虽然在 1921—1940 年这 20 年间营销功能理论快速发展，但这些批评也反映了学界和业界管理者对这一理论的不满。

### 4.2.3　营销功能学派的成熟与衰落（1941 年以后）

随着营销管理理论日益成为营销学的主导范式，营销功能学派在 20 世纪 40 年代走向顶峰，而后在 20 世纪五六十年代逐渐衰落，20 世纪 70 年代以后，几乎所有的营销学教科书都采用了营销管理范式，而主要采用营销功能导向的营销学原理教科书在这一时期以后也都不再修订再版（Hunt & Goolsby, 1988；Shaw, Jones, & McLean, 2010）。

20世纪40年代以后，营销功能理论的进展依然不尽如人意。1948年，美国市场营销学会定义委员会表达了它的不满，其认为营销功能这个概念一直在发展变化，在这个模糊的概念之下包含了太多成分复杂、不一致的功能概念（McGarry, 1950）。McGarry（1950）在一篇综述文章里指出，相较于十年前Fullbrook（1940）指出的问题，营销功能理论并没有根本性的改变，营销学界对于什么是营销功能以及如何定义这个概念仍然远未达成一致。为了解决这个问题，McGarry从营销活动的目的这个角度重新思考了营销功能的概念，他认为营销的目的就是创造交换（creating exchange），为此营销的功能至少应当包括六个方面：① 契约功能（contractual function），主要是搜寻潜在的顾客和供应商，并与他们建立联系；② 商品匹配功能（merchandising function），主要是根据消费者的需求调整产品；③ 定价功能（pricing function），确定商品的价格以确保该价格能够为消费者所接受；④ 宣传功能（propaganda function），包括所有用来说服消费者选择商品并使他们喜欢其所选择的商品的方法；⑤ 物流功能（physical distribution function），主要是商品的运输与储存；⑥ 终止功能（termination function），主要指商品所有权和责任的变化，其是整个营销活动的终结。

然而，颇具讽刺意味的是，虽然McGarry试图为营销功能学派注入新的生机，但Hunt和Goolsby（1988）却认为其提出的六个营销功能更多地体现了营销管理学派的思想，而偏离了营销功能学派早期有关营销功能的思想，因此认为McGarry（1950）"预示了营销管理学派的兴起，并种下了营销功能学派消亡的种子"（p.49）。在McGarry（1950）之后，营销功能学派鲜有新的观点出现。随着McCarthy（1960）著名的4P模型的提出，营销管理理论逐渐成为营销学的主导理论范式。不过，也有学者认为4P模型不过是早期营销功能学派学者们提出的营销功能框架的衍生物（Sheth, Gardner & Garrett, 1988）。随着20世纪70年代早期营销学原理教科书几乎被营销管理教科书所替代，营销功能理论也逐渐淡出了营销学者们的视野。然而，有关营销功能的思想却并未被抛弃,营销功能理论中的很多思想被融合到营销管理学派中有关营销渠道功能流程理论和宏观营销学派的营销系统理论中。

## 4.3 商品学派

商品学派关注的核心问题是对商品的分类(Zinn & Johnson,1990),以及在此基础上试图针对不同种类的商品形成不同的营销策略——为营销管理者提供一本"营销管理菜谱"(marketing management cookbook),以引导和支持营销管理者的决策(Sheth,Gardner & Garrett,1988)。商品学派的发展脉络及其所形成的商品分类框架在所有早期营销思想学派中是最为稳定的,Copeland (1923,1924)的奠基性工作虽然不乏争论与质疑,但后续几十年的发展基本上围绕着 Copeland 的经典分类框架展开。而这种围绕经典框架主线稳定发展的结果就是该学派早期的一些开创性贡献至今仍在以 Kotler 的《营销管理》为代表的主流教科书中占据一席之地。

### 4.3.1 Copeland 的奠基性贡献(1900—1940)

虽然商品学派最为引人注目的贡献是针对消费品的分类,但对农产品(agricultural commodities)与工业制成品(manufactured commodities)的分类,以及工业品(industrial goods)与消费品(consumer goods)的分类是更为基础的。在这两个问题上,Copeland 都做出了奠基性的贡献。Duncan (1920) 首先区分了农产品和工业品,认为商品分析可以应用于所有类型的商品,包括有形的商品和无形的服务。Cherington (1920) 则针对工业制成品做了进一步的分类,将其区分为原材料、零部件和消费品。最有影响力的经典分类来自Copeland (1924),他依据购买主体和商品使用目的将商品分为工业品和消费品,并且认为市场对工业品的需求衍生自市场对消费品的需求,这一观点至今仍然为组织间营销领域的学者所广为接受(Shaw,Jones & McLean,2010;Grewal & Lilien,2012)。Copeland 将工业品分为五类:

(1) 设施(installations),如土地和建筑等用于生产过程的长期资本项目;
(2) 附属设备(accessory equipment),如卡车、计算机等用于组织运营过程的短期资本项目；

（3）原材料（raw materials），如生产汽车所需的钢材等材料；

（4）零部件（component parts），如生产汽车所需的轴承和轮胎等；

（5）供给品（supplies for maintenance），包括组织正常运营所需的供给物资（如打印机墨盒、复印纸等）和维修保养物资（如清洁材料、涂料等）。

在 Copeland 上述经典分类框架的基础上，McCarthy（1960）增加了第六个类别——服务，即用来支持组织运转的各种专业服务（如会计和法律服务等）。这个分类框架自提出以来几乎没有再发生大的变化，至今仍然是组织营销理论中最为主流的商品分类框架（Grewal & Lilien，2012）。

Copeland（1923，1924）对消费品的分类框架虽然也是一个经典框架，却在 20 世纪 40 年代以后持续受到学界的挑战，不过其结果是营销学者对消费品的分类更为细致，并没有从根本上动摇 Copeland 理论框架的地位。Copeland（1923）在 Charles Parlin 早期工作的基础上，将消费品分成三类：

（1）便利品（convenience goods），即消费者频繁购买，耗费很少的精力进行比较，而以购买便利性作为主要特征的商品；

（2）选购品（shopping goods），即消费者购买频率较低，耗费较多的精力对价格、质量等特征进行比较的商品；

（3）特殊品（specialty goods），即具有独特特征从而对消费者具有独特吸引力，消费者愿意付出特别的购买努力的商品。

虽然 Copeland 的这个分类被作为一个经典框架写入 20 世纪 30 年代以后的很多营销学教科书中，但营销思想史学者一般认为最早提出消费品分类框架的是 Parlin，他于 1912 年提出消费品的分类：便利品、选购品和应急品（emergency goods）（Gardner，1945）。Copeland 在 1923 年发表于 *Harvard Business Review* 的文章中说明他的分类框架是在 Parlin 的基础上进行的改进，他将应急品归入便利品类别中（Shaw，Jones & McLean，2010）。Parlin 的工作之所以没有得到营销学界的关注，Sheth、Gardner 和 Garrett（1988）认为主要是基于两点原因：一是 Parlin 并不是一位营销学者，而是一家出版公司的研究管理人员；二是他提出的分类框架并没有发表在学术期刊上，而是出现在一份百货商店报告中（Department Store Report，Volume B，1912）（Gardner，

1945），显然这并不是营销学者所关注的读物。尽管如此，Parlin 原始的消费品分类框架确实具有足够的洞察力。

### 4.3.2 商品学派的争论与发展（1941—1970）

Copeland 之后，商品学派最有影响力的分类框架之一是 Leo Aspinwall 于 1958 年提出的色彩分类（color classification）框架。Aspinwall 并没有像其之前的学者那样使用"便利品"或"选购品"这样具体的商品类别，而是使用红、黄、橙三种颜色来对商品类别进行命名。在其提出的色彩分类框架中，红色和黄色位于两端，而橙色则介于二者之间，从而形成了一个连续的商品"光谱"。这种连续的分类谱系在红色和黄色两个端点之间存在一个不同程度上融合了红色和黄色商品特征的中间类别，从而使得商品类别之间的界限不那么泾渭分明。为了将不同的消费品置于类别谱系的不同位置，Aspinwall（1958）建立了区分商品类别的五个标准（或商品的五个特征）：

（1）消费频率，指商品被消费者购买和消费的频率；

（2）毛利，指商品最终售价与成本之间的差额；

（3）附加服务，指为了满足消费者的需求而提供的附加服务；

（4）消费时间，指消费过程中商品效用被完全实现所需的时间；

（5）搜索时间，指消费者购买商品平均花费的时间以及消费者与商店的平均距离。

根据这五个特征，红色商品指消费频率、毛利高，而附加服务、消费时间和搜索时间都很少的商品；黄色商品则与红色商品不同，指消费频率低，但却具有高毛利，并且需要更多附加服务、消费时间和搜索时间的商品；而位于二者中间的橙色商品则在商品特征上处于红色商品和黄色商品之间。如果要与 Copeland 的分类框架做一个对比，红色商品与便利品显然是直接对应的，而其他两类商品则无法准确地一一对应，尽管如此，Sheth、Gardner 和 Garrett（1988）还是认为黄色商品可以粗略地对应于特殊品，而橙色商品则可以粗略地对应于选购品。

Aspinwall 认为其分类框架可以为营销管理人员提供直接而清晰的管理工具。他将商品分类框架与商品的分销渠道长度和促销策略直接联系起来。基于红色商品的特征，Aspinwall 认为长渠道结构和广播广告等大众促销策略与这类商品相匹配；相反，与黄色商品相匹配的是短渠道结构和人员推销等促销策略；与橙色商品相匹配的渠道长度和促销策略则介于二者之间（Shaw, Jones & McLean, 2010）。

虽然 Aspinwall 的色彩分类框架并未得到学界广泛的关注与支持，但学界围绕着 Copeland 分类框架的争论却将其经典分类框架所隐含的概念与理论问题引向了深入。首先向 Copeland 的分类框架提出挑战的是 Holton（1958）。Holton 认为在对商品进行分类时，应当充分考虑消费者的作用。基于此，他认为 Copeland 的便利品、选购品和特殊品的分类需要进行调整与修订。

首先，针对便利品和选购品，Holton（1958）认为应当从消费者的角度进行区分。从消费者的角度，他认为便利品应当被定义为以下商品——消费者在不同商家之间比较价格与质量可能获得的收益相对于其做这种比较需要付出的包括时间、金钱和努力在内的搜索成本而言比较小的商品；而选购品则是上述收益相对于搜索成本而言比较大的商品。其次，Holton 认为特殊品难以与便利品或选购品区分开来，从而应当在分类框架中被降为二级商品类别。针对 Copeland 分类框架中的"消费者愿意付出特别的购买努力"的观点，Holton 认为应当在消费者"愿意"付出特别的购买努力和"必须"付出特别的购买努力之间做出区分，认为将特殊品与便利品和选购品区分开来的标准是消费者必须付出特别的购买努力，而不仅仅是其愿意付出特别的购买努力。Holton 进而认为，在现实中消费者必须付出特别的购买努力的情况往往是商品面临有限的市场需求。基于这种逻辑，特殊品便可能是面临这种有限需求而具有很少销售网点的任何便利品和选购品，而消费者则必须付出特别的购买努力才能完成购买。所以，特殊品与便利品和选购品之间存在交叉及重叠，并不构成一个独立的商品类别。

显然，并不是所有的学者都同意 Holton 的观点，Luck（1959）对其观点提出了比较尖锐的批评。Luck 认为 Holton 应当把重点放在消费者付出特别的购买努力的意愿（willingness）上，而不是付出这种特别购买努力的必要性（necessity）上。Luck 批评 Holton 的观点只关注了商品既有的分销渠道结构和消费者购买所要付出特别购买努力的必要性这两个静态要素，而缺乏对消费者购买行为和营销者目标动态性的考察。Luck 认为将重点放在消费者愿意付出特别购买努力的意愿上会使理论更有解释力，这种观点所体现的消费者导向对于企业的营销管理者而言也更具参考价值，因为企业的很多营销活动（如广告）就是赋予既定商品或品牌以更显著的选购品特征。Luck 尖锐地指出将特殊品这个商品类别排除在营销理论之外是十分愚蠢的想法。

为了解决学界在商品分类框架上的分歧，Bucklin（1962）提出了一个修订的框架来解释 Copeland 的原始分类，并把特殊品重新界定为一种独立的商品类别。首先，Bucklin 将商品分成选购品和非选购品两类。其中，选购品指的是每当面临一个需要满足的需求时，消费者为此制订一个解决方案来搜寻的商品，该商品的适合性是由消费者实际购买之前的搜索过程所决定的。而非选购品则是指每当面临一个需要满足的需求时，消费者既愿意也能够采用既有的解决方案来找到能够满足其需求的商品。在此基础上，Bucklin 认为非选购品可以进一步分为便利品和特殊品两个类别。便利品是当消费者漠视众多可相互替代的商品之间的差异时，选择最方便购买，而不再搜寻和比较其他替代品的商品；而当消费者意识到只有一类商品可以满足其需求时，他会忽视所有可能的替代品而购买这类独特的商品，此时，这类商品就是特殊品。Bucklin 的工作使得便利品、选购品和特殊品这三种商品的分类再次成为商品学派中主导的分类框架。

20 世纪 60 年代，随着越来越多的心理学理论被引入营销学研究中，开始有营销学者从心理学的角度来重新阐释和分析这一经典分类框架。如 Kaish（1967）将认知失调理论（cognitive dissonance theory）引入商品分析中，并从消费者购前焦虑（prepurchase anxiety）——担心购买决策不是最好的，可能存在更好的购买方案——的角度阐释了三种类别商品的含义。Kaish 认为便利品是消费者购前焦虑水平最低的商品，这类商品往往因低价、易耗性或低购买涉入水平而使得购买对于消费者而言无足轻重，消费者往往可以接受众多替代品中的任何一种所提供的效用。相反，选购品的购前焦虑水平则非常高，因为这类商品往往对消费者而言在经济价值或心理上较为重要，而商品之间也存在较大的差异。但消费者的购前焦虑可以通过消费者的信息收集和随后的决策过程而得到缓解。相比之下，出于与选购品相同的原因，消费者对于特殊品的购前焦虑水平也很高，但这类商品却同时包含着一些无法与其效用直接关联的属性，并且消费者的购前焦虑水平往往无法像选购品那样通过其购买决策过程而降低。可见，Kaish（1967）虽然没有提出新的商品分类，但其引入的认知失调理论却从一个全新的角度解释了三类商品的差异和关联。

### 4.3.3 商品学派的成熟与拓展（1971年以后）

经过20世纪50—60年代的争论与拓展，商品学派的核心理论框架得到进一步的拓展，并且呈现出某些成熟的特征。然而，进入20世纪70年代以后，营销学界对商品分类的关注热情依然不减，一些这一时期发表的文献进一步推动了商品学派的发展。

一方面，一些以二分法（bipolar alternative）为代表的新商品分类框架陆续出现。如在 Krugman（1965）提出的低涉入商品（low-involvement goods）与高涉入商品（high-involvement goods）的基础上，Bucklin（1976）根据商品的相似性与消费者购买风险将选购品区分为低强度商品（low-intensity goods）与高强度商品（high-intensity goods）两类。在这一类分类框架中，引起学界较多关注的是 Nelson（1970）提出的搜索品（search goods）与体验品（experience goods）的分类。其中，搜索品是消费者在购买前通过搜索信息就可以确定其价值的商品，如电脑；而体验品则是只有在消费者购买并使用后才能确定其价值的商品，如牙膏和食物。在此基础上，Darby 和 Karni（1973）增加了信用品（credence goods）这个类别，其是指无论通过购买前的搜索还是购买后的使用体验都无法确定其价值的商品，如外科手术和汽车修理。这类商品价值的确定需要消费者付出额外的信息搜索成本。

另一方面，沿着 Copeland 经典分类框架的脉络，一些研究继续拓展了该理论框架。以 Kaish（1967）的工作为基础，Holbrook 和 Howard（1977）以消费者购买行为付出的体力（physical effort）和脑力（mental effort）为两个分类维度，建立了一个商品类别的四分图，除将 Copeland 经典分类框架中的三类商品在图中定义以外，还提出了一种新的商品类别——偏好品（preference goods）。在这个分类框架中，他们将消费者购买过程中付出的脑力区分为两种：在购买过程中对品牌进行比较耗费的脑力，以及在购买前进行信息搜索耗费的脑力。这样，当消费者主要将脑力耗费在购买过程中对品牌进行的比较上时，如果消费者付出了较少的体力，其购买的就是便利品；如果消费者付出了较多的体力，则其购买的便是选购品。而当消费者主要将脑力耗费在购买之前的信息搜索过程中时，如果消费者耗费了较多的体力，其购买的便是特殊品；如果消费者耗费了较少的体力，则其购买的便是偏好品。与便利品相比，偏好品的典型特征是消费者对品牌具有偏好。

Enis 和 Roering（1980）在 Holbrook 和 Howard 四分类框架的基础上，通过在分类维度中同时考虑消费者和企业（营销者）的视角对该框架进行了改进。在 Enis 和 Roering 看来，一个商品分类框架只有同时考虑消费者和企业的视角才能真正对商品交换过程有所启发，因为只有在买卖双方视角充分一致的情况下，交换才有可能发生。基于这一核心观点，他们从消费者的视角主要考虑了消费者感知到的购买风险和消费者愿意付出的购买努力两个要素；从企业的视角主要考虑了产品差异化程度和营销组合差异化程度两个要素。以这两个视角、四个要素为分类维度，他们重新定义了 Holbrook 和 Howard 框架中的四类商品：

（1）便利品，指消费者感知到的购买风险低并且只愿意付出最小购买努力的商品。因此，针对这类商品，企业很难在商品本身和营销组合上做出相较于竞争对手的差异化，适合的策略是高效率地生产和大规模地分销。

（2）选购品，指消费者感知到的购买风险虽然没有那么高，但仍愿意付出相当购买努力的商品。企业针对这类商品的任务是通过营销组合策略来对商品进行差异化，以将其与竞争者的商品区分开来。

（3）特殊品，指消费者感知到的购买风险很高，因此愿意付出高购买努力的商品。针对这类商品，企业既可以针对商品本身，也可以针对整个营销组合实施差异化策略。

（4）偏好品，指消费者感知到的购买风险很高，但却并不愿意为之付出高购买努力的商品。因此，企业针对这类商品的策略是对商品本身实施差异化策略，同时实施大规模、高效率的分销策略。

Enis 和 Roering 的分类框架在 Murphy 和 Enis（1986）的研究中得到了更为清晰、简略的表达。Murphy 和 Enis 在对消费品分类文献进行较为详尽综述的基础上，采用与商品价格相关的消费者感知到的决策风险和购买努力两个维度，对四类商品进行了界定：

（1）便利品，指两个维度都处于最低水平的商品。针对这类商品，消费者既不愿意花费多余的时间和金钱来购买，在做出购买决策的过程中也感知不到什么风险。

（2）偏好品，指在购买努力维度上稍高，在感知到的决策风险维度上更高的商品。将偏好品和便利品区分开来的主要因素是消费者感知到更高的风险，而被感知到的较高水平的风险往往是由企业的营销策略，尤其是品牌和广告策略所导致的。

（3）选购品，指在购买努力和感知到的决策风险两个维度上都相当高的商品。消费者愿意为这类商品付出较多的努力搜索信息进行比较并基于此做出购买决策，而正是这种高度涉入的购买决策过程使得消费者感知到了相当高的决策风险。

（4）特殊品，指在购买努力和感知到的决策风险两个维度上都非常高的商品。消费者愿意为这类商品付出特别的购买努力，并且愿意接受因无替代品而导致的高价格。因此，将特殊品与选购品区分开来的主要因素是购买努力，而不是感知到的决策风险。

总而言之，20 世纪 20—80 年代，商品学派的发展呈现出一条相对清晰的主线，以 Copeland（1923）的奠基性工作为核心，该学派的营销学者发展出了日益精细的商品分类框架，并且与企业营销管理决策的关联也日益紧密。因此，Sheth、Gardner 和 Garrett（1988）认为商品学派是早期营销学派中发展最为稳健的一个，虽然有关商品分类的一些核心定义问题仍没有彻底解决，但该学派的思想和理论框架已经在如今的主流营销理论中牢牢地占有一席之地。

## 4.4 营销机构学派

营销机构是指执行营销功能的组织，通常包括批发商、零售商、代理商、经纪人等中间商。营销机构学派与营销功能学派和商品学派一样，是早期营销思想发展过程中最为重要的学派之一，但其与其他两个学派的显著区别是采用了互动的视角，即关注了买卖双方之间的相互依赖关系（Sheth，Gardner & Garrett，1988）。该学派早期注重对中间商的分类，后期发展则注重中间商与生产商之间的互动关系，以及在此基础上形成的分销渠道（distribution channel）的结构与行为。

### 4.4.1 营销机构学派的早期发展（1910—1940）

根据 Sheth、Gardner 和 Garrett（1988）的观点，营销机构学派之所以在 20 世纪 10 年代出现，在相当大程度上是因为消费者普遍认为他们在商店里购买的农产品价格过高，他们尤其难以理解的是农产品的零售价格与他们直接向农民购买时支付的价格之间的差异。那么，零售商出现在农产品渠道中是否仅抬高了价格而没有创造价值呢？作为对这一问题的回应，营销学者希望通过对参与商品从生产者向消费者转移过程的组织所执行的功能和效率的研究，澄清这一问题。显然，对商业组织所执行的功能的研究奠定了营销功能学派的基础，而对执行这些营销功能的商业组织及其效率的研究则形成了营销机构学派。

营销思想史学者一般认为 Weld 是营销机构学派的奠基人（Sheth，Gardner & Garrett，1988；Shaw，Jones & McLean，2010）。在 1916 年出版的《农产品营销》一书中，Weld 论述了营销渠道的效率问题，尤其回应了"中间商是否太多"这一问题。Weld 认为，专业中间商参与商品从生产领域向消费领域的转移过程是社会专业化与分工的结果，尽管无法绝对地判断渠道（Weld 指的是渠道的层级）中中间商的数量是否太多，但可以肯定的是随着专业化与分工的深化，营销渠道系统的效率可能得到提升，成本可能降低；当然也可能通过营销功能的合并与重组减少中间商的数量以进一步提高效率。众多的中间商存在已经是社会现实，核心的问题在于如何在中间商之间分配与整合营销功能。可见，Weld 的这一观点中已经明确地隐含着营销渠道设计理论中有关渠道成员分工要遵循成本与效率原则的观点。

Butler 和 Swinney（1918）将中间商定义为处在生产商和最终消费者之间的所有主体，这些机构承担相应的风险，并获取利润。显然，这种对中间商的界定是比较笼统的，它并没有区分参与商品从生产领域向消费领域转移的中间商所执行的渠道功能。Duncan（1920）提出了专业化中间商（functional specialist）的概念，认为中间商包括所有在商品转移过程中执行某一专业化功能的机构，既包括批发商、零售商，也包括保险机构和铁路运输机构等。通过专业化中间商这一概念，Duncan 所界定的中间商既包含了我们今天所指的参与商品买卖、实质性地完成商品转移的商业组织，也包括为商品转移过程提供专业化服务的辅助机构（facilitating institution）。在营销渠道理论中，前者被称为渠道的成员性参与者，后者则被称为渠道的辅助性参与者。Breyer（1934）用贸易机构（trading institute）和非贸易机构（non-trading institute）指称上述两类机构。Clark（1922）则将辅助机构排除在外，认为中间商仅包括那些参与商品买卖的商业机构。在此基础上，Beckman 和 Engle（1937）对中间商的经典分类产生了最为持久的影响。根据中间商在参与商品转移过程中是否取得商品的所有权，Beckman 和 Engle 将其分为商业性中间商（merchant middleman）和功能性中间商（functional middleman），前者指参与商品买卖并取得商品所有权的中间商，包括（商业性）批发商和零售商；后者则指协助商品转移但并未取得商品所有权的中间商，包括拍卖行、代理商、经纪人和制造商的销售机构等。Beckman 和 Engle 进一步区分了批发交易与零售交易：批发交易指的是购买者受盈利或经营目标驱动所采取的购买行为，而零售交易则是指购买者为满足自身需求而采取的购买行为。Beckman 和 Engle 的这一经典分类框架依然在今天的营销学教科书中作为营销渠道成员分类的核心观点而被教授，这意味着自这个框架被提出后，其再没有发生过重大的改变，而是成为营销机构学派最为持久的思想贡献之一。20 世纪 40 年代以后，营销机构学派关注的核心转向了营销渠道结构与行为。

### 4.4.2 营销机构学派的发展：互动与行为视角的引入（1941年以后）

"分销渠道"（channel of distribution）的概念最初是由 Clark（1922）提出的（Shaw，Jones & McLean，2010），而 Breyer（1934）则将营销渠道描绘成"营销机构的基本结构"（the elemental structure of the marketing institution）。较早对渠道结构进行分析的学术文献是 Converse 和 Huegy（1940）所编写的教科书《营销要素》（*Elements of Marketing*）（Sheth，Gardner & Garrett，1988）。他们认为渠道的纵向整合能够为企业带来营销成本降低和保障供应与销售的好处，但同时也会因管理与协调分销活动而产生挑战和问题（从今天的角度来看，纵向整合的这些好处显然完全可以不通过一体化来获取）。25年后，McCammon（1965）提出的垂直渠道系统的概念——通过所有权（公司式营销系统）、管理（管理式营销系统）和契约（契约式营销系统）来协调渠道活动，在 Converse 和 Huegy（1940）留下的思想空间里解决了这一理论问题，并且成为一个经典的渠道理论。

20世纪50年代以后的营销机构学派围绕着营销渠道问题向着两个虽然相互关联但却有着不同理论基础和研究视角的方向发展。一个方向关注渠道的结构与效率问题，主要以经济学为理论基础；另一个方向则关注渠道成员之间的互动及其结果，主要以社会学、社会心理学等行为科学为基础。① 这两个方向的发展实际上构成了营销渠道理论的两个核心研究领域——渠道设计与选择理论和渠道行为理论。从营销渠道管理的角度来看，渠道结构与渠道互动行为共同决定了渠道的运行绩效。

Alderson（1954）从经济效率这一营销机构学派绝大多数学者所遵循的渠道设计与演化的标准角度阐述了中间商参与营销渠道的原因——中间商提高了商品从生产领域向消费领域转移过程的效率。不同于 Alderson 将营销渠道看作一个宏观营销系统的观点，Balderston（1964）从企业的角度讨论了如何设计营销渠道才能使企业的收益最优。Balderston 讨论了在对企业营销渠道进

---

① Sheth、Gardner 和 Garrett（1988）将行为视角的这个发展分支定义为组织动态学派（the organizational dynamics school），认为其所依据的理论基础与传统营销机构学派产生了差异。本书采用 Shaw 和 Jones（2005）的观点，将这一发展分支归入营销机构学派。

行设计时区别于宏观渠道系统的三个方面：第一，明确企业的目标是渠道设计的前提；第二，企业需要在可相互替代的渠道结构之间进行评估，评估的标准主要是渠道运行的效率和企业内部管理控制的成本；第三，企业可以同时使用多个不同结构的渠道。这三个要点实际上都包含在如今的营销渠道管理教科书关于营销渠道结构设计的一般理论框架中。

围绕着渠道结构与效率问题，20世纪50年代以后，很多富有解释力的理论被提出，极大地促进了营销渠道结构理论的发展。根据Lewis（1968）的观点，这一时期至少出现了以下七个具有影响力的理论：Vaile、Grether和Cox（1952）的"营销流理论"（marketing flows theory）、Alderson（1957）的"备货理论"（theory of sorting）、Aspinwall（1958）的"平行系统理论"（parallel system theory）、Aspinwall（1962）的"存货理论"（depot theory）、McInnes（1964）的"市场分离理论"（theory of market separations）、Bucklin（1965）的"延迟与预测理论"（theory of postponement and speculation）、Alderson（1965）的"交易与交变理论"（theory of transactions and transvections）。这些宏观视角的理论不仅构成了营销渠道结构研究的基础，也与同期发展的营销系统学派之间存在一些交集。

除这些理论以外，Mallen（1973）在其发表的一篇文章中还提出了功能拆分（functional spinoff）的概念，用以评估和解释营销渠道结构的变化。这一富有洞察力的观点认为，某一营销功能在营销渠道中该由谁来执行取决于哪个渠道成员能够更高效率地执行这一功能。当分销商能够更高效率地执行某些营销功能时，生产制造商就会将这些功能分配给分销商；反之，生产制造商就会保留这些功能。在某一营销功能由某一渠道成员执行的情况下，如果它发现其中的部分功能（subfunction）可由其他渠道成员更高效率地执行，那么这一功能就会被拆分出去，分配给更擅长执行这一功能的渠道成员。Mallen的观点不仅赋予了营销渠道结构与分工的动态变化观点，更为企业设计与调整营销渠道结构提供了可供借鉴的标准。反映在营销渠道结构设计理论中，渠道任务在渠道成员之间的分配要遵循让每个渠道成员执行其最擅长执行的渠道功能这一基本标准，其目的是确保整个渠道运行的效率处于最优的状态。而随着外部市场环境或企业战略的变化，渠道结构的调整也要遵循这一原则来进行。

相对于渠道结构设计和选择理论的发展与早期营销机构学派的一脉相承，行为理论视角下渠道理论（渠道行为理论）的发展则要晚很多，其在 20 世纪 70 年代以后的发展几乎已经被纳入主流的营销渠道管理理论框架中。渠道行为理论的思想萌芽于 20 世纪 50 年代末 60 年代初。Ridgeway 1957 年发表的文章《制造商-代理商系统管理》（Administration of Manufacturer-Dealer Systems）认为，制造商与其代理商形成了一个竞争系统，该系统像一个组织一样需要进行管理，而制造商则应当承担起这种管理责任。这篇文章奠定了渠道行为理论研究的一个基本视角——从制造商的角度，通过权力、奖励与惩罚等方式来对渠道关系实施管理。Mallen（1963）则更为直接地讨论了渠道关系中冲突、控制与合作之间的相互作用关系，并且提出渠道系统需要一个领导者来协调和管理，以提高渠道运行的绩效。渠道行为理论真正为营销学界所广为关注并进入快速发展阶段始于《分销渠道：行为维度》（Distribution Channels: Behavioral Dimensions）（Stern，1969）的出版。这本书中收录的文章引入了社会学、政治学、社会心理学、组织管理学等行为科学领域中的大量新理论和新概念，如权力与依赖、冲突、角色等，从而奠定了渠道行为理论的发展基础。在接下来的 20 世纪七八十年代，围绕着渠道权力与冲突，学者们进行了深入而细致的研究，研究文献迅速累积，到 20 世纪 80 年代中期，渠道权力-冲突理论已经日趋成熟（Gaski，1984）。20 世纪 90 年代以后，受关系营销范式的影响，渠道行为理论研究的焦点从权力与冲突逐步转向信任与承诺（Morgan & Hunt，1994），从而形成了渠道行为理论发展的另一个高潮。

渠道行为理论通过对营销渠道系统中渠道成员之间互动行为的深入研究，揭示了在既定渠道结构下影响营销渠道运行结果的另一个重要因素，与以经济学为基础的渠道设计和选择理论形成了互补。20 世纪 80 年代初，随着渠道政治经济分析框架（distribution channels as political economies）（Stern & Reve，1980）的提出，渠道结构与渠道行为两个领域之间的"裂缝"得以逐渐弥合。在 Stern 和 Reve（1980）的这篇经典论文中，营销渠道被看作一个主要由经济维度（包括经济交易的形式和决策机制两个要素）和社会政治维度（包括权力-依赖结构与主导的情绪两个要素）组成的社会系统（social system），通过关注经济维度与社会政治维度之间的相互作用对渠道运行结果的影响，两个视角的营销渠道理论得以整合在同一个框架中。

总而言之，营销机构学派早期侧重于对执行营销功能的组织进行分类，在这一点上与营销功能学派存在紧密的关系。而该学派后期的发展则侧重于营销机构之间的关系，从而形成了营销渠道结构与行为理论。随着营销管理理论在 20 世纪 60 年代取得主流营销理论地位，该学派的绝大多数思想也被整合到营销渠道管理这个营销管理的分支理论中。

## 4.5 区域间贸易学派

与本章讨论的前三个早期营销学派相比，区域间贸易学派在营销学中是较少被讨论的一个。其原因也许在于这个学派的理论并不被认为是营销学科发展的结果，而被看作早期关注经济行为与地理空间相互关系的经济学和地理学的一个分支（Sheth, Gardner & Garrett, 1988）。相较于其他三个学派，区域间贸易学派呈现出两个较为明显的特征：一方面，该学派的理论观点明显地区分为定量方法驱动的理论和定性概念驱动的理论，二者之间呈现出清晰的分界；另一方面，定量方法驱动的理论，尤其是大量数学公式和定量数据的使用使之与早期营销理论在风格上明显区分开来。该学派关注的核心问题为："距离在消费者决定到商店 A 而不是商店 B 购买的决策中起到什么作用？"或者"如何解释具有多样化资源和需求的区域间商品的流动？"前者与定量方法驱动的理论直接相关，而后者则更多地依赖于经济学中的定性概念与分析框架，二者的共同之处是都试图架构地理空间与营销之间的桥梁。

### 4.5.1 定量方法驱动的区域间贸易思想的发展

Reilly（1931）著名的《零售引力法则》（*Law of Retail Gravitation*）是最早采用定量方法关注区域间贸易问题的学术著作。Reilly 试图解决的问题是两个城市对处于二者之间的城镇居民到各自城市购物的吸引力如何——他称之为城市的贸易区域（shopping area）。参照牛顿的万有引力定律，Reilly 提出了一个数学公式，被称为"零售引力模型"，即认为两个城市对处于二者之间的城镇居民购物的吸引力与各自城市的人口成正比，而与各自城市到中间城镇距离的平方成反比。从中间城镇消费者的角度来看，选择到哪个城市去购物主要取决于城市的吸引力（用城市人口作为代理变量来衡量该城市零售商店的数量和品质），以及消费者与该城市的距离。

Converse（1949）对 Reilly 的零售引力模型进行了实证检验，并提出了他改进后的"新零售引力模型"。Converse 的新公式最大的贡献在于可以确定某个贸易中心（trading center）贸易区域的边界。对于两个相互竞争的贸易中心（城市、购物中心或商店）而言，贸易区域的边界可以相对清晰地确定其能够有效吸引消费者来中心购物的范围。对于零售商店而言，这显然可以极大地提高其市场营销活动的效率，因为对于那些贸易区域边界以外的消费者而言，零售商店无论采用什么促销手段，他们来店购物的概率都是很低的，因此零售商店就可以将有限的营销经费用于贸易区域内的消费者，促进销售（Converse, 1949）。可见，虽然 Converse 的公式在思想上并未超出 Reilly 零售引力模型的范畴，但其新零售引力模型具备了更强的一般适用性，也具备了更深远的管理意义。

在 Reilly 和 Converse 工作的基础上，Huff（1964）对零售引力模型进行了一次重要的修订，使该模型更加具有一般适用性。首先，Huff 从消费者而不是零售商店的视角出发来定义消费者去贸易区域内不同距离的贸易中心购物的概率。从这一点出发，Huff 将 Reilly 和 Converse 公式里的"距离"替换为消费者到达既定贸易中心所需要的时间。这个替换显然体现了消费者将交通时间作为购物成本的考虑——在现代城市中，由于交通工具的差异，消费者与贸易中心的物理距离的实质性意义已经降低了。其次，Huff 更为精准地测量了贸易中心的规模，他摒弃了以人口数量作为贸易中心规模代理变量的做法，转而以贸易中心销售既定商品的商店面积来衡量。可见，从 Reilly 到 Converse，再到 Huff，零售引力模型经历了非常清晰的演变过程，从关注宏观区域（城市）的贸易区域，到关注零售商店的商圈范围，零售引力模型变得更加趋向于消费者导向和零售企业管理导向。Huff 改进后的零售引力模型在某种程度上具有决定性意义，自 1964 年以后，几乎再没有对其模型进行批评或改进的营销学文献出现（Shaw, Jones & McLean, 2010）。

### 4.5.2 定性概念驱动的区域间贸易思想的发展

与 Reilly、Converse 和 Huff 的理论集中于零售市场区域不同，Grether 致力于使用区域方法发展出一套更为一般性的营销理论，以解释区域间贸易发生的原因和决定因素。因其对区域间贸易学派思想的贡献，Grether 被认为是该学派最为重要的贡献者之一（Savitt, 1981; Sheth, Gardner & Garrett, 1988）。

尽管自 20 世纪 30 年代开始加州大学伯克利分校的 Grether 就在其教授的经济学课程中讲授有关"国内贸易理论"（theory of domestic trade）的内容（Grether, 1983），但营销思想史学者一般认为其区域间贸易的思想主要体现在他 20 世纪 50 年代发表的论文和出版的经典教科书中。在 1950 年的一篇论文中，Grether 探讨了决定区域间进口与出口的因素：

（1）区域间资源禀赋的差异，区域会出口基于其拥有的丰富、廉价的资源所生产的产品；

（2）区域的富足程度，在其他条件不变的情况下，相对富足的区域会产生更多的贸易；

（3）区域之间的互惠性需求，区域间对彼此的特色产品的互惠性需求越大，区域间的贸易规模就会越大；

（4）区域内的相对竞争水平，区域内的相对竞争水平越高，区域间的贸易量就会越大。

这些观点在 Grether 1952 年与 Vaile 和 Cox 合作编写的经典教科书《美国经济中的营销》（*Marketing in American Economy*）中再次得到重申。他们将经济区域（economic region）定义为具有如下四个特征的地理区域（Vaile, Grether & Cox, 1952）：① 具有一个以上的经济控制中心；② 与其他区域相比，具有更高的内部同质性；③ 向其他区域出口一系列特色产品；④ 从其他区域进口一系列特色产品。显然，这些观点具有鲜明的经济学特色，并充分借鉴了 Ohlin 国际分工理论的观点。

Grether（1983）在《营销中的区域-空间分析》（Regional-Spatial Analysis

in Marketing)的论文中强调了区域市场的差异性对企业营销活动的重要性,这一观点也回应了其1950年论文中的观点,认为对企业营销活动的分析应该将其置于其所在的地理与社会环境中去,充分考虑诸如企业所在的位置、企业经营活动所触及的空间以及社会环境等对企业营销活动的影响。Savitt(1981)在其综述文章中指出,区域间贸易学派的核心思想就是识别出了社会和地理要素在企业及其渠道关系中的重要性以及它们之间的相互依赖关系。尽管如此,在营销思想后续的发展过程中,虽然社会要素的重要性日益得到关注和凸显,但地理空间的作用却一直没有进入营销理论的核心。

**思考题:**

1. 早期营销思想主要包括哪些学派?
2. 营销功能学派的主要观点是什么?包括哪些代表性学者?
3. 商品学派的主要观点是什么?包括哪些代表性学者?
4. 营销机构学派的主要观点是什么?包括哪些代表性学者?
5. 区域间贸易学派的主要观点是什么?包括哪些代表性学者?

# 第 5 章

# 营销思想发展的"范式转换"（1931—1970）

学习目标
- 了解营销思想"范式转换"的过程与内容
- 了解营销管理思想的出现与发展过程
- 了解营销学术社区的建设与发展过程
- 了解营销观念和营销组合等关键概念的出现与发展过程
- 了解营销学界对一般营销理论建构的讨论及其内容
- 了解Alderson等杰出营销学者的贡献

自 20 世纪 30 年代起，尤其是第二次世界大战以后，营销思想的发展逐渐迎来了一个"黄金时期"。以 20 世纪 20 年代营销学原理教科书对营销知识体系的整合为基础，一方面，营销思想继续沿着营销功能—商品—机构分析的路径发展，另一方面，也是更为重要的一个方面，管理学视角的引入使得营销思想的发展转向了一个与之前发展路径不同的方向，营销管理范式最终在 20 世纪 60 年代替代营销功能—商品—机构分析范式，成为营销思想的主流范式，这也使得营销理论体系在 20 世纪 60 年代具备了现代营销理论的基本形态。

## 5.1 继承与发展：新视角的出现（1931—1950）

对于本章所关注的时期而言，20 世纪三四十年代可以说是一个承前启后的过渡时期。营销学原理教科书在这一阶段的不断更新再版日益强化了营销功能—商品—机构分析这一传统营销范式的主导地位。与此同时，一些新文献的出现则引入了与传统经济学范式不同的视角，其中最为重要的就是管理学视角以及对消费者作用的强调。这些新视角的出现一方面反映了营销学界对传统营销范式的某种不满，另一方面也体现了营销专业对商科教育发展和社会需求变化的回应（Bartels，1988）。此外，这一时期也是营销学术社区的形成与发展阶段，随着美国市场营销学会的建立以及 Journal of Marketing 的创刊出版，营销学的发展也进入了一个崭新的阶段。

### 5.1.1 "营销学原理"的更新与发展

20世纪20年代出版的营销学原理教科书在这一时期周期性地修订再版，不断地强化了以营销功能—商品—机构分析方法为基本范式的营销学原理知识体系。与此同时，遵循这一基本范式的一些新文献也在这一时期陆续出现，从而进一步拓展与深化了营销学原理知识体系。

其中，Breyer（1931）的《商品营销》（*Commodities Marketing*）应用商品分析方法拓展了以特定商品类别为研究对象的营销思想。区别于当时占据主导地位的营销学原理教科书主要关注农产品和消费品，Breyer 将注意力集中于较少受到关注的工业品和工业原材料的营销问题。在这本书中，Breyer 重点关注了原煤与无烟煤、原油、铁矿石等工业原材料，轧钢、水泥、棉纺织品和载客汽车等工业产品，以及电力和电话服务。针对每一类商品，Breyer 分析了市场的供求状况、产品的特性、分销渠道、代理机构及其执行的营销功能、定价，以及分销成本、贸易政策和协会活动等内容。尽管在分析的内容上 Breyer 并未超越占据主流地位的营销学原理教科书的框架，但其针对上述工业品和服务的研究无疑加强了当时营销学原理知识体系的一个相当薄弱的环节，进一步丰富与拓展了营销学的知识体系。[①]

另一本在这一时期出版的著作虽然聚焦于工业制成品，但却将商品分析方法与机构分析方法予以融合。Comish（1935）的《工业制成品营销》（*Marketing of Manufactured Goods*）对参与营销活动的机构进行了细致的讨论。他在

---

[①] 从工业品营销的角度来看，Breyer 的贡献是显著的，也可以说是昙花一现的。在营销理论范式从传统功能—商品—机构分析范式转向营销管理范式的过程中，营销思想的发展日益被聚焦到以消费者市场为主的消费品上，而工业品营销理论要到20世纪70年代才进入发展的关键时期。关于工业品营销（组织间营销）理论的发展参见本书第6章的相关内容。

书中共讨论了商品从生产制造商流向消费者的 13 条渠道，细致地讨论了参与每一条渠道的中间商类型（如销售代理、经纪人和专业商店等）及其各自的优势与劣势。该书区别于当时主流营销学原理教科书的一个显著特征是它在某种程度上采用了生产制造企业的视角，书中的很多内容都可以供制造企业设计和选择分销渠道时进行参考。因此，Bartels（1988）称该书是为生产制造企业准备的一本"使用手册"。当时主流的营销学教科书主要采用宏观视角来分析营销过程，并未明确地从生产制造企业的角度来展开讨论，考虑到即将到来的营销管理范式的转换，这本 20 世纪 30 年代出版的书具有很强的理论意义。

## 5.1.2　消费者视角与营销管理观念的出现

营销管理观念的出现代表了营销思想从宏观的经济学视角向微观的管理学视角转换的开始，这意味着营销学者对营销现象和营销问题的解释与探讨不再采用宏观"鸟瞰"的方式，而是转向营销活动的具体实施者，尤其是生产并提供所销售的产品的生产制造企业，这显然涉及企业的计划、控制与决策等问题。一旦营销思想的叙事转向微观企业，营销活动所服务的对象——消费者的作用就自然而然地进入视野之中，消费者在营销活动中的作用被日益整合到营销管理的框架内，从而进一步发展演化为营销管理理论的核心思想——顾客需求导向。

### 5.1.2.1　消费者视角的出现

消费者（顾客）导向是现代营销管理理论的核心思想之一。消费者视角在营销思想中当然不是凭空出现的。在传统营销学原理范式中，由于分析主要采用宏观视角，少量采用相对微观视角的分析也主要是对营销机构（如批发与零售企业）的分析，因此消费者无论是作为营销活动服务的对象，还是作为一个微观的营销主体，得到的关注都是非常少的。在早期营销学原理经典教科书中，Maynard、Weidler 和 Beckman（1927）的《营销学原理》在 Copeland（1924）的基础上关注了消费者购买的动机，但并未关注消费者在营销过程或营销系统中的作用。

相对而言，Phillips（1938）的《市场营销》（*Marketing*）采用了一个完全不同的视角来关注消费者在营销中的作用。Phillips 重点关注了消费者在引领经济发展中的作用、消费者在购买过程中如何获得更大的价值，以及消费者购买力不足的影响。虽然 Phillips 对消费者的关注依然是比较宏观视角的，但在他的观念中更加突出了消费者在营销过程中的主体作用，这种观念在思想核心上体现了现代营销管理理论中的消费者导向观念。20 世纪 40 年代，消费者在营销活动中的作用得到了更多学者的关注。如 Alexander 等（1940）的《市场营销》（*Marketing*）不仅关注了消费者在营销系统中的利益问题，在讨论营销管理功能时，还将"销售规划功能"（merchandising）定义为根据消费者的需求来调整生产和销售的产品，这种思想直接体现了现代营销管理理论中的顾客导向思想。再如 Duddy 和 Revzan（1947）的《营销：一种制度方法》（*Marketing: An Institutional Approach*）将营销看作一个经济过程，商品和服务通过这一过程进行交换并完成转移，商品和服务的价值则通过价格来体现。营销过程是一个有机的整体，由相互关联的部分组成，并且受到经济和社会力量的影响。他们认为对营销的解释就是要分析这一过程，尤其是营销系统的结构以及外部的经济与社会力量如何影响营销功能的执行和消费者需求的满足。在他们的思想中，营销系统运行的重要目的被认为是满足消费者的需求，现代营销管理理论中的顾客导向思想在这里已经呼之欲出了。

#### 5.1.2.2 营销管理观念的出现

一方面，管理的观念在营销思想中的存在由来已久。早期营销思想发展的观点过程中，一个比较具有代表性的观点是 Butler（1917）在《营销方法》（*Marketing Methods*）一书中所强调的"制造商的立场"。如我们在第 3 章中所阐述的，Butler 受到他在宝洁公司管理实践的影响，试图站在制造商的立场上从企业管理决策的角度开展产品上市销售前的若干营销活动，这种思想蕴含着明确的管理观念（Usui，2008）。另一方面，在营销学的一个专业分支领域即销售管理中，围绕着如何对销售人员进行有效管理的讨论也早在 20 世纪 10 年代就出现了，Bartels（1988）认为早在 1919 年 George Frederick 就用销售管理来指代全部营销活动，在某种程度上体现了科学管理理论的影响（Londe &

Morrison，1967；Bartels，1988；Usui，2008）。同样是基于科学管理理论，White（1927）出版了《科学营销管理》（Scientific Marketing Management）一书。自诩为一名"营销工程师"（marketing engineer）的 White 在书中明确提出企业营销活动的消费者需求导向的观点，认为科学营销应该建立在识别消费者的需求并基于此向其提供相应产品的基础上（Hunt，2018a）。因此，Jones 和 Tadajewski（2011）认为 White 可能是第一个明确提出营销观念的学者。然而，在一般营销学理论中，将营销作为一种管理职能（marketing as a management function）的观念是由 Alexander 等（1940）首先清晰地阐述的。

Alexander 等（1940）的《市场营销》抛弃了传统的商品分析方法，而以营销功能分析为主线，兼顾了采用机构分析方法对中间商的分析。该书在以下三个方面区别于 20 世纪 20 年代后出现的营销学原理教科书，比较明确地体现了管理的观念。第一，在对营销功能进行讨论时，除列出传统教科书所罗列的营销功能以外，还单独用一章讨论了作者称为"销售规划"的营销功能。如前文所述，强调根据消费者的需求来调整生产和销售的产品不仅体现了企业营销活动的消费者导向，也明确地包含着企业对营销活动进行规划与管理的思想。第二，该书第三部分的标题为"营销管理问题"（Problems of Marketing Management），该部分用七章的篇幅讨论了"分销渠道的选择""营销金融管理""营销风险管理"等内容。虽然这些章节所讨论的话题与传统教科书的内容紧密相关，但从企业管理决策的角度来讨论这些话题则是一个全新的视角。第三，该书第四部分的标题为"计划营销活动"（Planning Marketing Activities），这一部分的内容包括"营销计划""营销预算控制""分销成本分析""市场研究"以及"营销规制"。这一部分中，除"分销成本分析""市场研究"和"营销规制"等内容以不同的方式出现在传统教科书中外，对营销计划和控制的讨论与强调体现了非常明确的企业管理导向。上述三点使得该书在结构、内容和写作的视角方面与传统教科书形成了明显的差异，这在某种程度上体现了 20 世纪 40 年代以后营销思想发展转型的基本方向——从传统宏观的经济学导向转向微观的管理学导向。

### 5.1.3 对建构一般营销理论的探讨

营销思想发展的前 30 年,虽然经历了从零星分散的思想到营销知识体系的初步整合的过程,但营销学界对营销理论的关注度是非常低的。教学材料,尤其是作为整合营销知识体系载体的营销学教科书是营销出版物的主要形态。由于学术社区和专业的学术期刊在 20 世纪 30 年代中期之前的缺位,少数学术论文主要发表在经济学期刊上(Bussière,2000),而绝大多数发表在产业与贸易期刊上的文章都是现实问题导向的,缺乏对营销理论问题的关注。即使美国市场营销学会在 1937 年成立,以及 *Journal of Marketing* 在 1936 年正式创刊出版,学者们讨论比较多的话题主要还是营销教学问题,研究问题也仅限于对现实问题(包括政府相关法规与政策)的讨论。这一点可以从 *Journal of Marketing* 创刊后前 10 卷(1936—1946 年)发表的文章的作者结构上得到清晰的印证。根据 Applebaum(1947)的研究,该期刊在第 1—10 卷中共发表了 499 篇论文,涉及 372 位作者。在这些作者中,有 45.7% 是企业的管理者,另有 15.1% 来自政府部门,来自大学的营销学教师占比为 39.3%。这样的作者结构表明该期刊上发表的绝大多数文章可能都与理论建构无关,而更多地与企业实践问题和政府规制政策相关。这种情况到 20 世纪 50 年代初依然没有明显的改变,1946—1951 年在 *Journal of Marketing* 上发表的 291 篇文章所涉及的 266 位作者中,来自企业和政府部门的作者占比仍然高达 59.4%,来自大学的营销学教师作者占比较 1940—1945 年仅增加了 1.3 个百分点(Applebaum,1952)。

不过,营销学术社区的这种状况在 20 世纪 40 年代后期有所改观,营销学界对营销理论的兴趣有所增加,以 Alderson、Cox 和 Vaile 等为代表的一批学者开始呼吁并致力于发展一般营销理论,以提高营销理论的科学化水平。在 Alderson(1937)早期探索和倡导的基础上,Alderson 和 Cox(1948)首先提出了建构营销理论的问题。他们将营销理论定义为"营销事实背后一般的或抽象的原理",认为当时的营销学文献几乎没有提供真正重要和真实的"原理"或"理论",随着营销学科专业化的发展,建构一般营销理论是学科发展的必然要求。他们认为营销理论能够以经济学、群体行为研究、生态学等相关学科的理论以及营销学本身的研究文献为基础,结合营销学研究的问题与情境来建构。他们在文章中还提出了"价格歧视问题""营销的空间维度""营销的时间维度""买者和卖者的态度与动机""市场组织的发展""经济实体"等研究方向。两位作者在这篇文章中不仅提出了建构营销理论的倡议,更相信系统的营销理论是可以发展和建构的,通过对一般营销理论的建构,营销学的科学化水平会得到提升,甚至营销学也可以发展成为一门科学(Vaile,1949)。

Alderson 和 Cox（1948）的倡议及努力在 Cox 和 Alderson（1950）主编的《营销中的理论》(*Theory in Marketing*) 一书中得到了更加集中的体现。① 这本论文集所收录的论文从不同的角度揭示了营销与经济学理论、公共政策以及其他社会学科相关理论之间的关系。在这些论文中，一些来自不同学科的新奇的概念，如社会物理学（social physics）、向量心理学（vector psychology）、行为系统（behavior systems）、多元竞争（pluralistic competition）、经济机会理论（theory of economic opportunity），以及区域与区域间贸易被提出和讨论。学者们将这些来自不同学科的理论和概念与营销理论建构联系起来，在某种程度上反映了当时的营销理论研究者对营销理论单纯依靠经济学理论发展的某些担心与不满，从而将营销理论建构的议题置于更为多元的理论背景下予以讨论。

沿着这一发展路径，20 世纪 50 年代最具代表性的营销理论就是 Alderson（1957）在其经典名著《营销行为与经理人行动——功能主义视角的营销理论》中提出的功能主义（functionalism）营销理论。② 遵循其倡导的多学科研

---

① 这本论文集中的论文来自美国市场营销学会支持的一个关于营销理论的学术会议。第二本同样收录会议论文的论文集《营销中的理论》（第 2 卷）于 1964 年出版，由 Cox、Aldreson 和 Shapiro 主编。

② 这本著作被认为是 Alderson 对营销理论最主要的贡献（Smith,1966；Wooliscroft,2003）。在营销思想史研究中，这本著作对营销管理理论的贡献多次被强调（参见本章第 2 节的相关内容），Alderson 也因此被称为"现代营销之父"（Shaw,Lazer & Pirog,2007）。然而，这本著作基于功能主义思想对一般营销理论的贡献却较少被提及，这大概与 20 世纪 50—60 年代致力于构建一般营销理论的学者多采用系统观点有关，这实际上构成了营销系统学派的基础（参见本书第 7 章）。实际上，建构一般营销理论始终都是 Alderson 学术工作的核心，以这本书为代表，Alderson 的思想被比作"营销理论的河流"（Beckman,2007），Shaw 和 Jones（2005）认为 Alderson 的思想孕育了营销管理学派、营销系统学派、交换学派、消费者行为学派以及宏观营销学派。因此，Alderson 也被称为"所有营销理论家的伟大父亲"（转引自 Beckman,2007）。令人遗憾的是，这位杰出的营销思想家在 1965 年因突发心脏病而离世，年仅 67 岁。

究方法，Alderson（1957）的功能主义方法主要采用了系统的观点，他将营销看作一个由相互关联、相互依赖的动态关系所构成的系统。Alderson认为功能主义作为一种科学方法的出发点是识别一个行动系统（如营销系统），然后重点探究该系统是如何运作的，以及如何能够运作得更好。功能主义方法关注整个系统，通过系统整体来解释构成系统的部分，主要通过部分如何服务于整个系统来进行解释。Alderson的出发点是作为群体行为的市场行为，个体通过组织化的行为系统来实现其所追寻的目标。他将个体的这种市场行为看作问题解决行动，营销组织被看作服务于市场的行为系统。在这样的一个系统中，市场是异质性的，每一家企业都在市场中占据着一个独特的位置，企业之间以差异化的优势展开竞争。营销系统通过谈判来决定经济价值和均衡权力，企业之间通过交换活动来提高各自的效用。营销被看作一个备货（sorting）过程以实现交换双方更好的匹配。Alderson并未明确地定义功能主义这个核心概念，这进一步提高了其理论的抽象与晦涩程度[①]，不过，这种系统的观点一直是其建构一般营销理论的核心（Alderson，1965；Alderson & Martin，1965）。

Alderson将营销看作一个系统的观点在一定程度上反映了20世纪40年代以后致力于发展一般营销理论的学者们共同的观点。实际上，这种系统的观点早在20世纪30年代就出现了。Breyer（1934）的《营销制度》（*Marketing Institution*）就从物理学、社会学、心理学以及其他社会科学引入了很多概念，将营销看作一个连续执行营销功能的整体系统。Breyer试图提出一个有关营销系统复杂运作机制的理论。因为这本书看待营销的方式与当时主流教科书的观点存在巨大差异，所以被看作"非正统"（unorthodox）的研究（Bartels，1988）。显然，Breyer的观点在20世纪40年代末得到了学界的回应，在Alderson和Cox等学者的倡导下，更多采用系统观点的理论著作陆续出版。其中，Vaile、Grether和Cox（1952）的《美国经济中的营销》是20世纪50年代初具有代表性的著作。在这本书中，作者们将营销视为一种社会制度（social in-

---

① 我们无意在本书中对Alderson的生平和营销思想进行系统的阐述与讨论，对此感兴趣的读者可参见Wooliscroft、Tamilia和Shapiro（2006）。

stitution），并试图探讨营销系统在自由市场经济中的功能。他们将营销看作一个对资源进行分配和引导资源使用的过程，通过这一过程，组织、活动和资源为了消费而集聚到一起。他们将营销视为一个动态的过程，这个过程的核心是通过交换促使商品在区域内和区域间移动。营销系统运作的评价，是通过该系统对社会发展的贡献来进行的。

这种营销系统的思想一方面代表了学界对营销的另一种定义和看法——试图用不同的方式来表达一个相同的过程（Bartels，1988）；另一方面则体现了 20 世纪 40 年代以后学界对营销理论建构日益增加的兴趣和对建构一般营销理论路径的尝试。这种宏观系统的思想在 20 世纪五六十年代继续得到一些发展，形成了营销系统学派的基本思想，但 20 世纪 50 年代以后主流营销思想的发展转向了与宏观系统思想完全不同的另一个方向——微观的营销管理。

### 5.1.4 营销学术社区的建设与发展

对于一个学科领域来说，学术社区的制度化是学科独立地位与合法性的重要标志（Cochoy，2014）。对于快速发展中的营销学科而言，学术社区的建设与发展不仅是营销学者对一个独立学科平台的期望，也是从事营销学教学与研究的学者们解决教学和研究中诸多问题的迫切需求（Agnew，1941；Converse，1952）。作为美国也是世界最大的营销学术社区，美国市场营销学会在 1937 年正式成立以后，对推动与促进营销学科的发展起到了巨大的作用。

美国市场营销学会的发展历史是两条相互独立的发展路径最终汇聚的结果。学界一般认为美国市场营销学会的前身是成立于 1915 年的全国广告教师学会（the National Association of Teachers of Advertising，NATA）（Agnew，1941；Hobart，1965）。1915 年，世界联合广告俱乐部（the Associated Advertising Clubs of the World）[①] 年会在芝加哥召开。在纽约大学负责讲授广告课程的 George Burton Hotchkiss 向全国一些讲授广告课程的教师发出了邀请信，倡议在年会期间召开一个由广告教师参加的小型会议。最终有 28 位教师参加了此

---

① 该组织成立于 1905 年，最初的名称为美国联合广告俱乐部（the Associated Advertising Clubs of America），旨在联合广告组织提升社会对广告的兴趣。到 1916 年，该组织已经有 15 000 名会员（Hollander，1986）。

次会议，会议决定成立一个独立的组织——全国广告教师学会，选举 Walter Dill Scott 为学会首任主席，Hotchkiss 为秘书（Agnew，1941）。学会的主要目标是发展广告知识、改进教学方法，以及发布有价值的信息（Hobart，1965）。到该学会成立的第一年年底，共有 47 名会员，代表了 32 所大学。学会成立以后，受到第一次世界大战的影响，直到 1920 年才开始每年举办会议。① 为了解决教学资料不足的问题，1920 年，学会成立了教学资料委员会（Committee on Teachers' Materials），首任主席为 Gardner。

另一条独立发展的路径来自以美国经济学会为平台的从事营销教学与研究的学者群体。1918 年，美国经济学会年会在弗吉尼亚州的里士满召开。在这次年会上，Weld 联系 Clark 询问他是否愿意和其他一些对营销教学有兴趣的人一起参加一个午餐会（Agnew，1941），有 5~6 位参加年会的营销学者参加了那次聚会（Weld，1941）。② 1919 年，美国经济学会年会在芝加哥召开，此次会议上这些营销学者决定每年都在美国经济学会年会期间以非正式的方式碰面，探讨与营销教学、研究相关的问题。为此，他们从 1921 年开始成立了一个非正式的委员会，每年指定一位主席负责安排下一年的会议，主席每年轮换。这个非正式的营销学组织被称为"营销学圆桌会议"（Marketing Roundtables）（Converse，1952）。然而，这个非正式的组织面临着在美国经济学会中的官方地位与认可的问题。每年美国经济学会年会召开前，这个委员会都要联系当年的美国经济学会主席申请一个用于讨论的会议室。1923 年，该委员会向美国经济学会提出了正式的要求，希望学会认可营销学圆桌会议作为美国经济学会年会的一部分，并且要求在年会上独立组织分论坛的讨论

---

① 在此期间，学会于 1917 年在圣路易斯召开了一次会议，但只有三个人参加了那次会议。此后两年，学会再没有举行会议（Agnew，1941）。

② 根据 Weld（1941）的回忆，他在这次年会上召集了 5~6 个人共进晚餐，而在之后的几年时间里，这些学者每年都在美国经济学会年会期间以非正式的方式安排会议，最终形成了全国营销教师学会的核心。然而，Converse（1952）认为这种说法是错误的，一方面，他认为以美国经济学会为平台的这一批营销学者构成了美国市场营销学会发展的一条重要路径，但他同时认为美国市场营销学会是从全国广告教师学会这条路径发展起来的。另一方面，作为 1918 年年会的与会者，他说自己回忆不起来 Weld 提到的晚餐会。读到这里，细心的读者也许已经发现，Weld 召集的营销学者到底是参加了午餐会还是晚餐会，文献中的说法有所不同，这或许是由当事人记忆的偏差所造成的。尽管如此，Weld 在早期营销社区建设中的作用是毋庸置疑的。

(Agnew，1941）。美国经济学会对这一要求的回复如何在现有资料中已经查询不到了。然而，1924 年，全国广告教师学会会员的扩容行动吸纳了绝大多数参加美国经济学会年会营销学圆桌会议的学者，从而促进了两个组织的合并，并最终发展成美国市场营销学会。[①]

1923 年，Barnes 当选为全国广告教师学会的主席[②]，他立即采取行动为学会吸纳新会员。他的一项重要行动就是向营销学教师群体发出邀约，请他们参加全国广告教师学会的年会。这一邀约得到了较为热烈的响应，很多营销学教师参加了 1924 年的年会。由于会员群体身份的变化，学会在 1924 年正式更名为"全国营销与广告教师学会"（the National Association of Teachers of Marketing and Advertising，NATMA）。此后，随着营销学科的快速发展，以及更多营销学教师的加入，1932 年，学会再次更名为"全国营销教师学会"（the National Association of Teachers of Marketing，NATM）。学会名称的变更反映了学界对营销学范畴的一致性认知，即广告是营销的一部分，而不能将其与营销并列。到 1932 年，学会会员人数增加到了 475 人（Hobart，1965）。1935 年，学会在原学会通讯 *Natma-Graphs* 的基础上出版了学术期刊 *National Marketing Review*。在 20 世纪 30 年代的发展过程中，全国营销与广告教师学会在 1930 年成立了一个重要的工作委员会——定义委员会（Agnew，1941）。该委员会对约 50 个重要的营销学术语和概念进行了"官方"的定义，这些定义被各类教科书、期刊以及词典等出版物采用，对营销思想和营销学理论的传播起到了重要的促进作用。

虽然越来越多的营销学者加入全国营销教师学会，但美国经济学会年会期间的营销学圆桌会议仍然在持续。在 1930 年的圆桌会议上，已经从全国营销教师学会卸任的 Barnes 向美国经济学会提出组建营销研究人员的专业组织的申请，并得到了批准（Converse，1952）。1931 年，美国营销社团（the

---

① Converse（1952）在其回忆文章中不无幽默地写道，"如果不是美国经济学会对营销学没兴趣，以及全国广告教师学会强有力的会员拓展活动，美国市场营销学会很可能发展成为美国经济学会的一家分支机构"（p. 66）。

② 一些文献称 Barnes 的职务为学会的秘书（Agnew，1941；Converse，1952），但 Hobart（1965）整理的美国市场营销学会及其前身历任主席名单显示，1923 年全国广告教师学会的主席为 Nathaniel W. Barnes。

American Marketing Society）正式成立，第一任主席为 Paul T. Cherrington。该社团的成员以营销研究人员为主，但与全国营销教师学会的会员存在高度的重叠，其主要宗旨是促进营销的科学研究（Weld, 1934）。受到经济大萧条的影响，美国营销社团成立后的几年发展得很缓慢（Agnew, 1941）。1934 年，该社团出版了学术期刊 *American Marketing Journal*。[①]

由于两个组织的会员身份高度重叠，两个组织的兴趣与目标高度趋同，两本学术期刊的读者群体、作者群体以及编委会成员都不同程度地存在重叠，因此两个组织决定合并。首先完成合并的是两本期刊，合并后的期刊称为 *Journal of Marketing*，于 1936 年 7 月正式出版，Paul H. Nystrom 为首任主编。[②] 1937 年 1 月，全国营销教师学会与美国营销社团正式合并，成立美国市场营销学会[③]，学会首任主席为 Frank R. Coutant。[④] 两个组织合并时，各有约 300 名会员。到 1937 年 6 月，美国市场营销学会的会员人数达到 625 人。此后，作为营销学最具影响力的学术组织，其会员数量迅速增加：1940 年，会员人数为 817 人；1945 年，会员人数增加到 1 850 人；1950 年，会员人数达到 3 795 人；1960 年，会员人数达到 8 519 人；而到了 1965 年，会员人数则突破万人，达到 12 500 人（Hobart, 1965）。

## 5.2 营销的重新概念化（1951—1960）

Bartels（1988）将 20 世纪 50 年代一般营销思想的发展称为重新概念化阶

---

[①] 关于 *National Marketing Review* 和 *American Marketing Journal* 两本期刊创刊及其合并前的更详细信息可参见 Witkowski（2010）。

[②] 关于 *Journal of Marketing* 创刊最初的栏目设置以及该期刊最初 10 年的发展变化情况、历任主编的情况可参见 Applebaum（1947）。

[③] 根据 Converse（1952）的回忆，两家机构合并时，对于新机构的名称，有两个选择：National Marketing Society 和 American Marketing Association，两个名称中都各有一个词来自合并前的两个组织。最后之所以选择 American Marketing Association 为学会名称，一个很重要的原因在于，当时美国社会科学组织在每年的 12 月召开联合会议，而在会议手册上各个学科的组织是按照其名称的字母顺序排列的，因此选择 "A" 打头的 American Marketing Association 可以使美国市场营销学会的名字排在会议手册接近顶部的位置。

[④] 从 1915 年全国广告教师学会成立，到 20 世纪 30 年代全国营销教师学会与美国营销社团合并成立美国市场营销学会前两个独立学会的历任主席情况可参见 Hobart（1965）。

段（period of reconception），营销管理的观念和视角在这一时期被越来越多地强调，使得一般营销思想的发展发生了"范式转换"——从传统的功能—商品—机构分析范式转向营销管理范式。20世纪50年代中期以后，越来越多采用管理视角的书籍（包括教科书、学术著作和论文集）陆续出版，使得管理的视角在营销理论建构中不断得到强化。如Howard（1957）广为接受的教科书直接被命名为《营销管理》（*Marketing Management*），而Kelley和Lazer（1958）主编的影响广泛而深远的论文集《管理的营销：视角与观点》（*Managerial Marketing: Perspectives and Viewpoints*）更是集中了那一时期有关营销管理理论建构最为前沿的一些话题：营销观念、营销组合、产品差异性、市场细分等，这些旨在反映学界最新思想动态、激发新思想的论文实际上部分构成了营销管理理论思想核心（Sheth, Gardner & Garrett, 1988）。总而言之，20世纪50年代是营销范式转换的一个关键时期，这一时期的很多营销思想都以一种全新的形式出现在各种类型的营销文献中，促进了营销管理理论思想核心和基本理论框架的确立。

### 5.2.1 营销管理：Alderson、Howard 和 Kelley-Lazer 的贡献

20世纪50年代，在从管理的角度对营销思想进行重新概念化的过程中，有三本书颇具代表性：Alderson（1957）的《营销行为与经理人行动——功能主义视角的营销理论》、Howard（1957）的《营销管理》，以及Kelley和Lazer（1958）主编的论文集《管理的营销：视角与观点》。这三本书从不同的角度对管理视角下的营销思想发展做出了贡献，其中Alderson的经典著作被认为奠定了营销管理理论的思想基础（Bartels, 1988）。

实际上，Alderson（1957）的这本经典著作的贡献是多方面的，Shaw、Lazer和Pirog（2007）将其概括为三个方面：促进营销思想从宏观的流通转向微观的营销管理；从主要依赖经济学理论转向更为宽泛的行为科学视角；从强调营销概念的描述与分类转向解释与理论建构。如前文所述，我们已经简要讨论了Alderson在营销理论建构方面的贡献，这部分我们将聚焦于其对营销管理思想发展的贡献。

在其功能主义理论框架之下，Alderson从管理者决策的视角重新思考了营

销行为的过程及其内在运行机制。他将管理决策看作决策者所处系统外部环境要素的函数，而根据功能主义"有组织的行为系统"的观点，决策者所处的系统环境可能是其所在群体，或组织外部的经济与社会环境。功能主义"整体决定部分""功能决定结构"的观点决定了作为有组织的行为系统的群体需要不断调整其功能与结构以适应变化中的系统环境。虽然 Alderson 的功能主义理论是非常抽象的①，但其从管理决策的角度所阐述的有组织的行为系统与其所处系统环境之间的关系已经明确地体现了组织适应环境影响、外部环境影响组织运转的管理学观点。这种观点在 Howard（1957）的书中得到了更为清晰、明确的阐述，并在 20 世纪 60 年代以后出版的采用管理视角的营销学书籍中不断得到强化。

Alderson 经典著作的最后一个部分——营销中的经理人行动，不仅直接为营销管理者的角色与决策原则提供了系统的框架，更将这本书与其他采用经济学视角的营销学著作明确地区分开来（Bartels，1988）。以 Barnard 等管理学者的管理理论为基础，Alderson 讨论了经理人的主要职能——组织职能、操作职能、资源配置职能、风险评估职能和象征职能。解决营销问题是经理人的重要职责，其中的重要问题是经理人所面对的不确定性。Alderson 分别从过程性、操作性和功能性三个视角论述了解决营销问题的方法与路径，并以运筹学研究为基础，提出规划营销活动方案与营销系统的控制及协调等解决营销问题的方法。在对"市场规划原理"的讨论中，他详细地讨论了营销计划、组织与流程等问题，包括计划的范围、计划的实施与推行、计划的评估与纠偏，以及组织规划中的市场分析与沟通等问题。最后，Alderson 提出企业经理人所面临的营销问题还涉及与企业其他职能之间的协调，其中就包括营销与生产、财务与工程之间的关系问题。从上述内容来看，这些内容非常强烈地体现了管理学的视角与内容，这些讨论从企业管理人员决策的角度，将营销活动置于与企业其他职能相互作用的界面上，其分析的视角和观点在 20 世纪

---

① 关于 Alderson 的写作风格在营销思想史文献中也存在一些争论。一些学者认为 Alderson 的理论和思想观点晦涩难懂的主要原因在于其写作和表达过于模糊。如 Holbrook（转引自 Brown，2002）就明确地评价道："这是一个无法通过清晰地表达自己去拯救其灵魂的作者。"相反，Brown（2002）认为 Alderson 是一位有天赋的文体家（literary stylist），他作为一位学术巨匠的声誉可以部分地归因于他被认为"难以理解的"写作风格。

50 年代确实是全新的。

如果说 Alderson 的这本著作体现了其强烈的个人风格，那么 Howard（1957）不那么引人注目的《营销管理》虽然还没有完全脱离营销学传统分析范式的影响，但其所包含的管理学导向明确地代表了营销思想在 20 世纪 50 年代末以后的发展方向（Bartels，1988）。该书是最早以"营销管理"命名的教科书之一，在书中 Howard 颇具创新性地提出了"营销管理者"（marketing manager）的概念，并将营销管理这一职能定义为"与企业销售活动广泛相关的管理范畴"，包括定价、广告以及其他促销策略、销售管理、产品类型及其分销渠道的决定等①。在对营销管理进行讨论时，Howard 引入了大量管理学的思想，其中有一些内容与 Alderson 的观点有异曲同工之妙。例如，Howard 对营销管理的讨论也是决策导向的。与 Alderson 关于系统与系统环境的抽象观点不同，Howard 明确地将企业决策的要素区分为可控的要素和不可控的外部环境要素。营销决策的一个主要特征就是不确定性，主要是关于购买者和竞争者的不确定性，而营销经理人在面对不可控的环境和决策中的不确定性时，一项主要的工作任务就是调整与适应（adaptation）。Howard 关于决策中企业与环境关系的观点在 20 世纪 60 年代以后的诸多文献中得到了强化。如将营销作为企业的子系统之一，而企业则通过营销子系统与其外部环境相联系（Cundiff & Still，1964），环境的动态性和营销的适应性被进一步强调（Scott & Marks，1968）。从这些观点来看，营销管理的思想已经与管理学理论形成了更加紧密的关联，在将营销看作企业管理职能的基础上，营销管理的内在逻辑已经与管理学基本一致了。然而，尽管 Howard 的《营销管理》是最早出版的营销管理教科书，但由于该书并没有将以消费者需求为中心的营销观念作为全书的哲学核心，也没有使用并围绕"营销组合"的概念来组织全书的结构，因此该书在即将到来的营销管理时代的影响力十分有限（Hunt，2018a）。

在一个新的理论范式的形成与发展过程中，一些最新的前沿思想往往并未被写入以教科书为主的著作中，而一些以论文集形式出版的著作往往成为

---

① 这里非常明显地体现了 4P 模型的影子。

新思想的主要载体（Bartels，1988）。在营销管理范式形成的20世纪50年代，Kelley和Lazer（1958）主编的论文集《管理的营销：视角与观点》就是其中极具代表性的一本。这本论文集共收录了82篇论文，论文的来源非常广泛，既包括在经济学、社会学、心理学、管理学和营销学等学术期刊上发表的论文，也包括在一些管理实践类期刊上发表的文章，还包括少数在会议上发表的演讲或发布的报告。这些论文被分成了三大部分——管理的营销维度与影响力、营销视角与企业战略，以及营销的前沿知识。这些被归类到不同主题下的论文从以下几个方面展现了即将到来的营销管理时代的风貌：

首先，企业行为的市场导向与营销观念。以市场需求为导向的营销哲学被作为重要的主题予以讨论，这也体现了对消费者作用的关注。虽然对消费者作用进行的讨论还多以比较宏观的消费者统计特征为主，但这个部分的主题被明确地表述为"消费者：营销努力的焦点"，非常明确地体现了消费者需求导向的思想。

其次，计划、组织与控制的管理框架被明确地阐述并引入对营销管理的探讨中。不仅企业的营销计划、组织与控制被单独讨论，这一框架也被用来阐述企业的营销组合策略——产品、价格、分销渠道与营销传播。非常值得关注的是，Kelley和Lazer（1958）对营销组合部分的架构已经与4P模型非常接近，只是没有使用四个以字母P打头的单词来概括这四个核心策略。

再次，营销管理决策的视角被从三个方面予以明确的强调——应对变化的创造性适应、营销的决策功能，以及目标导向的营销努力的规划。可见，这三个方面的内容与Alderson和Howard著作中所提及并论述的思想具有高度的一致性，更加明确地体现了管理决策的特征。

最后，作为一本具有前沿性的论文集，一些新的概念被提出，而这些概念在20世纪60年代以后都逐渐进入营销管理理论的框架体系。这些新概念包括营销观念、市场导向、营销组合、市场细分、产品差异化、实体分销（physical distribution）和增加值（value added）等。显然，这些概念如今都已经是营销管理理论的核心概念，而在20世纪50年代末，这些概念代表了营销思想发展的新趋势和新方向。

## 5.2.2　营销观念与营销哲学

以顾客需求为导向的营销观念被认为是现代营销思想史中最著名的原理（Sheth, Gardner & Garrett, 1988），它构成了营销管理理论的基础哲学观念。如前所述，虽然消费者在营销系统中的作用在20世纪30年代就得到了关注（Phillips, 1938），但直到20世纪50年代后期，这种消费者需求导向的营销观念才在一系列论文中得到明确的阐述。

营销观念的出现和发展与领先企业的营销实践是紧密相关的。Hunt（2018a）认为对现代营销观念发展起到重要作用的早期文献是通用电气公司1952年度报告中提出的"先进的营销观念"（advanced concept of marketing），该观念强调了营销人员在企业识别顾客需求、开发新产品以及制定营销战略过程中的作用，强调将营销活动整合到企业的全部流程中去，从而建立顾客需求导向。对于通用电气这样的企业而言，营销观念并不是一种战略，而是一种指导企业运营的哲学观念（Hunt, 2018a）。

接下来，通用电气的两位高管McKitterick和Borch较为系统地阐述了他们有关营销观念的思想（Hunt, 2018a）。McKitterick（1957）认为管理观念中营销功能的首要任务并不是使顾客符合企业的利益，而是使企业的活动符合顾客的利益。Borch（1958）则将这种观念表述为企业的一种基础哲学。作为一种基础哲学，营销哲学决定了企业的生存与发展，而营销功能和企业的组织结构不过是践行这种哲学思想的方式而已。Borch认为营销哲学是比营销观念更为宽泛和基础的概念，营销观念不过是在营销哲学所设定的企业文化氛围中对具体运作的认知方式。Borch进一步阐述了营销哲学的两个根本性观点。首先是营销的双核任务（dual-core marketing job）：一方面，营销的首要任务是必须聚焦于顾客的需求与欲望，包括那些顾客已经明确认知到的和那些顾客尚未意识到的需求，只有识别了顾客的需求，营销才能引领企业整合各种功能，为顾客提供他们所需要的产品和服务以满足其需求；另一方面，营销的任务还包括了解如何说服潜在顾客去购买企业所开发及销售的产品和服务。其次，营销哲学强调利润观念（profit concept），而不是量（volume）的观念。将利润观念作为营销哲学的根本点之一，是强调企业的营销活动必须以盈利为目标，这个观念被很好地整合到了现代营销观念中，即通过满足顾客的需求来获取利润。

这种营销哲学或营销观念在 Keith（1960）的经典论文中以营销导向（marketing oriented）概念的形式被表述出来。Pillsbury 公司的高管 Keith 在论述营销革命（marketing revolution）这一主题时，认为这场革命的核心是企业不再是商业世界的中心，顾客处于中心位置。企业的注意力相应地从关注生产问题转向营销问题，从企业可以生产什么转向顾客想要企业生产什么，从企业本身转向市场。以 Pillsbury 公司为例，Keith 提出了既被广泛关注也饱受争议的企业营销革命的四个时代的观点：从 19 世纪后期延续到 20 世纪 30 年代的生产导向（production orientation）时代，从 20 世纪 30 年代延续到 20 世纪 50 年代的推销导向（sales orientation）时代，从 20 世纪 50 年代开始的营销导向时代，以及即将到来的营销控制（marketing control）时代。Keith 的这些观点与 Levitt（1960）发表在 *Harvard Business Review* 上的经典论文《营销近视症》一起强化了生产导向时代结束和营销导向时代来临的观点，并且 Levitt 的这篇经典论文更加强化了营销观念作为企业的一种经营哲学的观点。

从那时开始，这一观点就被写入越来越多的营销学教科书中，从而成为被广泛接受的信条（received doctrine）（Hollander，1986）。然而，这种划分"四个时代"的观点却受到营销思想史学者的批评。显然，即使 Pillsbury 公司经历了 Keith 所称的其中三个时代的变革，但以一家公司的实践来推出整个社会营销变革的阶段划分显然还是过于主观臆断了，更不用说 Pillsbury 并不是一家具有代表性的公司了（Fullerton，1988）。Hollander（1986）和 Fullerton（1988）几乎同时对这一观点发起了挑战和批评，二人不约而同地采用历史研究的方法来探索"生产时代的秘密"。两位学者以翔实的历史数据说明所谓的营销观念并非直到 20 世纪 50 年代才出现，实际上它早就存在于企业的营销实践中，并且 Keith 所说的生产导向时代和推销导向时代其实并不存在。生产导向、推销导向与营销导向之间也并不存在孰优孰劣的问题，关键在于企业所选择的导向与企业内外部的条件相匹配才能产生最优的结果（Fullerton，1988）。在如今的主流营销学教科书中，几种导向（观念）依然是理解营销观念的重要内容，但却鲜有学者再将这些导向（观念）与具体的历史年代挂钩。即便如此，营销学教授在向学生们讲授这些导向（观念）时，还是会自觉或不自觉地引用不同历史年代的典型企业案例，似乎仍然体现着 Keith 的思想。

### 5.2.3 营销组合

如果说营销观念奠定了营销管理学派的哲学基础，那么营销组合（marketing mix）的概念则为营销管理理论指导企业的营销管理实践提供了一个"工具箱"。Sheth、Gardner 和 Garrett（1988）认为营销组合的概念是营销管理理论最重要的突破之一，它关注并回应了营销管理者如何有效地整合和应用各种营销功能来执行营销任务的需求。

根据 van Waterschoot 和 van den Bulte（1992）的观点，营销组合的概念最早是由 Neil Borden 在美国市场营销学会 1953 年年会的主席致辞中提出的。Borden（1964）在其论述营销组合历史的经典论文中提到，他提出营销组合的概念是受到 Culliton（1948）的启发，后者认为企业经理人作为决策者，就是要把不同的管理要素整合起来。因此，营销组合的基本含义就是为了获得某种市场响应而将不同的营销管理要素整合起来。显然，营销组合的概念在被提出时就是从营销管理者的角度，为其整合应用不同的营销功能和营销管理要素决策提供了一个有效的概念框架。为了便于营销管理者更好地应用这个概念来解决企业营销管理中的问题，营销学者的任务就是要对可供选择和整合的营销功能要素进行概念化。学者们最初解决这个问题的办法是非常简单而直接的——列出可供营销管理者使用的营销功能"清单"（checklist）（Frey，1956；Oxenfeldt，1962）。可以想见，为了应对不同的营销管理任务和达成不同的营销目标，这个清单中所包含的条目一定是数量众多并且存在各种交叉和关联的，如 Borden（1964）提出的营销组合就包含了 12 个要素：产品计划、定价、品牌管理、分销渠道、人员推销、广告、促销、包装、陈列、服务、物流处理，以及问题发现与分析。这好比营销组合概念为营销管理者提供了一个工具箱，里面塞满了各式各样的工具，供其在面对不同任务时选用。无疑，这样的工具箱使用起来效率一定是非常低的。为了解决这个问题，营销学者们接下来的任务自然就是要对这些工具进行分类，让杂乱无章的工具箱井然有序，提高营销经理人们的使用效率。在学者们提出的多样的分类中，McCarthy（1960）在其经典教科书中提出的"4P"模型无疑是最为经典的——多样化的营销功能要素被简洁地概括为四类：产品（product）、价格（price）、渠道（place）和促销（promotion）。4P 模型自 1960 年被提出以来，就因其简洁的概括以及容易记忆和传播的特点而被营销学界和企业的营销管理人员迅速接受，成为营销管理理论中影响最大也最为深远的概念之一。

### 5.2.4　McCarthy 与 4P 模型

经过 20 世纪 40—50 年代的发展，尤其是在 20 世纪 50 年代，营销管理的观念以及与之相关的一系列理论框架和核心概念陆续出现，学界和业界都在等待一本能够对这些概念与理论框架进行整合的著作，McCarthy（1960）的《基础营销学：管理的方法》成为完成这一任务的里程碑式著作（Bartels，1988）。这本经典著作是一部"划时代"——跨越传统功能—商品—机构分析范式与营销管理范式——的作品，它在营销思想演进过程中的里程碑式意义不仅在于它突破了传统范式的束缚，推动营销思想转至一个新的前沿方向，还在于它在促进营销专业的学生和经理人理解如何做出营销决策方面上了一个台阶，从而促进了营销教育与营销管理实践的发展。

从结构来看，这本经典著作共 30 章，分成 8 个部分：我们经济中的营销——引言，营销是消费者导向的，产品，渠道，促销，价格，营销管理与控制，我们经济中的营销——结论。全书的核心部分是由经典 4P 模型架构起来的 4 个部分，共包括 19 章的内容。作为一本衔接新旧两种营销理论范式的整合性著作，正如 McCarthy（1960）在前言中所称，"书中的很多内容与其他传统营销学著作中的内容相似，但本书的方法绝对不同。我们将从管理者的视角来看待营销""本书采用管理的方法来解决营销问题"（p. V）。这一点可以直接从该书的框架结构中反映出来，也是该书的标题特意强调的内容。

具体而言，McCarthy 的这本著作主要在以下几个方面体现了其承前启后的里程碑式贡献：

第一，全书明确地采用了管理者的视角和管理的方法。首先，与 Alderson（1957）和 Howard（1957）的思想相同，McCarthy 从管理者的视角来看待如何解决企业面临的营销问题显然是决策导向的。他将企业的营销战略置于企业所处的动态的经济、社会与政治环境中,明确地强调了外部环境对企业营销战略和营销决策的影响。其次,McCarthy 重点强调了企业营销战略与营销组合的设计,这主要体现在他非常细致地阐述了产品、价格、渠道和促销这四个营销组合要素所涉及的管理决策内容及其影响因素。这部分内容作为全书的主体部分不仅可以为学生提供一个营销管理的"全景"(big picture),也为营销管理者的管理决策提供了一个非常简明的框架。

第二,作为设计营销战略的前提,消费者导向的营销观念被明确地强调。以消费者需求为导向的营销观念和营销哲学在 McCarthy 这里也得到了非常明确的阐述,他在全书引言之后的第二部分就以"营销是消费者导向的"为标题阐述了这一核心观念,并详细地分析了消费者的行为。实际上,消费者导向作为营销管理的哲学基础,在 McCarthy 的体系中也起到引领的作用。他在引言中就明确地提出,营销的主要功能就是弥合生产与消费之间的鸿沟,这种功能是消费者导向的。在市场经济体系中,生产系统必须适应并满足消费者的需求,营销功能的消费者导向则被进一步整合到企业的管理框架中。他进一步指出,在这样的观念与经济体系中,企业如果想要生存与发展,就必须对其营销战略进行设计,以适当的价格、通过合适的渠道、以适当的促销方式向消费者提供合适的产品。在这里,消费者导向的营销观念成为统领企业营销战略的思想前提。

第三,4P 营销组合的提出。毋庸置疑,4P 模型是 McCarthy 对营销思想最为重要、影响最为深远的贡献。虽然营销组合的概念在 20 世纪 50 年代已经发展成熟并被营销学界和业界经理人所广为接受,但列出营销组合要素清单的方式不仅不利于营销的教学与传播,也不利于企业在营销管理实战中的应用。4P 模型以简单易记的方式解决了上述问题,也许正是因为它极易传播和极易记忆的特点,其一经提出就迅速为学界和业界所接受。虽然 4P 模型自提出后就不断受到挑战与批评(van Waterschoot & van den Bulte, 1992),很多新的营销组合模型(如 4C、4R 和 4V 等)在不同的年代被提出,试图挑战或取代 4P 模型的地位,但 4P 模型一直作为营销管理理论的核心框架之一而存在，甚至成为营销管理理论的一个重要标签和代名词（Grönroos，1994a）。[①]

第四，对营销管理社会效率的关注。McCarthy 除对社会与政治环境对于营销决策的影响进行了阐述以外，还对营销管理对于社会的影响予以特别关注，这一问题主要在《基础营销学：管理的方法》的最后一章进行了集中讨论。McCarthy 在前言中解释了为什么要对营销管理的社会效率予以关注，这是因为他相信营销专业的学生除应当对企业的效率予以自然而然的关注以外，还应当对营销作为一种制度在社会中的作用，尤其是对营销如何有助于经济的运行与增长予以关注。虽然营销的效率问题或营销系统对经济社会的影响一直是传统经济学导向的教科书关注的问题，但 McCarthy 将这一问题置于管理视角，尤其是企业经理人的决策视角下来讨论，实际上强调了企业作为社会公民在实施营销管理活动时不仅要关注自身的效率问题，也要关注营销的社会效率问题，管理的视角显然赋予了这一老生常谈的问题新的含义。

第五，作为一本精心设计的教科书，《基础营销学：管理的方法》注重思想启发性而非简单地陈述知识。该书不仅是一本学术著作，更是一本教科书。从书的标题可以看出，McCarthy 的初衷是为学习营销学的学生提供一本导论性质的教科书。但相较于传统教科书平铺直叙地讲述营销知识，McCarthy 更希望该书的内容能够启发学生进行思考而不是被动地接受。出于这种考虑，全书的内容和结构都经过精心的设计。如书的第一章"我们经济中的营销——引言"的主标题和最后一章"我们经济中的营销——结论"的主标题是相同的，在引言中提出的那些广受关注的问题，如"分销成本太高了吗""批发与零售企业太多了吗"，等等，在最后一章中都做出了回应，并将其与营销的社会效率问题结合起来，这显然有助于学生加深对这些问题的认识，并在整个学习过程中对这些开放性的问题进行思考。再如，McCarthy 并没有在引言中提及所有重要的概念，相应的概念直到讨论有关问题时才被提出。章节之间用一些思考题来承前启后地衔接，启发学生对即将学习的下一章内容提前进行思考。这种注重启发性的内容设计相较于传统"拼盘式"教科书

---

① 20 世纪 90 年代，关系营销向以营销管理理论为主导的营销理论提出了挑战，试图发起一场"营销革命"，其对营销管理理论的一个主要攻击点就是 4P 模型（Grönroos，1994a），对该问题的详细讨论可参见本书第 6 章"关系营销理论的发展"部分的相关内容。

的平铺直叙显然更有助于激发学生的学习兴趣。

一方面，作为一本"承前启后"的著作，McCarthy（1960）从管理的视角对 20 世纪 40 年代以来涌现与发展的营销管理思想进行了整合，虽然其内容在相当大程度上仍然是"传统的"，大量在传统的功能—商品—机构分析范式教科书中阐述的内容被重新整合到一个更加强化管理视角的框架中，但其里程碑式的意义是显而易见的。该书出版以后，传统宏观导向的营销学原理教科书几乎再没有出版，新出版的营销学教科书几乎都遵循了管理的范式（Hunt，Hass & Manis，2021）。可以说，McCarthy（1960）"席卷了营销专业领域"（swept the field）（Shaw & Jones，2005：257），正式拉开了营销范式转换的大幕。另一方面，虽然该书的写作试图建立在管理者决策的视角上，但全书并未清晰地呈现一个明确的管理范式的框架。从这个角度来看，McCarthy（1960）并未完成"范式转换"的全部任务，在其工作的基础上，20 世纪 60 年代一个明确的营销管理范式最终被确立起来，而完成这一任务的代表性学者就是 Kotler。

## 5.3 "范式转换"的完成（1961—1970）

进入 20 世纪 60 年代以后，营销管理作为一种新理论范式的影响持续扩大，为数众多且快速增加的营销管理的教科书、著作、论文集不断地出版和修订再版，营销管理范式的主导地位不断地被强化，并最终取代了传统的功能—商品—机构分析范式，促使营销思想的发展完成了"范式转换"。在 20 世纪 60 年代发表的文献中，一方面，前一个十年所建立起来的"消费者需求导向的营销观念"和"管理决策的视角"继续得到强化及完善；另一方面，一些新的发展也形成了对营销管理知识体系的整合，其中一个比较有代表性的观点就是 Lazo 和 Corbin（1961）在《营销中的管理》（*Management in Marketing*）一书中明确阐述和应用的管理过程学派的理论框架——计划、组织与控制，这一理论框架经过 Kotler（1967）经典教科书的采用而成为营销管理理论的基本框架（Bartels，1988）。

### 5.3.1 营销管理理论框架的建立：Kotler 的贡献

1962 年，Kotler 在麻省理工学院获得经济学博士学位，并分别在哈佛大学、芝加哥大学完成数学和行为科学的博士后研究后加入西北大学凯洛格商学院。① 关于写作《营销管理》教科书的动机和背景，Cunningham（2003），以及 Bourassa、Cunningham 和 Handelman（2007）通过对 Kotler 本人的访谈，阐述了一个有趣的故事。作为一名以经济学、数学和行为科学为专业背景并第一次教授市场营销学课程的年轻教师，Kotler 发现他很难找到一本令自己满意的教科书，因为当时的营销学教科书基本上以描述为主，缺乏足够的解释性。他甚至试图回到其所熟悉的母学科——经济学中寻找可用的教学资料，结果却发现营销现象在经济学理论中都被极度简化地处理了，这促使他要自己写一本教科书。然而，Kotler 着手写作的第一本教科书却并不是《营销管理》，而是《营销决策：建模方法》（*Marketing Decision Making: A Model Building Approach*），试图用数学建模的方法对主要营销决策的优化进行分析。但当他将完成的部分书稿提交 Prentice-Hall 的编辑时，对方告诉他这样一本书的市场需求可能有限，并建议他最好写一本营销管理的教科书。听从编辑的建议，Kotler 将完成一半的书稿先行搁置，着手写作《营销管理：分析、计划和控制》，并于 1967 年由 Prentice-Hall 出版。②

Kotler 认为他在写作《营销管理》时，Howard（1957，1963）③ 和 Alderson（1957）对他的影响比较大（Bourassa，Cunningham & Handelman，2007）。这些影响应该主要体现在管理决策导向和以多学科理论为基础建构一般营销理论的努力方面。在《营销管理》的内容方面，Kotler 在书的前言中强调了他

---

① 关于 Kotler 的学术生涯和个人生平可参见他的自述文集《我的营销人生："现代营销学之父"菲利普·科特勒自述》（科特勒，2019）。

② Kotler 甚至亲自设计了《营销管理：分析、计划和控制》的封面（如果没有特殊说明，本章讨论的 Kotler 的《营销管理》教科书均指该书第一版）。该书出版以后，Kotler 继续写作完成《营销决策：建模方法》并于 1971 年将其出版，后续版本更名为《营销模型》（*Marketing Models*），Kotler 认为其是他最重要的著作之一（Cunningham，2003）。

③ Howard（1963）的《营销管理》（第 2 版）主要修订了以下内容：拓展了对需求的分析、引入了组织理论、用计划替代决策作为统领全书的视角以及区分了短期与长期管理决策（Bartels，1988）。

这本教科书的三个重点：决策导向、分析的方法和对基础学科的借鉴，这三个方面也形成了《营销管理》的主要特色（Fox，1967）。Kotler 所强调的这些特点使《营销管理》与同时代的其他许多教科书得以区分开来，相较于 McCarthy（1960）明确将《基础营销学：管理的方法》定位成一本导论性质的营销学入门教科书，Kotler《营销管理》的主要读者群被定位为研究生群体（Fox，1967；Bourassa，Cunningham & Handelman，2007），尤其是商学院的 MBA 学员群体，因此其强调的分析方法与多学科的视角显然具有一定的理论"门槛"，而将这两个重点与决策导向结合起来，也同时契合作为未来职业经理人的 MBA 学员的应用需求。此外，这本书对营销及营销管理的界定与统一的分析框架使其具有很强的理论与学术导向，这是后续很多学术文献引用这本教科书的主要原因（Brown，2002）。

作为一本在营销思想"范式转换"后期出版的经典教科书，Kotler 的《营销管理》在以下几个方面体现了其特色与贡献：

第一，营销管理过程框架的建立。全书 23 章的内容被按照一个统一的管理过程框架组织起来，分成"分析市场机会""组织营销活动""计划营销方案"和"控制营销努力"四个部分。这个框架并非对管理学理论框架的简单应用，而是建立在 Kotler 对营销的定义基础上，这使得全书的内容与结构浑然一体。Kotler 在对比了新旧两种营销观念的基础上指出，以顾客导向为基础的新营销观念决定了企业的营销并非仅仅是与企业销售产品相关的活动，而是"为满足特定顾客群体需求和需要而对企业影响顾客的资源、政策和活动的分析、组织、计划和控制，并以此实现盈利"（Kotler，1967：12）。显然，这个定义实际上并未区分"营销"与"营销管理"。虽然 Kotler 在该经典教科书的后续修订版本中对营销及营销管理的定义进行了多次修订，但第一版中的这个定义体现了他在 20 世纪 60 年代营销范式转换过程中对营销管理的强调，以及他试图建立一个统一的营销管理框架的目标。全书统一的管理视角被认为是这本书的重要贡献之一（Fox，1967），这一框架也被作为教科书的核心保留了很多年。

第二，营销管理的战略导向（strategy-oriented）。与管理过程框架的决策导向相一致的是贯穿全书的计划与战略决策导向，这也被认为是 Kotler

（1967）最重要的贡献之一（Bourassa, Cunningham & Handelman, 2007）。Kotler 的《营销管理》并没有设计"引言"一章，而是从第一章开始就集中讨论战略决策问题，这成为引领全书内容的基础。从战略管理决策的角度来思考营销问题，也与全书的管理过程框架在逻辑上高度一致，这强调了营销战略决策对于企业管理人员的重要作用。在战略导向的整体框架下，McCarthy（1960）的 4P 模型相关的内容被 Kotler 整合到全书的第三部分——计划营销方案中，并被统一到管理决策这一统一的视角内。此外，Kotler 对营销战略的强调还有一层非凡的意义，那就是营销不再仅仅被看作企业的一项管理职能，而需要在企业战略层面被重新思考并定义，这在某种程度上改变并提升了营销的地位（Bourassa, Cunningham & Handelman, 2007）。显然，这一点无论是对学界还是对业界都具有重要意义。

第三，模型与分析框架的应用。鉴于 Kotler 的经济学与数学专业背景，将量化的模型与决策导向结合起来就成为《营销管理》的一个重要特色和贡献（Fox, 1967）。然而，Kotler 并未过于依赖量化的模型，他在阐述量化模型潜力的同时，也指出了其局限性。他认为语言描述性模型（verbal model）在管理决策中同样重要，管理人员可以应用复杂的、难以量化的描述性模型来做出管理决策。基于此，Kotler 在书中也使用了很多描述性的分析框架，这些框架将复杂的营销现象拆解、整合，再以结构化的方式清晰地表达出来，以帮助决策者更容易地理解和应用（Bourassa, Cunningham & Handelman, 2007）。这种模型和分析框架的作用极大地提升了教科书的适用性：一方面，量化的模型可以为那些有数学基础并愿意深入学习的学生提供相应的指引；另一方面，通过清晰展现的框架模型，MBA 学员可以很容易地将营销知识与他们的管理工作结合起来。这两个方面都提高了该经典教科书的市场接受度。

第四，多学科理论与概念的整合应用。多学科概念、理论与工具的应用一方面来自 Kotler 的经济学、数学和行为科学专业背景，另一方面应当也是受到了 Alderson（1957）的影响（Cunningham, 2003）。在《营销管理》的引言中，Kotler 非常清晰地阐述了来自这些基础学科的理论、概念与方法在全书中的作用：经济学提供了在应用稀缺资源进行最优决策时的基础概念和工具；行为科学为解释消费者和管理人员的行为提供了基础性的概念及研究发现；

而数学则为明确地展现营销问题中变量之间的关系提供了工具与方法。需要注意的是，虽然《营销管理》高度地依赖这些基础学科的理论、概念与方法，但它们并不是像拼盘那样被拼凑在一起的，而是被有机地整合到营销管理决策的过程框架中。

第五，对营销观念的结构化阐述。虽然消费者需求导向的营销观念或营销哲学在20世纪50年代末就被明确地概念化（McKitterick，1957；Borch，1958），并在以McCarthy（1960）为代表的一系列营销管理教科书中得到了阐释，但营销观念的丰富内涵并未被高度结构化地阐述。在《营销管理》的第一章中，Kotler高度结构化地阐述了营销观念的三个维度——聚焦顾客需要、整合营销以及通过满足顾客需求而获得利润。这三个维度在后续版本中与目标市场一起被作为营销观念的四大支柱。Kotler在接受Cunningham（2003）的访谈时指出，写作《营销管理》的过程中，Drucker关于顾客在企业运营中的作用和Levitt（1960）关于"营销近视症"的观点对他产生了较大影响。这些影响的具体体现就是将比较抽象的以消费者需求为中心的营销观念或营销哲学转换为服务于企业营销战略决策的可操作的维度。

第六，营销管理理论与实践的整合。虽然《营销管理》作为一本研究生教材较为充分地体现了理论导向，但Kotler努力在营销管理理论与营销管理实践之间建立起一种微妙的平衡，这种平衡也与该书的战略管理决策导向相一致。这一特点在后续跨越半个世纪共16版的修订中清晰地展现出来[①]，Bourassa、Cunningham和Handelman（2007）用"与时俱进"（keeping up with the times）来概括这部经典教科书的特点。一方面，该书及时地吸纳和反映了营销思想及营销理论的最新进展；另一方面，该书及时地反映了企业营销管理实践及其所处市场环境的最新变化。这使得《营销管理》就像是一个重要的容器，在其中，营销知识被累积和整合，最终使得Kotler与"marketing"几乎变成了同义词（Brown，2002；Bourassa，Cunningham & Handelman，2007）。

---

① 在本书写作期间，《营销管理》（第16版）的中文版（陆雄文、蒋青云、赵伟韬等译）由中信出版集团出版（2022年9月）。

### 5.3.2 营销研究的"科学化"

20世纪40年代末以来学界对一般营销理论的关注（Alderson & Cox, 1948; Vail, 1949; Cox & Alderson, 1950; McGarry, 1953）除了促进营销理论的研究，也引发了20世纪50年代以后关于"营销学是否科学"的争论（如Bartels, 1951a; Hutchinson, 1952; Stainton, 1952; Lee, 1965; Taylor, 1965）。自Bartels（1951a）发出"营销学能成为一门科学吗？"（Can Marketing Be a Science?）的疑问后，营销学界就开启了围绕着"营销学是不是一门科学"的讨论与争论。对该问题的讨论一直持续到20世纪80—90年代，虽然学界就这一问题并未达成一致意见，但讨论却日渐深入（Cunningham & Sheth, 1983）。① 实际上，一般营销理论建构和营销学的科学属性是一枚硬币的正反两面，它们共同反映了营销学界在20世纪40年代以后对营销学作为一门学科和一个专业发展方向的关注，也部分地反映了营销学界对截至20世纪40年代的营销思想和营销学知识体系发展的不满：过于强调对营销现象与问题的描述从而缺乏解释性，科学研究方法应用初级，以及过于依赖单一的经济学理论（Alderson & Cox, 1948）。这些讨论显然都停留在理论层面，并且由于基于不同的科学哲学观点，因此争论也很难达成一致的意见。真正推动营销学界开启"科学化"历程的力量来自营销学界外部，福特基金会和卡耐基基金会资助的关于美国商学教育的两份主要报告在20世纪50年代末陆续发布（Gordon & Howell, 1959; Pierson, 1959），有力地推动了包括营销学在内的美国商学研究的科学化历程。

尽管第二次世界大战以后美国商学教育获得了快速的发展，越来越多的大学开设了商科课程，但商学教育无论是在大学内还是在业界都没有获得令人尊敬的地位。到20世纪50年代末60年代初，包括营销学在内的美国商学教育饱受批评，处于非常惨淡的境地，商学教育被认为是"职业教育的荒漠"（a wasteland of vocationalism）（Tadajewski, 2006）。福特基金会和卡耐基基金

---

① *Journal of Marketing* 在1983年第47卷出版了由Cunningham和Sheth共同主编的关于营销理论建构与营销科学的专刊，共收录了11篇论文。

会的研究报告指出商学院面临严峻的责任危机（liability crisis），不仅商学院的学生素质和学术能力与其他学科的学生存在差异，更重要的是商学院教师所做的研究被认为过于具有描述性的特征从而缺乏科学性（Gordon & Howell，1959）。

作为商学院的核心专业和课程之一，营销学所面临的问题也同样严峻。在营销理论建构和科学研究方面，营销学界似乎刚刚开始对这一问题有所关注和讨论（Alderson & Cox，1948；Cox & Alderson，1950；Bartels，1968a），并且这一时期正是营销理论范式的转换期，新旧范式的交替使得营销思想的发展处于一种虽活跃但却难以对基础理论和科学研究给予足够关注的状态。商学院提供的营销学课程在此期间也难以令人满意。营销科学研究院（Marketing Science Institute，MSI）所做的调查表明，20世纪50年代末至60年代初，营销教育更多的是"随波逐流"（随着大的经济与社会环境而变化），在驱动营销学和营销实践发展方面不尽如人意（Luck，1965）。

相应地，营销活动在经济与社会中的作用也广受质疑，营销被认为是不道德和与现实不相关的（Manischewitz & Stuart，1962；Farmer，1967）。与之相应，营销在社会上也不是一个受人尊重的职业，Farmer（1967）不乏幽默与讽刺的文章题目充分地反映了这种状况："你愿意把你的女儿嫁给一个搞营销的人吗？"（Would You Want Your Daughter to Marry a Marketing Man?）答案当然是响亮的"不"："谁愿意把女儿嫁给一个大吹大擂的推销员（huckster）呢？"在这里，营销所面对的就不仅仅是责任危机了，似乎更像是身份合法性危机。如果营销只能停留在技术或艺术的层面，那么还谈什么营销科学呢？如果营销专业毕业的学生难以在业界得到应有的尊重，那么这个专业该何去何从呢？显然，变革是必然的。

20世纪60年代以后，福特基金会和卡耐基基金会资助的研究报告有力地推动了商学教育的变革，从而彻底改变了商学教育和研究的面貌。这些报告不约而同地为商学教育开出了相同的"药方"：变革课程体系，停止教授描述性的材料，强调理论与科研，尤其要把行为科学、数学、统计学和社会科学纳入教学与研究中（Kernan，1995a；Kassarjian & Goodstein，2010），将其转换为以科学为基础的专业教育（a science based professionalism）。为了推动这种变革，1957—1965 年，福特基金会投入了超过 4 600 万美元用于支持商学研究和教育改革（Tadajewski, 2006）。福特基金会资金的投向是多样的，包括：资助博士研究生项目的改革，促进在博士研究生培养中应用数学和社会科学；资助商学院教师将数学、统计学与行为科学应用于管理学、营销学等专业领域的教科书写作中①；资助商学院教师到社会科学、应用数学和统计学等专业领域进行访学，以及资助各种研讨班，促进行为科学、数学和统计学等在商学领域的应用；等等。② 其中，Tadajewski（2006）认为福特基金会资助的这些研讨班在提升商学院教师科研能力方面的影响是非常显著的，尤其是在哈佛大学和麻省理工学院联合运作的基础数学商学应用学院（Institute of Basic Mathematics for Application to Business）举行的一系列研讨班更被视为提升商学教师数学应用能力的里程碑。福特基金会为有兴趣到该学院学习的商学院教师提供了研究员岗位和为期一年的学术假，以提升他们在量化分析方面的技能。几位当时营销学的领军学者——Frank Bass、Edgar Pessemier、Robert Buzzell、Ronald Frank 和 Philip Kotler 都在该学院学习过（Neslin & Winer, 2014）。福特基金会资助的这些研讨班的学习和一系列学术资助活动可以说影响了一代营销学者，而这些领军学者则进一步将这种科学化的理念和方法融入其教学与科研活动中，进一步促进了营销学研究科学化在整个学术社区的扩散。在这个改革的浪潮中，商学院改革的重要领域之一就是其师资结构，提升其存量师资的"科学化"能力，以及从受到青睐的行为科学和社会科学领域招聘新的师资。一些"传统"营销学者被派到哈佛大学等机构学习数学、统计学、心理学、社会科学等亟须学习的理论和方法，以满足教学和科研的新要求，与此同时，大量受到数学、统计学和行为科学专业训练的新鲜血液被招聘到商学院中（Kernan, 1995a）。这些行动的共同结果就是快速地改

---

① Alderson（1957）的《营销行为与经理人行动——功能主义视角的营销理论》，以及 Kotler（1967）的《营销管理：分析、计划和控制》经典教科书中有关营销战略决策中的计算机模拟等内容都受到福特基金会的资助（Tadajewski, 2006），Alderson（1957）的研究在卡耐基基金会的报告中被认为是商学研究的一个典范（Wooliscroft, 2003）。

② 福特基金会资助的在卡耐基理工学院、芝加哥大学、加州大学和哈佛大学举办的一系列学术论坛和培训班共吸引了来自全美 300 多所商学院的 1 500 余名教师参加（Tadajewski, 2006），其影响面是非常广的。

变了包括营销学在内的商学教育的师资结构和科学研究的范式。

除商学院的师资、课程与培养方案等方面的变革以外,营销学术社区也进行了相应的变革。一方面,对于已经出版的学术期刊,主编评论中开始不断地强化学术论文严谨细致的科学风格,大力倡导扎根于逻辑实证主义的假设提出与检验,强调将实证数据用于假设检验、数据分析中的量化分析方法,以及应用数学进行建模。另一方面,一些以这种科学范式为基础的新学术期刊也在这一时期陆续出版,其中就包括美国市场营销学会在 1964 年出版的 *Journal of Marketing Research*(JMR)。美国市场营销学会主席 William Davidson 在 JMR 的创刊号上明确地指出,这本新期刊是学会为了促进营销学中的科学进步而创立的,因此其出版是具有历史意义的事件。区别于已经出版了 28 年的综合性期刊 JM,JMR 明确聚焦于营销学研究的方法论,以及哲学、概念与技术性问题,应用寻求答案(problem-solving)的方法和技术来解决营销问题。JMR 主要寻求的论文的类型、技术与方法导向得到了更为明显的体现:提出从未被应用过的新技术来解决营销问题,以不同的方式应用现有技术与方法来解决营销问题,澄清此前未被理解的营销理论和方法,将实验方法或其他分析技术贡献于营销知识,对可应用于营销学研究的相关领域研究进展进行回顾。JMR 创刊号所阐述的这种定位与导向非常清晰而明确地体现了 20 世纪 60 年代营销学研究的科学化导向。在这种新科学范式的指引下,不仅传统营销学研究在营销范式完成转换以后面目一新,以数学和行为科学为基础的新的研究领域或主流营销理论的分支也在 20 世纪 60 年代快速发展起来。其中具有代表性的两个分支理论就是消费者行为和量化营销科学。

### 5.3.3 消费者行为研究的兴起

在 20 世纪 40—50 年代针对消费者行为的媒体传播(主要是广播)研究和动机研究的基础上,20 世纪 60 年代消费者行为研究进入了学术化的快速发展阶段。[①] 区别于早期消费者行为研究的主体是来自商业机构的研究人员,20 世纪 60 年代以后主导这一领域发展的是来自营销学、心理学和社会学等多个

---

① 关于早期消费者行为研究的发展可参见本书第 7 章 "消费者行为学派" 部分的内容。

领域的学者。这一时期消费者行为研究兴起的一个重要背景和驱动力量来自前文所述的营销研究的科学化运动。在福特基金会和卡耐基基金会推动的商学院变革中，大量受到数学、统计学和行为科学专业训练的师资被招聘到商学院中。这些新进入商学教育领域的学者具有更强的研究导向，受到更好的学术研究训练，由于其专业技能和人才市场供求的短期失衡，这些师资形成了一个拥有相对优越地位的"精英"群体，而开启消费者行为研究时代的学者恰恰就主要来自这个群体（Kernan，1995a）。

20 世纪 60 年代以后，伴随着消费者行为研究的制度化，学术研究也在快速发展。随着动机研究热潮的褪去，以认知心理学引入为代表的"认知革命"（cognitive revolution）开始对消费者行为研究产生影响（Kassarjian，1994），感知风险、意见领袖、信息处理等越来越多的概念和理论被引入消费者行为研究领域。20 世纪 60 年代，消费者行为研究最大的进展就是一系列解释消费者行为的综合模型被陆续提出（Nicosia，1966；Engel，Kollat & Blackwell，1968；Howard & Sheth，1969）。其中，对消费者行为研究产生广泛影响的是 Engel、Kollat 和 Blackwell（1968）以及 Howard 和 Sheth（1969）的模型。[①] Engel、Kollat 和 Blackwell 的模型作为消费者行为领域第一本教科书的基本框架产生了广泛的影响，不仅启发了后续的学术研究，也在教学领域对消费者行为理论的传播产生了巨大的推动作用（Kassarjian & Goodstein，2010）。比较而言，Howard 和 Sheth（1969）的模型更具研究导向，并且得到了实证研究结果的支持（Zaltman，Pinson & Angelmar，1973）。这些模型的共同特点是过程导向，这主要是基于学者们对于消费者行为的一些基本共识——消费者行为是一个复杂和动态的过程，任何单维或时间截面的模型都不足以解释其特征，因此需要过程导向的理论模型，关注消费者的学习和基于经验的反馈过程（Sheth，Gardner & Garrett，1988）。

随着消费者研究学术队伍的扩大，出于对理解和解释消费者行为的浓厚兴趣，以及对当时以 4P 框架为主导的营销管理范式和美国市场营销学会

---

[①] 关于这两个经典模型的详细评述可参见 Sheth、Gardner 和 Garrett（1988），以及 Kassarjian 和 Goodstein（2010）。

的些许不满①，以 Jim Engel 为代表的一批学者开始努力建设一个消费者行为研究者的学术社区——首先是建立一个独立于美国市场营销学会的专业组织。在美国市场营销学会的支持下，Engel 组织的"消费者行为中的实验研究研讨会"于 1969 年 8 月在俄亥俄州立大学召开。这次会议被认为是消费者研究学会的第一次会议。由于这次会议主要由营销学者组织，并得到了美国市场营销学会的支持，因此消费者研究学会被消费者行为研究领域的学者们戏称为美国市场营销学会的"准私生子"（a quasi-bastard child）（Belk，1986；Kernan，1995a）。在这些学者的持续推动下，消费者研究学会于 1971 年正式成立，并从这一年开始出版会议论文集，自 1974 年开始该论文集 *Advances in Consumer Research* 以年刊的形式正式出版（Kernan，1995a）。②

除正式的学术组织以外，一本专业的学术期刊作为学术社区研究成果发布的渠道也是必需的。在 1969 年于俄亥俄州立大学召开的"消费者行为中的实验研究研讨会"上，与会者提出了出版 *Journal of Consumer Research*（JCR）的计划。与其他学会主办的学术期刊不同，JCR 并不是一本完全属于消费者研究学会的期刊，在其筹备出版的过程中，JCR 秉承一种开放的理念——只有通过多学科的视角才能更好地理解消费者行为（Kernan，1995b），这决定了 JCR 作为一本跨学科期刊的定位。基于这一定位，JCR 初始的主办机构包括：美国舆论研究学会（the American Association for Public Opinion Research，AAPOR），美国消费者利益委员会（the American Council on Consumer Interests，ACCI），美国经济学会，美国家政学会（the American Home Economics Association，AHEA），美国市场营销学会，美国心理学会第 23 分会（the American Psychological Association，APA 23）即消费者心理学协会（Society for Consumer Psychology，SCP）③，美国社会学会（the American Sociological Association，ASocA），美国统计学会（the American Statistical Association，AStatA），管理科

---

① Kernan（1995a）以亲历者的身份直截了当地表达了对当时美国市场营销学会的不满：年会论文质量非常糟糕，学会为了推广与销售教材而与出版商合作，将营销学年会作为推广平台。因此，美国市场营销学会的这些问题成为其独立组织——消费者研究学会建立的重要驱动因素。

② 学会作为一个非营利组织于 1976 年正式注册，其官方网站为 www.acrwebsite.org。关于消费者研究学会建立过程的详细信息可参见 Kernan（1995a）的回忆文章。

③ 该学会自 1992 年起编辑出版的 *Journal of Consumer Psychology* 是消费者行为领域的重要期刊。

学协会（The Institute of Management Science，TIMS），消费者研究学会。JCR 的创刊号于 1974 年 6 月出版，创刊主编为 Ronald E. Frank。JCR 致力于创造一个解释消费者购买、消费和使用行为以及其他更为广泛人类行为的跨学科交流平台（Frank，1974），极大地推动了消费者行为研究的发展。

### 5.3.4 量化营销科学的兴起

量化营销科学（marketing science）或营销建模（marketing modeling）（Bass，2001）的兴起和发展与管理科学（management science）和运营研究（operations research）的发展息息相关（Neslin & Winer，2014）。第二次世界大战结束以后，产业界热切地探索科学方法来解决其在重建企业过程中所面临的各种问题，这极大地促进了工业运营和管理科学研究的发展。与之相应，大学也陆续进入这些领域开设相关专业课程，不过并不是开设在商学院，而更多的是开设在工程学院（系）（Neslin & Winer，2014）。在这样的背景下，美国运营研究协会（Operations Research Society of America，ORSA）和管理科学协会分别于 1952 年、1953 年成立；*Operations Research* 和 *Management Science* 作为两个协会的旗舰期刊分别于 1952 年、1954 年创刊出版。然而，虽然 20 世纪 50 年代量化营销科学的研究也已经开始起步，但发展是比较缓慢的。这期间极少有相关论文在营销学期刊上发表，Magee（1954）在 *Journal of Marketing* 上发表的带有导论性质的论文《将运营研究应用于营销和相关的管理问题》（Application of Operations Research to Marketing and Related Management Problems）是其中非常具有代表性的一篇。其他少量论文则主要发表于 *Management Science* 和 *Operations Research*。根据 Montgomery（2001）的回顾，1954—1960 年仅有 4 篇营销相关的论文发表于 *Management Science*，1952—1959 年有 10 篇营销相关的论文发表于 *Operations Research*。这些早期营销模型的研究主要关注的议题包括新产品、市场拓展模型与分析、垂直市场结构和博弈论等。

进入 20 世纪 60 年代以后，受到整个商学教育"科学化"的驱动，量化营销科学的研究进入快速发展阶段，这首先表现为一系列重要学术组织的发展为学术研究的开展和交流提供了制度化的保障。首先，在 Wroe Alderson、John Howard 和 Albert W. Frey 的协助下，斯科特纸业公司（the Scott Paper Company）的前任董事长 Thomas McCabe 于 1962 年在费城成立了营销科学研究院，共有 29 家公司注册成为为期五年的企业会员。营销科学研究院设立的目标是促进科学技术（scientific techniques）在营销活动中的应用。这里所说的科学技术既包括以心理学为基础的实验研究，也包括基于数学的建模。1968 年，营销科学研究院从费城搬到了剑桥，与哈佛商学院建立了正式的合作关系。从那时起，该研究院的出版重点也从专著转向了工作论文以及采用新视角的营销研究项目成果。1974 年，营销科学研究院发布了"营销研究重点项目"（Research Priorities Program），这些研究选题主要来自营销科学研究院企业会员认为最迫切需要解决的问题。这个隔年发布的项目对营销学者的研究起到了重要的引领作用（Tadajewski, 2006; Neslin & Winer, 2014; Kumar, Keller & Lemon, 2016）。营销科学研究院的成立与发展架构了一座连接营销实践与学术研究的桥梁，极大地促进了 20 世纪 60 年代以后营销科学研究的发展。①

随着营销模型研究的快速发展，越来越多的论文在 *Management Science* 上发表：1960—1966 年，有 13 篇营销建模的论文发表，而 1966—1972 年，营销建模的论文发表数量达到了 37 篇（Montgomery, 2001: 338）。1966 年，刚刚加入麻省理工学院斯隆管理学院成为助理教授的 David B. Montgomery 参加了由普渡大学主办的"营销管理中的科学应用学术研讨会"，对量化营销科学这个快速发展的领域印象深刻。会后，Montgomery 萌生了组织一个量化营销科学学术组织的想法。作为管理科学专业出身的学者，他自然而然地希望将这个学术组织建立在管理科学协会的平台上。Montgomery 发现，1966 年 10 月，管理科学协会共包括 12 个分会，但却没有营销科学分会。他便立刻行动起来，在对主要营销建模学者进行问卷调查的基础上，组织成立了计划委员会，并向管理科学协会提交了成立营销科学分会（TIMS Marketing Col-

---

① 营销科学研究院的官方网址为 www.msi.org（2023 年 7 月 20 日访问）。

lege）的申请。① 1967 年，管理科学协会正式批准营销科学分会成立，由斯坦福大学的 W. Massy 担任首任主席。为了架构营销实践与学术研究之间互动和沟通的桥梁，营销科学分会在组织架构上很好地平衡了来自学界和业界的会员，这在某种程度上形成了量化营销科学研究的一个核心理念。营销科学分会成立以后，量化营销科学的学者有了一个正式的学术社区，分会通过在管理科学年会上组织营销科学分论坛、编辑会员通讯等工作很好地促进了分会会员之间的交流。1969 年，*Management Science* 的时任主编 Martin Starr 着手推进期刊编辑体系的改革，给予部门主编接收论文的权力。在这次改革中，营销科学成为该期刊设立的 14 个部门之一，这充分地反映了管理科学协会对量化营销科学这一快速发展领域的关注和重视。在 Starr 的邀请下，担任了三年助理教授的 Montgomery 成为营销科学部门的首任主编。在协会的推动下，Montgomery 主编的《营销管理模型》（*Marketing Management Models*）专刊于 1971 年 12 月出版。

除上述学术共同体的建设与推动以外，20 世纪 60 年代出版的一系列营销模型的教科书也极大地影响了量化营销科学领域的博士生，从而有力地推动了这一专业领域的发展。值得关注的是，这些教科书的作者大多是在福特基金会资助的基础数学商学应用学院学习过的学者，他们也是当时量化营销科学领域的领军学者。这些教科书主要包括：《营销中的数学模型与方法》（*Mathematical Models and Methods in Marketing*）（Bass et al.，1961），《营销分析中的定量技术》（*Quantitative Techniques in Marketing Analysis*）（Frank，Kuehn & Massy，1962），《数学模型与营销管理》（*Mathematical Models and Marketing Management*）（Buzzell，1964），《营销中的管理科学》（*Management Science in Marketing*）（Montgomery & Urban，1969），《购买者行为的随机模型》（*Stochastic Models of Buyer Behavior*）（Massey, Montgomery & Morrison，1970），以及《营

---

① Montgomery（2001：341）在其回忆文章中提到了一个有趣的细节。美国市场营销学会得知管理科学协会正在努力成立营销科学分会以后，将管理科学协会的这一举动视为学术入侵行为，计划采取行动阻止营销科学分会的成立。营销科学分会设立的计划委员会的成员 Paul Green 同时也是美国市场营销学会的委员会成员，他向学会建议：这个分会的成败全凭它自己的实力，再说由一些"顽童"（turks）发起成立的这个分会也不值得学会对此大动干戈。但事实上，美国市场营销学会从未公开反对营销科学分会的成立，并且营销科学分会后续还成为美国市场营销学会夏季会议的重要合作伙伴。

销决策：建模方法》（Kotler，1971）。

进入 20 世纪 70 年代以后，随着学者队伍的不断扩大，不仅学术成果需要更多的发布渠道，学术交流的平台也需要进一步建设与完善。在 Frank Bass 的建议与推动下，Dick R. Wittink 和 David B. Montgomery 作为共同主席组织了管理科学协会平台以外的一个独立会议——市场测量与分析会议。该会议于 1979 年春季在斯坦福大学召开（Wittink，2001）。虽然两位会议主席原计划只举办一次单独的会议，但会议取得了出乎意料的成功，很多学者和学校表示愿意继续承办后续会议。从 1979 年的第一次会议开始，市场测量与分析会议成为营销科学分会的一个学术年会。1983 年，会议正式更名为"营销科学学术会议"（Marketing Science Conference）。该会议成为量化营销科学领域最重要的学术会议，到 20 世纪 80 年代末，每年的参会人数超过了 300 人。

到 20 世纪 70 年代末，量化营销科学的论文产出量已经远远超过 *Management Science* 营销部门以及 *Operations Research* 和 *Journal of Marketing Research* 的发表容量，出版一本营销科学领域的专业期刊被提上了日程（Morrison，2001）。① 1978 年，在 Frank Bass 和 John Little 的推动下，加州大学的 Donald Morrison 组织了一个工作委员会探讨出版新期刊的可能性。1979 年，在管理科学协会和美国运营研究协会的联合会议上，工作委员会报告了期刊出版的可能性及工作方案。报告得到了联合委员会的认可，管理科学协会和美国运营研究协会都愿意作为新期刊的资助方，各提供 1 万美元的资金。1980 年，期刊工作委员会筹集了配套的 2 万美元经费，期刊进入出版筹备阶段。在对期刊进行命名时，经过多次讨论，最终"Marketing Science"这一名称被确定下来。1982 年，*Marketing Science* 作为营销科学分会的旗舰期刊正式出版，由 Morrison 担任首任主编。

除专业学术会议和学术期刊以外，为了促使营销科学在更大的范围内得到认可，获取国家科学基金（The National Science Foundation，NSF）的支持是

---

① 为了解决更多论文的发表渠道问题，分会负责人曾与消费者研究学会的 Bob Ferber、Ronald E. Frank 及 *Journal of Marketing Research* 的主编商议能否在 *Journal of Marketing Research* 增设管理科学和消费者研究部门，但这一提议被拒绝了（Frank，1995）。这是促使 *Journal of Consumer Research* 和 *Marketing Science* 独立出版的一个主要原因。

必要的,这需要将营销科学作为专业目录列入国家科学基金的资助范围。1977 年,Frank Bass 当选为管理科学协会的候任主席,他随即开始了与国家科学基金的沟通工作。经过五年的不懈努力,1981 年,国家科学基金终于批准在社会科学部下设立决策与管理科学项目,营销科学被包含其中(Bass,2001)。

鉴于管理科学协会与美国运营研究协会在会员和诸多业务领域的交叉及重叠,两个协会于 1995 年正式合并,合并后的机构名称为"运营研究与管理科学协会"(The Institute for Operations Research and Management Science,INFORMS)。2002 年,INFORMS 批准了营销科学分会升级为营销科学协会(INFORMS Society for Marketing Sience,ISMS)的提议,由 Joel Steckel 担任首任主席。营销科学协会的成立从根本上提升了其在 IMFORMS 社团中的地位,从而使得营销科学学术社区的权益能够得到更加直接的保障,这显然有助于提升营销科学在学科中的地位,也必然有助于量化营销科学的发展(Neslin & Winer,2014)。[①]

## 5.4 小结

本章所关注的 40 年(1931—1970)可以说是现代营销思想发展历程中最为重要的一个时期,在这个阶段营销思想的发展完成了"范式转换"——从早期的"功能—商品—机构范式"转向以营销管理理论为主导的"管理范式"。经过这种转换,营销理论基本具备了我们今天所看到的主流营销理论的形态。不仅以顾客需求为导向的营销观念被明确地定义为营销思想的基本哲学观念,营销管理理论的整体架构、核心概念也已经初具形态。整体而言,营销思想的"范式转换"至少包括以下几个相互关联的方面:

第一,从宏观视角转向微观视角。整体而言,营销思想发展的前 30 年中,营销学者所采取的研究视角都是比较宏观的,这种宏观视角具体体现在

---

① 关于量化营销科学研究的详细发展史可参阅 Winer 和 Neslin(2014)主编的《营销科学史》(*The History of Marketing Science*)。关于量化营销科学 20 世纪 50 年代以来发展历程的更多详细信息可参阅 *Marketing Science* 第 20 卷第 4 期关于营销科学发展史的专刊。

两个方面。一方面，从全社会或全行业的角度关注商品从生产领域向消费领域的转移过程，以及这个过程中所包含的营销机构及其执行的营销功能；关注营销的成本与效率、营销的政策与伦理等问题。另一方面，即使关注具体的营销机构（主要是批发企业和零售企业），也是从整体上讨论它们的分类、发展与演化过程，以及它们所执行的营销功能，研究并未从一个明确的微观主体的角度来展开。上述两个方面在20世纪20年代出现的营销学原理教科书中都得到了较为充分的体现。在向营销管理范式转型的过程中，营销学者逐渐抛弃了这种宏观视角，而转向了企业——主要是生产制造企业这一微观视角。一方面，营销关注商品从生产领域向消费领域转移的过程这一核心问题并未改变，改变的是从生产制造企业的角度来考察这一转移过程。由于生产制造企业是商品向消费领域转移的源头，因此从生产制造企业的角度来考察这个转移的过程在逻辑上与传统营销理论范式保持了高度一致。另一方面，将传统营销理论中对成本与效率的关注重新置于管理的框架中，强调生产制造企业对商品转移过程进行计划、组织和控制，以提高企业的效率。在这里，营销观念为生产制造企业如何提升企业运营效率提供了哲学基础，而盈利能力作为营销观念的核心维度之一将企业对营销成本与效率的关注转化为对企业利润最大化目标的追求，这在思想内核上也保持了与营销思想经济学理论基础的一致。

第二，从以经济学为主导转向以管理学为主导。经济学作为营销思想产生和发展近乎唯一的理论基础对营销思想发展的影响无疑是巨大的。这种影响在营销思想发展的前30年中几乎占据了垄断性的地位，当然，这与第一代营销学者几乎都是经济学专业出身也具有极大的关联。从20世纪30年代开始，虽然营销思想的发展保持着之前30年的惯性，经济学思想和理论依然居于主导地位，但越来越多经济学以外的社会科学学科，如社会学、心理学、人类学、政治学及管理学等的思想和理论逐渐被引入营销学领域。这种多元学科的视角在20世纪50年代以Alderson（1957）的经典著作为代表，对营销思想的发展产生了革命性的影响。以Alderson为代表的营销学者致力于引入其他学科（甚至包括非社会科学领域的物理学和生物学等学科的理论与思想）的努力在某种程度上反映了营销学界对营销思想过于单一依赖经济学的不满。

从20世纪40年代开始，管理学关于管理决策与管理过程的思想逐渐被越来越多的营销学者所认同和接受，进而逐渐建立起以管理学为基本框架的营销管理理论。当然，当营销学界将营销管理作为新的主流范式接受时，来自其他学科的理论和思想并未被排斥在营销学之外；相反，这些学科，尤其是社会学和心理学的影响被逐渐接受及放大，从而形成了与管理学和经济学互补的理论基础，促进了以营销管理为主流理论的营销学理论体系的发展。必须说明的是，从以经济学为主导转向以管理学为主导是与营销思想的研究视角从宏观转向微观相一致的，这种转向并非管理学对经济学的替代。经济学作为营销学的母学科，其影响类似于营销思想中的某个"基因"，是无法消除的，包括管理学、社会学、心理学等学科在内的其他学科思想和理论的融入只是在学科视角与理论机制上弥补了营销思想发展单一依赖经济学思想的不足，从而令营销学彻底摆脱了作为经济学分支学科的附属地位，而以独立学科的形态立足于社会科学领域。

第三，从多元商品视角转向单一消费品视角。从营销思想发展的初期开始，营销学者们就充分意识到不同类别的商品从生产领域向消费领域转移过程的差别，这构成了早期商品学派的基础。如前所述，由于早期营销思想中心所在地理区位的不同，早期营销思想的发展呈现出围绕农产品和工业制成品（包括消费品和工业原料及零部件）两大类别发展的特点，其中农产品营销更是受到了广泛的关注。基于这种发展路径，20世纪20年代出版的诸多营销学原理教科书，多是将不同类型的商品营销问题平行地置于书中，以体现商品类别差异造成的营销活动的差异。20世纪30年代开始的向营销管理范式转型的一个关键特征就是营销学者们逐渐摒弃了商品学派的观点，不是面面俱到地讨论每一类商品的营销问题，而是专注于一种商品——以个人消费者为市场的消费品，围绕这一单一的商品类型来建构营销理论框架。可以说，这种转向积极的一面是促进了一般营销理论的发展，从而让营销理论摆脱了传统范式中按商品类别分类的"拼盘式"结构，营销理论的逻辑内恰性和一般性得以体现。消极的一面是忽视了不同类别商品营销的差异，这也成为营销管理理论的主要局限之一。在该理论体系中，除一般的营销观念与核心概念以外，营销战略部分，尤其是以4P模型为代表的营销管理理论的核心，其一般适用性是非常有限的。当然，这也为营销理论的后续发展留出了空间，关注工业品的组织间营销理论、关注服务的服务营销理论，以及主要留在农学体系中的农产品营销理论作为主流营销管理理论的分支得到了发展，它们共同构成了现代营销思想体系。

第四，营销学知识从以描述性为主的形态转向以解释性为主的理论形态。早期营销思想的发展呈现出非常强烈的现实问题导向，营销学先驱们主要基于对现实营销问题和现象的观察来逐渐建立他们对营销问题的认知，从而形成了以描述性知识为主的早期营销思想。虽然这种发展路径对于营销学这门应用社会科学学科来说是难以避免的，但在20世纪30年代以后，尤其是进入20世纪50年代以后，来自营销学界内部和外部的批评促使营销思想的发展开始转向解释性理论。一方面，这种转向体现了营销学界对建构一般营销理论的认知，以Alderson和Cox（1948）为代表的一批学者开启了在这一方向上的探索。与这个探索过程相应的是在哲学层面关于营销学是否（能否成为）科学的争论，这种争论一直持续到20世纪八九十年代，也反映了营销学界内部对营销学科学性质的持续反思。另一方面，20世纪50年代末，受福特基金会和卡耐基基金会报告的影响，营销学随着整个商学教育体系开启了一个迅速的"科学化"过程。这个过程在理论和技术层面快速地解决了营销学研究从"描述性"向"解释性"转型的问题，也从根本上建立了现代营销思想的科学哲学基础。

第五，营销思想体系从"知识拼盘"转向"理论体系"。如我们在第三点中所阐述的，20世纪30—60年代的转型不仅建立了新的营销理论范式，而且新的主导理论——营销管理理论所内含的局限性也进一步使现代营销思想发展成为一个以营销管理理论为核心的理论体系。当然，这个新的理论体系的部分内容要在20世纪70年代以后才逐渐发展并被制度化，但其发展的思想脉络深深地扎根于20世纪初以后的营销思想中。除前文阐述的基于商品分类的发展以外，突破营销管理理论以国内市场为主的局限而发展的国际营销理论，在从宏观到微观、从经济学到管理学的转型过程中以宏观视角和宏观营销系统为研究对象的若干经典理论重新发展成宏观营销理论和营销系统理论，以一般营销理论构建为基础发展出的营销交换理论等，都构成了现代营销思想体系不可分割的部分。从这个角度来看，20世纪30—60年代营销范式转换的结果不仅仅是确立了营销管理作为营销思想的主导范式，更是从根本上重塑了营销思想体系，使其从20世纪30年代之前的"拼盘式"的知识体系逐渐转换、发展成为一个有机的"理论体系"，这是多方面转型综合作用的最终结果。

**思考题：**

1. 营销管理思想是何时出现并持续发展的？
2. 顾客导向的营销观念与营销哲学是何时出现并发展的？
3. 营销组合的概念是何时出现并发展的？
4. 美国市场营销学会的产生与发展历程是怎样的？
5. 营销思想发展的"范式转换"是何时完成的？其主要内容和标志是什么？
6. 在营销思想发展"范式转换"的过程中，哪些学者做出了杰出贡献？
7. 美国商学教育的科学化对营销思想的发展产生了哪些影响？
8. 消费者行为研究和量化营销科学研究是如何兴起与发展的？

# 第 6 章

# 营销思想的拓展（1971—1990）

学习目标
- 了解营销观念拓展运动的内容与过程
- 了解组织间营销理论的产生与发展过程
- 了解服务营销理论的产生与发展过程
- 了解国际营销理论的产生与发展过程
- 了解关系营销理论的产生与发展过程

营销思想在 20 世纪 60 年代基本完成"范式转换"，20 世纪 70 年代以后主要沿着两个方向发展。一个方向是营销观念向非商业领域的拓展，这一拓展始于 20 世纪 60 年代末，在 20 世纪 70 年代进入高潮期，引发了学界一系列的讨论和争论，20 世纪 80 年代以后这一拓展所引发的争论基本结束，营销学界基本认同了营销观念拓展运动的结果。另一个方向则是在营销管理范式下，为弥补营销管理理论的不足而在各个专业领域的拓展，这种拓展催生了组织间营销、服务营销、国际营销和关系营销等理论。其中，关系营销理论对传统营销范式提出了新的挑战，并在 20 世纪 90 年代展现出比较大的影响力。

## 6.1 营销观念的拓展

### 6.1.1 来自 20 世纪 60 年代末的"遗产"

营销观念的拓展始于 1969 年 Kotler 和 Levy（1969a）发表在 *Journal of Marketing* 上的论文《拓展营销观念》（Broadening the Concept of Marketing）。在这篇论文中，两位作者认为除传统营销理论所关注的企业及其参与的经济交易以外，其他非商业组织（如学校、教堂、医院、博物馆和政府部门等）都在开展类似营销（marketing-like）的活动。这些组织都从其某类"顾客"

的角度关注它们的"产品",并寻求通过某些"工具"来促使"顾客"接受它们的"产品"。在观念上,这些组织的活动与营销观念具有相似性;在策略上,营销管理的策略(如 4P 营销组合)则完全契合这些组织的需求。如果将营销定义为"服务并满足人类的需求",那么营销观念和营销管理的策略完全可以拓展至这些非商业组织,使营销可以帮助解决社会、政治、文化等领域的更多问题。

当然,这种"有趣而富有想象力"的观念(Luck,1969)并没有被所有营销学者接受。与 Kotler 和 Levy(1969a)的这篇文章在同一时期发表的 Luck(1969)的评论文章《拓展营销观念——太过了》(Broadening the Concept of Marketing—Too Far),对拓展营销观念的观点进行了尖锐的批评,认为无限制地拓展营销观念会对营销学科造成伤害。Luck 强调真正意义上的营销不能偏离"市场交易"这个核心概念,如果偏离,那么营销学科的边界会变得模糊,并且可能会引起社会学、管理学等营销学借用了很多概念和理论的学科的反感。

Kotler 和 Levy(1969b)撰写了《一种新形式的营销近视症:对 Luck 教授的反驳》(A New Form of Marketing Myopia: Rejoinder to Professor Luck)对这篇尖锐的评论进行了回应,他们重申营销的核心思想是一般的交换(general idea of exchange),而不仅仅是狭义的市场交易,否认非商业组织具有营销责任是不现实的,是一种新形式的营销近视症。如果仅将营销的视野局限于市场交易,那么营销学科将面临两个主要局限:一是营销专业的学生将会否认他们的专业知识与快速发展的社会组织之间的关联,这将不利于吸引那些对利润导向的商业活动缺乏兴趣的学生;二是营销学将会失去通过那些来自非商业组织的营销实践来丰富与提升营销理论的机会。因此,将营销观念向非商业领域拓展无论是对营销学科还是对这些相关领域的发展都是有益的。[①] 这篇回应文章中的一些观点对原论文中的核心观点进行了某种丰富与

---

[①] 在营销观念拓展的过程中,除了来自营销学界的批评,还有来自那些被营销学"侵入"的领域的批评(Kotler,2005)。在同年发表于 *California Management Review* 的另一篇文章(Levy & Kotler, 1969)中,两位作者预见到营销观念的拓展可能会面对来自这些领域的抵制,于是提出了一个比较中性的概念——"促进观念"(furthering concept)——来替代充满商业意味的"营销观念"这个词,以彰显营销观念在这些非商业组织中的作用。然而,1970 年以后,他们似乎放弃了这个概念,在一系列后续发表的论文中,统一使用了"营销"和"营销观念"的概念。

拓展，包含着一些闪光的思想和观点（如关于"一般的交换"的思想和"买方也要营销"的观点），这些思想和观点在之后的系列文章中得到了更为充分的阐释。

有趣的是，与这一组针锋相对的文章在同一时期发表的还有一篇拓展营销观念的文章（Lazer，1969），只是那篇文章提出的拓展方案与 Kotler 和 Levy 的观点不同。Lazer（1969）认为应当将营销的社会影响纳入营销学科的范畴，营销不仅要服务于企业，还要服务于社会发展的目标。关于营销的社会化问题，1969 年的研究文献为 20 世纪 70 年代及以后的营销思想发展留下了一笔不小的"遗产"，只不过进入 20 世纪 70 年代以后营销理论的发展方向沿着 Kotler 的拓展方案引领了营销管理范式的全面胜利。Lazer 所关注的问题，即营销与社会的相互影响成为宏观营销学派关注的核心。

### 6.1.2 营销观念的拓展及其争论

在提出将营销观念向非商业组织拓展以后，Kotler 和 Zaltman（1971）提出了"社会营销"（social marketing）的概念，进一步将营销观念与营销管理框架向社会事业（social cause）领域拓展。他们将社会营销定义为，为影响社会观念的可接受性而设计、执行和控制的计划，包括对产品计划、价格、沟通、渠道和市场研究等要素的考虑。他们认为营销的核心就是交换过程，而社会营销则是明确地应用营销管理的技术，将当前的社会行动努力转化为有效设计和沟通的计划，以获取目标受众所期望的反应的过程。社会营销的概念一经提出就引起了学界的强烈反响（El-Ansary & Kramer, 1973; Luck, 1974; Laczniak, Lusch & Murphy, 1979; Bloom & Novelli, 1981），虽然不乏批判的声音，但无论是学界还是社会事业的实践者都接受了这一概念（Fox & Kotler，1980）。

为了回应对拓展营销观念的批评，也为了给拓展营销观念提供一个更为坚实的理论基础，Kotler（1972）提出了"一般的营销观念"（generic concept of marketing）的概念，从一般理论的层面详细阐述了将营销观念拓展至非商业领域的依据和可能性。他首先提出了营销意识（marketing consciousness）的三个阶段：第一阶段（也即传统阶段）的营销意识认为营销本质上是商业学科；第二阶段的营销意识认为营销适用于所有具有"顾客"的组织；第三阶段的营销意识认为营销是与所有组织及公众（不仅仅是顾客）相关的学科，因此营销适用于任何社会主体之间寻求价值交换的行为。Kotler 将这种最为宽泛的营销观念称为"一般的营销观念"，并提出四组原理阐述了一般的营销观念的基本内涵。[①]

在整个 20 世纪 70 年代，Kotler 及其合作者发表、出版了一系列论文和著作（Kotler & Levy, 1971, 1973; Kotler & Zaltman, 1971; Kotler, 1971, 1972, 1975, 1977, 1979; Kotler & Connor, 1977），全方位地阐述了这种拓展的营销观念及其在不同领域的应用。[②] 随着营销观念向社会、政治、文化与宗教等领域的拓展，一系列新的概念不断被提出，按照时间次序，营销学进入的领域和相应的概念依次为：社会营销、教育营销（educational marketing）、健康营销（health marketing）、名人营销（celebrity marketing）、文化营销（cultural marketing）、教堂营销（church marketing）和地点营销（place marketing）（Kotler, 2005）。

然而，批评与争论的声音从来没有停止过。Sweeney（1972）认为在解决营销学所面临的身份危机（identity crisis）的过程中，一个关键的问题在于，是将营销看作组织的一种管理职能（技术），还是将营销定义为一个社会过程。显然，营销管理理论将营销看作一种技术，被组织用来从市场上获得所期望的反应。而将营销观念和营销管理技术向非商业领域拓展在本质上并未改变这一看法，反而会随着拓展范围的扩大而不断强化营销作为组织的一种管理技术的看法。这种做法会产生以下六个方面的局限性：第一，将注意力集中于各种组织会使营销学者忽视组织与其所属的社会系统之间的关系；第二，组织的视角会促使营销学者将营销看作一种组织的单边行动，而忽视组织与其"顾客"之间的互动关系；第三，与前一点相关，组织的单边视角会促使对营销结果的评价尺度集中于组织的目标，而忽视营销活动对社会的影响；第四，将营销看作组织的技术会限制学科的边界；第五，营销的技术观

---

① Kotler 这篇文章中的观点在 20 世纪 70 年代被 Bagozzi（1974, 1975, 1978, 1979）等学者发展成为营销交换学派的核心观点。

② Kotler（2005）在附录中详细地列出了在拓展营销观念运动中他与合作者出版的 16 本书和发表的 37 篇论文。

念会扭曲营销学科与其他社会学科之间的关系,强化营销作为其他社会科学理论的从属学科地位而弱化其对一般社会科学的贡献;第六,这种观念将社会责任变成组织的一种压力,而非营销活动内在的特质。对于营销观念的拓展和一般的交换的观点,Tucker(1974)的观点与Sweeney相似,认为将营销观念应用于非商业领域对于营销学理论本身的发展作用有限。

对营销观念拓展导致的"营销身份危机",Bartels(1974)和Arndt(1978)进行了更为严肃的反思。Bartels(1974)提出了"营销是一个可以一般应用的特殊职能,还是一个特殊应用的一般职能"的问题,问题指向营销活动与一般社会活动之间的主次,进而指向营销学的学科身份和边界。围绕这个主题,Bartels提出了三个具体的关键问题:① 简单地将营销观念和术语应用于非商业活动使得营销变得一般(generic)了吗?② 普遍存在的一般的人类行为模式可以被归入不同的互动领域吗?③ 营销学应用的领域能够比其起源的基础学科(这里指经济学)更为基础或一般吗?营销管理理论本身的发展并未考虑其在一般社会领域的应用,而当营销观念和技术在这些非商业领域应用时,从一般社会行为的角度来看营销,营销的很多核心概念就以不同的形式呈现出来,如销售变成了沟通的一种形式,购买变成了解决问题的一种形式,营销管理变成了决策的一种形式。如果营销作为这些社会行为的"一种形式",那么它便只是更为一般和宽泛的社会行为的一种特殊形态。用Arndt(1978)更为直白的比喻来表述,就是"狗是一种动物的事实并不允许我们把所有的动物都叫作狗"。因此,关键的问题并不在于是否要将营销观念和管理技术应用于非商业领域,而在于这些拓展的领域能否被看作完整的营销学的一部分。Arndt(1978)在这一点上和Bartels(1974)的观点类似,他认为这种学术术语和学科边界的拓展会给营销学概念上的一致性带来威胁,也会使得营销理论与实践之间的鸿沟变得更大。Arndt直截了当地认为无限制地拓展营销观念对于营销学科来说注定是一条死胡同。

### 6.1.3 营销观念拓展的结果

虽然存在激烈的争论,但以Kotler为代表的营销管理学者在整个20世纪七八十年代都在不遗余力地拓展营销观念和营销管理框架的应用。表6-1展示了这一时期 Kotler 和他的一系列合作者的主要工作。到 20 世纪 80 年代，有关营销观念拓展的争论基本结束了，营销观念在非营利组织和社会事业领域的拓展不仅得到绝大多数营销学者的认可，也得到从业人员日益热烈的拥护（Kotler，1979；Fox & Kotler，1980）。

表 6-1　Kotler 拓展营销观念的主要文献一览表

| 书籍 | 论文 |
| --- | --- |
| Zaltman, Gerald, Philip Kotler, and Ira Kaufman (1972), *Creating Social Change*. New York: Holt, Rinehart & Winston. | Kotler, Philip (1971), "Metamarketing: The Furthering of Organizations, Persons, Places, and Causes", *Marketing Forum*, July-August: 13-23. |
| Kotler, Philip (1975), *Marketing for Nonprofit Organizations*. Englewood Cliffs, NJ: Prentice Hall.<br>（1986 年以 *Strategic Marketing for Nonprofit Organizations* 为名出版，合作者为 Alan Andreasen） | Kotler, Philip (1971), "The Elements of Social Action", *American Behavioral Scientist*, 14 (5): 691-717. |
| Kotler, Philip, O. C. Ferrell, and Charles Lamb (1983), *Cases and Readings for Marketing for Nonprofit Organizations*. Englewood Cliffs, NJ: Prentice Hall. | Kotler, Philip and Bernard Dubois (1974), "Education Problems and Marketing", in J. N. Sheth and P. L. Wright (eds.), *Marketing Analysis for Societal Problems*. Urbana, IL: Bureau of Business and Economic Research, 186-206. |
| Kotler, Philip and Karen Fox (1985), *Strategic Marketing for Educational Institutions*. Englewood Cliffs, NJ: Prentice Hall. | Kotler, Philip (1974), "Advertising in the Nonprofit Sector", in Yale Brozen (ed.), *Advertising and Society*, New York: New York University Press, 169-189. |
| Kotler, Philip and Roberta N. Clarke (1987), *Marketing for Health Care Organizations*. Englewood Cliffs, NJ: Prentice Hall. | Kotler, Philip and Michael Murray (1975), "Third Sector Management: The Role of Marketing", *Public Administration Review*, 35 (5): 467-472. |
| Rein, Irving, Philip Kotler, and Martin Stoller (1987), *High Visibility: The Making and Marketing of Professionals into Celebrities*. New York: Dodd, Mead & Co.<br>（1998 年由 NTC Business Books 再版） | Kotler, Philip, Bruce Wrenn, Norman Shawchuck et al. (1994), "Can (Should) Religion Be Marketed?" *Quarterly Review*, 14 (2): 117-134. |

（续表）

| 书籍 | 论文 |
|---|---|
| Kotler, Philip and Eduardo Roberto (1989), *Social Marketing: Strategies for Changing Public Behavior*. New York: The Free Press. (2002 年以 *Social Marketing: Improving the Quality of Life* 为名出版,合作者为 Ned Roberto 和 Nancy Lee) | Scheff, Joanne and Philip Kotler (1996), "How the Arts Can Prosper through Strategic Collaborations", *Harvard Business Review*, 74 (1): 52-62. |
| Shawchuck, Norman, Philip Kotler, Bruce Wrenn et al. (1992), *Marketing for Congregations: Choosing to Serve People More Effectively*. Nashville, TN: Abingdon Press. | Scheff, Joanne and Philip Kotler (1996), "Crisis in the Arts: The Marketing Response", *California Management Review*, 39 (1): 28-52. |
| Kotler, Philip, Donald Haider, and Irving Rein (1993), *Marketing Places: Attracting Investment, Industry and Tourism to Cities, States and Nations*. New York: The Free Press. | Kotler, Philip and Neil Kotler (1999), "Political Marketing—Generating Effective Candidates, Campaigns, and Causes", in Bruce Newman (ed.), *Handbook of Political Marketing*, Thousand Oaks, CA: Sage Publications Inc., 3-18. |
| Kotler, Philip, John Bowen, and James Makens (1996), *Marketing for Hospitality and Tourism*. Englewood Cliffs, NJ: Prentice-Hall. | Kotler, Neil and Philip Kotler (2000), "Can Museums be All Things to All People?: Missions, Goals, and Marketing's Role", *Museum Management and Curatorship*, 18 (3): 271-287. |
| Kotler, Philip and Joanne Scheff (1997), *Standing Room Only: Strategies for Marketing the Performing Arts*. Boston: Harvard Business School Press. | Kotler, Philip and Nancy Lee (2004), "Best of Breed: When it Comes to Gaining a Market Edge While Supporting a Social Cause, 'Corporate Social Marketing' Leads the Pack", *Stanford Social Innovation Review*, 1 (4): 14-23. |
| Kotler, Philip, Somkid Jatusripitak, and Suvit Maesincee (1997), *The Marketing of Nations: A Strategic Approach to Building National Wealth*. New York: The Free Press. | Gertner, David and Philip Kotler (2004), "How Can a Place Correct a Negative Image?", *Place Branding*, 1 (1): 50-57. |
| Kotler, Philip and Neil Kotler (1998), *Museum Strategies and Marketing: Designing the Mission, Building Audiences, Increasing Financial Resources*. San Francisco, CA: Jossey-Bass, Inc. | |
| Kotler, Philip and Nancy Lee (2005), *Corporate Social Responsibility: Doing the Most Good for Your Company and Your Cause*. New York: John Wiley & Sons. | |

资料来源：根据 Kotler (2005) 和 Kotler 个人主页（www.kellogg.northwestern.edu/faculty/directory/kotler_philip，2023 年 7 月 20 日访问）整理。

注：本表中并没有列出正文中已经引用的学术论文。

在推动营销观念拓展运动（Kotler，2005）的同时，Kotler 及其合作者围绕着营销管理的一些基础性问题所发表的文章不仅为营销观念的拓展奠定了理论基础，也进一步夯实了营销管理理论作为主流营销范式的地位。以一般的营销观念（Kotler，1972）为基础，为了回应学界关于营销管理理论强调卖方而对买卖双方互动关系关注不足的批评，Kotler 和 Levy（1973）采用更为均衡的视角提出了"买也是营销"（buying is marketing too）的观点，突破了传统理论将卖方默认为营销者的观点。在 Kotler 和 Levy（1971）提出的通过营销降低市场需求水平，即反向营销（demarketing）观点的基础上，Kotler（1973）在其论文《营销管理的主要任务》（The Major Tasks of Marketing Management）中明确地指出营销管理的核心任务就是对需求的管理，通过调整市场对组织产品需求的水平、时机和特征来规划组织的营销活动。Kotler 界定了负面需求、无需求、潜在需求、下降的需求、不规则的需求、充分的需求、过度的需求和不健康的需求八种需求状态，并分别提出了有针对性的营销管理的任务。当然，这些观点都作为营销管理的基础知识被写入其经典的营销管理教科书《营销管理》中。随着 Kotler 的《营销管理》全面主导高校商学院的营销学课堂，关于拓展的营销观念及一般的营销观念的思想作为定理一样的内容被教授给营销学专业的学生们。

还有一个结果非常重要，那就是营销观念的拓展运动极大地改变了营销作为一门学科和一个专业的"合法性"地位，也极大地改变了营销专业及其从业人员在社会中的负面形象。Farmer（1977）在撰写那篇著名的文章《你愿意把你的女儿嫁给一个搞营销的人吗？》（Farmer，1967）10 年之后又撰写了《你愿意让你的儿子娶一位营销专业的女士吗？》（Would You Want Your Son to Marry a Marketing Lady?），以回应他在 20 世纪 60 年代对营销的批评。Farmer（1977）指出在 10 年中营销发生了很多变化，虽然仍然有很多问题没有解决，但认为营销只与缺乏伦理道德的推销相关的看法已经发生了改变。营销可以被用来解决更广泛的社会问题，与你儿子约会的那位营销专业的女士可能拥有良好的素质，比你儿子赚得更多，还可能在一个过去被认为不道德的领域从事着具有高度创造性和遵守伦理规则的工作。当然，对于后者，Farmer 特意指出"只是可能"，这代表了他的些许不确定和谨慎的质疑。所以，答案呢？他当然不会再像 10 年前那样把与女儿约会的从事营销的男孩逐出门廊了。

## 6.2 组织间营销理论的发展

### 6.2.1 组织间营销的范畴及其争论

组织间营销（business-to-business marketing，B2B marketing）过去被称为工业品营销或产业营销（industrial marketing），指建立组织间（包括企业和政府等其他非营利组织）及组织内相关个人价值共创关系的活动（Grewal & Lilien, 2012）。显然，这是一个非常宽泛的定义。根据这一定义，任何发生在两个组织间的营销活动都可以被纳入组织间营销或者学界约定俗成的 B2B 营销的范畴，既包括生产企业之间发生的各种原材料、零部件等工业品和相关服务的交易，也包括消费品营销渠道中的渠道成员——制造商、批发商与零售商——之间的交易活动，还包括企业与各种非营利组织之间的交易活动。这个宽泛的定义所反映的 B2B 营销与 B2C 营销（business-to-consumer marketing）之间的本质差异在于买方的性质，前者为各类组织，后者则主要是个人消费者及其家庭。

组织间营销思想虽然在营销思想发展的早期就有所发展（如 Breyer, 1931; Frederick, 1934; Lewis, 1936），但直到 20 世纪 70 年代才真正进入学术化的快速发展阶段（Hadjikhani & LaPlaca, 2013; Cortez & Johnston, 2017）。作为营销学的一个分支理论，组织间营销理论专注于组织市场，这与主要关注个人消费者市场的营销管理理论形成了互补，也克服了营销管理理论的一个主要局限。在理论的演进过程中，关于工业品营销或组织间营销的定义与范畴的争议在相当长一段时间内都存在，尤其是很多营销学者认为 B2B 营销与 B2C 营销之间并不存在显著的差异（LaPlaca & Johnston, 2006）。为了清除这种争议，Cooke（1986）在组织间营销专业期刊 *Journal of Business & Industrial Marketing* 创刊号上发表文章《什么是企业与产业营销？》（What is Business and Industrial Marketing?），对此问题进行了深入、系统的讨论，成为最具代表性的观点之一。Cooke（1986）认为学界对组织间营销的定义及其范畴存在不一致看法的原因主要在于学者们对组织间营销进行定义时的侧重点是不同的。组织间营销主要涉及三个关键维度：产品、市场和营销活动。从产品的角度来定义主要问题是要区分工业品和消费品，而恰恰由于一些产品既服务于消费者市场，也服务于组织市场（如办公用品），因此就要进一步通过市场类型来区分。在将市场区分为个人消费者及家庭市场和组织市场时，这个界限是相对清晰的，并且即使针对相同的产品，企业在面向两个市场开展营销活动时，采用的营销战略与策略也存在明显的差异，这种差异来自组织市场和个人消费者及家庭市场购买行为的差异——市场本身的差异。随着组织间营销理论的发展，尽管学界对于组织间营销的范畴并未完全达成一致，但就其与B2C营销之间的差异问题则基本不再存在争议。

### 6.2.2　组织间营销理论的早期发展

组织间的营销实践源远流长（Peters et al., 2013），随着营销思想的产生和发展，学界最早在20世纪20年代对商品分类的讨论中就关注了消费品和工业品的差异。其中，比较有代表性的观点是Copeland（1924），他依据购买主体和商品使用目的将商品分为工业品和消费品，并且认为市场对工业品的需求衍生自市场对消费品的需求，这一观点至今仍是确定组织市场特征的关键要素之一。此外，Copeland对工业品的分类至今仍是研究组织间营销的学者广为接受的分类框架（Shaw, Jones & McLean, 2010；Grewal & Lilien, 2012）。除对工业品的分类以外，Copeland在《营销问题》（*Marketing Problems*）（1920）和《工业品营销案例》（*Cases in Industrial Marketing*）（1930）两本书中所收录的有关工业品营销的案例也被认为是学界对组织间营销活动最早进行的关注之一（Peters et al., 2013）。学界认为关于组织间营销最早的教科书是Frederick（1934）的《工业品营销：营销的一个世纪》（*Industrial Marketing—A Century of Marketing*），以及Elder（1935）的《工业品营销基础》（*Fundamentals of Industrial Marketing*）。接下来，同样是在20世纪30年代，学界认为这两本教科书的出版影响了最早在学术期刊上发表的有关组织间营销问题的学术论文（Cortez & Johnston, 2017）——Leigh（1936）、Lester（1936）、Lewis（1936）

和 Moore（1937），前两篇发表于 *Journal of Marketing*，后两篇则发表于 *Harvard Business Review*。其中，Leigh（1936）讨论了汽车轮胎的批发问题，Lester（1936）探讨了工业设备的营销方法，Lewis（1936）从工业品采购方的角度讨论了评估采购绩效的标准，而 Moore（1937）则探讨了销售规划对工业设备销售的影响。

可见，组织间营销思想发展的早期只体现为一些零星的思想，除 Copeland（1924）对工业品的分类对于后续组织间营销理论的发展产生了持续性的影响以外，无论是早期的教科书还是学术论文都在某种程度上体现了一般营销理论发展的时代特点：缺乏学术导向，以及对工业品营销实践的关注多于对一般理论的关注。随着 20 世纪 40 年代以后主流营销理论"范式转换"的开始和持续推进，工业品营销以及更为宽泛的组织间营销理论虽然偶尔有文献发表，但整体上处于相对沉寂的状态。这种状态一直持续到 20 世纪 60 年代末 70 年代初，尤其在第一本专注于组织间营销问题的学术期刊 *Industrial Marketing Management* 在 1971 年创刊出版以后，组织间营销理论的发展才真正进入爆发期（LaPlaca & Katrichis，2009）。①

### 6.2.3 组织购买行为与渠道行为理论的发展

20 世纪 60 年代以后，组织间营销理论的发展体现为北美和欧洲两条不同但紧密相关的线索。以美国为主的北美营销学界对组织间营销问题的研究开始于对组织购买行为的模型化，这个方向的研究极大地借鉴了消费者行为研究的理论与模型。而几乎同时开展的营销渠道行为研究虽然集中在营销渠道研究领域，但由于行为科学理论和方法的引入及广泛采用，这一领域的研究与欧洲 IMP（Industrial Marketing and Purchasing）集团所倡导的组织间营销理论从经济学范式向行为理论范式转换在理论基础上高度一致，从而成为两条理论线索的一个重要交点。

较早对组织购买行为进行模型化的学者是 Webster（1965），他基于对 75

---

① 对组织间营销理论发展产生了较大促进作用的另外两本专业学术期刊分别是 1986 年创刊的 *Journal of Business & Industrial Marketing* 和 1993 年创刊的 *Journal of Business-to-Business Marketing*。

家企业 135 位经理人员的访谈提出了一个初步的描述性模型。该模型将组织购买行为决策过程划分为四个阶段：识别问题，明确组织采购人员的责任和职权，对供应的产品进行搜索并建立评价标准，以及对备选方案进行评估与选择。在跟进的研究中，Webster 和 Wind（1972）提出了一个更加"实证"导向的概念模型，从而将对组织购买行为的研究向可实证检验的方向进行了实质性的推进。在这项研究中，两位作者认为组织购买行为是一个由来自组织不同部门的个人所构成的一个群体（即采购中心，buying center）的决策过程，这个决策过程不仅受到组织和组织外部环境的影响，同时也受到参与决策的个人和他们之间的社会互动的影响。由于构成组织采购中心的个人角色的多元性，以及个人在专业背景、动机和偏好等方面的差异，组织购买决策过程是一个受到多层次因素影响的复杂过程。Webster 和 Wind 试图整合关于组织购买行为的两个不同视角：强调追求成本最低的"理性"经济行为的"任务"（task）视角，以及强调参与决策过程的个人的情感、偏好、目标和人际互动因素的"非任务"（nontask）视角。显然，前者的主要理论基础是经济学，而后者则涉及更多的行为科学理论，主要是心理学和社会学。在他们建立的整合性模型中，影响组织购买决策的因素被区分为个人、组织和环境几个不同的层面，并且采购中心中群体决策的内在"社会"机制得到了深入的分析。个人的动机和目标与组织采购目标之间存在的张力及冲突构成了影响组织购买行为过程的一个重要因素。

Sheth（1973）以消费者行为研究的 Howard-Sheth 模型为基础，提出了一个更加微观心理学导向的组织购买行为模型。Sheth 认为组织购买行为包括三个明确的要素：参与购买决策的个人的心理过程，影响参与组织购买决策的个人做出群体决策的条件，群体决策过程以及该过程中决策者之间不可避免的冲突和解决策略。Sheth 的模型同样将组织购买行为看作一个群体决策过程，但相较于 Webster 和 Wind 的模型则更加微观，也更加侧重于参与决策者的心理过程分析。两个模型对组织购买行为的刻画在某种程度上是互补的，二者为理解组织购买行为过程提供了更为完整的图景。

在 Webster 和 Sheth 等学者的开创性研究的推动下，组织购买行为研究在 20 世纪 70 年代以后迅速成为组织间营销研究最为热门的领域，更多的研究模型被提出，并不断地深化该主题的研究（LaPlaca，1997；Grewal et al.，2015）。①Reid 和 Plank（2000）在他们的文献综述中发现，1978—1997 年发表的 2 194 篇组织间营销的研究文献中，组织购买行为主题的研究文献有 448 篇，在所有研究主题中占比最高。另一项文献研究的结果也显示，1936—2006 年发表的组织间营销文献中，组织购买行为研究文献的占比也是最高的，占全部文献的 13.65%（LaPlaca & Katrichis，2009）。

20 世纪 60 年代末，美国组织间营销研究的另一个方向是营销渠道行为研究。以传统经济学理论为基础，传统营销渠道研究将营销渠道看作一个经济系统，主要关注以成本和效率为导向的营销渠道功能与结构的改进，而对渠道成员之间的互动行为及渠道运行的结果的关注不足。Stern（1969）的《营销渠道：行为维度》(*Distribution Channel: Behavioral Dimensions*) 的出版开启了营销渠道行为理论的研究。Stern 及其合作者将营销渠道看作一个社会系统（Stern & Brown，1969），认为渠道成员之间不仅进行着经济交换，也进行着各种复杂的社会交换。传统经济学导向的研究主要关注渠道运行的结果，而渠道成员之间的社会交换过程同样对渠道运行的结果产生了重要影响。为了促进对渠道成员之间社会互动过程的理解，Stern（1969）向营销渠道研究领域引入了来自社会学、心理学、社会心理学、政治学与管理学领域的众多理论和概念，如角色、权力、依赖与冲突等，这些概念和相关理论构成了 20 世纪 70 年代以后渠道行为理论研究的核心。20 世纪 70 年代以后，以渠道冲突、权力与依赖为代表的渠道行为研究迅速升温（如 El-Ansary & Stern，1972；Etgar，1978；Frazier，1983；Gaski，1984），积累了大量的研究文献，成为营销学研究中的热点主题之一。该领域的研究热潮一直持续到 20 世纪 90 年代以后，随着关系营销范式的引入，研究的热点逐渐从早期的权力与冲突转向对渠道信任、承诺与公平等行为的研究（如 Morgan & Hunt，1994；Kumar et al.，1995），并逐渐与更为广泛的 B2B 研究主题融合，而不仅仅限于营销渠道这一特殊的 B2B 情境。

营销渠道行为研究的研究对象虽然主要限于营销渠道成员之间的互动关

---

① 对 20 世纪 60 年代后组织购买行为模型的归纳与综述性文献可参见 Grewal 等（2015）。

系，但该研究领域在理论基础和研究的分析单位两个方面与后期组织间营销理论的发展方向是高度一致的，尤其与 IMP 集团的理论范式之间存在高度一致性，这使得营销渠道行为理论成为组织间营销理论发展的一个重要分支。一方面，在研究的理论方面，渠道行为理论注重从经济学以外的行为科学领域，尤其是社会学、心理学和社会心理学中汲取理论，用以解释渠道成员之间的互动行为过程及其结果。另一方面，主要受到社会交换理论的影响，渠道行为理论以两个渠道成员构成的二元渠道关系（dyadic relationship）作为基本的分析单位（Achrol, Reve & Stern, 1983），关注这个二元关系内的互动行为。在这一点上，渠道行为研究范式与 IMP 集团最初提出的互动模型（interactional model）（Håkansson, 1982）是高度一致的，并且随着从二元分析向网络分析的转换，这两个研究分支逐渐融合，成为组织间营销理论北美传统和欧洲传统的一个交汇点。

### 6.2.4 IMP 集团的贡献

IMP 集团形成于 20 世纪 70 年代中期，起始于 1976 年一项由 5 所欧洲大学[①] 12 位学者参加的跨国协作研究项目"工业品营销与采购"（Industrial Marketing and Purchasing），旨在通过对工业品市场买卖双方交易关系的理论和实证研究增进对工业品营销与采购行为的理解（Håkansson, 1982）。这项跨国研究项目挑战了传统上主要基于经济学理论对工业品营销与采购行为的研究，对约 900 个企业间关系数据进行实证考察[②]，研究的主要发现是将企业间进行的工业品交易仅看作一系列独立的、非嵌入性的交易（series of disembedded and independent transactions）并不能充分地理解企业间的交换。企业间的交换是发生在复杂的组织间关系中，通过买卖双方企业之间的互动完成的。该项目的研究者提出了一个互动模型来解释发生在企业之间的工业品交换关系。

具体而言，基于企业间关系的互动模型对传统工业品营销与采购的挑战

---

① 参与该项目的 5 所大学是瑞典的乌普萨拉大学、英国的巴斯大学和曼彻斯特大学、法国的里昂高等商学院（ESC Lyon）（今里昂商学院）以及德国的慕尼黑大学。

② 该项目的跨国协作性质决定了这些考察的案例中约有 80% 为国际交易关系，基于此，一些国际营销领域的学者也将 IMP 集团称为 "International Marketing and Purchasing" 集团（Håkansson & Snehota, 2000）。

主要体现在以下几个方面（Håkansson，1982）。首先，IMP 集团突破了传统工业品采购行为研究基于单一购买决策分析的局限，强调工业品市场中买卖双方企业间关系的重要性。在工业品市场中，买卖双方企业间关系往往是紧密、长期持续且具有长期导向的，包含着复杂的企业间互动模式。其次，IMP 集团挑战了工业品营销是通过实施与操控营销组合变量并期望获得买方被动响应的观点，强调关注买卖双方企业间互动的必要性，因为在工业品交换过程中，买方和卖方企业都可能采取积极的行动进行交易。再次，IMP 集团挑战了传统经济学视角下将工业市场看作原子化结构的观点——假设在市场中存在大量的卖方和买方，买卖双方可以顺畅地进行交易，交易对象也可以顺畅地转换，卖方可以很容易地进入或退出市场。相反，IMP 集团强调工业市场的稳定性结构，在这个稳定的市场中，卖方和买方企业彼此熟悉，并且任何一方的市场行动都会为对方所察觉。最后，IMP 集团挑战了将工业品营销与采购割裂开来进行分析的观点，强调工业品市场中买方和卖方任务的相似性，对工业品市场交换的理解只有通过将买卖双方同时纳入分析框架——分析买卖双方企业间关系才能实现。可见，IMP 集团的研究是建立在对传统经济学理论在解释工业品营销与采购行为的局限性的突破之上的，通过将企业间关系作为基本分析单位，重点关注企业间关系中的互动行为，IMP 集团引入了更多行为科学，尤其是社会学、心理学和社会心理学理论以解释工业品营销与采购行为。

在第一个国际合作研究项目提出企业间互动模型的基础上，IMP 集团 1986 年启动的第二个国际合作研究项目则将分析单位由企业间关系拓展为企业间网络（business network），并提出了"ARA 模型"（Activity-Resource-Actor model）（Håkansson & Snehota，1995）。在这项研究中，IMP 集团认为企业间关系嵌入在企业间网络中，企业间关系的相互依赖性（interdependency）和连通性（connectedness）使得企业间关系之间产生复杂的相互影响——一个关系中发生的事情会对与之相连的其他关系产生影响（Håkansson & Snehota，1995），而对企业间网络进行研究的核心目标正是要增进对网络中这种影响机制的理解。从网络的视角来看，企业间网络由直接和间接联系的企业组成，在这个网络结构之下，包含着相互关联的三个层面的要素：行动者（actor），即网络中的行为主体——各类组织；资源，即网络中进行交换和转换的各种资源要素；行为，即行为主体在网络中对资源的转换（transformation）和转移（transfer）活动，前者是转换资源形态的活动（如生产活动），后者主要涉及资源所有权的转移（如交易活动）。IMP 集团认为通过对行动者网络、资源网络和行为网络的分析，可以对企业间网络的运行机制以及网络结构的变化进行解释，进而有助于提升企业在网络中的管理绩效（Håkansson et al., 2009）。该合作研究项目的参与者除欧洲的学者以外，还包括来自美国、日本和澳大利亚的学者，这体现了 IMP 集团的影响力开始走出欧洲（Håkansson & Snehota, 2000）。

上述两个国际合作研究项目基本奠定了 IMP 集团作为一个学术共同体关于工业品市场和组织间营销的理论基础与基本研究范式。根据 IMP 集团的官网（https://www.impgroup.org）信息，IMP 集团主要具有以下三个特征：第一，采用动态的方法对企业间经济交换进行研究；第二，实证研究驱动的组织间互动研究；第三，一个非正式的国际学术社区。IMP 集团在研究的理论视角上更为侧重社会学、社会心理学等非经济学理论，这在某种程度上既是其初始研究的起点（对经济学理论解释工业品营销与采购行为不足的不满），也在其发展过程中形成了一定的特色。这种将组织间的经济交易行为还原到其所属的社会互动关系和网络背景中研究的观点，也对关系营销理论的发展产生了重要影响（Möller & Halinen, 2000）。在研究方法上，IMP 集团更加侧重于案例研究，这与其关注的研究问题和研究视角直接相关，案例研究方法更加适用于从动态和演化的视角来关注企业间关系及网络的发展与变化过程，也可以为解释企业间的活动提供更加贴近现实的"深描"。但这种方法在某种程度上限制了 IMP 集团的学术研究成果与美国主导的定量实证研究范式之间的对话，也对其研究成果的影响力产生了某种限制。①

在第一个国际合作研究项目完成之后，IMP 集团自 1984 年起开始组织学术年会（IMP Conference），迄今为止 IMP 年会已经成为世界上最大的专注于

---

① 关于 IMP 集团组织间营销研究中互动与网络视角的更加详细的信息可参见 Möller and Wilson (1995)。

B2B 研究领域的学术年会。从 2000 年开始，为培养工业品营销与采购领域的青年学者队伍，IMP 年会开始组织博士生论坛。自 2007 年起，IMP 集团开始出版专业学术期刊 *The IMP Journal*，在出版了 8 卷以后，该期刊从 2015 年开始由 Emerald 出版集团出版，2019 年并入 *Journal of Business & Industrial Marketing*。

## 6.3 服务营销理论的发展

服务营销（services marketing）理论的发展开始于 20 世纪 50 年代，1980 年以后进入快速发展阶段，并迅速建立了"合法性"地位，1990 年以后成为营销学的主流理论分支之一（Fisk，Brown & Bither，1993）。服务营销理论的发展建立在主流营销管理理论"产品导向"（goods orientation）的局限之上（Rathmell，1966；Shostack，1977），即忽视服务与有形产品之间的本质差别，认为基于有形消费品的营销管理理论也完全适用于服务。20 世纪 50 年代以后，随着美国和欧洲主要发达国家第三产业的快速发展，服务业在经济与社会中的贡献日益增大，地位日益提升，尤其是 20 世纪 70 年代以后随着美国对航空、通信、金融等服务行业管制的放松，服务市场中的竞争日益激烈，这使得服务营销问题不仅成为企业迫切需要解决的问题，也吸引了越来越多营销学者的关注（Berry & Parasuraman，1993）。服务营销理论就是在这一产业与市场的"需求"驱动下逐渐发展起来的。

### 6.3.1 "服务与产品是否不同"之争论

根据 Fisk、Brown 和 Bither（1993）的研究，20 世纪 50—60 年代早期的服务营销研究多是学位论文（McDowell，1953；Parker，1958；Johnson，1969），这表明早期的服务营销研究具有高度的探索性特征。这种探索性的研究多是概念性或描述性的，这一点可以从 20 世纪 60 年代发表在营销学旗舰期刊 *Journal of Marketing* 上的三篇文章中充分地反映出来。Regan（1963）用翔实的经济统计数据说明美国的经济发展进入了一个"服务革命"（services revolution）阶段，这将会带来服务消费在量和质两个方面的全新变化。Judd（1964）将市场销售的服务（marketed services）定义为除有形商品所有权转移外的交易对象,进而将服务区分为三类:租用商品的服务(rented goods services)、拥有商品的服务(owned goods services)和无商品的服务(non-goods services)。Rathmell(1966)强调了服务的营销特性,其中关于服务的非标准化、生产与消费同步且无法储存以及服务的无形性等特点的总结为后续服务营销理论的发展奠定了思想基础。可见,虽然这些早期的研究基本上是描述性和概念性的,但它们都倡导要对服务营销予以更多的关注,并都试图区分服务与有形产品,后者更是构成了服务营销理论发展的重要基础。如果学界不接受服务与有形产品差异性的观点,那么服务营销理论就无从建立。从这一点出发,Johnson(1969)在其学位论文中第一次明确提出了"服务与产品是否不同"的问题,并引发了贯穿整个20世纪70年代的争论。

从性质上来说,"服务与产品是否不同"的争论关乎服务营销作为一个研究领域的合法性,如果学界接受服务与产品不同的观点,那么服务营销就可以作为一个"合法"的研究领域而存在并发展,相反,如果学界认为服务营销只是产品营销的一种延伸,那么服务营销便失去了其存在与发展的基础。从发表的文献来看,在整个20世纪70年代,这个争论似乎是"一边倒"的,强调服务与产品差别的文献大量涌现,而持相反观点的文献却非常少。为了获得服务营销研究的合法性,关注服务营销的学者都不遗余力地发表了他们的观点。一方面,20世纪70年代完成的服务营销主题的博士学位论文数量显著增加(Fisk, Brown & Bitner, 1993),并且以其中很多学位论文为基础的论文陆续发表在 *Journal of Marketing*(George & Barksdale, 1974)和 *Journal of the Academy of Marketing Science*(Weinberger & Brown, 1977)等主流学术期刊上,持续地放大了服务营销学者的声音。另一方面,一些在这一时期完成博士学位论文并开始在主流营销学期刊上发表论文的年轻学者,如 Eugene Johnson、William George、Christopher Lovelock、Marc G. Weinberger、Evert Gummesson 和 Christian Grönroos 等,很快都成长为服务营销领域的领军学者和中坚力量(Berry & Parasuraman, 1993)。尤其值得关注的是,这些服务营销领域的优秀学者并不局限于美国学界,还包括欧洲学界的,这在某种程度上也形成了一种合力,推动服务营销研究领域的合法化。

然而,批评与反对的声音并不像观察者从文献回顾中发现的那样微弱。

那些认为服务营销与有形产品营销并无不同的学者虽然并没有正式发表很多的论文来表达他们的不同意见，但这些不同的看法与批评却大多通过论文的评审意见、学术会议现场的讨论以及学位论文答辩委员会内部的争论等非正式的形式表达出来（Fisk，Brown & Bitner，1993）。考虑到这一阶段从事服务营销研究的学者多是博士研究生或刚刚取得博士学位尚未获得终身教职的青年学者，这些质疑与批评的威胁无疑是巨大的。因为受到质疑的不仅是他们所耕耘的学术研究领域，还包括他们的职业生涯。① 或许这就不难理解为什么会有那么多看起来"一边倒"的文献在各类营销学学术期刊上发表，强调服务营销的独特性。

然而，在20世纪70年代的这个争论期，最具影响力的一篇文献却并不是来自营销学界，而是来自业界。当时担任花旗银行副总裁的Shostack（1977）在 *Journal of Marketing* 上发表了《冲破产品营销的束缚》（Breaking Free from Product Marketing），有力地回应了营销学界对服务营销合法性的质疑。Shostack开门见山地指出传统营销理论几乎完全地呈现出产品导向，认为基于有形消费品建立起来的营销战略与策略也可以应用于服务，但服务产业内的企业往往发现这并不可行。她进而将营销学界对服务营销理论的质疑和批评称为营销学本身的近视症。她认为服务行业将营销纳入决策和管理控制过程

---

① Grönroos（2017）在回顾其个人职业生涯时讲述的两个故事非常明显地体现了当时将服务营销作为博士学位论文选题所面临的巨大压力与挑战。虽然他的导师支持他将服务营销作为研究选题，但是在学校里，以及在校外的全国学术社区里，没有人了解他在做什么。1977年，他在芬兰一个全国规模的学术会议所组织的博士生论坛上报告了他的研究。营销组共有八个博士生参加，分论坛主席是一位资深教授，他在总结时讲道："营销这一组，整体情况很不错。八个博士生中，六个已步入正轨，一个需要重新对研究进行聚焦，而剩下的一个很可能做不下去。"Grönroos说他清楚地知道这最后一个说的是谁。这种情况几乎发生在当时所有的学术会议上。1978年，Kotler到芬兰访问，并在赫尔辛基经济学院做了一场学术报告。在提问环节，一位博士后研究人员问Kotler如何看待服务营销的研究，他尤其提到了Shostack（1977）刚刚发表的那篇论文。Kotler回答道，他对服务企业是否需要更新的概念模型并没有信心。会后，这位博士后研究人员问Grönroos："你还敢继续把服务营销作为博士学位论文选题吗？"机缘巧合的是，那天Kotler演讲结束后要赶去另一个地方参加另一场学术活动，地点距赫尔辛基有一个小时的车程。由于交通安排出了一些问题，赫尔辛基经济学院的一位营销学教授就问Grönroos是否愿意开车送Kotler一趟，正好可以在路上和他讨论一下自己的研究。在这一个小时的车程中，Grönroos与Kotler讨论了他的选题，虽然Kotler对服务营销信心不足，但还是认为这个领域是需要新的概念和模型的。20年后，当Kotler与Grönroos在斯德哥尔摩的一个学术会议上相遇时，Kotler谈到了1978年的那趟旅程，以及当时Grönroos对服务营销研究的热情和雄心。"你真的做到了。"Kotler补充说道。

的进程是缓慢的，这是因为营销无论是在术语还是在实践原则上都无法提供与服务明确相关的指导。Shostack 认为美国市场营销学会在对营销进行定义时将"产品与服务"作为营销活动的对象并将服务强求一致地定义为"无形的产品"（intangible products）的做法不仅曲解了服务的内涵，在措辞上也自相矛盾。认为服务除无形性以外与产品一致的看法是错误的，就像说苹果除"苹果的特征"（appleness）以外和橙子是一致的一样。"无形性"不是一个修饰语，而是一种"状态"，正是服务的这种状态使其营销活动与产品的营销活动存在本质上的差异。Shostack（1977）的批评对于营销学界来说无疑是非常尖锐的，因为这些批评来自营销学界外部，来自营销理论的"需求方"——企业的高级经理。Kotler 评论道：这篇文章即使没有改变我们对一般营销理论的看法，也改变了我们对服务营销的见解（Grönroos，1990）。从某种程度上来说，这篇文章形成了一个响亮的"战斗口号"（allying cry），激励了更多的服务营销学者投入于对服务营销的研究中（Fisk，Brown & Bitner，1993）。[①]

20 世纪 70 年代后期，另一篇有影响力的论文发表于 *Harvard Business Review*，Thomas（1978）在这篇富有思想性的文章中有力地回应了 Shostack（1977）的观点，认为基于传统有形产品发展出来的战略并不适用于服务企业，服务行业的职业经理人需要基于服务的独特性发展管理战略与策略。1980 年，Berry 发表了那篇著名的文章——《服务营销是不同的》（Services Marketing Is Different），对"产品与服务是否不同"的争论给出了确定性的结论。在这篇富有思想性的文章中，Berry（1980）在总结了服务的关键特征——无形、生产与消费同步以及缺乏标准化和一致性——的基础上，提出了服务营销的诸多研究主题（企业服务营销的策略），包括内部营销、服务定制化、管理有形证据、服务定价等。在文章的结论中，Berry 倡议服务营销这个产品营销的"继子"（stepchild）在 20 世纪 80 年代得到营销学术界更为严肃的对待，通过学术研究贡献更多具有影响力的思想。

---

[①] Shostack 对服务营销的贡献除这篇经典论文以外，还包括构建了新的服务设计与蓝图（new service design and blueprinting），参见 Shostack（1984，1987）。

虽然关于"产品与服务是否不同"争论的余波一直持续到20世纪80年代的前半期，但随着20世纪80年代以后一系列受到美国市场营销学会赞助的服务营销学术会议的召开，以及一系列奠定服务营销研究思想与概念基础的经典文献的陆续发表，服务营销在营销学科内部的合法性地位逐渐得以确立。

### 6.3.2 服务营销的"合法化"与制度化

#### 6.3.2.1 学术社区的制度化

进入20世纪80年代以后，产业界对服务营销知识和理论的需求随着产业内竞争的加剧而变得日益迫切。在这样的背景下，美国市场营销学会的前任主席Leonard Berry和Stephen Brown成功地说服学会赞助了一系列服务营销学术会议，作为对学界和业界对于服务营销日益高涨的热情的回应。由美国市场营销学会赞助的服务营销学术会议（The Services Marketing Conference）是美国第一个全国性的服务营销学术会议，1981年，第一届年会在奥兰多召开。这个专业学术会议不仅为来自美国和欧洲的服务营销学者提供了交流的平台，也搭建了一个沟通学界与业界的平台，极大地促进了服务营销研究的发展。① 1984年，美国市场营销学会建立了一个独立的服务营销部门（Services Marketing Division），这成为服务营销正式制度化的一个标志性事件。接下来的1985年，美国市场营销学会在得克萨斯农工大学（Texas A&M University）举办了首届教师发展论坛（AMA Faculty Consortium），该论坛即以服务营销为主题。教师发展论坛的主要目标是提升教师在新兴专业领域的能力，论坛以

---

① 服务营销领域最具影响力和代表性的欧洲学者，如Evert Gummesson、Christian Grönroos、Eric Langeard和Pierre Eiglier等都参加了20世纪80年代早期的这些会议，他们在这些会议上与美国同行之间的交流、互动使得服务营销理论在美国和欧洲都得到了显著的发展，并且在某种程度上形成了互补。其结果就是服务营销理论在20世纪80年代获得了快速的发展，各类研究文献爆发性增长。关于欧洲与美国学者之间的互动、合作及其相互之间的影响，参见Berry和Parasuraman（1993）。Grönroos（2017）提到了他参加第一届服务营销年会的故事。1980年，William George（第一届年会的联席主席）打电话邀请Grönroos向会议投稿，并且建议他根据其1978年发表在 *European Journal of Marketing* 上的那篇论文（Grönroos，1978）来准备投稿文章。然而遗憾的是，那篇文章被拒绝了。所幸Grönroos还投稿了另一篇以内部营销为主题的论文，而那篇论文被接收了，他还在年会上做了报告。从那以后，Grönroos几乎参加了每一届的服务营销年会。

服务营销为主题体现了美国市场营销学会对该领域的重视程度。来自美国多所大学的 75 名营销学教授参加了为期四天的短期课程，这对进一步促进服务营销的教学和科研都具有重要作用。同一年，营销科学院（The Marketing Science Institute）和纽约大学联合举办了一个专业会议，会议主题是服务接触（service encounters），这标志着服务营销研究开始向更为具体的研究主题聚焦，从而走向深化。1988 年，在 Gummesson 的领导下，瑞典卡尔斯塔得大学举办了首届服务质量论坛（Quality in Services Symposium，QUIS）。它是一个跨学科的国际论坛，此后每隔一年举办一次。1990 年，在 Eric Langeard 和 Pierre Eiglier 的领导及组织下，法国艾克斯-马赛大学召开了首届服务管理国际研究论坛（International Research Seminar in Service Management）①，为了促进跨学科的研究，会议主题精心选择了"服务管理"（service management）这个主题词。值得关注的是，在欧洲召开的上述两个学术会议都呈现出跨学科的导向，参加学术会议的学者不仅来自营销学领域，还包括人力资源管理和运营管理等领域的学者。

除上述学术会议以外，一些大学设立的服务营销研究机构也极大地促进了服务营销研究的发展。1985 年，服务营销领域的领导者之一 Stephen Brown 在亚利桑那州立大学创办了第一州际服务营销中心（the First Interstate Center for Services Marketing，FICSM），并担任创始主任。② 1986 年，在 Gummesson 的领导下，服务研究中心（the Service Research Center）在瑞典卡尔斯塔得大学成立。1988 年的服务质量论坛就是在这两个研究中心的共同组织下举办的。这些早期成立的具有代表性的研究机构及其举办的学术活动在某种程度上形成了与美国市场营销学会服务营销年会互补的学术平台，美国和欧洲学者在服务营销上不同的导向——美国学者聚焦于服务营销领域，欧洲学者则具有更强的跨学科导向——在客观上进一步促进了服务营销研究的多元化，加快了服务营销理论研究的进程。

---

① Eric Langeard 和 Pierre Eiglier 早在 1975 年就共同组织了一次服务营销学术论坛（the Senanque Seminar），该论坛也许是最早召开的服务营销领域的学术会议（Berry & Parasuraman，1993）。

② 该中心名称中的"第一州际"源自其主要出资赞助方第一州际银行（the First Interstate Bank）。该中心是由美国大学设立的第一个服务营销研究中心。

除学术会议和研究机构以外,专业学术期刊的出版也是服务营销领域制度化的一个重要构成要素。20 世纪 80 年代前半期,有两本服务营销专业期刊出版——*Services Industries Journal*(SIJ)(1980)和 *Journal of Professional Services Marketing*(JPSM)(1985)。随后,*Journal of Services Marketing*(JSM)和 *International Journal of Services Industry Management*(IJSIM)分别于 1987 年、1990 年出版。随着这些专业期刊的出版,服务营销领域的学者有了更多学术发表和交流的平台,作为一个学术领域,服务营销学术社区的制度化过程也基本完成。

#### 6.3.2.2 标志性的学术出版物

进入 20 世纪 80 年代以后,随着服务营销研究领域的制度化,学术文献呈爆发性增长。随着"产品与服务是否不同"争论的结束,服务营销领域的学者开始将研究推向深入,围绕某些具体的服务营销话题展开理论与实证研究。可以说,20 世纪 80 年代发表的一些经典论文为后续服务营销理论的发展奠定了基础。而这一时期出版的有关服务营销的教科书也为商学院开设服务营销课程清除了障碍(Berry & Parasuraman,1993),从而在教学方面放大了服务营销的影响力。

第一篇标志性的论文来自 Lovelock(1983)发表于 *Journal of Marketing* 的《分类服务以获得战略营销洞察》(Classifying Services to Gain Strategic Marketing Insights)。此前在关于"产品与服务是否不同"的讨论中,绝大多数文献都将服务作为一个与产品对应的类别来进行探讨,而忽略了服务行业本身的异质性。在这篇经典论文中,Lovelock 基于服务的多样性和异质性提出了五个针对服务的分类框架,并对不同类型的服务如何影响企业营销战略与策略做出了相应的洞察。这篇文章获得了 *Journal of Marketing* 的 Alpha Kappa Psi 卓越论文奖,不仅进一步强化了服务营销作为一个独特研究领域的合法性,也为服务营销研究突破"服务"这一"伞概念"(umbrella concept),关注不同类型服务的性质提供了坚实的思想基础。

Parasuraman、Zeithaml 和 Berry 这一卓越的组合在这一时期发表了一系列影响力巨大的文章。① 首先，Zeithaml、Parasuraman 和 Berry（1985）基于他们的第一项合作研究，比较了服务营销文献中基于服务的特点而提出的问题和营销战略与针对全国服务企业的经理人员问卷调查所报告的服务营销实践中的问题和营销战略，并据此提出了服务营销研究的方向。这项研究力图在服务营销理论与营销管理实践之间架构沟通的桥梁（尽管研究是描述性的），也是继 George 和 Barksdale（1974）力图通过调研数据展示服务企业与产品生产企业在营销实践上的差别之后，第一项基于大样本调查的服务营销领域的实证研究。同一年，三位作者的另一篇概念性论文，即关于服务质量的经典研究（Parasuraman, Zeithaml & Berry, 1985）也发表于 *Journal of Marketing*。该影响深远的概念性论文是营销科学院关于服务质量研究项目的高质量成果之一，三位学者基于对四家企业的探索性研究提出了著名的服务质量差距模型，将服务质量作为顾客对服务的期望与对实际服务感知之间的潜在差距，并定义了影响服务质量的 10 个维度。该影响深远的论文直接将服务质量定位于服务营销研究领域的核心议题之一（Fisk, Brown & Bitner, 1993），并启发了后续的一系列研究。在这项高质量的概念性研究的基础上，三位作者进一步开发了服务质量构念的测量量表（Parasuraman, Zeithaml & Berry, 1988），为服务质量相关的实证研究奠定了工具基础，而该量表也成为服务营销领域最为经典的量表之一。

除上述三位杰出学者的经典研究以外，1985 年发表于 *Journal of Marketing* 的另一篇高影响力论文则将服务接触这一研究主题带入了服务营销研究的核心领域（Solomon et al., 1985）。该文引入了角色理论，提出了服务接触的关键构成要素，认为服务提供者与顾客之间的互动是顾客对服务整体上满意的重要决定因素，而角色理论的引入则可以让服务营销学者针对服务接触发展

---

① Parasuraman 于 1979 年、Zeithaml 和 Berry 于 1980 年先后入职得克萨斯农工大学，从 20 世纪 80 年代初开始，三人开始了卓有成效的长期合作。他们三人在得克萨斯农工大学相遇时，虽然 Berry 和 Zeithaml 的研究领域已经确定为服务营销，但 Parasuraman 却并未将服务营销作为其核心研究方向。受到前两位学者的影响，Parasuraman 开始尝试进入服务营销领域，三人于 1982 年合作第一个研究项目，并产出了一系列成果（Parasuraman, Berry & Zeithaml, 1983；Berry, Zeithaml & Parasuraman, 1984；Zeithaml, Parasuraman & Berry, 1985）。此后，Parasuraman 也决定将服务营销作为其核心研究领域，三人于 1983 年开始合作由营销科学院资助的有关服务质量的研究项目，该项目后续产出了一系列高质量的成果，并且一些成果也是服务营销领域具有里程碑意义的标志性成果。

适用于各种服务情境的一般原则。此外，Berry（1983）关于关系营销的论述、Grönroos（1981）关于内部营销的论述也是这一时期具有持久影响力的观点。①

Berry 和 Parasuraman（1993）在回顾关系营销发展过程中的阻碍性因素时，认为教学材料和教学资源的缺乏在某种程度上成为 20 世纪七八十年代服务营销发展的一个重要限制。Lovelock（1984）编写的《服务营销：讲义、案例与读物》(Services Marketing: Text, Cases, and Readings) 作为服务营销领域的第一本综合性教材填补了这一空缺，也为大学商学院更加广泛地开设服务营销课程扫清了障碍。此后，更多教材的出版（如 Heskett，1986；Bateson，1989；Grönroos，1990）进一步促进了服务营销课程的开设，从而推动了服务营销思想与理论的传播。20 世纪 80 年代后期开始，服务营销的研究持续向纵深和专题领域延伸，形成了服务质量与顾客满意、服务接触与服务体验、服务设计与服务传递、顾客保留与关系营销、内部营销以及服务补救等核心研究主题。②

## 6.4　国际营销理论的发展

虽然国际营销（international marketing）作为一种营销实践源远流长，但其作为一个独立的研究领域是自 20 世纪 60 年代起开始发展并为学界所接受的（Bartels，1988；Cavusgil，Deligonul & Yaprak，2005），国际政治经济环境的变化和跨国公司的涌现是国际营销理论发展的重要背景及驱动因素。学界对国际营销的定义视角是多元的，但将跨越国界的营销活动（marketing across national boundaries）和在母国之外的国家开展的营销活动（marketing within foreign markets）及其影响因素作为国际营销理论的核心内容几乎没有争议（Albaum & Peterson，1984；Aulakh & Kotabe，1993）。

虽然将营销理论区分为"国内的"（domestic）和"国际的"（international）被认为无论是对营销实践还是对营销理论的发展都适得其反（Cavusgil，

---

① 我们将在"关系营销理论的发展"部分重点讨论这两个主题思想和理论的发展。
② 20 世纪 90 年代以后服务营销的发展状况可参见 Furrer 和 Sollberger（2007），Kunz 和 Hogreve（2011），Barron、Warnaby 和 Hunter-Jones（2014），以及 Grönroos（2020）。

1998），但国际营销理论的发展确实是以"国内的"营销理论为参照点的。其中很重要的一个原因在于，主流营销理论范式在向营销管理范式转型的过程中，营销管理理论的发展确实未将国际市场纳入其范畴，营销管理理论内在地具有"国内的"营销理论的特征。但这并不是说在营销思想产生与发展的整个过程中国际营销思想始终都被排除在外，恰恰相反，在营销思想的早期发展过程中，以"国际商业"和"国际贸易"为主要内容的国际营销思想是得到关注与发展的（Cunningham & Jones, 1997; Bartels, 1988）。这些早期宏观视角的国际营销思想在20世纪50年代以后随着营销管理范式的发展，部分地被整合到一个以管理学为基本范式的国际营销理论中。

### 6.4.1 国际营销理论的早期发展

#### 6.4.1.1 早期课程：国际营销理论的微弱思想源头

Cunningham和Jones（1997）认为国际营销的思想遗产可以追溯到20世纪初现代营销思想开始发展的初期。当然，如同我们在第2章中所阐述的那样，最早的营销思想主要是通过学者们在大学开设的课程得到发展和传播的。根据Cunningham和Jones（1997）的观点，最早开设与国际营销相关课程的学者是George M. Fisk（伊利诺伊大学）和Simon Litman（加利福尼亚大学）。1902年，Fisk开设的"外国商业与商业政治"是与国际营销有关的最早的课程。Litman在1903年开设的"贸易与商业技术"围绕着旧金山港口讨论了商品的进出口问题。稍晚一些，哈佛商学院的三位营销学教授在1915年开设了三门与国际贸易和外国交易相关的课程：Cherington开设的"外国贸易方法"（Foreign Trade Methods），Copeland开设的"欧洲贸易"（European Trade），以及Seldin Martin开设的"拉美贸易问题"（Latin-American Trade Problems）。

虽然以"国际贸易"为主题的课程直到20世纪50年代仍在一些大学开设，但Bartels（1988）认为这些课程对营销思想发展的贡献是十分有限的，因为主流营销思想的发展几乎是排他性地集中于国内贸易领域。与之相应，20世纪50年代之前关于国际营销的文献量也是比较少的，但Collins（1935）

出版的《世界营销》(*World Marketing*)却是早期国际营销文献中一个引人注目的例外。在该书中，Collins 基于大萧条所造成的复杂的商业环境阐述了成功商业活动的先决条件。他认为了解世界环境，以及知晓如何接触国外消费者，并唤起他们对企业产品意识的原理与方法是至关重要的。他进而讨论了在国外市场中进行销售、定价、广告以及产品调整等相关议题（Battles, 1988）。

#### 6.4.1.2 比较营销研究

比较营销（comparative marketing）研究关注的核心议题是系统地探查、识别、分类、测量和解释整个国家营销系统及其构成部分的相似性与差异性（Boddewyn, 1981）。作为国际营销研究的早期重要主题，比较营销研究开始于 20 世纪 50 年代早期，其发展与主流营销思想发展过程中对营销环境作用的识别和概念化——环境主义（environmentalism）——紧密相关（Bartels, 1968b）。环境主义一般是指环境对系统或有机体发展的影响，对于营销而言，环境主义是指营销实践和发展与环境之间的关系，尤其是环境对组织营销活动及其结果的影响（Bartels, 1988）。在将环境要素纳入营销理论范畴的过程中，营销学者日益认识到环境要素对营销活动及其结果的影响，并基于此将营销管理要素区分为可控和不可控两类，其中对于不可控的环境要素，企业要认识、分析并适应环境，从而获得更好的营销结果（Howard, 1957）。20 世纪 50 年代以后，随着越来越多的国际投资和跨国营销活动的开展，其他国家的环境与美国环境的差别对营销活动的影响日益引起了营销学者们的关注，比较营销研究随之发展起来。

对于在国外市场开展的营销活动，营销的结果被认为是近乎唯一地由企业的产品和营销战略所决定，而与营销环境无关。基于这种认识，营销管理人员倾向于将在国内有效的产品和营销战略直接应用于国外市场，但他们却逐渐认识到外国市场环境的特质或独特性对其营销战略结果形成了主要的阻碍。正是基于这种认识，比较营销研究的一个基本着眼点就是识别外国市场与本国（主要是美国）环境的差别，从而为企业的国际营销活动提供指导（Bartels, 1988）。

Bartels（1968b）从环境主义的视角出发建立了一个比较营销的分析框架。他认为在两国之间比较营销分析包括三个基本的层面：比较两国的营销环境、比较两国的营销过程（系统），以及比较两国营销过程与营销环境之间的关系。基于对营销理论建构的强调，Bartels 认为仅仅对两国的营销环境或营销过程进行比较是简单的描述性而非分析性的，其结果只是基于描述得出两国之间在营销环境或营销过程两个方面的异同，对营销理论建构并没有实质性意义。而对两国之间在营销过程与营销环境之间的关系机制进行比较就进入了分析层面，这个层面的分析可以更好地解释两国在环境或营销过程之间的相似性或差异性，使得关系、模式或因果关系都可以被提炼出来，进而可以建构一般的理论框架。

Bartels 的上述观点显然是针对 20 世纪 50 年代以来涌现的比较营销研究文献而言的，体现了他对比较营销研究在理论建构方面的不足与缺陷的批评。根据 Boddewyn（1981）的归纳，比较营销研究包括宏观和微观两类。宏观视角的研究是针对整个营销系统或其中的主要构成部分（如零售或批发系统）进行比较。这类研究的早期形态主要表现为对某一个国家的营销系统进行描述，进而将其与美国的对应系统进行比较。这一视角的研究主要致力于发现国家之间在营销环境和营销系统之间的差别，因此其研究几乎完全是描述性的，并不涉及概念框架或理论假设，故所得到的差异性结论也得不到充分的解释。微观视角的研究则主要对不同国家的消费者及其细分市场的购买行为，如生活方式、媒体习惯与偏好、信息搜寻行为等进行比较。与宏观视角的比较研究致力于发现国家之间的差别不同，微观视角的研究更多地致力于发现其他国家市场的消费者行为与美国市场的消费者行为的相似之处，因为这类研究不仅仅是描述性的，研究者通常通过其他国家的市场来检验基于美国市场发展出来的研究假设（如消费者的教育水平与其信息搜寻行为的关系）。

然而，上述两种类型的研究都被认为缺乏理论建构性，除理论与概念框架的缺乏以外，在选择比较的对象方面，两类研究都受到选择性偏差的质疑。对于宏观视角的研究而言，为了强化比较结果的差异性，与美国进行比较的国家往往是在经济发展水平等方面与美国差异较大的国家；而对于微观视角的研究而言则恰恰相反，为了通过复制在美国市场的研究而得到更加一致的结论，被选择来与美国进行比较的国家往往是在经济发展水平等方面与美国更为接近的国家（Boddewyn，1981）。

除理论建构和研究方法的缺陷与不足以外，比较营销研究的结论被认为对于企业的国际营销管理具有显而易见的指导作用，因为研究发现的不同国家市场环境、营销系统以及消费者行为与美国的异同可以直接为企业制定国际营销战略提供参考和借鉴。在这一点上，Douglas（1976）表达了一个有趣且具有启发性的观点：国际营销的管理者显然对"相似性"更有兴趣，因为他们在寻找与本国相似、容易进入与渗透的国外市场，而比较营销学者则更关心"差异性"。但对于相似性，营销管理者很难从充满差异与矛盾的研究结论中获得启示。由于不同研究对细分市场、产品、态度与行为等研究对象关注角度的不同，即使针对同一个国家，学者们也可能得出完全相反的结论。Wind 和 Douglas（1982）明确指出了这种为了寻求相似性而采用通用（客位，etic）概念进行复制性研究的危险——很容易过于简化地得出相似性的结论，而忽视了其差异性。同样，对于强调差异性的研究，Douglas（1976）指出了另一种潜在的风险——简单地进行表面上的比较虽然容易得出差异性的结论，但却容易忽视一个国家内部在态度与行为模式等方面的差异。显然，在对企业国际营销管理实践的指导性方面，比较营销研究的可靠性也是值得怀疑的。

虽然 Cox（1965）在对比较营销研究文献进行系统综述的基础上认为比较营销是营销思想发展的一个重要前沿领域，具有丰富与发展营销理论的潜力（Boddewyn，1981；Bartels，1988），但是这个研究领域在 20 世纪 70 年代以后的发展却并不尽如人意。具有代表性的著作在 20 世纪 70 年代以后鲜有出版，在大学中的开课情况也非常不乐观——根据国际商务学会（Academy of International Business，AIB）1979 年的调查结果，全美只有六所大学开设了比较营销课程（Boddewyn，1981）。Boddewyn（1981）对 1965 年以后的比较营销研究文献的系统性综述表明，虽然研究文献的数量在增加，但这个研究领域在理论建构与研究方法方面的缺陷依然没有显著改善。20 世纪 60 年代以后，随着以主流营销管理理论和消费者行为研究为基础的国际营销理论的发展，比较营销研究作为一个研究主题被整合到国际营销理论范畴中。

### 6.4.2 国际营销理论的发展与成熟

国际营销理论的发展与更加宽泛的一个专业领域——国际商务（international business，IB）的发展是无法分离的，甚至很难在二者之间找到一个清晰的分界（Cavusgil，1998）。国际商务学会的前身——国际商务教育学会（Association for Education in International Business，AEIB）成立于1958年，其将促进国际商务的教学作为主要目标，并且该主要目标一直持续到1972年学会更名为国际商务学会（将促进国际商务研究纳入学会的核心目标）（Boddewyn & Goodnow，2020）。在国际商务教育学会的早期会员中，多数会员的专业领域都是国际营销，学会为了拓展国际商务的专业领域，在20世纪60年代吸纳了经济、管理、金融及人力资源管理等领域的会员（Boddewyn & Goodnow，2020）。Cavusgil（1998）认为营销导向为国际商务现象提供了两方面的独特解释视角。一个方面是顾客/市场界面，即企业与其外国顾客/商业伙伴之间的互动，这是国际营销研究最为引人注目的一个方面；另一个方面是企业与其营销环境之间的关系。这两个独特的解释视角共同强调了国际营销研究的管理导向。

从20世纪60年代开始，国际营销作为一个独立的研究领域开始为学界所关注和接受（Bartels，1988；Cavusgil，Deligonul & Yaprak，2005）。20世纪60年代国际营销的研究主题主要延续着始于20世纪50年代的基于环境主义的比较营销研究，与国际商务领域在此时期主要推动的教学保持同步，几本标志性的国际营销学教材在这一时期出版。Kramer（1964）、Fayerwheather（1965）以及Hess和Cateora（1966）是这一时期具有代表性的教材，这些教材通常将在其他国家内的营销（marketing within foreign countries）和跨越国界的营销（marketing across borders）活动整合到一起，并大多采用了以4P框架为基础的营销管理范式（Bartels，1988）。20世纪60年代这些标志性教科书的范式在某种程度上也反映了当时以及20世纪70年代以后国际营销学研究的"拓展视角"（extension perspective），即将国际营销现象和实践看作国内营销现象和实践的拓展与延伸，将基于国内营销现象发展的营销理论框架直接应用于国际营销问题的解释（Cavusgil，Deligonul & Yaprak，2005）。

两个主要的因素促进国际市场学术研究在 20 世纪 60 年代末 70 年代初开始快速发展。一方面,随着主流营销理论范式转换的结束,营销管理理论为国际营销研究将重心转向企业管理决策提供了理论框架,这使得基于营销管理范式的国际营销研究迅速成为该领域最为重要的研究主题(Albaum & Peterson, 1984; Aulakh & Kotabe, 1993; Li & Cavusgil, 1995)。另一方面,随着国际商务教育学会向国际商务学会的转换,国际商务领域的研究也开始快速发展,尤其是国际商务学会的会刊——*Journal of International Business Studies*(JIBS)在 1970 年创刊,为国际营销研究的成果提供了一个一般营销学期刊(如 *Journal of Marketing*)之外的重要发表平台,对 20 世纪 70 年代的国际营销研究产生了促进作用。[①] 20 世纪 80 年代以后,随着新的研究主题的出现和研究的理论框架与方法的不断改进,研究文献的数量迅速增加(Cavusgil, Deligonul & Yaprak, 2005)。*International Marketing Review* 和 *Journal of International Marketing* 两本国际营销的专业期刊分别在 1983 年、1993 年出版,为高质量的国际营销研究提供了更多和更加专业的交流平台,也标志着国际营销研究领域进入成熟阶段。

20 世纪 70 年代初首先出现的一个重要研究主题就是国际营销管理(international marketing management)(Li & Cavusgil, 1995)。基于营销管理理论的框架,这一研究主题主要关注国际营销管理中相关战略与策略的决策,将国内市场的研究框架拓展至国际市场情境下。该研究主题除关注传统营销管理框架中的国际市场细分以及国际市场中的产品、价格渠道与促销策略以外,还针对国际营销所面临的特殊问题关注了国际市场进入与拓展战略、出口营销战略、营销战略标准化,以及总部与海外分支机构之间的控制问题等。实际上,这些国内营销管理不涉及的国际营销的独特问题与国际商务研究中的很多主题是高度一致的。从 20 世纪 60 年代后期开始,国际营销管理问题一直都是国际营销研究中最重要的主题,其文献数量占全部国际营销研究文献

---

① JIBS 创刊之前,有两本国际商务领域的专业期刊,分别是创刊于 1960 年的 *Management International Review* 和创刊于 1966 年的 *Columbia Journal of World Business*。根据 Inkpen 和 Beamish(1994)对 JIBS 创刊后 25 年(1970—1994)间发表的文献回顾,国际营销的论文数量是所有发表论文主题中占比最高的,占 17.5%。

的比例超过 40%（Albaum & Peterson，1984；Aulakh & Kotabe，1993；Li & Cavusgil，1995）。

另一个开始于 20 世纪 60 年代末并与国际商务研究保持高度一致的研究主题是企业的国际化过程（internationalization process）。在这一研究主题之下，学者们重点关注的是企业国际化过程所经历的阶段，以及企业在国际化过程中的态度与行为，认为企业的态度与行为会在国际化的不同阶段发生变化。Johanson 和 Vahlne（1977）以及 Cavusgil（1980）提出的企业国际化过程模型即是该主题下具有代表性的研究，尤其是前者提出的模型（也被称为乌普萨拉模型）在国际商务研究中产生了非常广泛的影响。

国际营销中的购买者行为研究始于 20 世纪 70 年代中期，从关注个人与家庭消费者的购买行为开始，在 20 世纪 80 年代随着组织间营销理论的发展拓展至对组织购买行为的研究。1969 年，消费者研究学会成立，尤其是 *Journal of Consumer Research* 在 1974 年创刊出版以后，消费者行为研究的发展非常迅速，研究文献迅速增加。国际市场中的消费者行为研究在很大程度上受到国内消费者行为研究的影响，但其在 20 世纪七八十年代的进展相对于国内市场的研究是缓慢的（Albaum & Peterson，1984；Li & Cavusgil，1995），一些学者将原因归结于进行跨国实证研究操作的难度（Albaum & Peterson，1984）。除了传统的消费者行为研究主题，如家庭购买决策、信息搜寻行为、感知风险、意见领袖等，国际营销中关于消费者行为研究的一个比较独特且有趣的研究主题是关于原产国效应（country of origin effects）的研究，主要关注消费者对产品与品牌原产国的感知对于其购买行为的影响（Bilkey & Nes，1982）。随着 IMP 集团对工业品采购与营销研究的推进，以及美国学者对组织采购行为的研究，国际市场中的组织购买行为在 20 世纪 80 年代也得到了学界的关注，主要研究问题是国际市场中的组织购买行为决策过程及其影响因素。

进入 20 世纪 80 年代以后，两个新的研究主题受到了学界较多的关注。一个主题是国际营销过程中企业间的合作，该主题反映了自 20 世纪 70 年代后期起企业国际化过程中逐渐从企业完全控制的海外分支机构向企业间合作安排（如战略联盟与合资等）的变化。在研究的理论基础方面，该研究主题更为关注企业间合作关系中的互动行为，IMP 集团在 20 世纪 80 年代初期提出的互动模型（interactional model）被用来解释企业间的合作与互动行为。Li 和 Cavusgil（1995）直接将这一主题的研究称为"互动方法"（interactional approach）。

另一个研究主题是市场的全球化（market globalization）。伴随着全球化进程的推进，Levitt（1983a）率先提出了市场全球化的概念，并主张企业重新反思在国际化过程中采用针对每个国家市场的本地化战略与全球统一的标准化战略选择问题。这一视角的主要观点是随着市场的全球化，市场需求等要素在国家之间的差异在缩小，因此倡导企业采用全球统一的标准化战略，以降低国际营销的成本，并有助于获取在全球市场上的竞争优势（Levitt，1983a；Kotabe，1990）。然而，这一观点也受到了一些学者的质疑。Douglas 和 Wind（1987）指出，虽然在一些产品市场上可以识别具有相似需求和反应模式的全球细分市场，但消费者需求的同质化可能并不是一个一般的发展趋势。因此，不加区分地强调全球市场的一致性可能会对企业的国际营销活动产生误导。Li 和 Cavusgil（1995）认为，市场全球化视角是国际营销理论在 20 世纪 80 年代最显著的创新主题，虽然学界对此有不同的看法，但整体而言，争论是健康且富有建设性的，有助于国际营销理论的创新发展。

虽然 20 世纪 70 年代以来国际营销研究获得了快速的发展，作为营销学一个相对独立的分支领域也得到了营销学界的接受和认可，但该领域在理论建构不足和研究方法缺陷两个方面的局限性一直是学界关注的焦点。如 Aulakh 和 Kotabe（1993）在对 1980—1990 年国际营销研究文献的回顾中发现，这期间发表在 21 种主要期刊上的 893 篇论文中，实证研究论文仅有 327 篇，占全部论文总数的 36.6%。他们在结论中指出，虽然相较于 20 世纪 70 年代，国际营销研究在理论建构方面有了显著的提升，但研究方法的发展却是明显滞后的。其中，跨文化研究中的对等性问题（equivalence issues）是没有被解决的关键问题之一，这在某种程度上影响了国际营销实证研究的质量。Cavusgil、Deligonul 和 Yaprak（2005）在全面评估 20 世纪 60 年代以来国际营销的研究主题和研究方法问题以后，认为对等性问题，包括概念、测量量表、样本与抽样等方面的对等问题依然是困扰国际营销研究的主要问题。Douglas

和 Craig（2006）则直面国际营销研究所面临的概念基础和研究方法问题，在系统地回顾国际营销研究中的概念基础和实证研究方法（尤其是对等性问题）以后，提出了两种可以用来提升跨文化研究，尤其是国际营销研究的方法——调整的客位方法（the adapted etic approach）和关联的主位模型（the linked emic model）。这两种方法的提出在某种程度上也回应并整合了 Cavusgil、Deligonul 和 Yaprak（2005）所提出的国际营销研究的两种基本视角——基于国内营销研究的拓展视角和关注国家间差异的本土聚焦视角（indigenous focus perspective）。从某种程度上说，国际营销研究所面临的问题是所有跨文化研究都面临的共同问题，在 20 世纪 60 年代以来的几十年中，国际营销理论已经获得了长足的发展，是现代营销理论体系中不可或缺的一块。

## 6.5 关系营销理论的发展

虽然关系营销（relationship marketing）实践是一种非常古老的商业行为，但关系营销作为一个研究领域的出现是在 20 世纪 80 年代初期（Berry，1983；Sheth & Parvatiyar，1995a；Ballantyne、Christopher & Payne，2003）。关系营销在 20 世纪八九十年代迅速成为营销学研究的热点话题，并被很多学者认为作为一种新的营销范式会对一般营销理论产生重要影响，即所谓的"范式转换"（Grönroos，1994a，1994b；Gummesson，1997；Harker & Egan，2006）。然而，在过去 40 年里营销范式的转换并未发生，不过关系营销思想确实渗透进了传统的面向消费者市场的营销（B2C）、组织间营销（B2B）、服务营销、国际营销，以及新兴的网络与数字营销等几乎所有的营销学研究领域（Sheth & Parvatiyar，2000）。因此，与本章前面所讨论的组织间营销、服务营销以及国际营销等主流营销理论的分支不同，关系营销理论相对于主流营销管理理论而言是以一种新理论范式的形态出现的。关系营销理论的发展在某种程度上既反映了营销学界对基于新古典经济学的传统营销管理理论的不满，也体现了营销学界试图发展与改进一般营销理论的尝试。因此，在理论与思想的争论和交锋中，关系营销学者更多地采用了一种挑战的姿态，将关系营销思想置于以 4P 框架为核心的传统营销管理理论的对立面（Grönroos，1994a，1994b；Harker & Egan，2006），试图通过挑战主流理论的范式（交易营销，transaction marketing）来推进营销思想的发展和理论的建构。

### 6.5.1 关系营销的思想源头

任何新思想都不是凭空出现的，源远流长的营销实践与早期营销思想的发展都为关系营销在 20 世纪 80 年代初作为一个学术概念被提出奠定了基础。从营销实践来看，注重建立与顾客的长期关系几乎和商业一样古老（Ballantyne，Christopher & Payne，2003），因此关系营销其实是一个"古老的新概念"（Berry，1995）。Sheth 和 Parvatiyar（1995a）认为，关系营销概念只是前工业化时代买卖双方直接碰面的直接营销的"再生"（reincarnation），买卖双方的直接交易与互动使得双方之间的情感性和结构性纽带得以发展。他们认为，工业化时代基于精细化社会分工的大规模生产与大规模分销使得生产者无法再一对一地与买方互动，这恰恰是传统交易营销得以发展的背景和基础。进入后工业化时代以后，技术，尤其是信息技术的发展、服务经济的发展，以及日益加剧的市场竞争等因素使得企业重新认识到留住顾客以及建立稳定顾客关系的重要性，而技术的发展则使得企业重新关注与顾客的直接互动、管理顾客的关系成为可能，这是关系营销概念被提出的重要背景。

从学术思想史的角度，Tadajewski 和 Saren（2009）考察了早期营销思想中所蕴含的关系营销思想。他们发现，在 20 世纪 10—30 年代早期的营销学文献中，关于合作（而非竞争）与形成长期关系、企业间合作中的互惠规范等关系营销的核心概念曾被比较广泛地讨论和提及。在另一项相关的研究中，Tadajewski（2009b）进一步考察了 20 世纪 20 年代至 70 年代早期企业间营销活动中的互惠行为与规范在营销实践中的演变，以及学术与政策上的争论。互惠作为关系营销的一个重要思想无论是在管理实践还是在学术研究中都得到了较为充分的持续关注。因此，他们认为关系营销在思想上也有着丰富的文献基础，并非 20 世纪 80 年代的全新思想。

当然，营销学界并不否认关系营销的这些早期的学术与实践基础，但一般认为现代关系营销作为一个学术概念是由 Berry（1983）第一次提出的。在这篇被广泛引用的会议论文中，Berry（1983）主要基于服务营销的视角将关系营销定义为"吸引、维持与提升顾客关系"，其提出这一概念的着眼点是对服务企业将营销的重心置于如何吸引新顾客而对如何保持顾客关系关注不足的批评。Berry 认为吸引新顾客只是营销过程的开始，而如何巩固顾客关系，将顾客转化为忠诚的顾客，为顾客提供卓越的服务也应当被纳入营销的范畴。Berry 所表达的思想与同年发表在 *Harvard Business Review* 上的另一篇关系营销的里程碑式论文——《销售完成之后》（After the Sale is Over）（Levitt, 1983b）是相同的。Levitt（1983b）在该经典论文中主要以工业产品营销为关注对象，认为买卖双方的关系很少在一笔交易结束后就终止，相反，交易结束之后，双方的关系应该进一步加强，这构成了买方重复购买的基础。因此，对于买方来说，购买决定不是关于一件物品的，而是进入了一种契约关系，这需要卖方调整营销战略以维持并巩固这种长期导向的关系。从这个角度而言，销售活动已经远不是营销的全部活动，而需要整个公司都为之努力，将买卖双方之间的关系转换成相互依赖的关系。

　　Berry 和 Levitt 各自关注的领域——服务营销与工业品营销（B2B）构成了关系营销思想的两个重要源头（Ballantyne、Christopher & Payne, 2003; Harker & Egan, 2006）。[①] 需要指出的是，这两个研究领域对关系营销思想做出贡献在北美（主要是美国）营销学界和欧洲（主要是北欧）营销学界几乎是同时开始的。所不同的一个方面是，两个领域在发展关系营销思想的过程中，互动与交流是不同的。在服务营销领域，两个大洲的学者在服务营销理

---

① Möller 和 Halinen（2000）认为关系营销的学科源头包括组织间营销（主要指欧洲 IMP 集团的研究）、营销渠道（主要指北美营销学者的研究）、服务营销、数据库营销与直接营销，并且这四个领域的研究都强调了企业外部关系，尤其是企业与其顾客关系的重要性，都促进了将营销交换从看作一种交易现象向看作一种持续性关系的转换。如同我们在组织间营销理论发展部分所论述的，营销渠道管理的研究，尤其是渠道行为理论的研究与 IMP 集团关于工业品营销和采购的研究共同构成了组织间营销理论的基础，因此我们认为这两个领域的研究在本质上体现了组织间营销理论作为关系营销理论源头的影响。此外，数据库营销与直接营销是 20 世纪 80 年代后期，尤其是 90 年代以后随着信息技术的发展而逐渐被企业采用的营销方式，所以我们同意 Ballantyne、Christopher 和 Payne（2003）的看法，数据库营销与直接营销更显著地体现了信息技术对关系营销的赋能（enabling technology），而这种技术是可以支持任何营销活动的，因此我们不将其作为关系营销的一个思想源头。在营销学界，组织间营销和服务营销作为关系营销的两个思想源头是为关系营销学者所认可的。

论发展的加速期——20 世纪 80 年代初以后——就开始了密切而深入的交流与互动,并且发展出了具有高度思想一致性的关系营销思想。而在 20 世纪 80 年代中期以前,北美学界和欧洲学界在开始于工业品营销的组织间营销理论方面的交流与互动是很少的,两个大洲的学者在各自所关注的研究领域中发展出了具有相似思想内核的关系营销思想。①

#### 6.5.1.1 服务营销作为关系营销思想的源头

在服务营销领域,由于美国的学者与欧洲的学者,尤其是北欧的学者②在 20 世纪 80 年代初就开始了密切的交流和协作(Berry & Parasuraman,1993),因此他们的关系营销思想虽然有所不同,但其核心却高度相似——都关注服务的过程与互动,以及内部营销对服务营销结果的影响(Berry,1995;Grönroos,2000)。

服务的无形性、易变性、生产与消费同步的特征使得服务营销隐含着关系营销的思想。一方面,基于服务营销的对象是一种"表现"(performance)而非一种"物品"(有形商品)的认知,服务的交付是一个过程,为顾客建立与服务提供者之间的关系铺平了道路(Berry,1995)。而顾客与服务提供者之间重复性的接触和互动显然有助于双方关系的发展。在这一点上,Solomon 等

---

① 如同我们在下文将要论述的,在组织间营销领域对关系营销思想做出重要贡献的 Jackson(1985a,1985b)关于工业品营销的研究几乎是与 IMP 集团的第一个国际合作研究项目同期开展的,她的主要成果——一篇发表于 *Harvard Business Review* 的论文(Build Customer Relationships that Last)和一部著作(*Winning and Keeping Industrial Customers: The Dynamics of Customer Relationships*)均发布于 1985 年,而 IMP 集团的第一个国际合作研究项目的主要成果则发布于 1982 年(Håkansson,1982)。但是 Jackson 在其研究过程中并不知道欧洲同行所做的工作,Gummesson 说如果不是他在 1996 年告知 Jackson,她可能会一直不了解欧洲同行的工作(Gummessson, Lehtinen & Grönroos,1997)。当然,这与 Jackson 的职业生涯转换有关,虽然她在哈佛商学院 11 年的教职生涯奠定了她这项经典研究的基础,但她后来就离开了学术界,在撰写该经典论文时,她在总部位于马萨诸塞州剑桥市的一家名为索引系统(Index System)的咨询公司担任副总裁(Jackson,1985a;Payne et al.,1998)。Gummesson、Lehtinen 和 Grönroos(1997)认为虽然欧洲学者一般都会紧跟美国同行的学术研究进展,但美国学者却相对不了解欧洲同行的贡献,其原因在于美国的学术期刊往往有着很高的国际发行量,而美国的教授们也展现出不加掩饰的自信——他们的英文写作水平比大多数欧洲学者都要高(当然,英国和爱尔兰除外)。虽然 Gummesson 的上述评论体现了他对美国同行的些许不满,但欧洲学者,尤其是对关系营销思想贡献较大的北欧学者(主要来自瑞典和芬兰)的学术成果确实有很多是用其母语写作并在欧洲当地学术期刊上发表的(Grönroos,2017),这阻碍了美国同行对他们学术工作的了解。

② 主要是芬兰和瑞典的学者,他们的服务营销思想被称为斯堪的纳维亚学派(the Nordic School)(Berry & Parasuraman,1993),以 Gummesson 和 Grönroos 为代表。

(1985) 提出的服务接触的概念更直接强调了双方之间的互动（dyadic interaction）过程对顾客满意度的影响，即顾客对服务质量的体验以及对服务的满意度主要是关系互动的结果（Möller & Halinen，2000）。另一方面，服务质量概念的提出及其后续研究也包含着建立持续顾客关系的关系营销思想（Berry，1995）。服务质量提升的目标是建立顾客忠诚，这与 Berry（1983）对关系营销的定义在逻辑上是高度一致的。吸引顾客只是服务营销的第一步，服务营销需要采用全过程的视角，致力于建立顾客忠诚，建立并保持与顾客之间的稳定关系。在这一点上，Berry（1981，1983）认为，由于服务交付的是一种由企业员工提供的"表现"，因此企业必须关注接触顾客的员工，吸引、激励并留住那些能够提供卓越服务的员工，从而提升顾客的忠诚度，即要意识到内部营销的重要性。

与美国同行的思想类似，北欧的学者认为相对于有形产品的营销，服务营销的重要特征是顾客对服务的消费是一个"过程消费"（process consumption）而非"结果消费"（outcome consumption）。在这个过程中，顾客感知到的服务生产过程是其消费过程不可分割的一部分，因此服务生产与消费的界面对顾客的服务满意度以及与顾客建立长期合作关系的影响是至关重要的。北欧的学者将对这一界面的管理称为互动营销（interactive marketing）（Grönroos，1978，2000）。为了对互动营销实施有效的管理，北欧学者提出了更加结构化的框架——将互动过程（interaction process）作为管理的核心，将对话过程（dialogue process）作为维持与提升关系的机制，以及将价值过程（value process）作为互动营销的结果。当然，为了更好地实施互动营销，企业也需要关注接触顾客的企业员工的作用（Grönroos，1981），尤其是非营销部门的员工在塑造顾客关系中的作用，Gummesson（1987）将其称为"兼职营销者"（part-time marketer）。Berry（1995）将内部营销看作实现外部营销（external marketing）——管理企业与顾客关系的营销目标——的手段，即内部营销是有效外部营销的前提。

可见，服务营销的互动过程和内部营销是美国与北欧这两个对服务营销做出杰出贡献的学术群体共同的关注点,而这些"不约而同"的思想[①]则构成了关系营销的一个重要思想源头。

#### 6.5.1.2 组织间营销作为关系营销思想的源头

在组织间营销领域,美国营销学者从 20 世纪 70 年代初开始关注营销渠道中的互动行为,并在 20 世纪 70—80 年代主要围绕渠道关系中的权力、依赖与冲突形成了大量的研究文献(Gaski, 1984)。虽然信任与承诺等关系营销的核心概念(Morgan & Hunt, 1994)在 20 世纪 70 年代末 80 年代初尚未成为渠道行为理论研究的主要主题,但渠道行为理论的发展在以下两个方面对关系营销思想的发展做出了贡献。一方面,渠道行为理论以两个渠道成员构成的二元渠道关系作为基本的分析单位,关注渠道关系中双方的活动过程及其结果(Stern & Reve, 1980; Achrol, Reve & Stern, 1983)。另一方面,渠道行为理论为了解释渠道关系中的互动行为,采用了社会学、政治学、社会心理学等非经济学理论(Stern, 1969),这些理论为渠道成员之间的相互依赖模式、权力应用方式与渠道冲突对渠道成员满意度及渠道经济绩效的影响提供了一种区别于经济学理论的解释,更加充分地关注了渠道关系的"社会"维度在渠道运行中的作用。

除营销渠道研究领域的学者对渠道行为的研究以外,以 Jackson 为代表的少数美国学者自 20 世纪 70 年代末起开始关注工业品的营销活动。Jackson(1985a)不仅第一次在工业品营销领域使用了关系营销的概念(Gummesson, Lehtinen & Grönroos, 1997),更是第一次明确地将关系营销置于交易营销的对立面,并将其应用于工业品生产企业的营销战略(Payne et al., 1998)。为了进一步阐述关系营销与交易营销在工业品营销战略中的应用,Jackson 区分并定义了两种采购行为:"总有一份"(always-a-share model)和"永远丧失"(lost-for-good model)。其中,"总有一份"的采购行为是指客户可以随意地把全部或部分业务从一个供应商转移到另一个供应商;"永远丧失"则强调客户

---

[①] Berry 与 Grönroos 在 1981 年的首届服务营销年会上第一次见面,并了解到对方也在做内部营销研究。Berry 和 Parasuraman(1993)将他们的见面称为一个"宣泄式的发现"(a cathartic discovery),因为二人都在忍受着"内部营销不是营销"的批评。

对同一个卖主的高度承诺。她认为有效的营销战略要与客户的采购行为相匹配，对于"总有一份"的客户，交易营销是适用的，而对于"永远丧失"的客户，则需要匹配关系营销战略——强调关系的长期导向以及对关系的承诺。Jackson 的这种思想更多地体现了企业在应用关系营销时的战略选择，关系营销并不适用于所有类型的顾客关系，这与 Grönroos（1991）的关系营销战略连续图谱（strategy continuum）的思想是高度一致的。Jackson 的经典研究启发了包括 David T. Wilson 在内的 B2B 美国营销学者对工业品市场买卖关系的后续研究（Payne et al., 1998）。①

几乎与 Jackson 的研究同步，IMP 集团于 1976 年启动了工业品营销与采购国际合作研究项目（该项目于 1982 年完结）。基于这一项目，IMP 集团提出了工业品营销与采购的互动模型（Håkansson, 1982）。这项研究及其互动模型提出的理论观点与美国营销渠道行为研究和工业品营销研究在以下几个方面具有高度的相似性（Håkansson & Snehota, 2000）。一方面，研究的基本分析单位是工业品买卖双方之间的关系。互动模型提出工业品买卖双方之间的关系是长期持续的，双方在持续的交易过程中建立了基于相互性（mutuality）的互动模式。在这个相互依赖的长期关系中，买方和卖方同样重要，倾听和表达同样重要，这与传统营销理论以卖方为主的理论范式产生了鲜明的对比。另一方面，要更好地理解长期导向的工业品营销与采购之间的关系，就需要引入经济学以外的理论。在长期持续的买卖关系中，双方通过互动来解决技术的、社会的和经济的三类问题，也可以说关系中包含着这三类要素。其中，经济的要素主要体现为关系运作的经济结果，但这一结果却不能简单地用基于市场竞争和理性经济人假设的经济学理论来解释，因为关系互动过程中包含了诸多社会的和技术的要素，其中，社会的要素对关系的互动过程和结果产生的影响尤为关键。互动模型中的关键社会要素包括关系中的信任、承诺

---

① 为了整合与促进美国 B2B 营销学者和欧洲 IMP 集团的研究，Möller 和 Wilson（1995）邀请了美国及欧洲营销学界在工业品营销与采购、营销渠道管理等相关领域最具代表性的学者共同编写了《企业营销：互动与网络视角》(Business Marketing: An Interaction and Network Perspective)，该书对 20 世纪 90 年代中期组织间营销理论的发展做了较为全面的梳理与整合。两位主编 Möller 和 Wilson 分别来自芬兰赫尔辛基经济学院和美国宾夕法尼亚州立大学，后者当时担任企业市场研究院（the Institute for the Study of Business Markets）的院长。

以及权力（影响）。因此，社会学理论显然比经济学理论更适于解释这些互动行为的过程及结果。

可见，虽然美国营销界和欧洲的 IMP 集团几乎是在同一时期相互独立地开展有关组织间营销的研究，但双方在研究的分析单位和解释所依据的理论基础方面有着高度的一致性。在分析单位上，双方都是将组织间关系作为分析单位，淡化了传统营销管理理论中企业与顾客的主次关系，强调双方的互动过程对交换关系结果的影响。在解释所依据的理论基础方面，双方都认为传统的以新古典经济学为基础的经济学理论无法充分地解释长期导向、相互依赖的组织间关系，转而依赖社会学、社会心理学等理论来解释关系中的社会互动过程与结果。这些共同点构成了关系营销理论重要的思想源头。

### 6.5.2 关系营销理论的发展与争论

20 世纪 80 年代中期以后，尤其是进入 20 世纪 90 年代，营销学界对关系营销的研究迅速升温。*Journal of the Academy of Marketing Science*（1995）、*European Journal of Marketing*（1997）、*Industrial Marketing Management*（1997），以及 *Journal of Marketing Management*（1997）等学术期刊出版了关系营销专刊；美国埃默里大学（the Emory University）和澳大利亚莫纳什大学（Monash University）分别从 1993 年开始组织召开关系营销学术会议，为关系营销学者提供了更加专业的交流平台；将关系营销作为核心研究主题的研究中心也分别在美国的埃默里大学、英国的克兰菲尔德大学（Cranfield University）、芬兰的汉肯经济学院（Hanken School of Economics）和坦佩雷大学（Tampere University）陆续建立；Sheth 和 Parvatiyar（2000）编辑出版了《关系营销手册》（*Handbook of Relationship Marketing*），对 20 世纪八九十年代关系营销思想与理论的发展做了系统的梳理。2002 年，*Journal of Customer Service in Marketing & Management* 更名为 *Journal of Relationship Marketing*。这些专业学术社区的发展极大地促进了关系营销理论的发展。然而，关系营销思想的多源性，以及北美与欧洲在理论范式、研究方法等方面的多样性，促使关系营销理论的发展呈现多样性，其中也包含了来自不同思想源头与理论范式的诸多争论。

#### 6.5.2.1 关系营销理论的学派及其争论

虽然学界对于关系营销思想主要来自服务营销和组织间营销两个研究领域并没有争论，但关于在关系营销理论发展过程中所形成的不同学派，学界却存在不同的观点。学者们认为关系营销主要的学派包括斯堪的纳维亚学派、IMP 集团、盎格鲁-澳大利亚学派（the Anglo-Australian school）和北美学派（the North American school）（Palmer, Lindgreen & Vanhamme, 2005）。观点分歧的主要原因是这些学派之间围绕着服务营销与组织间营销研究有着千丝万缕的关联。如斯堪的纳维亚学派与 IMP 集团之间在研究的理论范式和方法、学者的地域分布等方面有着紧密的关联，因此 Payne（2000）认为前者包含了后者。盎格鲁-澳大利亚学派的主要贡献者是英国学者（Payne, 2000），而英国营销学界对 IMP 集团的贡献也是显著的，因此在组织间营销这个领域，IMP 集团与盎格鲁-澳大利亚学派之间存在紧密的关联。北美学者对关系营销理论的贡献来自服务营销和组织间营销（主要是营销渠道行为研究）两个领域，而两个领域之间的差异明显，依据对服务营销领域企业与消费者关系的关注来定义这个学派存在争论。下面我们简要阐述不同学派的独特贡献，并在后文讨论它们之间存在的一些争论。

斯堪的纳维亚学派的关系营销思想主要基于服务营销，或后期他们所强调的服务管理（service management）——市场导向的、以顾客为中心的管理（Grönroos, 2017）。该学派将服务营销看作一个互动过程，这一点与 IMP 集团 20 世纪 80 年代基于工业品营销与采购研究提出的互动模型是一致的。该学派的另一个核心观念是将服务营销看作一个跨职能部门的管理过程，即需要在组织内建立以顾客为中心的结构和文化，因此内部营销对服务营销的结果至关重要（Grönroos, 1981; Gummesson, 1987）。

IMP 集团与斯堪的纳维亚学派紧密相关，不仅是因为前者的发展也与北欧，尤其是瑞典和芬兰学者的卓越贡献有关，还因为尽管两个学派研究的市场并不相同，但他们都采用以案例为主的定性研究方法。在这一点上，这两个欧洲的学派与北美以定量实证研究为主的研究范式形成了鲜明的对比。在 IMP 集团第一个国际合作研究项目提出的互动模型的基础上，该集团 1986 年启动的第二个国际合作研究项目将 B2B 关系拓展为企业间网络模型,关注企业间网络结构及其内在运行机制对企业间关系中互动及其结果的影响(Möller & Wilson, 1995)。IMP 集团的这种网络视角和方法与基于服务营销的二元关系互动视角形成了鲜明对比,为理解网络中企业的行为提供了一个更加贴近现实的视角。如同我们在组织间营销理论部分所阐述的,IMP 集团的观点在 20 世纪 80 年代后期以后逐渐将其影响扩展至北美和澳大利亚,除在研究方法上与 IMP 集团不同以外,网络视角也对美国组织间营销理论的发展产生了重大影响。

盎格鲁-澳大利亚学派在早期与 IMP 集团有着紧密的关联,这表现为参与了早期 IMP 集团国际合作研究项目的英国学者的贡献。20 世纪 80 年代末以后,一些来自克兰菲尔德大学的学者采用更为宽泛的视角发展了所谓的战略关系营销(strategic relationship marketing)研究,并逐渐发展出与 IMP 集团不同的关系营销思想。与斯堪的纳维亚学派一样,该学派也强调组织内的跨部门协调对关系营销的重要性,因此内部营销也是该学派的一个重要观点。该学派最为独特的观点是采用非常宽泛的视角来定义关系营销的市场,并提出了关系营销的六个市场模型(Christopher, Payne & Ballantyne, 1991)——顾客市场、内部市场、推荐市场(referral markets)、影响市场、员工市场和供应商市场。从管理的角度,该学派认为这六个市场对企业的重要性并不相同,在资源有限的情况下,企业需要平衡在各个市场中的投入,以保证建立并维持与这些市场的良好关系(Payne, 2000)。该学派的多市场模型与斯堪的纳维亚学派代表人物 Evert Gummesson 所提出的企业或组织面对的 30 种关系(Gummesson, 1997),即 30R 模型看待市场的方式高度一致,并且体现了 IMP 集团网络方法的思想。

关于关系营销的范畴——是只关注企业-顾客关系,还是关注所有可能对企业营销活动产生影响的利益相关者关系——构成了北美营销学界与其他学派的一个主要分歧点(Egan, 2003)。实际上,在北美学派内部,组织间营销与服务营销两个领域的学者看待这一问题的方式也是不同的。在组织间营销领域,北美学者的看法与 IMP 集团的网络视角具有较高的一致性,如 Morgan 和 Hunt(1994)在其经典研究中,对关系营销的定义即采用了宽泛的视角,认为关系营销的对象包括所有利益相关者。而以消费者市场为基础的学者则更为强调企业与顾客的关系。关系营销领域的领军学者 Sheth 即是这一观点的主要代表,他认为关系营销应该将其研究的市场类别限制在企业与顾客关系内,企业与广泛的利益相关者的关系并不是营销学的研究范畴,而是战略管理、供应链管理等学科领域的研究范畴(Sheth & Parvatiyar, 2000)。相反,无限制地拓展关系营销的研究范畴可能并不利于关系营销理论的发展,也不利于将关系营销从一个研究领域发展成一个具有更大影响力的学科领域(Sheth & Parvatiyar, 2002)。

从以上讨论中我们可以得出的一个基本结论是,虽然不同学派的关系营销思想有一些共同点,但关系营销本身是一个理论范式多元的领域,并不存在一个统一的理论体系(Palmer, Lindgreen & Vanhamme, 2005)。也许正是这种多样性,才使得关系营销成为一个充满活力的研究领域。

#### 6.5.2.2 关系营销的管理:所有的顾客都需要关系吗

关系营销理论不同的思想渊源、不同的研究范式与不同的研究对象使其成为一个"伞概念",即在"关系营销"这把伞下包含了诸多存在差异的观点(Möller & Halinen, 2000)。但将建立与维持长期稳定的顾客关系作为企业营销活动核心的思想,使得关系营销学者认为关系营销是一个可以对传统营销管理理论提出挑战的新的理论范式(Grönroos, 1994a, 1994b)。即便如此,从管理的角度来看,现实中所有类型的企业顾客都需要发展长期导向的关系吗?换言之,关系营销理念是否适用于所有类型的市场和顾客?对这一问题的讨论也涉及"营销范式的转换"问题,我们将在后文中讨论这个问题,这里先从管理的角度来讨论与关系营销的管理战略相关的问题。

显然,并不是所有的顾客都需要或愿意与企业建立长期关系(Palmer, Lindgreen & Vanhamme, 2005),这里不仅有市场的类型问题,也有营销活动所涉及的产品与市场结构等相关的问题(Rao & Perry, 2002)。Möller 和 Halinen (2000) 首先基于个人消费者市场和组织市场的差异讨论了企业与个人消费者(顾客)的关系与企业间关系的不同,个人消费者庞大的数量、其与企业关系基于市场竞争的低水平相互依赖性和低转换成本,使得二者之间建立与维系长期导向的关系成为一种挑战。虽然 Sheth 和 Parvatiyar（1995b）试图在理论层面建立消费者行为与关系营销之间的关联，但他们关于消费者倾向于降低选择的复杂性而愿意与企业建立持续的忠诚关系的前提假设受到了批评和质疑（Bagozzi，1995；Peterson，1995）。因此，消费者市场上关系营销的管理以企业主动采取经济的、社会的和心理的策略为主要形式（Berry & Parasuraman，1991）。此外，Berry（1995）在讨论留住顾客、建立顾客忠诚时提到的一个观点是非常具有现实意义的：即使顾客愿意建立并留在与企业的关系中，企业也需要衡量成本与收益，即要识别那些有利可图的顾客（profitable customers），并重点建立与他们的关系。相对而言，由于组织市场中的组织间关系具有更高水平的资源依赖、更低水平的竞争和更高水平的转换成本，组织似乎有更强的意愿建立长期关系（Möller & Halinen，2000）。然而，Jackson（1985a）基于工业品市场的经典研究已经表明，这个结论并不是必然的。在组织市场上竞争和替代及其决定的转换成本是一个相对概念，组织市场上依然存在短期导向的"交易营销"行为，并非所有的组织间关系都适用于关系营销，这里显然有营销战略与关系类型的匹配问题。

学界解决这一问题的思路是基于关系的类型来匹配适合的营销战略。与关系营销概念相对应，Dwyer、Schurr 和 Oh（1987）提出了关系交换（relational exchange）的概念——长期导向的交换行为，并建立了一个关系交换的连续图谱。他们将以新古典经济学为基础的基于完全竞争市场的交易作为图谱的一个端点，而将企业完全内部市场的交易作为另一个端点，将各种组织形态的长期导向的关系交换置于二者之间。这种介于两个端点之间的交换行为因关系中是否涉及产权安排、长期契约和战略联盟等而呈现出不同程度的长期导向性（Dwyer，Schurr & Oh，1987；Webster，1992）。基于这种关系的分类，Möller 和 Halinen（2000）提出了以市场为基础的关系营销（market-based relationship marketing）和以网络为基础的关系营销（network-based relationship marketing），来涵盖从纯市场交易（低关系复杂性）到各种关系交换（高关系复杂性）的交换关系。Grönroos（1991）提出的关系营销战略连续图谱的思想与上述观点高度一致。虽然以关系类型的连续图谱为基础可以在一般理论层面解决关系营销战略的匹配问题，但该观点却抹去了将关系营销定位于传统交易营销对立面的逻辑基础，就营销范式的转换提出了新的问题。①

#### 6.5.2.3 关系营销与交易营销：营销范式的转换

Jackson（1985a）使用"交易营销"与"关系营销"这两个相互对立的概念时大概并未想到这两个概念在十年之后成为营销范式转换讨论中的两个"标签"。在营销范式转换的讨论中，交易营销指的是从 20 世纪 50 年代以后逐渐居于主导地位的营销管理理论，尤其是该理论的营销组合与 4P 模型被认为是占据主导地位的营销范式，而关系营销则是向这一主导范式发起挑战的新理论范式（Grönroos，1994b；Harker & Egan，2006）。

作为交易营销的核心，营销组合以及 4P 模型建立在经济学基础之上，其成为营销主导范式的一个关键因素是 20 世纪 50 年代以后美国消费品市场的标准化与同质化，以及随之而来的高度市场竞争（Harker & Egan，2006）。营销组合概念的出现，尤其是 4P 模型的出现不仅极大地满足了生产企业的营销管理需求，更在营销教育中为教师和学生提供了一个高度简洁的框架（Grönroos，1994a），这使得以 4P 模型为中心的营销组合框架迅速成为营销管理理论的核心，并随着营销学教育的全球化日益成为绝对主导的理论范式。

关系营销学者对以 4P 模型为核心的交易营销理论的批评主要集中在三个方面。第一，4P 模型作为高度精简与浓缩的营销组合模型缺乏坚实的理论基础，只是一个"没有理论根基的目录"（just a list of P's without roots）（Grönroos，1994a）。Borden（1964）提出营销组合概念时，在其中包含了 12 个营销管理要素，认为营销管理者可以根据应用的情境来选取相应的营销管理要素，并将其组合成一个营销计划。因此，Borden 并未将营销组合作为一个完整的营销管理要素目录来定义，因为任何目录都不可能是完整的。Grönroos（1994a）认为"要么是 McCarthy 在将 Borden 的营销组合思想概括成 4P 模型时曲解了 Borden 的思想，要么是在 McCarthy 之后采用 4P 模型的营销学者曲解了他的

---

① 20 世纪 90 年代以后，随着关系营销研究的日益深入，关于关系营销战略管理的另一个重要问题被提出并日益得到学界的关注——关系营销的"阴暗面"（dark-side）。这个方向的研究在传统关系营销研究关注其积极影响（整合性文献参见 Palmatier, Dant & Grewal, 2007）的基础上，关注亲密关系的负面影响，从而为关系营销研究提供了一个更加平衡的视角。关于这一研究领域的文献，读者可以关注 Dant 和 Gleiberman（2011），以及 Oliveira 和 Lumineau（2019）。

思想"(p.5),从而使得一个高度简化的营销组合模型成为一个"通用的营销理论"(universal marketing theory)。第二,4P 模型与以顾客为核心的营销观念并不契合,而是更多地体现了生产企业主导、消费者作为被动营销对象的生产导向思想(Grönroos,1994a,1994b;Harker & Egan,2006)。以 4P 作为企业营销管理的核心框架,使得企业的营销活动变得非常容易,企业根据 4P 框架设计营销计划,向其目标顾客进行营销,并期望目标顾客做出反应。在这样的企业-顾客关系中,企业是主动的,顾客是被动的,以顾客为中心的营销观念并没有在这样的营销活动中得以体现。第三,与前一个方面相关,有了 4P 的指导,营销活动可以专业化地由企业的营销部门(或销售部门)来执行,而企业的其他部门则不需要参与。这使得作为营销观念一个重要支柱的"整合营销"观念无法在企业内真正得到执行,而缺少了其他部门的有力支持,营销部门不仅自身很难实现企业的营销目标,还要为没有实现企业的营销目标而承担全部责任。

以服务营销和组织间营销为基础发展起来的关系营销理论首先认为传统的交易营销理论无法充分地解释服务和组织市场的交换活动,这让关系营销学者确认交易营销并非适用于所有情境的"一般营销理论",至少服务营销和组织间营销这两个领域构成了交易营销的"终点"。在此基础上,关系营销强调的过程与互动的观点、跨部门的内部营销观点都被认为可以有效地弥补或纠正交易营销的不足。此外,20 世纪 90 年代以后市场环境的变化,如服务经济的快速发展、消费者需求个性化水平的提高,以及信息技术在营销领域的广泛应用为包括消费者市场在内的各个市场实施关系营销活动提供了基础和条件。在这样的背景下,关系营销学者明确地提出了"范式转换"的主张,认为营销理论正在从专注于短期交易的交易营销范式向致力于发展长期关系的关系营销范式转换(Grönroos,1994b;Gummesson,1997)。

然而,范式的转换真的在发生吗?这显然是一个不容易回答的问题。那么,关系营销理论可以被称为一个"理论范式"吗?对这个问题的回答虽然不免争论,但如前文所述,关系营销作为一个多思想源头、多理论范式的研究领域,其本身尚未形成一个统一的理论体系。如同交易营销不能解决全部的营销问题一样,关系营销同样不能适用或解释全部的营销问题,因此 Rao

和 Perry（2002）认为关系营销的发展并不能作为营销学范式转换而存在。如果将交易营销看作交换关系图谱的一部分，那么交易营销与关系营销之间的对立和差别便被消除了，从这个角度来看，关系营销范式转换的问题也就不存在了，因为这个范式从哪里开始，又要转换到哪里去，都变得不清晰了（Mattson，1997）。无论是交易营销还是关系营销，二者都无法充分地解释市场运作的本质机制；相反，二者作为互补性的理论可以更充分地解释营销问题。在当前这个阶段，更重要的问题也许并不在于关系营销能否替代交易营销完成范式转换，而在于如何更完整地解释营销问题，更好地指导企业的实践，这是 Grönroos（1991，1994b）营销战略图谱提出的重要背景，并为解决关系营销与交易营销的关系问题提供了另一条更为切合实际的解决思路。20世纪90年代以来关系营销思想与传统营销管理理论的日益融合体现了关系营销思想的影响，但同时也在某种程度上显示出关系营销作为一种潜在的范式对营销理论创新的某种约束作用。

**思考题：**

1. 营销观念拓展运动是在什么背景下产生的？具有哪些影响？
2. 组织间营销理论是如何产生与发展的？
3. 服务营销理论是如何产生与发展的？
4. 国际营销理论是如何产生与发展的？
5. 关系营销理论是如何产生与发展的？
6. 上述这些理论分支的发展对营销管理理论的主导地位产生了怎样的影响？

# 第 7 章
# 营销思想的成熟与现代学派

学习目标
- 了解现代营销学派的结构与内容
- 了解营销管理学派的主要内容
- 了解营销系统学派的主要内容
- 了解消费者行为学派的主要内容
- 了解宏观营销学派的主要内容
- 了解交换学派的主要内容
- 了解营销历史学派的主要内容

## 7.1 现代营销学派概览

经历了 20 世纪 50—70 年代的范式转换和 70 年代以后营销思想向各个专业领域的拓展，营销思想体系进入比较成熟的阶段，形成了以营销管理理论为主流理论，包含组织营销理论、服务营销理论、国际营销理论、宏观营销理论等诸多分支理论的理论体系。营销主流范式的转换产生了两个相互关联的结果：一方面，以功能分析、商品分析和机构分析为代表的传统营销理论被以营销管理理论为代表的新主流范式所取代，进而随着营销思想的拓展产生了一些新的思想学派，如营销管理学派（marketing management school）、消费者行为学派（consumer behavior school）、交换学派（exchange school）等。另一方面，营销主流范式的转换并未使传统营销思想所积累的知识成为历史的尘埃，在 20 世纪前半叶所积累起来的这些知识要么被整合到新的主流理论中，要么随着营销思想的演进发展成为营销理论体系中的一些思想学派，如营销系统学派（marketing system school）、宏观营销学派（macromarketing school）和营销历史学派（marketing history school）等。这些思想学派共同构成了如今营销思想体系的主体部分，本章将对这些学派的发展历程、关注的主要问题、代表性学者的主要思想进行阐述，以展示营销思想体系的全貌。

这些现代营销学派的概要内容如表 7-1 所示。从表中不难看出，这些学派之间的界限并非泾渭分明；恰恰相反，它们之间存在各种复杂的关联。这些学派之间存在各种关联的根本原因当然是它们的思想核心都是"营销"这种经济与社会现象，只是不同学派观察和探索这一现象的角度不同而已。此外，处于营销范式转换时期的杰出学者——Alderson 的两本包罗万象的经典著作及其发表的论文和演讲等为营销思想的发展贡献了一笔宝贵而丰富的思想遗产。营销管理学派、营销系统学派、宏观营销学派和交换学派的思想都可以从 Alderson 的著作中找到思想渊源，甚至有学者认为消费者行为学派的发展也受到 Alderson 所倡导的用行为科学来补充经济学作为营销学术研究理论基础的观点的影响（Jones，Shaw & McLean，2010）。营销系统学派和宏观营销学派更多地继承了早期营销功能学派和营销机构学派的思想，从而使二者在理论范畴上存在一些交叉和紧密的关联。交换学派的发展在某种程度上是营销管理学派取得主流营销理论地位以后，为解除营销学面临的"合法性危机"而向非经济领域拓展的结果。Kotler 作为营销管理学派的核心人物显然对交换学派的发展做出了杰出贡献，从而也将这两个学派紧密地关联起来。实际上，交换学派的一些核心思想也构成了营销管理理论的基础概念和核心理论观点，这一点在 Kotler 的经典教科书中得到了非常充分的反映。相较而言，消费者行为学派和营销历史学派与其他学派之间的关联是比较松散的。其中，消费者行为学派更多地将其理论基础扎根在心理学和社会心理学的理论之中，不仅在研究范式上更多地遵循心理学的范式，而且这个学派也吸引了大量来自心理学领域的学者进入营销学领域。当然，这个学派的这种特征使其在众多营销思想学派中显得颇为独立，并且有与主流营销范式渐行渐远的趋势（Wilkie & Moore，2003）。营销历史学派因其关注的核心问题的独特性而与其他学派之间在思想上较少存在交叉，因 Bartels 的杰出贡献，这个学派在过去 30 年中吸引了越来越多学者的关注，并使营销思想史发展成一个较为独立的研究领域。虽然学界在是否将营销历史学派作为一个独立学派的观点上存在分歧（Sheth，Gardner & Garrett，1988；Shaw & Jones，2005），但对于一个拥有超过百年历史的学科来说，思想史的研究无疑是非常重要的。鉴于此，我们也参照 Shaw 和 Jones（2005）的观点，将营销历史学派作为一个独立的营销思想学派。

表 7-1  现代营销思想学派代表性学者与观点一览表

| 营销学派 | 代表性学者 | 关注的主要问题 | 关注问题的层面 | 主要概念和理论 |
|---|---|---|---|---|
| 营销管理学派 | Alderson（1957，1965）<br>Howard（1957）<br>Kelly & Lazer（1958）<br>McCarthy（1960）<br>Kotler（1967） | • 营销管理者如何面向顾客进行商品营销 | 微观层面：<br>• 企业作为供应方<br>• 任何个人或组织作为供应方 | • 营销组合<br>• 顾客导向<br>• 市场细分，目标市场选择与市场定位 |
| 营销系统学派 | Alderson（1957，1965）<br>Fisk（1967）<br>Dixon（1967） | • 什么是营销系统<br>• 营销系统为什么存在<br>• 营销系统如何运行 | 微观层面：<br>• 企业和家庭<br>宏观层面：<br>• 流通渠道<br>• 营销系统整体 | • 部分与整体之间的相互关系<br>• 营销系统<br>• 微观与宏观营销<br>• 社会影响 |
| 消费者行为学派 | Katona（1953）<br>Engel，Kollat & Blackwell（1968）<br>Howard & Sheth（1969） | • 消费者为什么购买<br>• 消费者如何做出购买决策<br>• 消费者如何能够被说服 | 微观层面：<br>• 消费者购买<br>• 企业采购<br>• 个人或家庭消费 | • 理性和情感动机<br>• 需要和需求<br>• 学习<br>• 人格<br>• 态度形成与变化<br>• 信息处理过程<br>• 态度领袖 |
| 宏观营销学派 | Alderson（1965）<br>Fisk（1967）<br>Dixon（1967）<br>Hunt（1981）<br>Bartels & Jenkins（1977） | • 营销系统如何影响社会，以及社会如何影响营销系统 | 宏观层面：<br>• 流通渠道<br>• 消费者运动<br>• 公共政策<br>• 经济发展 | • 生活标准<br>• 生活质量<br>• 营销系统<br>• 整体营销绩效 |
| 交换学派 | Alderson（1965）<br>Kotler（1972）<br>Bagozzi（1975，1978，1979）<br>Houston & Gassenheimer（1987） | • 交换的形式是什么<br>• 市场交换如何区别于其他形式的交换<br>• 交换的双方是谁，他们为什么要进行交换 | 宏观层面：<br>• 市场中卖方和买方整体<br>微观层面：<br>• 企业和家庭<br>• 任何两方或个人 | • 社会交换、经济交换与市场交换<br>• 以物易物与市场交易<br>• 一般的交换 |

(续表)

| 营销学派 | 代表性学者 | 关注的主要问题 | 关注问题的层面 | 主要概念和理论 |
|---|---|---|---|---|
| 营销历史学派 | Hotchkiss (1938)<br>Bartels (1962, 1976, 1988)<br>Hollander (1960)<br>Shapiro & Doody (1968)<br>Savitt (1980) | ● 营销实践、思想、理论和学派是何时产生、如何演化的 | 宏观层面：<br>● 营销思想和实践<br>微观层面：<br>● 营销思想和实践 | ● 营销实践的历史<br>● 营销思想的历史 |

资料来源：根据 Shaw 和 Jones (2005) 整理而成。

## 7.2 营销管理学派

营销管理学派关注的核心问题是"组织如何向其目标客户提供产品和服务营销"(Jones, Shaw & McLean, 2010)。自 20 世纪 60 年代起，营销管理学派就成为营销学科的主流学派，对营销学术研究和企业的营销管理实践都产生了决定性影响。营销管理理论的革命性影响一方面体现在其采用的管理视角上。区别于 20 世纪 50 年代之前的主流营销理论主要以经济学为学科基础和研究视角，营销管理学派显然不满意抽象的经济学理论越来越偏离企业管理实践的局限 (Sheth, Gardner & Garrett, 1988)，转而从管理学中寻求理论框架，直接将营销理论建构于企业的管理决策之上，从而更加契合企业对营销管理的需求 (Alderson, 1957)。另一方面，从企业管理的角度，尤其是从生产制造商的角度来关注营销管理问题，使得营销管理理论自然而然地采用了微观的视角，这也使之与关注营销功能和营销渠道系统的传统营销理论的宏观视角区分开来。随着营销管理理论范式的拓展，这一微观视角更多地体现为从供应方（或卖方）的角度来对其营销活动进行规划和管理，而不论供应方为营利性的企业还是非营利性的组织 (Kotler & Levy, 1969a; Kotler, 1972)。为了提高营销活动的有效性，从供应方视角出发的营销管理组织引入了以目标顾客需求为导向的营销观念 (McKitterick, 1957)，并发展了以营销组合 (marketing mix) 为核心的一套营销管理战略与战术方案 (McCarthy, 1960; Borden, 1964) 来对企业的营销活动进行管理。营销管理学派的这些鲜明的特点在将其塑造成主流营销理论的同时，也对其做出了相应的限制，宏观视角的缺失使得该学派将注意力集中于组织与个人的同时，对营销与社会之间的相互影响这一更为一般的重要理论问题缺乏关注（Sheth & Garrett，1986；Bartels，1988），这一缺陷显然需要其他学派来弥补。

虽然营销管理理论从20世纪50年代中期开始快速发展，并为营销学界和企业所接受，但如同其他所有理论一样，营销管理理论也不是突然出现的，其思想源流可以向前追溯很多年。早期销售管理作为营销学的一个分支为营销管理思想的发展提供了初始的基础（Bartels，1988），然而，真正赋予营销管理现代含义并向营销理论中引入管理视角的是Alexander等（1940）编写的《市场营销》一书。在该书中，营销作为一种管理职能被明确地提出，对营销活动进行计划、对市场进行研究以及对预算进行控制也被前所未有地强调。而一种被称为"销售规划"的营销功能——根据消费者的需求来调整生产和销售的产品，更是前所未有地强调了消费者需求在营销活动中的作用。显然，营销作为管理职能和消费者需求导向的观点已经呈现了营销管理学派核心思想的雏形。20世纪50年代以后，采用管理视角来阐释营销理论的文献数量开始迅速增加，其中包括Howard（1957）的教科书《营销管理》、Alderson（1957）功能主义营销理论奠定的思想基础，以及Kelley和Lazer（1958）主编的影响广泛而深远的论文集《管理的营销：视角与观点》。除上述经典学术著作以外，发表于20世纪50年代中期至60年代中期的一系列富有思想洞察力和影响力的经典论文所提出和讨论的概念，如市场细分（Smith，1956）、营销近视症（Levitt，1960）、营销观念（McKitterick，1957；Keith，1960）、产品生命周期（Wasson，1960）和营销组合（Borden，1964），终于在McCarthy（1960）里程碑式的教科书《基础营销学：管理的方法》中汇聚成一个较为完整的理论框架，进而在以Kotler（1967）的经典教科书《营销管理：分析、计划和控制》为代表的一系列营销管理教科书中不断得到提升和完善，最终成为营销学的主流理论。

在这个过程中，营销观念和营销组合两个概念构成了营销管理理论的核心思想（Sheth，Gardner & Garrett，1988），而20世纪60年代末至70年代中期营销观念的一系列拓展则进一步强化了营销管理理论的主流地位。首先，通过 McKitterick（1957）、Borch（1958）、Keith（1960）以及 Levitt（1960）等的贡献，顾客需求导向的营销观念在 20 世纪 50 年代基本被确立起来，构成了营销管理理论的基础哲学观念。

其次，营销组合的提出与概念化，以及最终在 McCarthy（1960）的经典教材中以 4P 模型的形式被表达出来，成为在市场需求导向这一营销观念与营销哲学基础上指导企业营销管理策略的核心，与营销观念一起构成了营销管理理论的核心。4P 模型在营销思想史上的影响无疑是巨大的，它在某种程度上代表了营销管理本身。然而，该模型在促进营销管理理论在 20 世纪 60 年代以后迅速占据营销学主导范式地位的同时，也持续不断地受到来自营销学界内部的挑战与批评。如 Schultz、Tannenbaum 和 Lauterborn（1994）认为，虽然营销观念和营销组合构成了营销管理理论的两个核心概念，但二者之间却并未建立起高度的逻辑一致性。营销观念的本质是顾客需求导向，要求企业从顾客的角度思考全部的营销活动，而营销组合则完全是从企业角度出发的，企业的营销经理希望通过对营销组合的设计和应用使目标顾客做出反应（Schultz, Tannenbaum & Lauterborn, 1994）。

实际上，营销学界对营销组合概念的批评与改进是一直持续的，但这些改进的或新的营销组合本质上并未摆脱 4P 框架的束缚，因此也难以撼动 4P 框架在营销管理理论中的核心地位。在众多的新营销组合框架中，Lauterborn（1990）提出的 4C 框架得到了较多的关注，科特勒（2001）在其经典教材《营销管理（新千年版·第 10 版）》中对此进行了阐述，认为 4P 框架代表了销售者的观点，而 4C 框架则是从顾客的角度来考虑这些营销组合工具如何为顾客提供利益。Lauterborn（1990）认为，与产品要素相对应，企业应考虑的是其产品为顾客解决了什么问题（customer solution）；与价格相对应，企业应考虑顾客付出的成本（cost to the customer）；与渠道相对应，企业应考虑顾客购买的便利性（convenience）；与促销相对应，企业应考虑如何与顾客沟通（communication）。科特勒和凯勒（2012）在其经典教材《营销管理（第 14 版）》中对 4P 进行了更新，认为传统的 4P 营销组合要素不能准确反映全部营销活动，尤其是不能反映全方位营销理念（holistic marketing）。他们认为应该增加新的 4P 以反映企业内部活动的所有方面：人员（people）——面向企业员工开展的内部营销；流程（process）——企业营销人员必须遵守的企业营销管理中的规则和结构；项目（program）——企业内部与消费者直接相关的所有活动；绩效（performance）——一系列从财务和非财务角度进行衡量的指标。科特勒和凯勒认为新 4P 是一个反映企业全部营销活动的框架，关注企业与顾客关联的传统 4P 可以被包括在这个新框架内。

最后，营销观念的扩展在 20 世纪 70 年代以后持续地扩大了营销管理理论的影响，从而强化了其作为营销学主导范式的地位。Kotler 和 Levy（1969a）的这篇论文引发了贯穿整个 20 世纪 70 年代，并一直延续到 80 年代的"营销观念拓展运动"，其目标是将营销观念和营销管理的理论框架拓展至传统营销理论所不关注的非商业领域（Kotler，2005）。这场运动的结果不仅使营销观念和营销管理框架被用来解决经济、政治、社会、文化等几乎所有领域的问题，也进一步夯实了营销管理理论的基础，使得营销管理理论几乎成为营销的代名词（Jones, Shaw & McLean, 2010）。

20 世纪 60 年代末，虽然营销管理理论已经取得了主流营销范式的地位，但营销理论仍然仅限于企业（作为营利性组织）参与的市场交易活动，而其他非商业领域的交换活动，如公立学校、博物馆、教堂、社会机构、城市政府、社会行动团体等吸引和服务于学生、参观者、成员、捐赠者及社会公众的活动则完全不在营销学关注的视野内。Kotler 和 Levy（1969a）认为这些非商业组织也面临着类似营销的问题（marketing-like problems），这使得营销管理理论所遵循的营销观念和管理框架可以被用来解决这些组织的问题，即拓展营销观念和营销管理技术的应用范围。为了给这一拓展的营销观念提供理论支撑，Kotler（1972）提出了"一般的营销观念"，从一般理论的层面详细阐述了将营销观念拓展至这些非商业领域的依据和可能性。Kotler 认为营销适用于任何社会主体之间寻求价值交换的行为，并将这种最为宽泛的营销观念称为"一般的营销观念"。在整个 20 世纪 70 年代，Kotler 及其合作者们发表、出版了一系列论文和著作（Kotler & Levy, 1971, 1973；Kotler & Zaltman, 1971；Kotler, 1971, 1972），全方位地阐述了这种拓展的营销观念及其在不同领域的应用。这个被 Kotler（2005）称为"营销观念拓展运动"的浪潮从 20 世纪 70 年代一直持续到 20 世纪 80 年代，使得营销观念被广泛地应用于政治、社会、文化等不同领域。

当然，这个营销观念的拓展过程并非没有反对的声音。反对的声音主要来自两个方面：营销学界内部和一些营销学进入的领域。在营销学界内部反对将营销观念予以拓展的学者以 Luck（1969，1974）和 Arndt（1978）为代表。Luck（1969）认为如果什么都是营销，那么营销就什么也不是了，无限制地拓展营销观念会给营销学科带来伤害。Kotler 和 Levy（1969b）在回应中重申了营销的核心思想是一般的交换，而不仅仅是狭义的市场交易的观点，认为将营销观念向非商业领域拓展无论是对营销学科还是对这些相关领域的发展都是有益的。虽然在整个 20 世纪 70 年代批评和争论的声音不绝于耳（Sweeney，1972；Tucker，1974；Bartels，1974；Arndt，1978），但 Nickels（1974）针对 74 位营销学教授的调查表明，95% 的教授认为应当将营销观念拓展至非商业领域，93% 的教授认为营销学所关注的问题并不仅仅限于产品和服务。这一调查结果在某种程度上反映了 20 世纪 70 年代营销学界对拓展营销观念的主流认知。当 Arndt（1978）发出"营销观念应拓展至多远？"（How Broad Should the Marketing Concept Be?）的疑问时，拓展的营销观念几乎已经成为营销学界的主流意识，并且正在取得越来越丰硕的成果。来自营销观念进入的那些领域的反对意见主要来自文化（博物馆）和教堂两个领域（Kotler，2005），这些领域的领导者们认为用营销的语言和方式来描述及指导他们的行动是对艺术或信仰的某种"玷污"。然而，当营销的观念和营销管理的方法可以更好地帮助他们解决其所面临的问题时，即便不情愿，营销观念还是慢慢地在这些领域扎下根来。

到 20 世纪 80 年代，Kotler 的教材在对学生"心智市场"的竞争中超过了 McCarthy 的教材，这也意味着 Kotler 所倡导的营销管理模式全面主导了商学院的营销学教学和企业的营销管理实践（Cunningham，2003）。

## 7.3 营销系统学派

在所有现代营销学派中，营销系统学派的发展是最为初级的（Sheth，Gardner & Garrett，1988），该学派在 20 世纪 50—60 年代得到发展，但在 20 世纪

70年代就逐渐衰落了（Jones, Shaw & McLean, 2010），之后营销系统作为一个核心概念被整合到宏观营销学派中（Hunt, 1981; Layton, 2007）。

虽然从系统的观点来看待营销并不是到20世纪50年代才出现的，但营销系统作为一个核心概念最初是在Alderson（1957）的经典著作中被阐述的。① Alderson（1957, 1965）的功能主义方法主要体现了系统的思想，他指出：功能主义作为一种科学方法的出发点是识别一个行动系统（如营销系统），然后探索该系统是如何运作的，其决定因素是什么，以及为什么这样运作。功能主义方法关注整个系统，通过系统整体来解释构成系统的部分，即主要通过部分如何服务于整个系统来进行解释。因此，Alderson的基本视角是系统的视角，他将营销看作一个由相互关联、相互依赖的动态关系所构成的系统。

理解功能主义理论的两个关键概念是有组织的行为系统（organized behavior system）和异质性的市场（heterogeneous market）（Alderson, 1964）。其中，有组织的行为系统指的是在营销环境中运行的实体（intities）。在Alderson的理论中，主要包括两类有组织的行为系统——家庭和企业，其中家庭是营销努力最终服务的对象。这两类有组织的行为系统与市场互动，提供了使营销过程得以持续的原动力。这种原动力主要来自它们最大化自己的利益和生存空间的行为方式。

企业直接与异质性的市场相关联，随着市场变得更为复杂和多样，企业会发展专业化的技术和知识来促进交换，将资源与市场需求相匹配。市场是动态变化的，其背后的基本规则是市场的存在鼓励企业的技术创新，这会使得所有的产品都能通过市场完成交换。因此，异质性为交换提供了直接的基础（Alderson, 1965）。实际上，Alderson的异质性市场假设涉及买卖双方（Barksdale, 1980）。在买方这边，Alderson认为所有个人的需求都是不同的，所以企业需要不断地通过技术创新和资源组合来对其产品或服务进行差异化，以满足消费者的需求。因此，不断地对产品和服务进行差异化是定义营销创造价值的关键

---

① Sheth、Gardner和Garrett（1988）将Alderson的功能主义思想单独列为一个学派——功能主义学派，但Shaw和Jones（2005）认为，功能主义思想主要由Alderson发展而来，虽然对众多营销思想学派的发展产生了影响，但其本身并未形成一个学者群和理论体系，因此并不符合他们对营销思想学派的界定标准，从而没有将其单独列出。本书遵循Shaw和Jones的观点，不将功能主义作为一个单独的学派。

（Alderson，1957）。从这一点来看，营销的过程就是异质性的供给与异质性的需求相匹配的机制。对 Alderson（1965）而言，这个匹配过程的关键是一系列的备货（sorts）和转换（transformations）活动，通过这些活动，营销系统完成供需双方的匹配过程，其结果是产生了供需双方被改善的备货物（assortments），营销系统的有效性可体现为这种备货物对相关群体生活质量的改善（Layton，2007）。

20 世纪 60 年代及之后的营销系统理论，包括 Alderson 的功能主义理论，显然是受到了管理学领域系统理论的影响（Sheth，Gardner & Garrett，1988；Jones，Shaw & McLean，2010）。Alderson 英年早逝以后，对营销系统理论影响较大的学者主要包括 Fisk（1967）、Dowling（1983）和 Layton（2007，2019）等。虽然这些学者的观点大多被归入 20 世纪 70 年代兴起的宏观营销学派中，但其理论脉络显然是和营销系统学派的理论一脉相承的，我们在这里对这些学者有关营销系统理论的主要观点进行阐述，而将其与宏观营销理论相关的部分放到宏观营销系统理论中进行阐述。

Fisk（1967）在其经典著作《营销系统：引导性分析》(*Marketing Systems: An Introductory Analysis*) 中采用一般系统理论视角来理解营销在社会中的作用。Fisk 的理论深受 Alderson 的影响，他完全采用了系统的观点来解释营销过程机制，以及营销活动对社会的影响。Fisk 明确地将系统区分为微观系统（microsystem）和宏观系统（macrosystem）两类，其中，微观系统行为包括个人、群体和组织实施的可直接观测的、目标导向的行为，而宏观系统行为则是微观系统行为统计上的整体。他认为营销系统的发展是为应对过剩商品的交换需求，而营销系统运行的前提条件则包括用于交换的多余的商品、物流网络、市场和交易。Fisk 还特别关注了营销系统行为对社会可能产生的影响，他将这种影响称为营销的社会绩效。Fisk 的这些思想在 20 世纪 70 年代形成了宏观营销学派发展的重要理论基础。

Dowling（1983）也从一般系统理论的角度将营销系统定义为协调生产、分销和消费决策的一个复杂的社会机制。如同一般系统理论所指出的那样，营销系统的基本构成变量是要素及其之间的关系。这些要素在限制性的条件（环境）下产生互动，正是要素之间的关系将整个系统联结起来。对于营销系统来说，它是更为一般的社会经济系统的一部分，后者构成了其运行的基础环境。

在 Layton 看来，无论何时何地，当人们选择通过贸易（交换）的方式来期望获得更高质量的生活时，一个自组织的营销系统就开始形成了（Layton，2019）。Layton（2007）给出了一个营销系统更为细致的定义：营销系统是由通过相继的或共同参与的经济交换直接或间接联系起来的个人、群体和组织构成的一个网络，他们之间的经济交换创造、聚集、转换及提供由有形产品和无形服务构成的备货物来响应顾客的需求。Layton 进而认为营销系统的核心是经济交换，其产出（output）则是由一组在产品属性、空间和时间定位，以及在成本、价格、质量等要素方面存在差异性的有形产品和无形服务构成的备货物。经由营销系统运行的交换过程，交换双方通过完成备货物的匹配，提升双方的效能。与 Alderson 的观点类似，Layton 认为对营销系统进行分析的第一步是确定分析的层次，即决定哪些主体（个人、群体、企业或网络）被包括在系统内，这些主体本身也是一个营销系统，因此确定了主体的身份也就可以确定营销系统的边界、输入和输出系统，以及影响系统运行的内生或外生要素。在 Layton（2007，2019）看来，营销系统不仅包含着不同的层次，还可以至少从三个维度进行分析：水平的维度（horizontal view）——关注某个营销系统在某一时间点的结构和运行；垂直的维度（vertical view）——关注某个营销系统在价值链上相继的交易与转换活动，类似于 Alderson（1965）的交变分析；历史的维度（historical view）——关注某个营销系统随时间的演化过程。

20 世纪 60 年代，虽然营销系统的观点得到了较为充分的发展，但到 20 世纪 60 年代末，已经有学者发出了非常不乐观的声音，认为被应用于营销学的系统观念不过是流行一时的风尚，一定会逐渐淡出人们的视野（Banks，1968）。Banks 做出这样的判断是基于其对营销领先企业的调研，他发现极少有企业采用这种系统观念。20 世纪 70 年代，营销系统理论的发展确实慢慢衰落了，但营销系统的概念被整合到了这一时期发展起来的宏观营销学派中。导致营销系统理论衰退的原因是多方面的，Sheth、Gardner 和 Garrett（1988）

认为其中两点相互关联的原因非常重要。一方面，其与营销系统理论所定义的营销系统无所不包的整体性观念有关。整体性的系统观是营销系统学派最具代表性的观点（Alderson，1957，1965；Dowling，1983），虽然这一学派中的多数学者会集中于对整体系统中的某个子系统，如渠道系统（Mallen，1967；Bucklin，1970）的分析，但有趣的是，Alderson（1965）在对系统的定义中是把营销渠道系统排除在外的，因为他认为构成渠道系统的成员之间并不存在一个共同的目标和为系统生存而协作的内生机制。因此，营销学者似乎需要在概念层面区分作为一个系统的营销（marketing as a system）和营销系统。另一方面，与这一点紧密相关的是如何对营销系统，尤其是整体的宏观营销系统进行有效的研究。对于无所不包的整体系统而言，营销学者缺乏有效的分析技术对系统进行研究。

## 7.4 消费者行为学派

消费者行为学派关注市场中消费者的行为，试图解释消费者采取特定行为的原因。该学派最初关注消费者的购买和消费行为，在发展的过程中，其不断地吸纳来自经济学、心理学、社会学和人类学等学科的理论，并且在制度化的过程中演变为一个多学科的交叉领域，其所关注的问题也远远超出了消费者购买和消费的范畴，而更倾向于解释人类的行为（Jones, Shaw & McLean, 2010）。这一方面使得消费者行为学派成为所有营销思想学派中最为包容并蓄的学派；另一方面也使其成为所有营销思想学派中仅次于营销管理学派的最有影响力的学派，虽然起源于营销学，但该学派的多学科特征和强大的影响力使其几乎成为一门独立的学科（Kernan，1995a），而不仅仅是营销学的一个学派。

### 7.4.1 消费者行为学派的产生与早期发展（20世纪60年代之前）

Sheth、Gardner 和 Garrett（1988）认为，消费者行为研究的产生和快速发展主要基于以下两个原因：消费者需求导向的营销观念的出现和行为科学领域建立起来的知识体系，前者使得企业管理者认为理解消费者的行为比以往任何时候都更加重要，尤其是第二次世界大战以后，快速扩容的生产部门使得市场迅速由卖方市场转向买方市场，后者为营销学者探究消费者行为提供了可供选择和使用的理论基础。Kassarjian 和 Goodstein（2010）认为，消费者行为研究的产生除行为科学各个领域有关人类行为的宏大理论（grand theories）奠定的理论基础以外，第二次世界大战期间用于支持美国政府决策的有关大众媒体传播对公众行为和态度变化影响的研究，以及商业领域针对广告对消费者影响的研究，也在研究方法、理论应用等方面奠定了基础。

促使消费者行为研究产生的先驱性研究之一是 Katona（1951，1953）关于消费者行为心理分析的研究。作为一位实验心理学家，Katona 第二次世界大战前在柏林从事研究工作。那一时期极度的通货膨胀对消费者行为的深远影响促使 Katona 重新思考经济学关于消费者行为的假设，力图从消费者心理的角度对经济波动做出解释。他认为消费者的期望、态度和情绪（如乐观、悲观与信心）需要被纳入分析范围，以更好地理解经济波动（Kassarjian，1994）。为了逃避纳粹的迫害，他移居美国，在密歇根大学完成了他关于消费者信心的研究，并建立了调查研究中心（the Survey Research Center）。Katona 的研究挑战了经典经济学理论关于消费者作为理性经济人的假设，认为消费者并非"理性计算的机器"，消费者的决策和行为通常是在不对称信息中充满不确定的情况下完成的（Kassarjian & Goodstein，2010）。

消费者行为研究产生的另一个重要的推动因素是政府和企业有关传播研究的一系列项目。第二次世界大战期间，耶鲁大学传播研究集团（The Yale University Communication Research Group）开始研究大众媒体对公众态度形成与改变的影响。这一系列研究项目致力于探讨信息源和信息的特征，以及受众诸如性别、教育和人格特质等方面的差异对传播效果的影响。在企业界，很多杰出的心理学家参与到企业广告效果的研究中，其中对广播听众的研究尤其具有代表性（Kassarjian，1994）。广播研究的先驱之一是哥伦比亚广播公司的高层管理人员 William Stanton。作为一位心理学博士，Stanton 出于对广播和听众研究的兴趣，激发并协助了一系列早期听众研究和广播节目的内容分析（Kassarjian & Goodstein，2010）。另一位更具影响力的先驱是著名社会科学家 Paul Lazarsfeld。Lazarsfeld 在维也纳大学获得数学博士学位，并在欧洲建立了一家广播研究机构，开展了世界上最早的广播听众研究。20 世纪 30 年代，Lazarsfeld 在苏黎世完成了其关于买鞋行为的经典研究。该研究是以定量数据支撑的定性研究的典范，研究者通过深度访谈和问卷调查总共获得了 900 个样本。研究发现，对于消费者买鞋的决策而言，态度、橱窗展示、人格以及异性销售人员的影响都是关键变量，远远不止价格和经典经济学理论所阐释的影响因素（Fullerton，1990）。到美国以后，Lazarsfeld 的广播研究机构几经迁移，最终落脚于哥伦比亚大学，并成为日后著名的应用社会研究局（the Bureau of Applied Social Research）（Kassarjian，1994）。其后不久，Lazarsfeld 在维也纳大学的学生——Ernest Dichter、Herta Herzog、Hans Zeisel 以及其他心理分析导向的研究者也陆续到了美国，Lazarsfeld 和他的同事们向营销与广告研究领域引入了他们在欧洲早已采用的定性研究和小样本分析方法，以及内省（introspection）技术，从而改变了消费者行为分析的面貌（Kassarjian，1994）。

很快，定性研究在消费者行为研究中占据了稳固的地位，以社会研究公司（Social Research, Inc.）为代表的一些机构完成的高质量研究陆续涌现出来。在这些研究中，研究者的方法不再是衡量消费者对待某一事物的观点，或对某一广告的观感，或偏好某一品牌的百分比，而是致力于探索消费者行为的动机（motivations）——消费者为什么买，而不是消费者买了什么。也许是出于对消费者行为动机的兴趣，弗洛伊德心理学被引入营销和消费者行为研究中来，并在 20 世纪 50 年代形成了消费者动机研究的一个风潮（Fullerton，2013）。[①]

尽管消费者动机研究由于 Dichter 夸大其词的观点遭受了诸多批评（Fullerton & Stern，1990），但动机研究仍然被认为是消费者行为研究领域重要的早期探索，因为它试图解释消费者行为的原因（Fullerton，2013）。动机研究对消费者行为研究以及营销学在 20 世纪 60 年代的发展最重要的价值在于其

---

① 关于 20 世纪 40—50 年代消费者动机研究的系统阐述，可参见 Fullerton（2013）；关于动机研究中备受争议的 Dichter 与动机研究相伴的起落，可参见 Fullerton 和 Stern（1990）；关于动机研究的起源和早期发展，可参见 Fullerton（2015）。

向消费者行为和市场研究领域引入了诸多来自社会科学的概念和理论，尤其是临床心理学、社会学和人类学（Gardner，1959），以及向营销学研究领域引入了一系列在其他社会科学领域成功运用但在营销学领域却尚未广泛应用的新研究方法，使得营销学研究从对数据的简单描述转向了对数据的解释（Fullerton，2013）。这些理论和方法的引入是基于这样一种认识，即消费者的购买和消费行为是服务于人类意图的行为，而营销学本身的理论却难以对此进行有效的解释，行为科学的理论、概念和方法的引入可以更好地理解这些行为（Newman，1957）。尽管学界也对消费者动机研究做出了响应，但这些研究主要是由商业机构完成的，研究发现被广泛地用于企业的产品开发、橱窗展示、销售人员培训等领域。进入 20 世纪 60 年代以后，消费者行为研究真正开启了其学科化与制度化的历程，媒介不再对动机研究给予热忱的关注，进入该研究领域的大量学者和该领域的学术期刊更加偏好定量的实证方法，但动机研究引入的多元行为科学理论和概念却继续为消费者行为研究提供了理论支撑。

### 7.4.2　消费者行为学派的制度化与发展（20 世纪 60 年代以后）

在 20 世纪 60 年代美国商学教育科学化变革的浪潮中，大量来自心理学和社会学等行为科学领域的学者进入商学院成为营销学师资的新鲜血液（Kernan，1995a）。因此，20 世纪 60 年代是消费者行为研究真正进入快速发展的时期，只是主导消费者行为研究的不再是来自商业机构的研究人员，而是来自营销学、心理学和社会学等多个领域的学者。这一时期消费者行为研究快速发展的重要推动力量是该领域学术社区的制度化。

首先，在 Jim Engel 等学者的领导以及美国市场营销学会的支持下，消费者研究学会的第一次会议于 1969 年 8 月在俄亥俄州立大学召开。两年之后，消费者研究学会正式成立，并从这一年开始出版会议论文集。从 1974 年开始，该论文集 *Advances in Consumer Research* 以年刊的形式正式出版（Kernan，1995a）。

其次，随着消费者行为研究学术论文产出量的快速增加，拥有一本专业的学术期刊作为学术社区研究成果发布的平台是必需的。为了响应营销学研究的"科学化",美国市场营销学会在 1964 年创刊出版了 *Journal of Marketing Research*（*JMR*），该期刊迅速成为消费者行为研究的重要发布平台之一。基于 *JMR* 的定位和特色,消费者研究学会的奠基者们最初的想法是希望通过与 *JMR* 的合作来解决成果发布所需的期刊问题（Kernan, 1995b）。然而,由于与 JMR 的沟通并不顺利①,独立出版 *Journal of Consumer Research*（*JCR*）就成为消费者研究学会成立之初最为重要的计划之一。由于消费者研究议题的多学科属性,JCR 在创办之初就确立了开放性与多学科的定位。几经努力,JCR 的创刊号于 1974 年 6 月出版,由 Ronald E. Frank 担任创刊主编。消费者研究学会的成立和 JCR 的出版标志着消费者行为研究学术社区制度化建设的基本完成,这成为推动消费者行为研究快速发展的重要基础。

进入 20 世纪 70 年代以后,随着 JCR 的出版,消费者行为研究进入高速发展阶段,研究主题也更为多元化。20 世纪 60 年代提出的力图全面解释消费者行为的"宏大理论"逐渐让位于 20 世纪 70 年代的"中程理论"（middle-range theories）（Kassarjian & Goodstein, 2010）。参照群体理论、认知失调理论、归因理论、信息加工理论,以及态度形成与变化理论等都是这一时期出现的代表性理论（Kassarjian & Goodstein, 2010），与此同时,消费者行为研究领域的学者们还开始广泛地关注工业与组织购买行为、跨文化情境中的消费者行为和家庭购买行为等主题（Sheth, Gardner & Garrett, 1988），研究文献快速积累。

然而,随着消费者行为研究的快速发展,JCR 作为多学科对话平台的定

---

① 根据 JCR 首任主编 Ronald E. Frank（1995）的回忆,他与刚刚卸任 JMR 主编的 Bob Ferber 一起与时任 JMR 主编探讨了在 JMR 设立消费者行为研究栏目（section），并提高 JMR 出版频次的可能性。但时任 JMR 主编认为这一提议既不符合工作逻辑,也与 JMR 和美国市场营销学会的目标不匹配。在后续 JCR 筹备和出版的过程中,虽然美国市场营销学会作为主办单位之一给予了相应的支持（包括提供了 5 万美元的借款），但在 JCR 创刊号即将出版时,美国市场营销学会对 JCR 的态度却发生了重大变化,计划撤销 5 万美元的借款支持。在 Frank 的努力下,美国市场营销学会委员会仅以 3 票的优势同意继续提供资金支持。在 JCR 出版一年以后,时任美国市场营销学会主席在一次 JCR 编委会上明确要求 JCR 尽快偿还借款,这给新创的 JCR 带来了不小的压力。这些轶事从一个侧面反映了美国市场营销学会在当时对待消费者行为研究的矛盾态度,也在某种程度上促使消费者行为研究领域的学者们在其学术社区建立的最初就在保持与美国市场营销学会微弱联系的基础上,对行为科学的各个领域持完全开放和包容的态度,这也奠定了 JCR 的基调。有关 JCR 建立过程更为详细的信息可参见 Frank（1995）的回忆文章。

位极大地拓展了消费者行为研究的边界，突破了传统的消费者购买、消费或使用的范畴，进入职业选择与流动、捐赠等非商业领域（Frank，1974）。与之相应，大量来自不同行为科学领域的学者，尤其是心理学领域的学者进入了营销学领域。这些学者并不像传统营销学者那样注重于解释消费者购买行为对企业的营销管理意义，或者在营销管理视角下将消费者行为研究作为"手段"，而是更倾向于将理解消费者行为本身作为研究的"目的"（Sheth，1992）。这种状况引发了营销学者的顾虑，Sheth 和 Garrett（1986）甚至预言消费者行为研究会与营销学分道扬镳（divorce between marketing and consumer behavior）。这种顾虑并非没有道理，Wilkie 和 Moore（2003）分析了 JCR 在其创刊后 20 年发表的近 900 篇论文，发现"营销"（marketing）这个词仅在这些文章的标题中出现过三次。[①] 虽然从营销学的角度来看这似乎是一个值得担心的问题，但如果我们回到消费者行为研究开始制度化的 20 世纪 60 年代，那些消费者研究学会和 JCR 的奠基者们从一开始就已经旗帜鲜明地表明了他们的立场。用 Kernan（1995a）的话来说，"我们对应用这些知识提高市场份额没什么兴趣，挑战——也是有趣的部分——是搞清楚世界是如何运作的，而不是使它运作得更好"（p. 533）。在这个方向上，消费者行为研究确实走得足够远了。如今，消费者行为研究在营销学中拥有最为庞大的队伍，其影响力也已经超出了作为一个营销思想学派的范畴，而更像是一门独立的学科（Jones，Shaw & McLean，2010）。

## 7.5 宏观营销学派

宏观营销学派以营销系统作为研究对象，关注的核心问题是营销系统与社会的相互影响（Hunt，1977，1981）。随着 20 世纪 60 年代营销管理学派和消费者行为学派逐渐占据营销学的主流位置，营销学研究的视角逐渐聚焦于微观主体——企业和消费者个人——的决策、行为与结果，而营销系统以及

---

[①] 关于 JCR 发表文章主题的演变可参见 Wang 等（2015）对 JCR 创刊 40 年来发表文献的分析，其分析的结果也在某种程度上反映了消费者行为研究热点和前沿领域在这 40 年中的变化。

营销过程对社会的影响、社会对营销的影响这些比较宏观的问题日渐淡出主流营销理论研究的视野。但对于已经发展了半个多世纪、研究视角多元的营销理论体系而言，主流理论范式并不是营销思想的全部。一些更为关注宏观营销问题的学者在 Alderson（1957，1965）和 Fisk（1967）等学者留下的广阔思想空间里，借鉴营销系统理论所秉承的宏观研究视角，同时融合 20 世纪 60 年代末随着营销观念的拓展而发展起来的营销的社会责任观点（Lazer，1969），在 20 世纪 70 年代逐渐发展形成了宏观营销学派。相较于其他多数现代营销学派，宏观营销学派是一个高度"制度化"的学派（Nason，2011）——它拥有包括学术社区（Macromarketing Society）、学术年会（Annual Macromarketing Conference）与学术期刊（*Journal of Macromarketing*）等在内的学术平台，吸引了全世界范围内对宏观营销问题感兴趣的学者在平台上交流。[①]

对宏观营销理论发展产生了重大影响的包括 Alderson（1957，1965）、Fisk（1967）以及 Lazer（1969）等学者在 20 世纪 60 年代的著述。但任何思想的发展都有其更为深远的渊源，Savitt（1990）认为在 Alderson 之前，至少从 20 世纪 20 年代开始有关营销系统的思想就已经萌芽并持续发展。这些早期的思想主要体现在营销理论发展初期的教科书、论文集和著作中，包括 Clark（1922）、Breyer（1934）、Duddy 和 Revzan（1947），以及 Vaile、Grether 和 Cox（1952）等。这些著述的共同点是将营销看作一个社会过程或系统，关注"营销系统为什么存在""营销系统如何运行""环境和制度要素对营销系统的影响""营销与其他社会系统之间的边界"等问题（Savitt，1990）。从这一思想脉络来看，营销的系统观念，以及社会环境与制度对营销的影响保持了理论演进的延续性，这些思想在 20 世纪 60 年代 Alderson（1965）和 Fisk（1967）等学者的著作中得到了系统的体现[②]，其关于营销系统理论的主要观点我们已经在营销系统学派部分阐述过，此处不再赘述。从宏观营销学派认可度比较高的宏观营销的三个维度——① 营销系统；② 社会对营销系统的影响；③ 营销系统对社会的影响（Hunt，1977，1981）——来看，"营销系统对社会的影响"

---

[①] 宏观营销社区的官方网站为 www.macromarketing.org（2023 年 7 月 20 日访问）。
[②] Fisk（1967）将其对宏观营销理论影响深远的著作（《营销系统：引导性分析》）献给"Alderson、Breyer 和 Cox，这些教给许多充满感激的学生营销初步知识的老师"（p. v）。

这一维度是 20 世纪 60 年代之前关注较少的主题。

Sheth、Gardner 和 Garrett（1988）认为，宏观营销学派在 20 世纪 60 年代的兴起是社会公众对企业在社会中的角色与作用（尤其是企业经营活动的潜在负面影响）日益关注的结果。虽然这一观点实际上只是对宏观营销第三个维度的强调，但确实反映了包括刚刚取得主流范式地位的营销管理理论在内的营销学理论发展的现实状态。一方面，在视角与学派已经比较多元的 20 世纪 60 年代，除了营销管理学派，其他学派几乎都没有关注营销与其社会环境之间的关系。在营销管理理论中，社会环境被视为企业不可控制的外生变量，企业营销战略的制定需要建立在对外部环境的诊断与分析之上。而宏观营销理论更为关注的则是社会的需求与目标，以及它们作为社会制度要素对营销的影响。较早对这一主题予以系统关注的是 Holloway 和 Hancock（1964），他们将营销看作一种社会活动，其既受到社会的影响，也会对社会产生影响。Fisk（1967）也在其有关营销系统的著作中明确关注了营销的社会绩效——营销系统对社会的影响。然而，真正将这一主题带入主流视野的则是 Lazer（1969），他强调除微观企业的利润和消费者福利目标以外，营销还应当更多地关注社会的目标和一般利益。Lazer 的思想和 Kotler 发起的营销观念拓展运动共同引发了 20 世纪 70 年代以后学界有关营销的社会责任以及社会营销的一系列讨论（Lavidge，1970；Kelley，1971；Takas，1974；Laczniak，Lusch & Murphy，1979）。这些讨论使得营销对社会的影响这一宏观营销理论关注的核心议题之一具备了日益丰厚和坚实的基础。

宏观营销学派的"制度化"过程开始于 1976 年在科罗拉多大学由 Charles Slater 召集的首届宏观营销论坛（Macro-Marketing Seminar）。[①] Slater 继承了 Alderson 领导的"营销理论论坛"（Marketing Theory Seminar）的风格和传统，邀请了少数活跃于宏观营销理论研究领域的杰出学者，如 Richard Bagozzi、

---

① Slater 在营销系统理论研究领域，尤其是关于发展中国家农产品营销系统对社会影响的一系列研究对宏观营销理论做出了杰出贡献。Slater 通过其一系列研究敏锐地关注到营销与社会的相互影响，尤其注重营销对社会的影响。Slater 在这一领域的杰出贡献使其具有足够的号召力来组织这样一个论坛，推动宏观营销研究的制度化过程（Nason，2011）。关于 Slater 营销思想的评述可参见 Nason 和 White（1981）。

Robert Bartels、Louis Bucklin、George Fisk、Shelby Hunt、Ralph Day 等参加首次论坛。[①] Slater（1977）指出，此次论坛的目的就是要澄清和确立宏观营销的边界。对于这个关键问题，Hunt（1977）指出，论坛的一个基本结论是以"内部"（internalities）与"外部"（externalities）来确立宏观营销的边界，即微观营销（micro-marketing）聚焦于企业内部的利益，而宏观营销则关注营销活动的社会利益。这一观点得到 Bartels 和 Jenkins（1977）的支持，他们从理论、数据或信息、规范模型（normative model）和管理主体及其决策目标等方面对微观营销与宏观营销进行了更为细致的区分。然而，Hunt 也指出，这种分类并无法包括宏观营销的其他很多研究议题，如营销相关的法律问题、比较营销学等。实际上，有关什么是宏观营销，以及宏观营销理论的边界这些基础性的问题，不仅没有在这次论坛上得到解决，关于这些问题的讨论反而一直持续到了 20 世纪 80 年代。

1981 年，由宏观营销论坛主办的专业学术期刊 *Journal of Macromarketing* 正式创刊出版。[②] 首任主编 Fisk（1981）在创刊词中指出：期刊的目标群体是对于"营销对社会的影响，以及社会对营销的影响"有兴趣的人，"宏观营销"这个词表明该期刊关注的是宏大营销系统对重大社会问题产生的影响，宏观营销应该关注的核心问题是"社会福祉"（well being of society）（Tucker, 1974）。Fisk 的观点反映了宏观营销领域对 Hunt（1977）提出的宏观营销三个维度的认可。在声明有关宏观营销的含义和边界需要进一步明确的基础上，Fisk 提出了四个核心研究问题：① 营销作为一种生活供给的支持技术；② 由营销提供支持的生活的质量与数量（如经济规模）目标；③ 营销作为一种动员与分配经济资源的技术；④ 营销在学习型社会中对社会的影响。

---

[①] 从 1951 年开始，每年夏天，Alderson 和 Ed McGarry、Leo Aspinwall 都会一起在科罗拉多大学举办"营销理论论坛"。该论坛仅限于受邀者参加，通过开放式自由讨论的方式来激发思想火花，促进营销理论的发展。Alderson 在 1965 年去世后，该论坛就终止了。Slater 认为可以继续采用营销理论论坛的方式来推动宏观营销理论的发展，遗憾的是 Slater 在 1978 年第三届宏观营销论坛举办后不久就去世了。然而，论坛并没有因为领袖的去世而中断，宏观营销论坛持续举办，并从 1981 年开始更名为宏观营销年会（Nason, 2011）。关于营销理论论坛的更详细信息及其对营销思想发展的贡献可参见 McGarry（2011）。

[②] 次年，第二本宏观营销学术期刊 *Journal of Public Policy and Marketing*（JPPM）由密歇根大学创刊出版，Thomas C. Kinnear 担任创始主编。1990 年，该期刊成为美国市场营销学会的会刊之一。

为了解决"什么是宏观营销"这一基础问题，*Journal of Macromarketing*第一卷第一期和第二期连续刊发了五篇笔谈文章来讨论这一问题。其中，Hunt（1981）重申了其在 1976 年首届宏观营销论坛上的观点，认为宏观营销应该包括三个基本维度。Shawver 和 Nickels（1981）以 1978 年宏观营销论坛的讨论结果为基础，认为区分宏观营销与微观营销的关键在于研究者的视角和研究对象的目标，而不在于研究对象的数量或聚合的层次。如果营销研究者的目标是要提高企业利润，或者帮助实现某家机构的目标，那么这样的研究显然是微观营销；而如果研究的目标是要提升交换系统的社会福利，那么这样的研究就是宏观营销。对于某家社会机构而言，它同时实施着宏观与微观的营销活动，研究者就可以根据研究目标关注其中任何一个。这样，宏观营销可以定义为：宏观营销是从社会视角对交换行为和交换系统进行的研究。相应地，宏观营销的范围则包括以下六个方面：① 交换和交换系统对区域、国家及全球社会的影响；② 不同的环境对交换与交换系统的影响；③ 与交换和交换系统相关的公共政策；④ 交换系统对经济与社会发展的影响；⑤ 不同交换系统的生产率与公平；⑥ 从社会角度对营销系统的比较研究，包括对消费模式的比较。White（1981）重点关注了宏观营销的系统维度，他并不认同 Shawver 和 Nickels 的观点，认为应该从系统层面来定义宏观营销。他将营销系统定义为社会的子系统，包括与满足消费需求和需要相关的所有行动及交易，而系统的维度更为强调聚合的层次。Chaganti（1981）定义了宏观现象的三个绩效标准：宏观现象的"大特征"（larger features）——区别于微观主体的整体市场空间，"不可控的环境"对营销的影响，以及营销活动的社会外部性。Chaganti 认为可以通过社会角色的五种理性标准——技术的、经济的、社会的、法律的和政治的——来对这三个绩效标准进行评价。Heede（1981）则将宏观营销定义为，为了实现终端消费者需求满足最大化这一一般目标而根据终端消费者的特征和结构来调整经济系统的行动。

Layton 和 Grossbart（2006）认为，对"什么是宏观营销"以及"宏观营销的边界"等基础问题缺乏一致性看法对于宏观营销理论的发展具有"双刃剑"效应。对这些基础问题缺乏一致性的认知，一方面吸引了大量具有不同兴趣的学者加入这一新兴领域，从而促进了这个领域的快速发展；另一方面也使得将宏观营销理论发展成为营销学中的一门独特的分支学科变得困难。随着 Journal of Macromarketing 的出版，讨论仍在继续，但更多的一致性体现在期刊关注的核心领域上（Jones, Shaw & McLean, 2010）。此外，宏观营销学派的学者们在这个相对开放的领域中也"孵化"了若干"制度化"的学术社区（Nason, 2011）：营销中的历史分析与研究学术会议（the Conference on Historical Analysis and Research in Marketing, CHARM）（1983）、营销与发展国际社区（the International Society of Marketing and Development）（1986）、生活质量研究国际社群（the International Society for Quality of Life Studies）（1995），以及宏观营销社区（Macromarketing Society）（2003），这也标志着宏观营销学派在不断地走向成熟，并产生越来越大的影响力。

## 7.6 交换学派

交换学派或社会交换学派（social exchange school）（Sheth, Gardner & Garrett, 1988）主要关注"交换双方的主体是谁？""促使双方进行交换的动机是什么？""交换在什么情境下发生？"以及"交换的结果是什么？"等一般性的理论问题（Houston & Gassenheimer, 1987; Jones, Shaw & McLean, 2010）。交换学派的产生和发展是基于一个基本的共识，即交换是营销学的核心概念（Alderson & Martin, 1965; Kotler, 1972; Bagozzi, 1974, 1975, 1978; Hunt, 1976a, 1983; Houston & Gassenheimer, 1987），而营销理论主要就是要回答两个问题："个人和组织为什么要进行交换"以及"交换是如何被创造、解决和避免的"（Bagozzi, 1975）。交换学派的发展经历了一个从早期关注经济交换到关注一般的社会交换的过程。一方面，这个转换的过程是与营销观念的拓展运动同步的，尤其是 Kotler（1972）提出"一般的营销观念"以后，吸引了以 Bagozzi 为代表的一批学者致力于从社会学和社会心理学的角度发展一般的交换理论。另一方面，由于交换在营销学理论中的核心地位，这一学派的发展过程实际上也是营销学者致力于发展一般的营销理论的过程（Hunt, 1976a, 1976b, 1983; Houston & Gassenheimer, 1987）。因此，虽然该学派与营销管理学派存在紧密的关联，但该学派的关注点并非营销管理学派所关注的如何将营销观念和营销管理框架应用于非经济领域，而是关注更为一般性的营销学基础理论问题。

## 7.6.1 传统经济学意义的交换

虽然营销的基本功能就是促使买方与卖方之间的市场交易这一观点一直内含于营销思想中，但直到 20 世纪 60 年代，营销学者们才开始明确地强调交换在营销学理论中的作用（Sheth, Gardner & Garrett, 1988）。传统的经济学意义上的交换是营销学关注的买方与卖方之间的市场交易，这显然与市场营销理论脱胎于经济学直接相关。McInnes（1964）认为市场产生于商品与服务的生产者和使用者通过交换来寻求满足自身需求和需要时的社会互动，而营销就其最为宽泛的含义而言，是实现商品与服务的生产者和使用者之间潜在市场交换关系的任何活动。Alderson（1965）认为交易是严谨的营销理论的基础构件（fundamental building block），以此为基础，在与 Martin 合作的论文中，Alderson 试图将单独的市场交易发展成为一个规范的市场交变理论（a theory of market tranvections）（Alderson & Martin, 1965）。他们将交变定义为在最初的原材料卖方和各家中间机构，以及最终消费者之间发生的一系列市场交易。从整体上看，交变包括产业链上从最初的原材料供应商到最终产品的购买者之间发生的所有交易。因此，对于一个既定的对象（如国家）和一段既定的时间（如一年内），交变描述了营销系统中发生的所有交易，从而也描述了这个营销系统的运作过程。在这篇文章中，Alderson 和 Martin 还提出了交换准则（law of exchange），用以解释交换双方为什么会进行交换。在建立营销交换一般理论的过程中，交换准则被认为构成了解释交换发生的充分条件（Houston & Gassenheimer, 1987）。交换准则认为，如果 $x$ 是集合（assortment）A 的一个要素，$y$ 是集合 B 的一个要素，并且 $x$ 可以用来交换 $y$，那么只有如下三个条件都成立时，交换才可能发生：

（1）$x$ 与 $y$ 是不同的；

（2）集合 A 拥有者的效能（potency）会因为给出 $x$ 同时增加 $y$ 而提升；

（3）集合 B 拥有者的效能会因为给出 $y$ 同时增加 $x$ 而提升。

尽管在致力于发展规范的营销学理论的过程中，Alderson 所使用的概念是极其抽象的，但其所表达的思想却不仅适用于一般经济学意义上的交换，也适用于后续一般社会学意义上的交换。遗憾的是，随着1965年Alderson的逝世，其所开创的这个学术方向并没有得到充分的发展。随着20世纪60年代末营销观念拓展运动的开始，营销学界的注意力随之转向社会学意义上的一般交换，而传统经济学意义上的交换则被作为拓展的基础，并被视作一般交换的一种特殊类型。

### 7.6.2 作为一般营销理论的交换

为了回应学界对拓展的营销观念的质疑，以及为营销观念的拓展提供更为坚实的理论基础，Kotler（1972）阐述了其"一般的营销观念"的观点。在提出营销意识三阶段的基础上，Kotler认为营销的核心概念是交易——两个主体之间价值的交换。在这个一般的定义中有两个要点：一是被交换的有价值的东西不必限于商品、服务或金钱，也包括时间、精力和情感这类资源；二是交换的双方并非仅限于买方和卖方、组织及其客户，还包括任何主体，如个人、组织、社会群体和国家。营销关注的核心问题就是这些交易是如何被创造、激发、促进和赋予价值的。而这种一般的营销观念的本质则在于，营销者通过了解其目标市场期望获得的价值而创造并向目标市场提供相应的价值完成交换，从而获得营销者期望获得的价值。通过这种关于营销和营销观念的界定，Kotler（1972）从一个更为基础和一般的理论层面为其拓展营销观念提供了理论支撑。与此同时，Kotler的观念也跳出了传统经济学的范畴，从社会学和社会心理学中借鉴了关于一般性社会交换的观点，从而在Alderson（1965）的基础上为交换学派铺上了另一块基石。

Kotler（1972）的开创性研究为社会学视角下交换理论的发展奠定了基础，在整个20世纪70年代，Kotler的学术重心都在全力推动营销观念的拓展上（Kotler，2005），而在其留下的思想空间里，当时还是美国西北大学一名博士研究生的Bagozzi（1974，1975，1978，1979）的一系列研究引领了交换学派的发展。Bagozzi（1974）首先将营销定义为一个有组织的交换行为系统（an organized behavioral system of exchange）——一组社会行动者（social actor）及其相互之间的关系，以及影响这些社会行动者在这些关系中的行为的内生和外生变量。Bagozzi 批评了以往营销交换理论缺乏对决定交换的因果关系的解释——"对于一个理论而言，简单地说当交换双方的效用都提升时 $x$ 会与 $y$ 交换是不够的，营销者需要知道社会行动者为什么、在何时会采取一个特定的交换行动"（p.79）。为了解决这个问题，Bagozzi 认为需要将影响社会行动者行为的若干内生和外生变量纳入营销行为系统之中，这些涉及行动者心理过程的内生变量和若干外部条件（如竞争、社会规范等）影响了交换的发生。

Bagozzi（1975）继续围绕着交换这一核心概念展开讨论，认为营销理论主要关心两个问题：① 为什么个人和组织要参与交换关系？② 交换是如何被创造、解决或避免的？Bagozzi 认为传统营销理论所关注的两个主体之间进行的有形的经济交换只是一般的社会交换的一种特定形态，现实中的交换可能是间接进行的，并且涉及更多的主体，而交换的内容除有形的经济资源以外，还包含很多无形的、象征性的要素。为了进一步说明这个问题，他首先提出了交换的三种类型：发生在两个主体之间的限制性交换（restricted exchange）、发生在至少三个主体之间的一般性交换（generalized exchange），以及发生在由至少三个主体构成的系统中的复杂性交换（complex exchange）。在对交换的媒介和意义进行讨论的基础上，Bagozzi 认为交换是营销的核心概念，可以以此作为基础来构建"一般的营销理论"。

在后续的研究中，Bagozzi（1978，1979）首先认为应当把交换过程看作一种社会行动，而不是相互隔绝的主体独自做出的决策。其次，他提出了交换关系的四个决定性因素：社会行动者自身的变量、社会影响变量、情境变量和第三方影响。Bagozzi（1979）进而提出了交换关系的三个因变量：结果（outcomes）、体验（experiences）和行动（actions）。其中，交换的结果是指行动者从交换中获得的实体的、社会的或象征性的目标；体验是行动者的心理状态，包括情感、认知或道德等维度；行动是行动者的选择、回应或相互承诺。Bagozzi（1979）试图通过一系列结构方程的方式将这些概念整合成一个规范的营销理论（formal theory of marketing）。然而，Bagozzi 的"规范的营销理论"遭到了 Ferrell 和 Perrachione（1980）的猛烈批评。他们认为，Bagozzi 只是重述了其他学科的交换理论，他所提出的理论也不足以称为规范的营销交换理论（甚至连规范理论的基础都谈不上）。他们进而指出，从经济学、心理学、社会学借用交换理论和概念直接应用于营销学理论的建构是非常危险的。正是这些学科理论的不足构成了发展营销交换理论的前提，而要返回这些学科去借用概念和理论对发展营销理论而言不仅效用有限，很可能还会起到相反的作用。

除 Bagozzi 以外，对交换学派做出重要理论贡献的还有 Hunt（1976a，1983），以及 Houston 和 Gassenheimer（1987）。其中，Hunt（1976a，1983）以科学哲学为基础，在对营销是科学还是艺术的争论进行回顾的基础上认为，营销的基础问题就是交换关系或交易，而营销则是寻求对交换关系进行解释的行为科学。在此基础上，Hunt（1983）提出了四个相互关联的营销科学基础的解释对象（fundamental explananda）：① 买方为了完成交换实施的行为；② 卖方为了完成交换实施的行为；③ 促进交换完成的机构框架——参与交换活动的主体及其执行的功能，以及这些主体的发展；④ 上述三者完成交换对社会产生的影响。

Houston 和 Gassenheimer（1987）在对营销交换理论的文献进行系统回顾和整合的基础上认为，交换不仅是营销的核心概念，还可以使营销与其他相关学科区分开来。他们在论文中回答了一个更为基础的问题：为什么买方和卖方之间会发生交换？他们认为交换背后的驱动力量是社会主体满足其需求的需要。当然，满足需求的方式有很多，交换活动仅是其中一种，只是在市场经济条件下，它是最为重要的一种。在这一点上，交换理论似乎又回应了 McInnes（1964）有关市场的主张。

如同拓展的营销观念一样，一般的交换理论也受到了来自学界的批评。然而，到了 20 世纪 80 年代，这种争论似乎就结束了，营销学界普遍接受了一般的交换理论的观点。20 世纪 80 年代以后有关营销交换的研究更多地被融入组织间营销和关系营销的研究文献中（Bagozzi，2010）。新一代营销专业的学生在学习营销学理论时，理所应当地将一般的交换理论作为营销的信条（dogma）来学习，这恐怕很大程度上要归功于 Kotler《营销管理》经典教材的影响。

## 7.7 营销历史学派

营销历史的研究主要包括两个相互关联的部分：营销思想史——营销思想、概念、理论和学派等的产生与演化；营销实践史——营销活动（如广告、品牌、零售等）和过程等的产生、发展与演化（Savitt，1980；Jones & Monieson，1990a）。虽然对营销历史的研究在现代营销理论雏形初具的 20 世纪 30 年代就开始了（如 Converse，1933；Hagerty，1936；Hotchkiss，1938），但研究文献的大量涌现以及学术社区的制度化则是在 20 世纪 80 年代以后（Jones & Monieson，1990a；Shaw & Jones，2005；Tadajewski & Jones，2014；Witkowski & Jones，2016）。因此，营销历史学派关注的问题可能是比较"古老"的，但这个学派却是现代营销思想所有学派中最为"年轻"的一个。

### 7.7.1 营销历史研究的早期发展（20 世纪 30—70 年代）

根据 Jones 等学者的文献研究（Jones & Monieson，1990a；Witkowski & Jones，2016），20 世纪 30—70 年代，有关营销历史研究的文献数量总体上虽然稳定增加（20 世纪 70 年代文献数量有比较明显的下降），但无论是与营销学其他领域的研究文献相比（Grether，1976），还是与其他学科（如管理学和经济学）中有关历史的研究文献数量相比（Witkowski & Jones，2016），文献数量都是非常少的。这一时期营销历史研究呈现出以下几个明显的特点：

第一，文献研究的内容以营销思想史为主，而对营销实践历史的研究则相对较少。20 世纪 20 年代，现代营销理论完成了第一次整合，形成了以营销原理为代表的整合性教科书。与之相应，参与和经历了早期营销思想发展及营销学科建立的营销学者发表了一些追溯和回顾现代营销思想产生与整合，以及营销学科建立与发展的文献。如 Converse（1933）的《营销文献的最初 10 年》就是最早发表的有关营销思想发展的文章之一。还有一些研究则关注了营销学先驱的贡献（如 Hagerty，1936；Maynard，1941；Weld，1941；Bartels，1951b；Converse，1959a），以及学术组织（如美国市场营销学会）在营销思想发展过程中的作用（如 Agnew，1941）。

第二，标志性文献的出现在某种程度上奠定了营销历史研究的基础，也促进了营销学界对这一领域的关注。20世纪50年代末60年代初，营销学科经历了半个世纪的发展，尤其在这个时期完成了"范式转换"，几本整合性的营销思想史著作的相继出版在某种程度上标志着营销历史研究这一领域开始走向成熟（Jones & Monieson，1990a）。首先是Converse在1959年出版的《营销思想在美国的发端》，该书采用编年体的方式记录了1900年以前的营销思想，以及20世纪初至20世纪30年代营销思想的发展历程和重要的研究文献。该书还用近一半的篇幅阐述了20位营销学先驱的贡献。Bartels 1962年出版了其经典著作《营销思想的发展》的第一版，追溯了营销思想从1900年到1960年的发展历程。Bartels认为在一门学科发展的过程中，探究其发展历程和已经完成工作的性质是非常重要的。与Bartels（1962）的这本经典著作几乎同期出版的是Schwartz（1963）的《营销理论的发展》，该书总结了主要营销理论和方法的发展，内容上在某种程度上与Bartels的著作形成了互补。然而，真正对营销思想史研究产生深远影响的是Bartels的作品。在出版该书的第二版时，Bartels（1976）将书名更改为《营销思想史》，增加了营销思想在20世纪60—70年代的发展，并对第一版中的很多章节进行了修订和拓展。该书不仅奠定了Bartels在营销思想史研究领域的地位——"Bartels的名字成为营销思想史的同义词"（Shaw & Tamilia，2001：156），也使得营销思想史成为营销学研究中一个不可或缺的领域。

第三，营销实践史的研究与营销思想史的研究慢慢融合，从而使得营销历史学派的两个核心研究领域逐渐整合成为一个统一的学术社区。相对于营销思想史的研究文献，对（企业）营销实践历史开展研究的文献数量要少很多。① 从20世纪60年代开始，两个研究主题开始慢慢融合，成为关联日益紧密的营销历史研究的两大主题。这种融合的早期标志性文献之一是Converse（1959b）的著作《50年营销回顾》（*Fifty Years of Marketing in Retrospect*），Converse（1959b）描述了"我见证和研究的商业故事，尤其是市场分销的故

---

① 实际上，在经济学和管理学领域，经济史和企业史学者进行了大量与营销相关的研究（如对批发、零售商和广告的历史研究），但这些学者并不是从营销学的角度进行研究，也不会从营销学的角度来阐述他们的研究贡献（Savitt，1980）。

事"（p. vi）。除对广告、促销、定价等营销实践进行描述以外，Converse 还着重描述了 50 年中经济环境的变化和技术的发展对这些营销实践的影响。实际上，Converse 是将这本书作为《营销思想在美国的发端》的姊妹篇出版的，体现了他关于营销思想和营销实践在历史视角上相互关联的思想。这一时期对营销实践进行历史分析的另一部代表性著作是 Shapiro 和 Doody（1968）编写的《美国营销史读本》（*Readings in the History of American Marketing*），他们期望该书能够唤起营销专业的学生对历史和历史分析的兴趣。20 世纪 60 年代以后，对两个领域的融合产生较大影响的学者是 Hollander。在对零售和销售历史的一系列研究中（Hollander，1960，1963，1966），Hollander 超越了对营销实践进行描述的传统方法，转而采用历史的视角，通过对营销实践历史的描述来分析其与营销思想之间的关系。这种研究方法显然在营销思想和营销实践两大主题之间建立了紧密的关联，用 Hollander（1989）自己的话来表述："营销思想与实践并不像看上去那样泾渭分明，实践并不是完全没有思想性，营销思想往往是由营销实践驱动的"（p. XX）。20 世纪 70 年代末，在 Pollay（1977，1979）的推动下，广告史研究被纳入营销历史研究框架中，进一步拓展与夯实了营销历史研究的学术社区基础（Jones & Monieson，1990a）。

### 7.7.2 营销历史研究的制度化（1980 年以后）

20 世纪 80 年代初，营销历史研究开始了"制度化"的过程，不仅使得自身成为营销学科中一个具有"合法性"的研究领域，也促进了营销历史学派的快速发展。这个制度化过程开始的标志性事件是 Savitt（1980）在 *Journal of Marketing* 上发表的奠基性论文——《营销中的历史研究》。在该文中，Savitt（1980）认为营销历史研究应当包括对营销思想和营销实践两个相互关联的部分，无论要从事哪个方面的研究，都必须采用历史的研究视角和适当的历史研究方法。Savitt 指出营销历史研究对于营销学科的发展意义重大，有助于确立营销学科的科学身份，建立营销学科与其他相关学科之间的联系和清晰的边界。针对营销历史研究方法的缺乏，他在文中引入了一个系统且具有可操作性的研究方法框架，用以促进和指引营销理论研究。这篇发表在美国市场营销学会旗舰期刊上的论文具有重要的标志性意义，在某种程度上奠定了营销历史研究在营销学科中的"合法性"地位，从而有助于促进后续营销历史研究学术社区的建设。

如果说 Savitt（1980）的论文奠定了营销历史研究在营销学术社区中的合法性地位，那么开始于 1983 年的营销历史研究学术社区的建设则是一个强大的推动力量。在 Savitt、Lazer 和 Hollander 的共同创立及推动下，"首届北美营销历史研究工作坊"于 1983 年在密歇根州立大学召开。① 此后，在 Hollander 的领导和组织下，这个营销历史领域的学术会议以双年会的形式隔年召开一次，并在 1987 年第三次会议时更名为"营销历史研究会议"（the Conference on Historical Research in Marketing）②，1997 年再次更名为"营销历史分析与研究会议"（the Conference on Historical Analysis & Research in Marketing, CHARM），包含了更多的研究主题。该学术会议作为营销历史研究的一个平台将对营销历史研究有兴趣的学者聚集起来，形成了一个规模日益庞大的国际化的学术社区。2001 年，营销历史研究学会（the Association for Historical Research in Marketing）正式成立，其后更名为营销历史分析与研究学会（the Association for Historical Analysis & Research in Marketing）。③

随着营销历史研究学术会议的召开，营销历史研究的学者队伍逐渐壮大，研究文献的数量呈现出快速增加的态势。与此同时，营销学界对历史研究的兴趣和重视日渐增强，这反过来进一步促进了营销历史研究的发展。一方面，营销历史研究得到了营销学术组织的支持。美国市场营销学会支持了 1983 年和 1985 年两次会议，自 1987 年开始美国营销科学学会开始对双年会提供财务

---

① Savitt 在首届会议计划开始前不久加入密歇根州立大学营销与运输管理系担任系主任，在营销历史研究方面的兴趣和贡献使得他与 Hollander 自然成为亲密的伙伴来共同推动会议平台的建设。作为系主任，Savitt 为会议的召开提供了组织方面的支持。Lazer 是 Hollander 在密歇根州立大学的亲密同事，对营销历史研究也有着非常浓厚的兴趣。作为美国市场营销学会的前任主席，Lazer 为首届会议争取到了美国市场营销学会的财务和品牌支持。这三位学者形成了首届年会的领导核心，建立了这个学术社区的雏形。

② Hollander（1995）在其回忆文章中提到，会议名称从"workshop"（工作坊）改成"conference"（会议）是应会议参加人的要求，因为参加"conference"比参加"workshop"更有助于他们申请差旅费。

③ 关于营销历史分析与研究学会的召开背景、发展过程与影响力，详见 Jones、Shaw 和 Goldring（2009），以及 Witkowski 和 Jones（2016）的回顾性文章。CHARM 学会的官方网站为 www.charmassociation.org（2022 年 3 月 13 日访问）。

支持，并一直延续到 2003 年（Jones, Shaw & Goldring, 2009）。消费者研究学会年会（1985）和美国市场营销学会年会（1988）也分别设立了营销历史研究的讨论专题。另一方面，*Journal of the Academy of Marketing Science*（1990）、*Journal of Macromarketing*（JMM）（1994，1995）、*Psychology & Marketing*（1998），以及 *Marketing Theory*（2005，2008）分别推出了营销历史研究的专刊，显示了更为广泛的营销学术社区对营销历史研究的关注。其中，在对营销历史研究文献的发表提供平台方面，JMM 起到了至关重要的作用。该期刊在 1994 年和 1995 年连续两年推出营销历史专刊以后，自 1996 年开始正式设立营销历史研究的常设栏目，由 Hollander、Nevett 和 Rassuli 担任联合栏目主编。从 1994 年到 2005 年，发表在 JMM 上的营销历史研究论文占其全部论文发表总数的比例达到 45%（Jones & Shaw, 2006）。① 2009 年，由营销历史分析与研究学会主办的第一本专注于营销历史研究的学术期刊 *Journal of Historical Research in Marketing* 由 Emerald 出版集团正式出版，D. G. Brian Jones 担任创始主编。为了纪念 Hollander 对营销历史研究的杰出贡献，该刊的第一期为《致敬 Stanley C. Hollander 专刊》（*Honoring Stanley C. Hollander*）。

**思考题：**

1. 现代营销思想学派包括哪些？
2. 营销管理学派的主要观点及其内容是什么？
3. 营销系统学派的主要观点及其内容是什么？
4. 消费者行为学派的主要观点及其内容是什么？
5. 宏观营销学派的主要观点及其内容是什么？
6. 营销交换学派的主要观点及其内容是什么？
7. 营销历史学派的主要观点及其内容是什么？

---

① JMM 与 CHARM 的合作早在 1988 年就开始了，那一年，JMM 首次刊发了 CHARM 的会议征文通知，1989 年，JMM 开始发表 CHARM 的会议摘要。1988 年，Robert Nason 开始担任 JMM 的第三任主编，进一步促进了 JMM 与 CHARM 的合作。Nason 是 Hollander 在密歇根州立大学的同事，作为营销系的系主任一直给予 CHARM 财务和组织上的支持。关于 JMM 与 CHARM 合作的过程及成果，可参见 Jones 和 Shaw（2006），以及 Jones、Shaw 和 Goldring（2009）。

# 第 8 章

## 营销思想在中国的引进与发展

学习目标
- 了解营销思想在中国的引进与传播过程
- 了解营销思想在中国的发展状况
- 了解中国营销学术社区的建设与发展状况
- 了解中国营销学术创新的发展状况

虽然早在 20 世纪 30 年代中国的一些高校在引进商科课程体系时就引入了市场营销学（当时称为市场学）课程，并编译出版了相应的教材[①]，但学界对营销思想在中国引进与发展这一问题的讨论，通常是以 1978 年党的十一届三中全会确立改革开放政策为开端的。这是因为一方面，20 世纪 30 年代引入的市场营销学课程是作为商科课程体系的构成部分被引入的，在当时特定的历史条件下，既没有形成广泛的传播，也没有形成专业化的学者队伍；另一方面，新中国成立以后，我国长期实行计划经济体制，市场营销学失去了市场机制这一其赖以生存和传播、发展的土壤。因此，营销思想在中国的引进、传播与发展基本上是和改革开放的历史进程同步的，中国营销史研究者也将这个阶段营销思想的引进与传播称为"营销学在中国的第二次引进"（李飞，2013）。本章将以 1978 年为起点阐述营销思想在中国引进、传播与发展的过程，我们参照李飞（2013）的历史分期，将营销思想在中国引进、传播与发展的过程分成三个阶段：引进与传播阶段（1978—1990）、吸收与模仿式创新阶段（1991—2010）以及与国际接轨及自主创新阶段（2011 年以后）。

---

① 对于营销学在中国的早期传播，李飞做了大量系统的研究与翔实的考证工作，参见李飞（2013：51—67）。在营销学引进的早期，关于"marketing"一词的翻译并未形成一致意见，在相当长的一段时间内"市场学"是其主要译法。为了不引起概念上的混淆，除阐述史实资料以外，本章统一使用"营销"一词。

## 8.1 营销思想的引进与传播（1978—1990）

1978年党的十一届三中全会确定了"解放思想，实事求是"的方针，把全党的工作重心转移到社会主义现代化建设上来，做出了改革开放的伟大决策，开启了社会主义现代化的伟大征程，这为营销思想的引进与传播创造了条件。20世纪70年代以后，西方营销思想已经形成了以营销管理学派为主导范式、多学派共存的理论体系，营销管理理论作为主流理论成为被引入中国的营销思想的主要内容。

### 8.1.1 营销思想引进与传播的方式

营销思想引进与传播的主要内容是对西方主流营销理论的引入与传播，这个过程以境外营销学者讲学、境外营销学教材的编译、营销学讲义与教材的编写以及学术期刊开设"营销学讲座"专栏等为主要形式。其中，以财经类院校教师为主的一批经济学者成为这个引进与传播过程的主要力量，而以中国人民银行、对外贸易部、第一机械工业部（以下简称"一机部"）等为代表的国家部委构成了这个过程的重要支持与推动力量。

#### 8.1.1.1 境外营销学者讲学

自1979年起，受到国家相关部委和一些大专院校的邀请，一些境外学者以讲座和培训班等形式面向企业管理人员、国家相关主管部门工作人员和大专院校的教师讲授营销学，成为营销思想引进的主要形式之一。在最早一批来境内传播营销思想的学者中，比较有代表性的是香港中文大学的闵建蜀教授。[①] 1979年，他曾在中山大学讲授市场营销学，当时很多人对于西方的市场学能否在社会主义计划经济中应用还存在疑问（闵建蜀，1981）。1980年

---

① 闵建蜀教授当时任香港中文大学工商管理学院院长，自1979年起多次受到中国人民银行等国家部委邀请在广州、上海、西安、成都等地讲授市场营销学课程，培训市场营销学师资、企业和政府管理人员（闵建蜀，1981；汤正如，2008），是营销思想在境内引进与传播阶段最为活跃的境外学者之一，曾担任中国高等院校市场学研究会（1984年成立时的名称为"全国高等财经院校、综合大学市场学教学研究会"）顾问（吴健安，2014）。

和 1981 年，他分别受到一机部和中国人民银行的邀请在广州及西安讲授营销学。其中，1981 年 7 月在陕西财经学院举办的市场学师资培训班上，闵建蜀教授较为系统地讲授了营销管理理论的主要内容，培训内容经整理后陆续在《当代经济科学》的"市场学讲座"栏目发表。1986 年 6 月，菲利普·科特勒应邀首次访问中国，并在对外经贸大学做了题为"市场营销对计划经济的贡献"的演讲。① 他"对中国的企业经理、学者和学生们学习现代经营管理和市场营销的兴趣和热忱，留下了非常深刻的印象"（科特勒，1990：1），认为营销思想将在中国市场化改革进程中发挥重要作用。科特勒对中国的首次访问，无疑是营销思想在中国引进与传播阶段的一个标志性事件。

中央政府及相关部委在营销思想的引进与传播过程中发挥着非常重要的作用，其中最具标志性的事件之一就是中国工业科技管理大连培训中心的成立。1979 年，邓小平访问美国期间，中美两国政府签订了《中华人民共和国国家科学技术委员会和美利坚合众国商务部科技管理和科技情报合作议定书》。成立中国工业科技管理大连培训中心是该议定书中的一个子项目，其任务是对大中型企业的厂长（经理）、政府工业与科技管理部门的干部以及大专院校从事企业管理的骨干教师进行现代企业管理知识的培训。② 1980 年，第一期培训班正式开班，美方选派了 30 多位管理学教授组成教学团，中方则从全国各大中型企业、国家相关部委筛选了 150 多名学员参加培训。培训班讲授了包括市场营销在内的十多门课程。③ 该培训班自 1980 年起总共举办了 10 届，对包括营销学在内的企业管理知识在中国的引进与传播起到了重要的促进作用。除中国工业科技管理大连培训中心每年举办的培训班以外，1980 年以后对外贸易部、国家经济委员会等部门牵头与国际机构合作举办的北京培

---

① 转引自李飞（2013：70）。关于科特勒访问中国的时间，他本人在其经典教材《营销管理：分析、计划和控制（第 5 版）》中文版的"中译本序言"中写到其访问中国的时间是 1986 年 7 月，参见科特勒（1990：1）。

② 中国工业科技管理大连培训中心和在此基础上挂牌的国家经贸委大连经理学院是 2006 年正式成立的中国大连高级经理学院的前身。1980 年成立的中国工业科技管理大连培训中心设在大连工学院（今大连理工大学），其组织沿革可见中国大连高级经理学院官网：https://www.cbead.cn/xygk/XYJJ.htm（2022 年 3 月 13 日访问）。

③ 根据汤正如教授的回忆，美方教学团下面设有按课程划分的教学小组，中方也有相对应的小组，当时中方营销小组共有三个人，汤正如教授是小组成员之一（王卓等，2004a）。

训中心（中国与欧洲共同体合作）、成都培训中心（中国与加拿大合作）、天津培训中心（中国与日本合作）、上海培训中心（中国与联邦德国合作）都多次聘请外国专家来华讲授市场营销学，也促进了营销思想的引进与传播（汤正如，2008）。

#### 8.1.1.2 境外营销学教材的编译

1978 年以后，通过中国图书进出口公司等渠道，包括海外英文原版和中国港台地区学者编写的营销学教材被陆续引入中国内地，并以影印版的形式进行内部发行（李飞，2013），这成为境外营销学教材进入境内的一个重要窗口。虽然当时个人可以购买原版书和影印版图书，但限于当时的条件，这些原版书，尤其是英文原版书的传播范围实际上是非常有限的。① 即便如此，这些原版书和影印版图书的引进还是为编译最初的营销学讲义和教学材料提供了原始资料。20 世纪 80 年代初，一些财经类院校组织编译了一批营销学资料。较早的编译材料包括杭州商学院（今浙江工商大学）1981 年组织翻译的《市场学：理论与实践》；云南财贸学院侯文西、吴健安等 1982 年编译的戴维·佩恩的《市场学》（简写本），其部分内容在《商业理论与实践》1982 年第 1—2 期上刊登，后收录在云南财贸学院商业经济系 1983 年内部出版发行的《市场学教学参考资料（二）》中（李飞，2013；吴健安，2002）。

除对英文原版教材的引进以外，20 世纪 80 年代初，一些译著也得以正式出版。其中比较有代表性的是 1981 年出版的《市场学》，该书是中国工业科技管理大连培训中心外籍教授讲稿的译文，其核心内容是美国市场营销学教授在首期培训班上的讲义。根据李飞（2013）的考证，这本书应该是新中国成立以后在中国正式出版的第一本市场营销学教材。除该书以外，20 世纪 80 年代早期还有几本有代表性的译著：《市场营销原理与决策》（〔美〕理查德·黑斯等著，韩佩璋等译，机械工业出版社 1983 年出版）、《工业品市场营

---

① 吴健安教授在 1980 年为准备讲授市场学课程而搜集市场学书籍和资料的经历从一个侧面反映了当时的状况。1980 年上半年，吴健安教授在北京进修期间，在于中国美术馆举办的一次书展上，发现了有关市场学的教材和资料，但这些教材和资料却只展不卖。于是，书展期间，他便带上面包整天泡在展厅里翻阅。当时，他搜索北京各大图书馆的市场学书籍，却仅在中国人民大学图书馆里找到了一本《市场学》（原朝阳大学藏书，丁馨伯译编，复旦大学出版社 1933 年出版）。1980 年上半年，他买到一本由机械工业部销售局影印的台湾三民书局 1970 年出版的《市场学》。参见聂元昆（2017）。

销策略》(〔美〕弗雷德里克·E. 韦斯伯特著，胡士廉等译，机械工业出版社 1984 年出版)。随着营销思想在中国的传播，20 世纪 80 年代中期以后，更多英文教材的中文翻译版在中国陆续出版。①

#### 8.1.1.3 营销学讲义与教材的编写

在对最早进入中国内地的营销学思想和资料进行理解及消化的基础上，一些学者开始着手编写营销学讲义和教材。在教材正式出版之前，一些学校曾内部印行营销学讲义，如 1981 年哈尔滨工业大学内部印行了吴凤山教授编写的《市场学》(李飞，2013)，吴健安教授 1982 年也铅印了其编写的《市场学讲义》在高校内部发行，该书在随后的两年时间里内部发行了 1.5 万册（聂元昆，2017），是传播比较广的早期营销学讲义。从 1982 年开始，中国内地学者编写的教材陆续出版。② 较早出版的营销学教材包括《市场学》(郭军元，1982 年出版)、《市场学浅说》(闵建蜀，1982 年出版)、《社会主义市场学》(励瑞云、夏蔚莼，1982 年出版)、《市场学》(吴凤山、洪宝华，1982 年出版)、《中国社会主义市场学》(贾生鑫，1983 年出版)、《市场经营学》(十所重点大学管理系编，1984 年出版)、《市场学》(吴健安，1985 年出版)、《中国市场学》(贺名仑，1985 年出版)、《市场学概论》(邝鸿，1986 年出版) 等。

需要注意的是，一些早期重要营销学教材的编写是在国家相关部委的组织推动下进行的，主要由国家部委组织协调其所管理的系统内高校来实施。如从出版时间来看，第一本中国内地学者编写的教材——郭军元主编的《市场学》即是在一机部教育局的组织下编写的，编写工作开始于 1981 年年初，参与编写的机构包括湖南大学、清华大学、合肥工业大学等 6 所高校和研究所，教材于 1982 年由机械工业出版社正式出版（吴健安，2002；李飞，2013）。贾生鑫主编的《中国社会主义市场学》是在中国人民银行的组织下编写的，编写工作也是开始于 1981 年，由陕西财经学院和湖南财经学院牵头的

---

① 更多相关资料可参见李飞（2013：72—74）。
② 根据李飞（2013）的考证，从新中国成立到 1981 年，中国内地并没有本土学者编写的营销学书籍公开出版，最早的营销学教材出版于 1982 年。从本书作者在国家图书馆的检索结果来看，其收录的本土学者编写的最早的营销学教材也是 1982 年出版的。

6 所财经类院校组成的编写组编写①，1982 年 12 月定稿，1983 年由陕西人民出版社正式出版（吴健安，2004，2014）。显然，由国家部委组织编写的这些教材在当时的背景下具有浓厚的"官方色彩"，不仅对营销学教材的编写和采用产生了巨大的推动作用，对营销思想的引进与传播也产生了强大的示范效应。据李飞（2013）统计，1981—1990 年，中国内地出版的营销学书籍已经超过 100 种。

#### 8.1.1.4 学术期刊的"营销学讲座"专栏

在营销思想的引进过程中，一些学术期刊开设了"营销学讲座"专栏，邀请一些比较活跃的学者以讲座的形式较为系统地阐述营销学理论的主要内容，成为早期营销思想传播的一种重要方式。开设"营销学讲座"专栏的学术期刊以财经类院校主办的期刊为主，而专栏刊载的既有讲座者整理编写的内容，也有对英文原版营销学教材翻译和编译的内容。曾在期刊上开设讲座的知名学者包括：贺名仑（《北京商学院学报》，1982），曲更非（《商业研究》，1982），洪宝华（《预测》，1983），何永祺和侯轩娇（《商业经济文荟》，1984—1986），吴健安、彭星闾和万后芬等（《财贸经济》，1986），杨振鄘（《南方经济》，1986），等等。除这些讲座专栏外，《商业研究》在 1986—1987 年间分四个部分刊载了桂力生和刘金福编译的《苏联市场学选载》，《商业经济文荟》在 1989—1990 年连载了科特勒的《市场营销管理（第 6 版）》的摘译。前者部分反映了中国内地学者对"市场学"与"营销学"研究对象及范畴的讨论，后者则反映了学界对引入的经典营销学教材的认识。

### 8.1.2 关于"marketing"译法的讨论

营销思想被引入中国内地以后，关于"marketing"一词的译法，学界展开了较为激烈的争论，直到 1987 年以后，尤其是 1990 年科特勒《营销管理：分析、计划和控制（第 5 版）》的中文版和邝鸿主编的营销学工具书《现代市场营销大全》出版以后，学界的争论才平息下来，统一将其译为"市场营销"

---

① 原定的是 5 所大学共 12 位教师参加这本教材的编写，在 1982 年 5 月召开的教材研讨会上，增加了 1 所大学和 2 位教师，编写队伍即变成 6 所大学共 14 位教师（吴健安，2014）。

（李飞，2013；吴健安，2014）。

1979年营销思想被引入以后，"marketing"主要被译为"市场学"，也有少数学者主张使用"销售学"的译法（罗真嵩，1982）。"市场学"的概念之所以较为流行，一个主要的原因在于20世纪30年代营销思想第一次被引入内地时，"marketing"即被译为"市场学"（闵建蜀，1981），这直接影响了20世纪50—70年代港台学者对"marketing"的中文译法。而当营销思想第二次被引入内地时，港台学者及其在20世纪70年代出版的营销学教材对内地学者学习与传播营销理论产生了重要影响。因此，历史渊源使得新中国第一代营销学者在引进与学习营销学理论时，自然主要将其称为"市场学"（李飞，2013）。市场学这种主流译法也可以从中国两个最重要的营销学术共同体——"中国高等院校市场学研究会"（1984年成立）和"中国市场学会"（1991年成立）——的名称中得以体现。

作为一个名词，"marketing"被翻译为"营销"的做法在20世纪60年代和70年代出版的港台文献中已经比较普遍，差别在于"marketing"作为学科名称时，"市场学"的译法更为主流（邝鸿，1985；李飞，2013）。①闵建蜀（1981）认为"市场学"似乎专指静态，而且与微观经济学很相似，容易与微观经济学的概念相混淆，也无法表达企业一系列营销活动的动态特征。但若将其译为"销售学"则不仅无法反映"marketing"的全部含义，还与从属于"marketing"的销售管理相混淆，难免以偏概全。他认为"市场营销学"虽然能够比较准确地表达"marketing"的含义，但表述不够简洁。杨凯衡（1984）认为"市场学"的译法显然受到"market"（市场）一词本义的影响。这种译法给人一种静态的感觉，还容易使人望文生义，认为"市场学"研究的主要内容是"市场"，因此无法表达"marketing"的全部含义。他认为"营销学"这种译法比较贴切。"营"字代表经营管理，包括企业如何制订计划、制定策略，如何协调、控制企业的活动；"销"字则是指市场销售，包括销售前的调研、预测以及随之制定的具体营销策略。郭碧翔（1985）对"市

---

① "行销学"的译法主要来自台湾，根据李飞（2013：91）的考证，1983年台湾出版了规范营销学中文译法的《市场学名词》一书，书中将"marketing"译为"行销"，此后台湾出版的营销学书籍就用"行销学"替代了"市场学"，但"行销学"的说法并未被大陆学者所接受。

场学"的译法也表达了同样的观点，"市场"与"市场营销"虽然是紧密关联的两个概念，但将"marketing"译成"市场学"是非常不确切的。邝鸿（1985）认为将"marketing"作为学科名称时的不同译法反映了对作为客观经济活动的"marketing"的认知差异，虽然他并未明确阐释哪种译法最为贴切，但他明确表示"销售学"的译法是错误的。随着学界对营销理论认识和理解的加深，越来越多的学者倾向于"市场营销学"的译法（黄燕，1986；吴健安，2014）。在中国高等院校市场学研究会1985年的首次年会上，与会学者就该问题进行了热烈的讨论，但并未达成一致意见，讨论一致延续到次年的第二届年会。到1987年第三届年会时，"市场营销学"的译法基本达成了共识，当年就有三本以"市场营销学"为标题的教科书出版（吴健安，2014）。吴健安教授在回顾市场营销学在中国传播的第一个十年并对其未来发展进行展望时，开宗明义地表明"marketing"的诸多译法中，"市场营销学"是适当的（吴健安，1988）。自那以后，越来越多的教材都采用了"市场营销学"的标题。进入20世纪90年代以后，随着科特勒《营销管理》中文版以及代表着当时营销学界权威观点的《现代市场营销大全》（邝鸿，1990）的出版，市场学的用法渐渐淡出了营销学界。

### 8.1.3 关于营销学（市场学）研究对象与研究内容的讨论

对学科名称的译法在相当大程度上反映了学界当时对营销学研究对象和研究内容的认识，确如一些学者所担心的那样（杨凯衡，1984；郭碧翔，1985），学界在引进、学习与传播营销学的过程中，经历了一个认知偏差与纠正的过程。

夏蔚莼（1982）较早对这一问题进行了讨论，认为"社会主义市场学"是一门旨在揭示商品流通规律的学科，它的研究对象是商品供求关系，而其研究的内容则主要包括社会主义市场的供求规律、商品产销的客观依据、商品的作价及其依据，以及市场经营结构与渠道。这一观点在20世纪80年代前半期是比较有代表性的。在中国高等院校市场学研究会成立大会上，营销学的研究对象是与会代表讨论最为激烈的问题，会议综述总结了关于这一问题的五种主要观点（杨岳全，1984）：① 以社会主义市场供求关系为研究对象；② 以企业市场营销活动为研究对象；③ 以商品流通规律为研究对象；④ 以商品流通过程为研究对象；⑤ 以企业为获取经济收益所开展的市场活动为研究对象。这五种观点可以归为两类：一类以宏观的市场供求与商品流通过程为研究对象，一类以微观的企业市场经营活动为研究对象，其中微观的观点与营销管理的内容基本一致，而宏观的观点则与商业经济学相混淆，这一问题的出现也许与当时不少营销学的研究者都是商业经济学者有关，当然也与"marketing"的"市场学"译法有关。

甘碧群（1985）以美国市场营销学会对营销的定义为基础，较早准确地阐述了营销学的学科属性与研究对象。她认为营销学是一门新兴的管理学科，其研究对象是企业的市场营销活动，即企业如何从消费者的需求与欲望出发，有计划地组织企业的整体活动，将产品与劳务转移到消费者手中，实现企业盈利的目标。甘碧群对当时出版的不少《市场学》教科书将营销学研究对象等同于商业经济学研究对象的错误看法进行了澄清，认为需要明确市场与市场营销两个概念之间的区别和联系。郭碧翔（1985）也表达了相同的看法，认为市场学应当以市场营销活动及其规律为研究对象，市场学要研究市场，但绝不是以市场为研究对象。贺名仑（1985）对此问题进行了更为细致的阐述。他认为市场学是研究市场上营销活动形成和发展的学科，其研究对象是市场营销活动所体现的以消费者需求为中心的市场营销关系、市场营销规律和市场营销策略。在此基础上，他认为市场学的主要研究内容应当是有关市场营销关系的形成和影响、市场营销活动的主客观决定因素，即不可控制因素和可控制因素，主要包括五个方面：① 市场机制与市场环境；② 市场营销目标与目标市场；③ 市场营销策略的组合：商品、价格、渠道与促销；④ 市场调查、市场预测与营销决策；⑤ 市场控制与管理。可见，贺名仑教授所阐述的营销学的研究内容基本上体现了营销管理理论的主要内容。邝鸿（1985）认为市场学的研究对象是市场营销活动，这涉及从不同的层面和角度对市场营销进行理解。他结合美国市场营销学会对市场营销的定义，以及美国营销学界科特勒、麦卡锡等代表性学者对市场营销定义的不同观点，对营销学所涉及的一般经济与社会过程和企业营销管理活动两个层面进行了探讨。梅汝和和张桁（1986）在较为系统地阐述了营销思想发展与演进历史的基础上，明确指出营销管理理论是西方市场营销学的主流理论，我国学界应当加强对以营销管理为导向的营销学研究。

可见，上述几位著名营销学者发表的论述基本澄清了学界对当时市场学研究对象和研究内容的误解，理清了对市场学与商业经济学在学科属性、研究对象与内容方面差异的认识。20世纪80年代后半期，学界对上述问题的讨论与争论大为减少，反映了其对这一问题基本达成了共识。

### 8.1.4 关于社会主义营销学（市场学）的讨论

在营销思想引进初期，学界对建立具有中国特色的社会主义市场学相关的问题进行了讨论，反映了当时的时代特征。陶桓祥（1984）的观点代表了当时一些学者的观点，他批评了在学习与应用市场营销学原理的过程中建立社会主义市场营销学应该主要吸取资产阶级市场营销学的营养，而认为包括《资本论》在内的经典著作并没有营销思想的倾向，他从"产品必须适合市场需要""商品销售是生产与流通的中心环节""从生产与流通的总体上把握销售""社会总产品的实现问题"四个方面概括了马克思的市场营销思想，认为深入地研究和探讨马克思的市场营销思想对于建立具有中国特色的社会主义市场营销学具有十分重要的意义。在中国高等院校市场学研究会成立大会上，中国社会主义市场学的相关问题是会议讨论的重点问题之一。与会代表认为，建立具有中国特色的社会主义市场学首先要坚持四项基本原则，贯彻执行党的各项方针政策，要以马克思主义政治经济学为指导。其次，要认真总结我国市场活动和商业活动的丰富经验，包括古代和近代的市场活动经验和商业经济思想，尤其应全面总结党的十一届三中全会以来商品流通的实践经验。最后，要注意吸收国外市场学中有益的东西，并加以改造，为我所用。与会代表认为，社会主义市场学与资本主义市场学在以下三个方面存在差异：① 研究的目的不同，社会主义市场学研究的目的是真正满足人民群众的生活需要，而资本主义市场学则是为了赚取更多的利润。② 研究的角度不同，社会主义市场学不仅研究微观，而且研究宏观，宏观与微观相结合，而资本主义市场学则主要研究微观，因为生产资料资本主义私有制使其不可能研究宏观。③ 理论基础不同，社会主义市场学以马克思主义政治经济学为理论基础，而资本主义市场学则以资产阶级经济学为理论基础(杨岳全，1984：14—15)。考虑到参加中国高等院校市场学研究会成立大会的学者代表了当时营销学界的骨干力量，上述观点是具有代表性的。

甘碧群(1985，1986)认为，中国社会主义市场学要反映我国生产关系和生产力的特色，相对于资本主义生产关系私有制和社会生产力高度发达的特点，中国特色社会主义市场学要反映我国社会主义公有制和生产力水平较低的特点。因此，建立具有中国特色的社会主义市场学既要从商品经济的共性出发，借鉴西方市场学中于我有用的东西，又要兼顾我国国情，不生搬硬套西方理论。郭碧翔(1985)在回顾西方营销思想发展历程的基础上，针对陶桓祥(1984)关于学习马克思营销思想的观点提出了不同意见，认为将《资本论》中有关市场和销售的论述归结为马克思的营销思想无论是对完整理解马克思理论体系，还是对市场营销概念的理解与认知及其学科归属都是不恰当的。郭碧翔进而认为建立中国特色的营销学应当在坚持马克思主义基本原理的基础上，从我国的基本国情出发，"原原本本地学"。他指出当时已经出版的《市场学》教材对市场营销学基本概念和范畴的认识存在错误，因此倡导加强对营销学名著原著的学习，以达到正本清源的目的。学界普遍认为坚持马克思主义基本原理的指导是建立社会主义市场学的基本指导思想，贺名仑(1985)则借鉴马克思"生产一般"的概念，进一步提出在建立社会主义市场学的过程中，要确立"市场营销一般"的科学概念，即以商品经济为基础的市场营销活动的"共性"，并将其作为建立中国特色社会主义营销学的指导思想。邝鸿(1985)也表达了相同的观点，认为虽然我国社会制度和国情与西方资本主义国家不同，但是西方资本主义国家的社会化大生产、商品经济中必然包含不同社会制度下的社会化大生产、商品经济中普遍存在的东西，学习这些一般的科学原理对于我国的经济建设具有重要意义。我们学习西方市场学也"必须从头到尾、原原本本地学"，在此基础上才能从中吸取科学的、适合我国国情的有用的东西，逐步建立中国社会主义市场学。

随着讨论的深入，学界开始基于商品经济体系和中国的现实情境来讨论如何建立社会主义市场学。1987年中国高等院校市场学研究会第三届年会上，这个问题仍然是讨论的重点问题之一，只是"中国特色社会主义市场学"的说法转换成了"中国特色市场学",并且与会学者在以下四个方面基本达成了共识:① 需要认真学习西方市场学原理;② 以马克思主义为指导,特别强调要将西方市场学理论与中国实际情况相结合;③ 系统地总结中国悠久的市场营销经验,为现实服务;④ 研究中国的现实,特别是要到企业中去,研究中国经济管理和企业管理的实践(叶晓峰、陈亚平、王俊恒,1987)。学界这些共识的达成反映了随着营销思想在中国的传播,中国学者对营销思想的认识、理解日益深入和准确,当然整体上也是国家经济体制市场化改革不断深入的反映(汤正如,2008)。

### 8.1.5 科特勒经典教材的引入

科特勒的经典教材《营销管理》自 1967 年出版后,分别在 1972 年、1976 年、1980 年和 1984 年出版了第 2—5 版,而首次被完整引入中国的就是该书的第 5 版。1984 年,时任上海市市长的汪道涵在美国访问期间发现了当时最新一版的《营销管理》,于是决定将其翻译引进到中国。承担翻译任务的是上海财经大学的梅汝和教授。梅汝和教授组建了包括梅清豪教授在内的 10 人左右的翻译团队,于 1987 年 8 月完成了全部译稿。然而,由于需要向美国出版方支付版权费(1 000 美元),以及图书征订数量未能达到出版社要求的数量等,该书的正式出版遇到了些许阻碍。后来,在汪道涵市长的协调下,由上海人民出版社向美国出版方支付了版权费,梅汝和教授争取到上海财经大学 800 册书的订单使得图书征订数量达到了出版印刷的要求,该书终于在 1990 年由上海人民出版社正式出版,第一次的印刷数量为 2 300 册(王卓等,2004b)。即使只印了 2 300 册,出版社还是用了三年的时间才销完,这也从一个侧面反映了 20 世纪 90 年代初中国营销学教育发展的状况。但情况很快就有了改观,该书在 1996 年出版新版时,首次印刷的数量已经达到30 000 册。在翻译该书期间,很多营销学名词的中文译法是翻译团队面临的一个巨大挑战,要么一些名词是第一次被翻译成中文,要么一些名词的译法存在争议。即便如此,该中文版教材还是为营销学在中国的传播奠定了系统而坚实的基础,并成为此后诸多中文版营销学教材的蓝本。

在梅汝和教授主持完成《营销管理(第 5 版)》翻译的第二年(1988

年),英文原版书的第 6 版就正式出版了。这意味着,中文版在 1990 年正式出版时就已经不是该经典教材的最新版了。当时广东省财贸管理干部学院发现新版教材与第 5 版存在比较大的差异,于是决定成立编译组翻译出版第 6 版,并邀请当时担任中国高等院校市场学研究会会长的暨南大学的何永祺教授参与译校工作。该书第 6 版的翻译历时两年,于 1991 年由科学技术文献出版社出版。① 间隔一年时间先后出版的两版《营销管理》对 20 世纪 90 年代营销学在中国的传播、营销学教育的发展起到了重要的促进作用。

### 8.1.6 营销学教学的开展和学者队伍的发展

与营销思想的引进与传播几乎同步的是一些高校率先开设了市场营销学课程。根据现有的文献资料,最早的营销学(市场学)课程是 1979 年由何永祺教授在中山大学和暨南大学、吴凤山教授在哈尔滨工业大学开设的。现有资料记述了何永祺教授率先开设市场学课程的情况(王卓等,2004a)。② 1978 年,暨南大学迎来了恢复高考后第一批我国港澳地区和东南亚华侨子弟学生。原定的教学计划中设有商业经济学课程,课程内容主要是在计划经济下如何统购统销,但学生们认为这些知识对于毕业以后要回到原籍的他们来说并没有用,他们希望以市场学代替商业经济学课程,还要求开设广告学和商业心理学等课程。何永祺教授和他的同事们做出了一个现在看来非常重要的决定:将市场学课程安排到 1978 年的教学计划中。为了准备教学大纲,何永祺教授阅读了大量与市场营销相关的书籍、报纸和杂志,最后将目标锁定在我国港澳台地区和东南亚出版的中文书籍与刊物上,最终选定台湾学者王德馨和江显新编写的《市场学》作为教材。1979 年春季,何永祺教授率先为中山大学商业经济专业的高年级学生开设市场营销学课程,当年秋季,暨南大学正式开设市场营销学课程。

1980 年以后,以财经类院校为主的高等院校陆续开设营销学课程,这一

---

① 有趣的是,在《营销管理(第 6 版)》中文版出版的同一年,英文原版书的第 7 版就正式出版了。何永祺(1991)当时撰文对第 7 版的内容进行了评介。

② 根据相关信息,吴凤山教授 1955 年研究生毕业于中国人民大学会计学专业,是哈尔滨工业大学管理学院市场营销专业和会计学专业的创始人。关于吴凤山教授 1979 年开设市场学课程的情况,本书作者没有查阅到更多的信息。

点可以从 1982 开始陆续出版的营销学教材中得到印证。在开设课程的基础上，市场营销专业的建设也从 20 世纪 80 年代中期开始陆续开展。1984 年，广西商业高等专科学校经广西壮族自治区教委批准开设了大专层次的市场营销专业；1988 年，国家教委批准山东大学试办市场营销专业，并于同年开始招收本科生（吴健安，2014）；1993 年，教育部正式将市场营销专业列入大学本科专业目录。在大专和本科层次的营销学专业教育基础上，研究生教育也在同期发展起来。1979 年，梅汝和教授在上海财经学院贸易经济专业下招收市场学方向的研究生，这是新中国最早招收的营销学硕士研究生（中国市场学会、上海市场学会，2000）。到 1984 年前后，全国招收市场营销方向硕士研究生的院校已经超过 10 所（吴健安，2014）；1990 年，中南财经大学依托商业经济专业，开始招收市场营销方向的博士研究生（晃钢令，2005）。

除全日制高等院校的营销学教育蓬勃发展以外，因应巨大的社会需求，各种函授、电大等形式的非全日制教育形式也快速发展起来。其中最有代表性的就是 1978 年创办的教育部直属的中央广播电视大学（今国家开放大学）运用广播、电视、音像教材等形式面向社会开展的开放式教育。当时，知名营销学者贺名仑教授和邝鸿教授都曾应邀为中央广播电视大学讲授营销学课程。1985 年，贺名仑教授编写的营销学教材《中国市场学》由中央广播电视大学出版社出版，一次的印数就多达 25.4 万册（李飞，2013；吴健安，2014），这从一个侧面反映了当时非全日制营销学教育的规模。

在营销思想引进与传播的过程中，营销学的学者队伍也随之成长起来，但这一阶段并未形成真正意义上的学者队伍。一方面，早期营销学的学者以教学为主，营销学的相关研究也是以介绍和传播西方营销思想为主，真正意义上的学术研究非常少（李飞，2013）。另一方面，早期的营销学者队伍规模很小，1979 年全国仅有 20 人左右的营销学师资和科研人员（邝鸿，1990），即使随着 20 世纪 80 年代营销学教学的快速发展，营销学者队伍随之扩大，每年参与中国高等院校市场学研究会年会的活跃学者也仅 200 人左右（李飞，2013；吴健安，2004，2014）。这一时期的营销学者队伍还有几个重要特点。首先，因为市场营销专业尚未大规模地正式开设，绝大多数营销学者都是商业经济或贸易经济专业的背景，还要从事相关的教学和科研工作，营销学的教学和科研并非本职工作。其次，受到相近专业背景的影响，这一时期的营销学者主要来自财经类院校，综合性院校的营销学师资相对较少。最后，绝大多数营销学者都没有博士学位，也缺乏海外留学或访学的经历，有能力直接阅读英文文献的学者数量不多（李飞，2013）。这使得少数具有海外留学经历的营销学者，如梅汝和教授和罗真嵩教授，对英文文献的翻译和传播的贡献尤为突出。

### 8.1.7 学术社区的建设与制度化过程

随着营销思想的引进与传播，尤其是开设营销学课程的高校日益增加，建立营销学教学交流平台的需求日益强烈。中国学者发起成立的第一个营销学学术组织——中国高等院校市场学研究会于1984年正式成立，随后，中国市场学会于1991年正式成立，从而开启了中国营销学教学与科研学术社区的制度化过程。

1981年，中国人民银行组织编写《中国社会主义市场学》教材，推动了大专院校之间对于市场营销理论的交流和协作，促进了中国高等院校市场学研究会的建立（吴健安，2004）。1982年5月，在长沙召开的《中国社会主义市场学》教材研讨会上，与会代表提到了建立国内营销学术组织以促进营销学在中国的引进与传播的议题。在接下来的1982年和1983年的几次会议上，贾生鑫、杨振郷、吴健安等营销学者对成立市场学教学研究会事宜进行了多次讨论和酝酿。最终，1983年8月，由陕西财经学院贸易经济系发出召开"市场学教学研究会筹备会议"的通知。来自全国22个单位的26名代表参加了于1983年10月举行的筹备会议，与会代表讨论了研究会的章程草案、挂靠单位与成立筹备组等事宜，会议决定成立以贾生鑫为组长的筹备组，筹备组由来自18所大学的18名代表组成。关于研究会的名称，经过反复讨论，最终确定为"全国高等财经院校、综合大学市场学教学研究会"。与会代表建议于1984年1月在长沙召开成立大会。[①]

1984年1月6日，"全国高等财经院校、综合大学市场学教学研究会"成立大会在长沙举行，由湖南财经学院承办。来自全国58所高校的75名教师

---

[①] 以上内容参见吴健安（2014）。据吴健安教授回忆，这次筹备会的费用是由贾生鑫教授争取陕西省工商联和西安市工商联各赞助了150元解决的。

代表参加了成立大会（杨岳全，1984），会议选举产生了理事会，推选贾生鑫为会长，何永祺和赵善铨为副会长，吴同光为秘书长。会议的一个重要学术成果是明确了"市场学"是建立在经济科学、行为科学和现代管理理论基础上的一门应用科学这一学科性质，认为其在改革开放后的社会主义经济中将发挥日益重要的作用（吴健安，2014）。会议的另一项重要决定是要把研究会登记注册为国家一级学会。会后，在会长贾生鑫和秘书长吴同光的多方努力下，陕西财经学院的主管部门——中国人民银行同意作为学会的挂靠单位，使得研究会顺利在民政部获准登记。研究会成立以后，自1985年开始每年组织年会，发挥了全国性学术组织的平台作用。在1987年的第三届年会上，会议通过了修订后的学会章程，研究会更名为"中国高等院校市场学研究会"，会议选举暨南大学的何永祺教授为研究会的第二任会长。

1989年，中国社会科学院正式批准组建"中国市场学会"筹备工作组，筹备成立中国市场学会事宜。筹备工作组由孙尚清任组长，贾履让和何永祺为副组长，成员由来自学界、业界和港澳台地区的专家共35人组成。1990年9月，民政部正式批复同意成立中国市场学会。1991年3月28日，中国市场学会在北京召开成立大会，来自高校和科研机构、经济主管部门和企业界的代表共138人参加了会议，经济学家孙尚清当选为会长。中国市场学会在功能和定位上与中国高等院校市场学研究会既有交叉，也互为补充，二者共同搭建了营销学在中国的交流平台。中国高等院校市场学研究会会员以高校教师为主体，主要交流营销学的教学与科研；中国市场学会的会员则来自学界、政府主管部门和业界三方，除学术交流以外，还承担着沟通政府主管部门、业界和学界的职责，开展面向业界和主管部门的咨询及培训活动。①

## 8.2　营销思想的吸收与模仿式创新（1991—2010）

1978—1990年是营销思想被引入中国并进行传播的阶段，这个阶段中国

---

① 参见《本刊讯：中国市场学会在京成立》，《财贸经济》，1991（6）：63—64。文中称，大会选举产生了中国市场学会第一届理事会理事131人，其中经济主管部门理事21人，业界理事45人，科研机构和高校理事65人。

营销学界基本完成了以营销管理为代表的营销学理论的引入和初步消化与传播任务，形成了初具雏形的营销学教育体系、学者队伍和学术社区。进入20世纪90年代以后，随着我国市场化改革的不断深入，市场营销思想在中国的传播、应用和发展迎来了一个全新的阶段。1992年年初，邓小平同志发表了系列重要谈话，明确回答了长期困扰和束缚人们思想的许多重大认识问题。同年召开的党的十四大明确提出我国经济体制改革的目标是建立社会主义市场经济体制。进入21世纪以后，尤其是2001年我国正式加入世界贸易组织，改革开放进入了新阶段。这些重大的宏观背景极大地促进了市场营销思想在中国的进一步传播、应用和创新。这个阶段营销思想在中国的传播和发展可以进一步细分为两个小阶段：营销思想的学习与吸收阶段（1991—2000），营销理论的模仿式创新阶段（2001—2010）（李飞，2013）。前一个小阶段的核心特征是继续完成20世纪90年代之前营销思想引进与传播的任务，并对营销思想进行学习、消化和吸收；后一个小阶段则是在此基础上，开始学习西方主流营销学的研究范式，进行模仿式创新研究，逐渐进入营销学理论的自主创新阶段。我们将不对两个小阶段做明确的划分，但在论述过程中会体现营销思想传播与发展在两个小阶段各自的特点。

## 8.2.1 营销思想引进与传播的深化

### 8.2.1.1 营销工具书的出版

20世纪80年代营销思想在中国的传播经历了一个引进、理解、正确认识与传播的过程，由于学科建制的差异和特殊历史阶段等因素，学界对营销思想的认识和理解难免存在一些偏误（严学军，1999）。在这种情况下，一本权威的营销工具书对于纠正认识和理解偏差、促进营销思想原原本本地被引进和传播无疑是非常重要的。由中国社会科学院财贸物资经济研究所（中国市场学会筹备组）牵头组织，来自全国数十所高校和科研机构的近150人参与撰写，邝鸿教授担任主编的《现代市场营销大全》于1990年12月出版。这是我国第一部大型市场营销理论与实际应用相结合的专业参考书和工具书。全书共210万字，分为31篇，不仅涵盖了20世纪80年代西方主流营销理论的核心内容，还结合我国实际加入了诸如"农产品市场营销""餐旅业市场营销""政府对企业市场营销的宏观管理"等内容。除正文的内容以外，该书还收录了具有前瞻性的 3 个附录："市场营销思想的新领域"（科特勒 1987 年在美国市场营销学会成立 50 周年纪念日世界营销学大会上的报告）、"市场营销对经济发展的作用"（科特勒 1986 年访华期间在对外经贸大学所做学术报告的部分内容）和"《孙子兵法》的竞争模式"（闵建蜀撰写的论文）。这本工具书的编写集结了当时中国营销学界最为活跃的骨干力量，为市场营销思想在中国的进一步传播奠定了坚实的基础。

1998 年，辽宁教育出版社出版了由迈克尔·J. 贝克（Michael J. Baker）主编的《市场营销百科》（李垣等译）。该书英文原版于 1996 年出版，包括科特勒在内的 65 位编者都是来自全球各个营销学研究领域的领军学者。全书共 6 篇 56 章，涵盖了营销学各个领域的研究，中文译本共 133.6 万字。如果说《现代市场营销大全》是中国学者主要基于英文营销学文献编写，主要反映了 20 世纪 80 年代主流营销思想进展的工具书，那么《市场营销百科》则是由国际营销学界各个研究领域的权威学者编写、反映了 20 世纪 90 年代前半期西方营销思想最新研究进展的工具书，在内容上更具权威性和前沿性。可以说，20 世纪 90 年代这两本营销学工具书的出版对于当时我国的营销学者、营销专业的学生以及营销从业者更加全面、准确地了解西方营销思想和营销理论的结构具有重要意义。20 世纪 90 年代中期以后，随着我国 MBA 教育的发展，各家出版机构大规模地引进英文原版营销学教材，营销思想和理论体系在中国的引进与传播任务可以说基本完成了。

### 8.2.1.2 营销学英文原版教材的大规模引进

在科特勒《营销管理》第 5 版、第 6 版的中文版分别于 1990 年和 1991 年出版的基础上，该书第 8—16 版的中文版分别于 1997 年（梅汝和、梅清豪、张桁译，上海人民出版社）、1999 年（梅汝和、梅清豪、张桁译，上海人民出版社）、2001 年（梅汝和、梅清豪、周安柱译，中国人民大学出版社）、2003 年（梅清豪译，上海人民出版社）、2006 年（梅清豪译，格致出版社、上海人民出版社）、2009 年（王永贵等译，格致出版社、上海人民出版社)、2012年(王永贵等译,格致出版社、上海人民出版社)、2016年(何佳讯等译,格致出版社、上海人民出版社)和2022年(陆雄文等译,中信出版社)出版,使得中文版与其英文原版的出版几乎同步。科特勒与加里·阿姆斯特朗合著的《营销学原理(第5版)》(陈正男译),也由上海译文出版社于1996年出版。

值得关注的是,由中山大学的卢泰宏教授与科特勒、凯勒合作,基于《营销管理(第13版)》改版的《营销管理(第13版·中国版)》于2009年出版(科特勒、凯勒、卢泰宏,2009)。该书提出了"转型营销管理"这一新概念,并使用了大量中国市场中的企业案例,使得教材的内容更加契合中国市场实际。

除科特勒的经典教材以外,1991年开始的MBA教育试点[①]和1993年市场营销被正式列入大学本科专业名录在有力地推动营销学专业教育在我国发展的同时,也促进了营销学英文原版教材的大规模引进,从而进一步拓展了营销思想在我国传播的广度与深度。1997年,中国人民大学出版社策划推出了"工商管理经典译丛",该译丛共12本教材,其中就包括科特勒等的《市场营销管理(亚洲版)》。在此基础上,1998年,中国人民大学出版社又策划了"工商管理经典译丛·市场营销系列",自2001年起陆续出版,包括20世纪90年代后期至21世纪初国际营销学界最新出版的11本优秀教材,如凯文·莱恩·凯勒的《战略品牌管理》(2003年出版)等,涵盖了营销学的主要专业领域。1999年,清华大学出版社策划出版了"营销之旅"系列图书,出版了《营销渠道管理》《塑造品牌特征——市场竞争中通向成功的策略》等专业领域的书籍。除翻译英文原版教材以外,一些出版社还出版了英文影印版教材,以满足双语和英文教学的需要。1998年,机械工业出版社出版了"国际通用MBA教材",包括《市场营销学基础:全球管理(英文版·第12版)》([美]小威廉·D.佩勒尔特、[美]E.杰罗姆·麦卡锡著)等11本教材;同年还推出了"市场营销系列精品教材",陆续出版了《服务市场营销》

---

① 市场营销学是1994年成立的全国工商管理专业学位硕士研究生教育指导委员会确定的MBA核心课之一。

《国际市场营销学》《消费者行为学》《市场营销战略》《直复营销》等 10 本英文影印版教材。东北财经大学出版社也于 1998 年推出了"世界财经与管理教材大系·市场营销系列",包括 15 本英文影印版教材。为了配合 MBA 案例教学的需求,机械工业出版社于 1998 年出版了加拿大西安大略大学毅伟商学院的营销案例集《市场营销管理案例》(〔加〕约翰·霍兰德著)的英文影印版。[①] 东北财经大学出版社则与 McGraw-Hill 教育出版集团合作推出了"哈佛商学院案例教程"系列英文原版教材共 20 本,其中包括《企业营销战略:案例、概念与应用》(〔美〕V. 卡斯特利·兰根等著,1998 年出版)等 3 本营销学教材。2000 年以后,清华大学出版社(2001 年起)、高等教育出版社(2002 年起)和北京大学出版社(2006 年起)也推出了系列英文版教材,涵盖营销学的不同专业领域。这些成系列大规模引进的英文原版教材突破了 20 世纪 90 年代中期以前引进的教材仅限于市场营销学这一基础课程的局限,将引进教材的范畴延伸到了消费者行为、品牌管理、营销调研、营销渠道管理、广告、销售管理、直复营销、服务营销、国际营销、组织间营销等诸多专业领域,极大地拓展了营销思想在中国传播的广度与深度。这些具有广度与深度的教材一方面有力地促进了中国高校各个层次教育项目中市场营销专业课程体系的建设,另一方面也为中国营销学者深入营销学的各个专业领域,并结合中国转型市场和中国企业的营销实践开展学术研究奠定了基础。

### 8.2.1.3 营销学理论文献的引进

虽然上述各个专业领域营销学教材的引进为中国营销学者的学术研究奠定了一定的基础,但其并不能替代学术文献。在对营销学基础理论和相应专业领域的思想及知识体系有了了解以后,中国学者要开展学术研究还需要了解国际营销学界的前沿动态和教科书所呈现的基础知识背后的学术思想。20 世纪 90 年代以后,一些学术文献以著作和论文集等形式被引入,虽然在数量和规模上远比不上教材的引进,但为中国营销学者开展模仿性学术研究提供了可以参照的蓝本。

首先,更多科特勒的著作被翻译成中文出版。科特勒作为最具世界影响

---

① 该书的中译本由机械工业出版社于 1999 年出版,译者为李晓涛和李玲。

力的营销学者之一,在其多个版本的经典教材在中国陆续出版以后,其所撰写或与他人合作撰写的一些学术著作也在 20 世纪 90 年代后期陆续被翻译成中文出版。代表性的著作包括:《营销大未来:变革公共行为的方略》(〔美〕菲利普·科特勒、〔美〕埃迪尤阿多·罗伯托著,1999 年)[①],《国家营销:创建国家财富的战略方法》(〔美〕菲利普·科特勒等著,2001 年),《科特勒谈营销:如何创造、赢取并主宰市场》(〔美〕菲利普·科特勒著,2002 年),《博物馆战略与市场营销》(〔美〕菲利普·科特勒、〔美〕尼尔·科特勒著,2006 年)[②],等等。一方面,这些被引进的科特勒及其合作者的著作在某种程度上反映了 20 世纪 70 年代以后"营销观念拓展运动"的结果,展示了营销学在诸多领域的应用(不过,当时中国营销学界的任务是消化吸收并跟上世界主流营销学理论的进展,所以这些"非主流"的营销学理论著作并未促进中国学者在相应主题上或领域内的学术研究)。另一方面,诸多科特勒著作的出版也在某种程度上反映了出版机构以"科特勒标签"来吸引市场关注的"营销导向"。一个比较直接的例子是中信出版社 2002 年引进出版 *Marketing Moves: A New Approach to Profits, Growth, and Renewal* 一书时,将其中文标题直接简化地译为《科特勒营销新论》(〔美〕菲利普·科特勒、〔美〕迪派克·詹恩、〔美〕苏维·麦森西著)。

其次,更多专题领域的学术著作出版。除科特勒的相关著作以外,更多营销学专题领域的学术著作在 20 世纪 90 年代后期以后陆续被引进国内,从而进一步拓展了营销思想在中国传播的广度与深度。竞争理论领域,华夏出版社 1997 年在"哈佛商学经典译丛·名著系列"丛书中翻译出版了迈克尔·E. 波特(Michael E. Porter)的经典名著《竞争战略》与《竞争优势》,对中国营销学者深入理解竞争理论产生了重要的推动作用。品牌管理方面除凯文·莱恩·凯勒的《战略品牌管理》(2003)作为中国人民大学出版社"工商管理经典译丛·市场营销系列"之一出版以外,大卫·A. 艾克和爱里

---

① 该书的英文版为 *Social Marketing: Strategies for Changing Public Behavior*,华夏出版社 2003 年再版时将中文版标题调整为《社会营销:变革公共行为的方略》(俞利军、邹丽译)。

② 有趣的是,这本书并不是从营销学的角度被引入的,而是作为北京市文物局策划的"当代博物馆学前沿译丛"书目之一出版的。

克·乔瑟米赛勒的《品牌领导：管理品牌资产 塑造强势品牌》（2001）也由新华出版社出版。广告与整合营销传播领域，中国友谊出版社策划出版了"现代广告学名著丛书"（1991），包括大卫·奥格威的《一个广告人的自白》、艾·里斯和杰克·特劳特的《广告攻心战略——品牌定位》等共八本图书（李飞，2013）；唐·舒尔茨和海蒂·舒尔茨的《整合营销传播：创造企业价值的五大关键步骤》（2005）由中国财政经济出版社出版。2002年，中国财政经济出版社推出了艾·里斯和杰克·特劳特的定位系列共四本书：《定位》《新定位》《营销战》和《营销革命》，虽然这并不是定位理论第一次被引介到中国①，但这一整套著作对营销学界深入、完整地理解定位理论，以及对中国企业的营销实践都产生了较大的影响。在营销哲学和基础营销理论领域，上海财经大学出版社（2006）翻译出版了著名营销学者谢尔比·D. 亨特的两本名著：《市场营销理论基础——市场营销学的一般理论》（陈启杰等译）和《市场营销理论论争——理性、现实主义、真实性与客观性》（陈启杰等译）。这两本广受赞誉的著作中文版的出版无疑向中国营销学界展示了营销管理框架之外的基础营销理论，从某种程度上说，这正是2000年以后中国营销学博士研究生教育层次所需要的。机械工业出版社出版的西奥多·莱维特的经典论文集《营销的想象力》（2007）则全面地展示了科特勒以外的知名营销学者莱维特的营销思想及其对营销学研究和企业实践的影响。

需要注意的一个现象是，在诸多专题领域营销学学术著作被广泛引入中国之前，以北京派力营销管理咨询有限公司为代表的一些营销咨询公司策划、组织编写、翻译的系列图书较早地对营销学诸多专题领域的理论进行了引介与传播。如屈云波主编的"派力营销思想库"在其早期出版"营销高手实战丛书"和《企划人实战手册》的基础上，自1996年正式推出《品牌营销》《关系营销》《基准营销》《建立顾客忠诚》《销售管理》《特许经营》《直复营销》《服务营销》《零售业营销》和《房地产营销》等著作。此后该系列丛书又陆续推出了《网络营销》《数据库营销》《市场细分》《市场定位策略》《市场进入战略》《市场开拓》《品牌智慧》等百余种图书。这些同时面向营销实

---

① 如前文所述，《定位》一书最早的中文版本于1991年出版。卢泰宏1998年曾在《销售与市场》上发表"营销定位系列谈"系列文章（共七篇），对定位理论进行了系统引介。

务人员和营销学者的著作对营销思想在中国传播的深化起到了不小的促进作用，在某种程度上填补了基础性营销教材引入和专题性学术著作引入之间的短暂时间空隙。

再次，经典营销学术论文集的编撰与出版。专题性学术著作的引进与出版虽然有助于中国营销学者更为深入地了解、消化与吸收西方营销思想及营销理论，但对营销学者自主开展营销学学术研究的促进作用却比较有限。2000年前后，三本以不同形式出版或内部发行的图书在某种程度上填补了这一空白。

东北财经大学出版社在其出版的"市场营销经典译丛"（2000）中推出了由本·M. 恩尼斯（Ben M. Enis）等主编的《营销学经典：权威论文集（第八版）》（*Marketing Classics：A Selection of Influential Articles*，8th edition）。该书收录了1953—1992年国际营销学界发表的最具影响力的38篇论文，研究领域涉及营销观念、消费者与市场行为、营销战略和竞争性营销计划四个方面。该书收录的经典论文无疑向中国营销学者展示了20世纪50年代至90年代早期营销思想发展与演进过程中那些最具影响力的思想和理论框架，不仅有助于中国营销学界更为深入地消化及理解科特勒经典教科书中所阐述的相关经典思想观念（如营销近视症）、理论框架（如营销组合）和经典理论（如产品生命周期），也为中国学者了解营销学学术研究的范式提供了蓝本。

中国营销学者在消化与吸收西方营销学理论的基础上，模仿性的学术研究一定是基于中国本土市场的营销实践，那么如何从中国市场出发，结合西方营销理论开展学术研究？由北京大学的涂平教授和香港大学的谢贵枝教授2003年合编的《中国营销廿五年经典论文集》（*Seminal Papers in China Marketing：1978-2002*）则填补了这一空缺。该书收录了1978—2002年发表于 *Journal of Marketing*、*Journal of Marketing Research*、*Journal of Consumer Research*、*Marketing Science*、*Journal of International Business Studies* 和 *Strategic Management Journal* 这6本顶级期刊上的28篇与中国营销相关的论文。可以说，这28篇论文向中国营销学者展示了有关中国营销的"原汁原味"的高水准的学术研究。正如两位编者在书的引言中所写的，这本书编写的目的就是希望帮助中国营销学者"理解这些开拓性的研究中所蕴含的理论观点；借鉴先进的理论与研究方法规划未来研究与教学；提高研究生培养的水平和学术研究的质量"。这些论文无疑为中国学者开展规范的高水平营销学术研究提供了更具参照性的范本。2004年清华大学市场营销学系成立以后,由赵平教授牵头,刘茜和黄劲松共同编写了《营销学术期刊索引》一书,详细地介绍了营销学的英文学术期刊及其定位。这本类似于工具书的著作,为中国营销学者系统了解营销学国际专业学术期刊的状况提供了详细的参照,不仅有助于营销学专业的教师和学生更有效率地进行英文学术文献的检索,也为中国营销学学术研究逐步对接国际学界提供了基础。值得一提的是,以上两本内部发行的图书在2004年第一届JMS中国营销科学学术年会上免费发放,得到了较为广泛的传播,对中国营销学者的学术研究起到了促进作用。

最后,引介性学术论文的发表。除上述各种类型图书的出版发行以外,中国学者也开始在一些中文学术期刊上发表学术论文。早期的论文仍然体现了对西方专题营销理论进行消化与吸收的特点,论文内容以引介性为主,在研究方法和范式上与国际学界仍然存在很大差距(郭国庆、刘凤军、王晓东,1999)。1990年以后,中国营销学者关注较多的研究主题包括品牌、关系营销、消费者行为、服务营销和渠道及零售。

对品牌的研究主要涉及品牌资产(符国群,1996;夏杨,1996;范秀成,2000a;卢泰宏、黄胜兵、罗纪宁,2000)和品牌延伸等品牌战略管理的内容(符国群、桑德斯,1995;卢泰宏、谢飙,1997;范秀成,2000b;黄胜兵、卢泰宏,2000)。值得关注的是,林一民和卢泰宏(1999)在《商业传播中的儒家传统与现代规范——中国老字号与西方品牌的文化比较》一文中,从跨文化的角度比较了中国传统老字号与西方品牌在传播过程中的文化差异,体现了中国学者从本土文化视角展开营销学研究的探索。

在关系营销领域,关系营销是作为一个前沿学术概念被引介到国内的(如王卫国,1992;韩玉珍,1994;范秀成,1998)。特别值得关注的是,一些学者将关系营销的概念与中国的社会和文化情境相结合所做的具有启发性的思考,对2000年以后中国学者开展基于中国文化的关系营销研究提供了思想基础。如庄贵军(1997a)在《关于关系营销的几个问题》一文中结合中国市场的制度与文化特点对关系营销在中国市场应用的特殊性进行了初步探讨。这篇文章所提出的一些观点后来被进一步发展为一个更为完整的理论框架——"关系营销在中国的文化基础"(庄贵军、席酉民,2003),其在系统地比较中国与西方国家关系营销文化基础差异的基础上，阐述了中国文化背景下关系营销理论建构的方向。

消费者行为研究作为一个主题比较多元的领域，是国内学者较早关注的领域之一（如刘方域、张少龙，1991；沈卯元，1991；张建康、陈建华，1991；赵平，1992）。除一般性的理论引介与评述以外，20世纪90年代中国学者在这一领域的一项重要工作是围绕中国消费者满意度指数构建与应用进行的一系列研究（赵平，1995；赵平、谢赞、杜晖，1998；谢赞、赵平、杜晖，1998）。这项工作有力地推进了政府相关部门和企业对产品与服务质量以及顾客满意度的关注，也填补了我国在这一领域的一项空白（何佳讯、卢泰宏，2004）。

服务营销理论也较早地得到了国内学者的关注（如陈祝平，1993；陶婷芳，1994；汪纯孝，1994；吴晓云，1997；范秀成，1999），但以介绍和评介性文章为主。相对而言，国内学者对营销渠道问题的关注较晚（庄贵军，2000；苏勇、陈小平，2000），其中，庄贵军（2000）在一篇文献评论文章中第一次将西方渠道行为理论较为系统地引介到国内，为2000年以后国内学者开展营销渠道研究奠定了最初的文献基础。值得关注的一个与营销渠道管理相关的领域是国内学者对零售问题的研究，主要研究主题涉及与零售业态相关的零售革命（庄贵军，1996a；李飞，2000；吴小丁，1999）、零售企业战略等（庄贵军，1996b，1997b；庄贵军、冯根福，2000）。[①]

### 8.2.2 转型营销：企业营销实践的快速发展

进入20世纪90年代以后，随着营销思想在中国传播的日益深化，营销思想和理论在企业营销管理实践中的应用也进入了一个快速发展期——以营销策划为主要形式的营销咨询行业快速发展，以价格战、跨国公司营销等为热点的企业营销实践被广为关注。营销思想的传播、高校营销学专业教育与企业的营销实践两个方面相互促进，不仅快速推动了营销理论在企业营销实践中的应用，后者也为中国学者基于中国本土市场开展营销学学术研究提供

---

① 由于专业和学科领域的特点，零售是中国营销学研究中一个较为独特的领域。关于1978年以后中国零售研究的演进过程可参见李飞（2018a，2018b）。

了丰富的素材。

卢泰宏教授将营销思想引入中国的前二十余年称为"转型营销"（transformation marketing），用以强调中国市场在文化、制度等方面的差异（卢泰宏，2002a）。在他与科特勒、凯勒合著的《营销管理（第13版·中国版）》中，转型营销被定义为营销管理顺应变化的整体性提升，调整自身的状态不断提升其营销阶段，以实现营销管理更高的效能和效率（科特勒、凯勒、卢泰宏，2009）。转型营销对于中国本土企业和在中国市场经营的跨国公司都非常重要，却意味着不同的要求。对于中国本土企业而言，它们几乎是从零开始学习应用营销理论的，需要不断适应快速变化的中国市场，包括快速推进的市场化和国际化这两个相互关联的要素，识别并面对各种机会和威胁，有效地开展与本土企业和跨国公司的竞争，使自身能够生存和发展。而对于进入中国的跨国公司而言，转型营销则意味着要根据中国市场的文化、制度等要素的独特性，不断地调整和优化其营销战略，以使自身更适合中国市场，从而获得更高的营销绩效。从某种程度上说，20世纪90年代以后的中国市场，正是在上述两种力量的相互博弈中发展的，2001年中国加入世界贸易组织以后，这一发展变化的过程则变得更快、更为剧烈。从营销思想与理论的传播和学习应用的角度来看，驱动上述变化的力量，一方面来自跨国公司进入中国市场以后与本土企业的合资、合作，以及在中国市场运营过程中的"知识溢出"，另一方面则来自中国企业经理人和营销学者在学习西方营销思想及理论的过程中，不断结合中国本土市场特色进行的学习与创新。当然，基于中国本土市场特色的学术研究成果的出现还要晚一段时间。

对于中国的本土企业而言，转型营销的变化主要体现在三个方面（卢泰宏，2002a）：营销观念与营销理念的逐步确立、营销部门在企业组织架构中地位的上升，以及营销战略与策略实施的日益精细化，如从单一依靠广告、价格等营销策略日益转向企业营销战略统领下的整合营销策略。可以说，在营销思想和营销理论在中国的传播日益广泛及深入的过程中，中国企业的营销实践也是在不断学习和不断试错中日益走向成熟的（虽然很多失败企业付出的代价可能是非常高昂的）。吴晓波（2001，2007）在其畅销著作《大败局》和《大败局Ⅱ》中解读的那些通过成为央视广告"标王"，以及销售过程中的"人海战术""价格战"和"促销战"等初级营销策略快速成长而又快速失败的典型案例即是中国市场转型过程中具有代表性的本土企业的缩影。① 对于进入中国市场的跨国公司而言，如何适应中国转型市场的独特顾客需求和政府在市场宏观管理中的作用，依靠其领先的营销理念、产品和品牌，以及成熟的营销战略和战术方案迅速占领中国市场则是它们在转型市场中面临的主要挑战。虽然不乏失败的案例，但总体上跨国公司在中国市场中的营销实践为中国本土企业提供了"模仿性学习"的样板。由《销售与市场》杂志社与中国营销研究中心联合推出的《跨国公司行销中国》（卢泰宏，2002b）全景式地记录了中国入世之初跨国公司在中国市场的营销实践。

在中国企业快速学习并应用营销思想和理论的过程中，由于营销学界对西方营销思想和理论的学习及消化吸收过程刚刚完成，结合中国市场独特性所开展的学术研究尚未广泛开启，两股独特的力量助推了这一过程——营销策划人群体的兴起以及实战类专业营销期刊的发展。其中，由于专业营销学术期刊的缺位，后者在某种程度上也成为营销思想深入传播的重要载体。营销策划人群体兴起于20世纪90年代初，他们较之后期的营销咨询机构而言，更像是从事营销策划的"个体户"，凭借其独特的创意或"点子"帮助企业解决销售问题，受到企业和媒体的追捧。活跃于20世纪90年代的著名营销策划人包括"点子大王"何阳、王力、李光斗、孔繁任、王志纲、叶茂中等，其中有些人至今仍然是非常活跃的营销咨询专家。②

在2005年《营销科学学报》按以书代刊的形式正式出版以前，除了中国市场学会出版的《市场营销导刊》，专业的营销学术期刊基本处于缺位状态。在营销思想和理论快速为企业采用的这一时期，以《销售与市场》《成功营销》等为代表的一批实战导向的专业营销期刊的出版很好地响应了营销实践

---

① 当然，《大败局》中所分析的失败企业并非都源于营销方面的失误，但其中多数企业的失败确实都与其探索与学习营销管理过程中的失误有关。吴晓波的这两本著作在某种程度上填补了探索中国本土企业在转型市场中实施转型营销"失败基因"的一个学术上的空白。尽管他本人认为这些案例的写作手法是"非商学院"式的，但这两本书却成为商学院MBA，甚至包括本科和学术型研究生教学中最重要的推荐阅读书目之一。这两本书累计印刷260多次，总销量达到430余万册，其影响力可见一斑。感谢吴晓波先生提供以上统计数字。

② 李飞（2013）在其《中国营销学史》中专门有一节内容（第114—120页）记述了1990—2000年间活跃于中国市场的策划人群体现象。

的需求。如《销售与市场》杂志创刊于 1994 年，定位于"反映中国营销主流，引领中国营销潮流，见证并推动中国营销进步"的办刊宗旨，迅速发展成为全面反映、影响中国营销实践的主流营销期刊。除常规出版的月刊以外，该杂志社还策划出版了若干专题性特刊，如《跨国公司行销中国》（卢泰宏，2002b）、《中国家电 10 年营销》（段传敏、黄坤，2002）、《营销在中国（2002—2003）》（卢泰宏，2003）[①] 等，这些发行量巨大的专刊或特刊分别从不同的侧面记录了 2000 年前后的中国市场营销实践，具有难得的史料价值。值得关注的是，这些实战类的营销期刊也在一定程度上弥补了营销学术期刊缺位的不足，为营销思想的深入传播做出了相应的贡献。如《销售与市场》杂志 1998 年曾刊发卢泰宏引介定位理论的系列文章和范秀成（1994）关于著名服务营销学者克里斯蒂安·格罗鲁斯（Christian Grönroos）的评述文章。

### 8.2.3　营销教育与学者队伍的发展

1990 年以后，随着营销学陆续被列入大学本科和硕士、博士研究生培养目录，营销学各个教育层次的招生规模和师资队伍都持续扩大。本科教育层面，1993 年市场营销专业被正式列入大学本科专业目录。这使得 1993 年之前以财经类院校为营销学本科教育主体的状况得到了极大的改观，越来越多的综合性院校纷纷开设市场营销专业，扩大了营销学师资队伍的规模。到 2001 年，全国列入教育部专业目录开设市场营销专业的高校已经达到 213 所（吴健安，2014），而到了 2021 年，全国开设市场营销本科专业的院校已经超过 760 所（蒋青云、褚荣伟、陆雄文，2021）。在硕士和博士研究生教育层面，国务院学位委员会和国家教育委员会 1990 年颁布的《授予博士、硕士学位和培养研究生的学科、专业目录》在经济学类别下设立了企业管理二级学科，含工商管理和财务管理两个方向。部分高校开始在设立市场营销本科专业的基础上，依托企业管理、贸易经济等硕士和博士学位点招收市场营销方向的硕士和博士研究生。如最早开始招收市场营销博士研究生的中南财经大学就

---

①　卢泰宏主编的《营销中国：2001 营销蓝皮书》（卢泰宏、秦朔，2001）和《营销在中国：2002 中国营销蓝皮书》（卢泰宏，2002a）由《南风窗》杂志社出版。

是依托贸易经济专业，从 1991 年开始招收博士生的（导师为彭星闾教授）[①]；稍晚些招收市场营销方向博士研究生的武汉大学则是依托政治经济学专业，从 1994 年开始招生的（导师为甘碧群教授）（李飞，2013；蒋青云、褚荣伟、陆雄文，2021）。1997 年颁布的《授予博士、硕士学位和培养研究生的学科、专业目录》直接将市场营销设为企业管理二级学科下的研究方向之一，而国务院学位委员会和教育部 2009 年颁布的《学位授予和人才培养学科目录设置与管理办法》则规定拥有一级学科博士和硕士学位授予权的培养单位，可以自主设立二级学科。这两份研究生培养的政策文件极大地促进了拥有企业管理和工商管理一级学科硕士和博士学位授予权的高校扩大市场营销方向或专业的研究生培养规模。

除学术型硕士和博士研究生的教育项目快速发展以外，1991 年开始的 MBA 教育试点对市场营销学的师资和境外原版教材的引进产生了直接的促进作用。1991 年首批共 9 所大学——中国人民大学、清华大学、天津大学、南开大学、复旦大学、上海财经大学、厦门大学、哈尔滨工业大学和西安交通大学开始了 MBA 教育试点，1993 年首批 MBA 学员毕业取得学位以后，MBA 教育规模开始有计划地扩大。自 1993 年开始，国务院学位委员会共批准了 13 批高校的 MBA 学位授予权，截至 2022 年，全国 MBA 培养院校达到 281 所。[②] 1994 年，全国工商管理硕士（MBA）教育指导委员会成立，市场营销被列为 MBA 教育项目的核心课程之一。

随着市场营销专业的本科、硕士和博士研究生以及 MBA 教育的发展，专业化的市场营销学师资队伍也快速发展起来。首先，营销学师资队伍开始专业化。随着市场营销本科专业的设立，各个大学开始在学院下设立独立的市场营销学系或教学部，从而推动营销学师资的专业化发展。1995 年，北京大学光华管理学院率先创设市场营销学系，其后，南开大学、复旦大学、西安交通大学、清华大学、武汉大学等国内一流高校纷纷设立市场营销学系。这

---

① 参见《追思："'中国市场第一人'彭星闾教授逝世》，www.sohu.com/a/308677684_407280（2022 年 4 月 12 日访问）。

② 参见全国工商管理硕士（MBA）教育指导委员会网站：http://www.mbacn.tsinghua.edu.cn/?page_id=13（2022 年 4 月 12 日访问）。

一专业学系的设立极大地推动了专业市场营销学师资队伍的建立与转型，也为与国际营销学界的交流提供了组织基础。如较早开展市场营销学教育的财经类院校，其市场营销学师资大多依托贸易经济或商业经济专业，专业化的市场营销学教学组织的设立促进了这些教师与原专业的分离，完成了专业方向的转型。其次，营销学师资队伍的学科和专业背景更为多元。随着越来越多的综合性大学开展各个层次的市场营销学教育，以及 MBA 教育项目的快速发展，非财经类院校等不同专业背景的师资加入市场营销学师资队伍中。这一方面显著改变了传统营销学师资以财经类院校为主的状况，使得营销学师资队伍的学科和专业背景更为多元化；另一方面，来自综合性大学，尤其是理工科大学管理科学与工程等相关学科背景的师资也为不久的将来营销学研究范式的转换提供了基础。再次，营销学师资队伍的学位结构得到了改善。随着营销学博士研究生教育的发展，营销学师资队伍的学位结构也得到了极大的改善，越来越多拥有博士学位的青年教师加入营销学师资队伍，从整体上提高了中国营销学者的研究能力。最后，营销学师资队伍的国际化水平持续提高。尤其是 2000 年以后，越来越多在海外获得博士学位的青年教师"海归"国内，越来越多的本土学者通过各种方式到海外访学或留学，这进一步改善了中国营销学者的学历结构，拓展了中国营销学界的国际化视野，为中国营销学界完成研究范式的转换并与国际接轨奠定了基础。

### 8.2.4　新学术社区的构建：《营销科学学报》（JMS）的创刊与 JMS 年会

随着中国营销学教育体系的完整建立和专业师资队伍的发展，营销学界在完成对西方营销思想消化与吸收的基础上，基于中国本土市场的独特性开展规范的学术研究，建立与国际营销学界的对话成为中国营销学界面临的一个重要问题。高质量学术研究的开展有赖于高质量学术社区的建设和发展，这既包括学术交流平台，也包括专业化的学术期刊等一系列学术社区的制度化要素。然而，中国营销学界在这个方面存在的短板和局限却对其发展形成了一定的阻碍。一方面，学术交流平台的发展难以满足 2000 年以后中国营销学界的需求。成立于 1984 年的中国高等院校市场学研究会是中国最早成立的营销学术社区，其坚持每年举办年会，年会讨论的内容包括学术研究和教学两块。虽然该学会在一定程度上发挥了全国营销学术共同体的作用,但其年会的参与规模和影响面都比较有限。① 成立于 1991 年的中国市场学会虽然每年也举办年会,并曾尝试出版《市场营销导刊》(2010 年起停刊),但由于学会的定位和发展方向与营销学界的需求存在差异,学会与营销学界的联系日益疏远,近年来基本与营销学界脱钩(蒋青云、褚荣伟、陆雄文,2021)。② 另一方面,专业营销学术期刊长期缺位,对中国营销学者研究成果的发布形成了阻碍。出于专业和学科沿革等方面的原因,虽然营销学教育体系已经完整地建立起来,但营销学术期刊的发展一直是严重滞后的。虽然随着营销学教育的发展,传统的经济学和管理学期刊大多设立了营销学栏目,或在其他经济学或管理学栏目内刊发营销学论文,但与营销学专业化的学科地位是严重不相称的。因此,要突破学术社区发育不足的瓶颈,中国营销学界需要创新性地发展适合营销学发展方向的新学术社区。

2004 年 11 月 27—28 日,由清华大学经济与管理学院和北京大学光华管理学院共同发起,第一届"JMS 中国营销科学学术年会"(以下简称 JMS 年会)在清华大学经济与管理学院召开,来自全国数十所高校的学者参加了这次会议。这是中国营销学界自发组织的营销学术会议,标志着中国营销学新学术社区建设的开始。JMS 年会依托清华大学经济与管理学院和北京大学光华管理学院联合主编的学术期刊《营销科学学报》(*Journal of Marketing Science*, JMS),是由《营销科学学报》编委会主办,理事会成员单位承办的纯学术性会议。年会的宗旨是"倡导营销学术研究的科学精神和方法,倡导营销教育与研究的交流与合作,致力于推动营销学术社区在中国的形成及不断壮大,

---

① 根据吴健安(2014:17)整理的 1984—2014 年中国高等院校市场学研究会历次会议情况,2000 年以后每年年会的参会高校平均不足 100 所(最多 160 余所,最少 60 余所),参会人数平均不足 200 人(最多 300 余人,最少 100 余人),这与中国庞大的营销学师资队伍显然是不相称的。但是近年来学会强化了年会的质量,其影响力和吸引力显著增强,2021 年在西安交通大学管理学院举办的年会吸引了来自全国高校的近 800 名学者参加。

② 中国市场学会成立时对标美国市场营销学会,目标是建立涵盖营销学界和业界的综合性学术社区。其英文名称原为 China Marketing Association(CMA),现已变更为 Chinese Association of Market Development(CAMD),从其名称的变更可见其定位和业务范围与营销学界的差异。参见中国市场学会官方网站:www.ecm.com.cn(2022 年 4 月 12 日访问)。

以便提升中国营销学界在中国管理领域的影响力,并促进中国营销学者对国际营销知识体系做出更大的贡献"。年会遵循国际通行的论文评审规则,采用双向匿名评审制度,通过评审的论文在年会上宣讲。自 2004 年第一届 JMS 年会举办开始,该年会迅速发展成为中国营销学界最为主流、最为重要的学术年会。2004 年首届年会收到投稿论文 50 余篇,2005 年在北京大学举办的第二届年会收到投稿论文 133 篇,参会人数 200 余人,而到 2006 年由武汉大学和香港城市大学联合承办的第三届年会即收到投稿论文 241 篇,参会人数超过 300 人,近几年的年会参会人数更是达到 1 000 人左右的规模。为促进中国营销学研究范式的转换,促进博士生的成长,JMS 年会自 2006 年起设立博士生论坛,并结合论坛开展优秀论文评选、研究方法培训等学术活动。

《营销科学学报》于 2005 年正式创刊,由清华大学的赵平教授担任主编,北京大学的符国群教授担任副主编,首届编委会由来自内地和香港地区的 22 所大学的 30 位教授组成,编辑部设在清华大学经济与管理学院。根据 2004 年 11 月 28 日通过的《营销科学学报》工作准则,学报的使命是"致力于营销界学者运用科学方法,从市场营销及消费者行为现象中研究、提取具有推广性的理论,对中国和世界营销知识体系做出创新性贡献"。学报"倡导营销学术研究的科学精神和规范方法,鼓励对市场营销及消费者行为现象进行创新性理论探索和求证;鼓励对各类营销学术领域进行基础性研究、跨文化比较研究;鼓励与中国企业实践密切相关的营销理论问题研究;鼓励将成熟市场中的理论模型应用于新兴市场或转型市场中的检验性研究"。从学报工作准则设定的使命和对文章选取的标准来看,学报致力于在短期内推动中国营销学术研究的科学化和规范化转型,这一过程既可以通过扎根中国企业实践进行创新性研究来实现,也可以通过在中国市场检验西方成熟理论模型的模仿或验证性研究来实现。从长期来看,学报致力于推动中国营销学界与国际学术界的接轨和对话,进而为世界营销知识体系贡献中国学者的智慧。学报采用国际通行的双向匿名审稿制度和标准的审稿流程,严把稿件质量关,确保代表中国营销学术研究最高水平的论文在学报上发表。由于没有获批学术期刊出版刊号,学报自 2005 年起按以书代刊的形式出版发行,2005 年出版了 2 期,此后以每年 4 期的季刊形式稳定出版发行。在以书代刊出版了

17 年后，2021 年，学报获得了正式的出版刊号，新的"创刊号"于 2021 年 7 月出版。

### 8.2.5 营销学术研究的规范化与科学化

2000 年以后，中国营销学术研究开始了一个快速的范式转换期，从传统的以概念性和评论性论文为主要形式的规范性研究范式转向以定量实证为主的科学研究范式。蒋青云、褚荣伟和陆雄文（2021）将这一阶段的特征概括为"模仿与实证阶段"，"模仿"指的是在研究方法和范式上模仿以北美学者为主导的实证研究，"实证"指的是基于中国市场的数据和场景检验西方营销理论在中国市场的适用性和有效性。因此，这一阶段以检验西方营销理论在中国应用的模仿性研究成果明显增加，体现了中国学者在学习、消化与吸收西方营销理论的基础上自主开展学术研究的尝试（李东进、任星耀、李研，2010）。然而，中国营销学界在这个快速转型阶段的方向却并非单向度的，在通过模仿性研究学习国际主流研究范式的同时，也有越来越多的基于中国市场的创新性成果在国际学术期刊上发表。因此，可以说这个范式转换过程是模仿性学习与自主创新研究并行的，但以前者为主。

中国营销学术研究规范化与科学化的转型过程是在多个要素的驱动下快速实现的。首先，《营销科学学报》的创刊出版以及 JMS 年会的举办对研究范式转换提供了强劲的推动力。一方面，《营销科学学报》的创刊出版以及 JMS 年会的举办准确地响应了营销学界对规范、科学、高质量研究的需求。在完成对西方营销思想和理论的消化与吸收之后，如何遵循国际主流学术规范开展创新性学术研究是 2000 年以后营销学界整体的迫切需求。因此，《营销科学学报》的出现恰逢其时，得到了营销学界的热烈响应。另一方面，《营销科学学报》旗帜鲜明地倡导营销学术研究的科学精神和规范方法，并在期刊和年会论文评审过程中参照国际主流规范遴选论文，不搞"合家欢"，只有通过双向匿名评审的论文才有机会在年会上宣讲，在《营销科学学报》上发表的学术论文，更是要经历非常严格的匿名评审流程。JMS 年会作为中国内地影响力最大的学术交流平台在某种程度上为营销学界同行之间的相互交流与学习提供了机会，这不仅使得转型较慢的学者在这个平台上产生了巨大的危机感,同时也为他们提供了转型可供学习的模板。此外,作为一个开放性的学术平台,《营销科学学报》的编委会是向境内外愿意参与中国内地营销学术共同体建设的学者(尤其是华人学者)敞开的,在第一届编委会中就包含了来自香港大学、香港中文大学和香港城市大学的5位编委。这些编委和其后陆续加入编委会的优秀境外华人学者直接建立了中国内地营销学界与国际主流营销学界对接的渠道,他们以及通过他们参与中国内地营销学术活动的境外学者,通过论文评审、会议主题报告、博士生论坛和作为会议平行论坛的点评人等形式极大地促进了营销学界的学习和范式转换过程。

其次,国家自然科学基金委员会(以下简称基金委)管理科学部对营销学研究和营销学术社区建设给予的支持也产生了重要的促进作用。在基金项目的资助方面,2000年,国家自然科学基金在工商管理学科下首次单独设立"G0205市场营销"代码,2007年将代码调整为"G0208市场营销",并在其下面设立了"G020801市场营销理论与方法""G020802品牌与消费行为"和"G020803网络营销"3个三级代码。根据基金委管理科学部的统计,营销科学项目的申请量在2000年时仅为42项,其中5项获得立项资助;2010年,申请量增加到215项,其中46项获得立项资助;到2020年,项目申请量达到432项,其中69项获得立项资助(任之光,2021)。从这些数据来看,无论是项目的申请量还是资助量的增加都是非常显著的,这从一个侧面反映了中国营销学术研究的进展。除常规的面上项目以外,基金委管理科学部还于2006年首次设立了营销学科的重点项目——"互联网环境下关系营销理论创新研究"(负责人为董大海教授)。从2000年到2020年,基金委在营销学科共立项资助了重大项目1项、重点项目16项,以及国家杰出青年科学基金项目和优秀青年科学基金项目各6项(任之光,2021)。除项目立项资助以外,基金委管理科学部对营销学术共同体的建设也给予了大力支持,这不仅包括管理科学部营销学科部门的负责人经常受邀参加JMS年会,在《营销科学学报》以书代刊出版的情况下,基金委对营销学科项目进行后评估时还对学报上发表的成果予以认可,这对学报保持足够高质量的投稿和各高校对学报的认可都起到了重要的支持作用。

最后，大量境外营销学者以不同的方式深度参与中国内地的营销学术活动也促进了营销学界研究范式的转换和研究质量的提升。2000 年以后，除中国香港地区的学者以外，越来越多来自北美、欧洲等地区的优秀海外营销学者也以不同的方式参与中国内地的营销学术活动，与中国内地营销学者开展合作研究，这从一个方面加速了研究范式的转换过程，也加速了中国内地学者的学术研究参与国际对话的过程。一方面，这些优秀境外学者（如周南、谢贵枝、谢劲红等）以中国内地高校"特聘教授"或类似的身份较为深入地参与到营销学的研究生培养和合作学术研究中，对营销学博士研究生的国际化培养以及中国内地学者的学术研究国际化起到了直接的促进作用；另一方面，这些境外学者还通过举办学术会议、邀请中国内地营销学者到境外访学、联合培养博士研究生等方式有力地促进了中国内地营销学界在研究范式转换过程中实现国际化转型。

## 8.3 中国营销学研究的国际接轨及自主创新（2011 年以后）

### 8.3.1 营销学研究与国际学界逐步接轨

如前文所述，2000 年以后中国营销学界经历了研究范式的转型，在开始模仿性创新研究的过程中，营销学界也经历了一个专业化的过程，即将研究领域逐渐聚焦于某一细分的学术领域（李飞，2013），各高校也有意识地围绕着各自的优势研究领域来打造研究团队。在中文论文发表量快速增加的同时，越来越多的学者开始加入国际学术对话，在营销学国际期刊上发表论文。"海归"学者的增加、到海外进行学术访问及博士生联合培养项目的增加，以及被"请进来"的海外特聘教授数量的增加都从不同的方面加速了中国营销学研究加入国际主流学术对话的进程。

为了整体上反映中国营销学研究与国际学界接轨、参与国际学术对话的状况，我们检索了截至 2022 年 3 月中国内地学者在 4 本营销学顶级期刊——*Journal of Marketing*（JM）、*Journal of Marketing Research*（JMR）、*Journal of Con-*

sumer Research（JCR），以及 *Marketing Science*（MS）——上的论文发表情况。①我们共检索到 104 篇论文，它们在 4 本期刊上的分布情况如下：JM（23 篇，占 22.1%）、JMR（30 篇，占 28.8%）、JCR（20 篇，占 19.2%），以及 MS（31 篇，占 29.8%），说明这些论文在各期刊上发表的数量大体均衡。

从发表时间来看（见图 8-1），仅有 7 篇论文（占 6.7%）在 2011 年之前发表，确切地说是发表于 2001—2010 年这个区间，其余 97 篇论文（占 93.3%）均是在 2011 年以后发表的。最早在这 4 本期刊上发表的论文出现在 2004 年，分别发表于 JCR（Hui et al., 2004）和 MS（Wang, 2004），前者由南开大学的范秀成教授与香港中文大学的三位学者合作发表，后者由北京大学经济研究中心的汪浩教授（为经济学教授）独立发表。从图 8-1 的统计情况来看，2011 年以后是论文发表量的"井喷"时期，2011—2015 年共发表了 31 篇论文，是之前 10 年发表论文总数的 4.4 倍；而仅 2021 年至 2022 年 3 月，论文发表数量就已经达到 24 篇。这些论文发表的时间分布情况充分地表明 2011 年以后

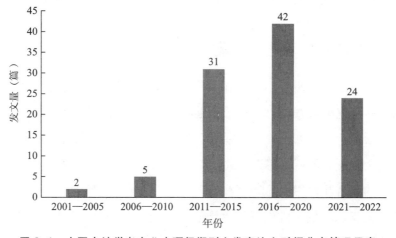

图 8-1　中国内地学者在 4 本顶级期刊上发表论文时间分布情况示意

---

① 为了更加准确地反映中国内地营销学者的论文发表情况，我们以署名单位为中国内地机构作为基本的检索条件，并在此基础上剔除了包含如下情况的论文：第一，在中国内地大学担任特聘教授从而署名单位为中国内地机构的境外学者署名发表的论文，并且合作者中不包含其他中国内地机构的学者；第二，境外大学在中国内地设立分校（如上海纽约大学）的学者署名发表的论文，并且合作者中不包含其他中国内地机构的学者；第三，中国港澳台地区高校学者署名发表的论文，并且合作者中不包含其他中国内地机构的学者。

中国内地营销学界加速与国际接轨的状况。

从论文研究主题来看，占比从高到低的研究领域依次为消费者行为（49篇，占 47.1%）、营销模型（30 篇，占 28.8%）、营销战略（23 篇，占 22.1%）和其他主题（评论性文章）（2 篇，占 1.9%）。整体上来看，消费者行为研究占绝对优势，发表论文总数接近全部论文的一半，营销战略和营销模型的论文数量大体均衡，营销模型略占优势。

从论文署名作者所属的机构来看，论文署名作者共涉及 35 所中国内地大学，其中有 17 所大学仅发表了 1 篇论文，发表论文数量超过 10 篇的大学包括复旦大学、北京大学和上海交通大学，这 3 所大学共发表了 53 篇论文，占论文发表总量的比例超过 50%。上述统计数据一方面表明在国际顶级营销学期刊上发表论文的作者和大学占全部中国内地学者和大学的比例都非常低；另一方面，从目前发表了论文的大学来看，论文数量的分布是高度集中的，即集中在少数几所大学。这从一个侧面表明，中国内地学者虽然完成了与国际学界的接轨，但还处于对国际营销学知识体系贡献中国智慧的初级阶段。

从论文作者的署名和合作情况来看，中国内地学者署名为第一作者的论文有 50 篇（占 48.1%），署名为通信作者的论文有 70 篇（占 67.3%）①，非第一作者和通信作者形式的署名论文有 34 篇（占 32.7%），整体上呈现出中国内地学者作为主导研究者的特征。从合作研究情况来看，由中国内地学者之间合作或独立完成的论文仅有 6 篇（占 5.8%），剩余 98 篇（占 94.2%）为中国内地学者与境外学者共同合作完成。在合作者的来源方面，仅有少数论文（9 篇，占合作论文总量的 9.2%）是由中国内地学者与中国港澳台地区的学者合作完成的，绝大多数论文（89 篇，占合作论文总量的 90.8%）由中国内地学者与中国港澳台以外地区的学者（其中尤以北美地区的华人学者为主）合作完成。论文署名情况从一个侧面表明中国内地学者在国际顶级期刊上发表论文主要还有赖于与优秀境外学者合作，由中国内地学者之间合作或独立发表的能力还有待进一步增强。当然，这也是中国内地学者完成研究范式转型之后，努力为国际营销学知识体系做出贡献的一个学习过程。

---

① 其中有 40 篇论文为中国内地学者同时署名为第一作者和通信作者。

除在顶级期刊上发表论文以外，还有两个方面体现了中国营销学界与国际学术界的接轨，并且日益做出更大的贡献。一个方面是由中国的学术机构主办的营销学英文期刊的出版。其中，由中国高等院校市场学研究会与 JMS 学术社区共同主办的 Journal of Contemporary Marketing Science 是一本定位于对新兴市场和新技术给予特别关注的综合性营销学学术期刊，由 Emerald 出版集团于 2018 年创刊出版，范秀成教授担任主编。由复旦大学作为主办方之一的国际期刊 Customer Needs and Solutions 聚焦于个人和组织客户需求及其解决，由 Springer 出版集团于 2014 年创刊出版，丁敏教授担任主编。另一个方面是毕业于中国高校的营销学博士生走出国门，就职于海外高水平大学。比如，毕业于清华大学经济与管理学院的董松挺博士 2009 年正式就职于澳大利亚国立大学，毕业于北京大学光华管理学院的蒋子熹博士 2013 年就职于澳大利亚新南威尔士大学，毕业于复旦大学管理学院的吕莎莎博士 2015 年正式就职于英国剑桥大学，这三位学者都是本土博士受聘于世界一流大学的代表。这些具有代表性的优秀青年学者都是博士在读期间在海外学习，在国内和海外导师的指导下进行学术研究，并都在国际顶级学术期刊上发表了高质量的研究成果。中国高校培养的博士能够获得国际一流大学的教职从一个侧面反映了中国高校营销学的研究能力和人才培养质量已经基本与国际学术界接轨，并正在展现出日益强劲的竞争力。

### 8.3.2 对基于中国情境创新营销理论的讨论

《营销科学学报》主编陈煜波（2021：1）在学报"创刊词"中写道：经过十多年的快速发展，中国营销学界已经初步完成了学术规范化的过程，中国营销科学学者的研究已经越来越多地在国际顶级期刊上发表，得到国际主流学术界的认可。《营销科学学报》将强调扎根中国、思想引领，推动中国营销科学学者基于中国的市场实践，创造出更多引领中国管理实践、贡献全球管理智慧的学术思想。这是中国营销学者的使命，也是中国营销学界致力于自主创新研究的目标。

随着中国营销学界完成研究范式转换并逐渐与国际学术界接轨，如何基于中国独特的文化与制度要素来开展创新性的学术研究，以更好地贡献于一般营销学知识体系引起了营销学界的关注。虽然在过去 20 年中，中国学者在国际主流学术期刊上发表的论文数量快速增加，但国际学术界对"中国营销"的关注度如何？中国学者在国际主流期刊，尤其是顶级期刊上发表的论文在多大程度上体现了"中国营销"？蒋青云、褚荣伟和陆雄文（2021）对 1991—2021 年发表在 4 本顶级营销学期刊上与中国相关的论文进行了检索，共检索到 52 篇论文。相较于 4 本期刊同期发表的论文总量而言，与中国相关的论文数量不足 1%。显然，这个数字与中国作为世界第二大经济体，拥有世界上最多的互联网用户，且中国跨国公司数量已经占据 2021 年《财富》500 强 135 个席位（含中国香港地区的公司）的地位是严重不相符的。为了进一步分析这些与中国营销相关的研究如何体现中国市场情境的贡献，他们以"中国数据""中国变量"和"中国理论"三个维度为分类框架对 52 篇论文进行了分析，发现约有 73% 的论文（38 篇）仅应用了"中国数据"，25% 的论文（13 篇）引入了"中国变量"，主要是文化相关的比较研究，仅有 1 篇论文应用了"中国理论"。我们也参照这个分类框架对前文检索到的 104 篇中国内地学者署名发表的论文进行了分析，分析结果令人吃惊——没有任何一篇论文引入"中国变量"和"中国理论"，但在近 10 年发表的大量论文中，使用"中国数据"（尤其是来自互联网的二手数据）的论文则比较普遍。这一结果与陈歆磊和梁屹天（2018）的观察基本一致。他们检索了 2007—2017 年发表在 *Marketing Science*、*Journal of Marketing Research* 和 *Management Science* 3 本期刊上使用中国数据的论文，共检索到 20 篇。在此基础上，他们将研究问题分为以下三类：问题是中国特有的，但是全世界都感兴趣；问题具有普遍性，但是在中国有更好的条件来验证；问题具有普遍性，国内外都有条件验证，但是在中国获取数据相对容易。他们发现这三种类型的论文分别为 11 篇、7 篇和 2 篇。由于两位作者关注的研究类型是以营销建模为主的量化研究，因此这些研究基本上不涉及中国本土文化和制度问题。这表明中国内地学者致力于在最具影响力和理论贡献最大的顶级期刊上发表论文时，并未将中国市场情境作为重要的考量因素，忽略了中国市场在文化、制度等方面的独特性，而是直接致力于一般营销学理论的建构。

相对于管理学领域对发展中国本土管理学理论的讨论而言（如 Tsui,

2004；Leung，2009；梁觉、李福荔，2010；李平，2010），营销学界对这一问题的关注和讨论是相对较晚的，并且讨论也不如管理学领域那么热烈。较早关注中国独特文化情境对营销理论贡献的研究中，庄贵军和席酉民（2003）关于"关系营销在中国的文化基础"的观点是比较有代表性的。他们从中国文化心理的角度对比了西方关系营销理论与中国社会中基于人际关系的关系营销理论，认为基于中国文化基础的关系营销研究为西方经典关系营销理论的研究提供了一个新的方向，当然也为中国学者研究关系营销理论提供了一个具有理论贡献的方向。① 中国文化与西方（尤其是美国）文化的差异构成了基于中国情境创新营销理论的一个基本出发点。最早提出这一问题，并一直倡导中国营销学界基于中国文化开展创新性研究，贡献于世界营销知识体系的学者是周南教授。

周南（2011）在一篇回顾性文章中以《道德经》中的阴阳为基础对比了中（包括儒家与道家）美文化，并进一步比较了不同文化情境中中美企业营销理念与战略、策略的差异。周南教授认为，在中国已经学习、消化与吸收西方营销思想和理论的基础上，中国学术界不宜再继续简单地移植和复制西方营销理论与实践，而应当扎根中国文化，开展创新性的研究，通过"洋为中用""古为今用""中为洋用"和"中外合璧"的路径来提升中国学者对世界营销理论的贡献。

周南和曾宪聚（2012）进一步基于中美文化的差异，提出了"情理营销"与"法理营销"的比较分析框架，认为中国文化情境中的营销遵循的是"情—理—法"的价值秩序与行为逻辑，而美国文化情境中的营销则遵循"法—理—情"的价值秩序与行为逻辑。在此基础上，两位作者认为中国营销学术研究存在两种探索路径：在中国营销情境中检验西方理论，建构"营销的中国理论"（Theory of Chinese Marketing）；针对中国营销现象和营销问题提出自己的理论，建构"中国的营销理论"（Chinese Theory of Marketing）。中国营销学界应当在扎根传统文化的基础上突出中国营销特色、在尊重学术传统

---

① 实际上，关于中国社会中人际关系（guanxi）的研究已经形成了营销学研究的一个重要话题，在某种程度上构成了中国营销对一般营销理论的一个独特贡献。

的基础上进行综合创新，努力建构中国的营销理论。

张闯、庄贵军和周南（2013）就如何基于中国情境创新营销理论进行了更为细致的探讨。他们基于研究问题的客位要素（或全球同一的方面）与主位要素（或本地独特的方面）以及研究的理论视角（西方与中国）将中国营销学研究区分为四种类型：① 西方式研究，关注的问题是东西方相同的部分，在理论视角上也采用西方的模式。这通常表现为采用西方理论中的构念与测量量表，以西方理论为基础发展研究假设，遵循西方主流研究方法开展实证研究。这类研究虽然在中国操作，但其研究设计中不包含任何中国的情境要素。这类研究的导向是客位的，是去情境化的，其研究的目的是构建超越任何情境的通用理论。② 复制/验证式研究，这类研究虽然关注的是中国情境中的独特现象或问题，但在研究中采用了西方的理论视角，其本质是验证西方理论在解释中国本土现象时的适用性。与第一类研究不同的是，由于此类研究关注的是中国情境中的独特现象或问题，因此在研究模型中通常会出现新的变量（如人情），但在实证研究中对该本土变量的测量却采用西方类似概念的量表（如互惠量表），以西方的理论（如社会交换理论）为基础发展研究假设。此类研究虽然表面上关注的是中国本土问题，但实质上却并没有将中国独特的情境要素嵌入在研究设计中。③ 比较/拓展式研究，这类研究关注的是中国和西方都存在的现象及问题，但从中国本土的视角来开展研究。与第一类研究的区别是，虽然这类研究也采用来自西方的构念及其测量方式，但在理论解释机制上则区别于西方理论，从而发展出与西方理论不同的研究假设；或者在研究模型中引入中国本土情境中的解释变量（自变量或调节变量），以使研究更具有本土相关性。这类研究的出发点虽然仍是西方主流理论，但在研究设计中嵌入的中国情境却可以与西方情境中的研究相比较，从而拓展、补充或修正西方理论。④ 本土研究，这类研究关注的是中国本土独特的现象和问题，采用本土的理论视角来寻求对现象的解释。从出发点看，这类研究从本土独特的现象开始，但与第二类研究最大的差别在于，研究者不是从现有的西方理论中去寻求解释，而是着眼于中国本土的情境要素（如文化传统、社会制度等），通过建构新的理论来对本土现象做出解释（如用差序格局理论来解释圈子现象)。因此,本土研究不接受西方理论的预设,而是通过将本土现象概念化、开发本土构念测量量表来开展实证研究。这类研究的目的是建构中国本土的营销理论,理论具有高度的本土相关性。上述四种类型研究的结果体现了不同的理论建构方向(见表8-1):世界通用的营销理论(Universal Theory of Marketing)、中国营销理论(Theory of Chinese Marketing)和营销的中国理论(Chinese Theory of Marketing)。三位作者进一步从研究问题的来源(what/how)、研究的理论基础(why)和研究方法三个方面探讨了开展高本土相关性研究的路径与方法,并结合中国文化与制度的独特性指出了基于中国本土情境开展创新性研究的方向和面临的挑战。

表8-1 三种营销理论比较

| | 世界通用的营销理论 | 中国营销理论 | 营销的中国理论 |
|---|---|---|---|
| 研究类型 | 西方式研究 | 复制/验证/比较/拓展研究 | 本土研究 |
| 研究导向 | 客位 | 客位为主、兼顾主位 | 主位 |
| 研究视角 | 外部/西方 | 外部/西方为主、兼顾中国 | 内部/中国 |
| 研究出发点 | 西方理论 | 西方理论 | 中国营销问题 |
| 研究方法 | 演绎或归纳法建构理论 | 演绎法检验、拓展理论 | 归纳法建构理论 |
| 本土相关性 | 程度低 | 程度中等 | 程度高 |

陈歆磊和梁屹天(2018)虽然在讨论中并未明确涉及中国文化与制度等要素对于依托中国情境创新营销理论的重要性,但他们认为要提高中国营销问题的研究质量有两个关键点:寻找高质量的中国问题,以及培养对中国问题的学术自信。对于前者,他们认为要从中国企业的营销实践和消费者行为的独特性中去寻找体现中国特色的高质量的研究问题;而对于后者,他们认为要培养中国学者对重要中国问题的学术自信,这不仅涉及研究选题和思路的问题,还涉及相关的制度保障,如致力于发表中国问题研究的营销学学术期刊的建设,以及在学术评价中提高对中国营销问题研究贡献的关注。从中国营销学界的现状来看,国际化专业学术期刊的建设和高校、科研机构等对营销学者科研评价制度的改革确实构成了促进中国营销问题研究的两个关键

要素，张闯、庄贵军和周南（2013）在论述基于中国情境创新营销理论的挑战时，也提及了这一点。

从研究方法的角度，学者们的一个基本共识是，要强化基于中国情境的营销理论创新，定性研究是一种有价值的方法。姚作为、刘人怀和田广（2019）在对比营销学的主导研究范式——实证研究范式和人类学研究范式——的基础上，认为中国营销学界在基于中国本土情境进行营销理论创新的过程中，可以借鉴人类学的"田野"范式，深植在本土营销实践的丰富沃土中去建构稳固的理论基础，由此扎实地推进中国本土营销科学的理论建构。庄贵军（2019）和李飞（2021）则认为案例研究有助于从中国企业实践中创新营销理论，"讲好中国故事"。庄贵军（2019：49）认为"营销学的研究不能唯实证主义而独尊，也不能用科学实验的严谨性来要求各种范式或方法的研究"，这是由营销学的学科性质所决定的，这种一元范式"不利于营销理论的创新和发展"。他提倡研究的多元范式和多种方法，认为应让研究问题来决定方法，而案例研究则有助于从丰富的实践中建构新的理论观点。李飞（2021：85）认为，"由案例研究讲好中国故事，是指通过案例研究的方法，描述中国营销现象，探索中国营销发展规律，以实现解决中国营销问题和贡献世界营销新知的使命或目标"。在具体的操作思路上，中国营销学者应当明确或平衡以下三个方面："研究的使命：是服务中国，还是影响世界""研究的问题：是解决中国问题，还是追逐国际理论前沿"，以及"研究的案例：是中国境内的事情，还是全球范围内的故事"。对于每一个关键要素的选择和平衡，决定或影响了一项研究的设计、过程和结果。

虽然学界就基于中国本土情境开展创新性研究，最终向国际营销学知识体系贡献新知具有较高的一致性认知，但从学术实践来说，中国营销学界还面临着提高国际学术影响力、提高营销学研究的现实相关性（蒋青云、褚荣伟、陆雄文，2021），以及中国营销国际学术社区建设、学术评价制度等要素的挑战和限制。在朝着"营销的中国理论"建构的方向上，中国营销学界还有很长的路要走。

**思考题：**

1. 现代营销思想引进中国的形式与过程如何？
2. 现代营销思想在中国的引进、传播与发展经历了哪几个阶段？
3. 中国营销学术社区的建设与发展过程如何？
4. 中国营销学术创新与发展状况如何？
5. 中国营销学术创新的机遇与方向主要体现在哪些方面？

# 第 9 章
# 结　语

> **学习目标**
> - 从学科制度化的角度理解现代营销思想的发展过程
> - 了解现代营销思想及营销学科发展面临的主要挑战
> - 了解现代营销思想及营销学科未来发展的趋势与方向

历史，当然包括营销思想史的叙述方法是多样的，不同的叙述方法涉及不同的方法论（Price，2022）。就营销思想史而言，不同叙述方法涉及的关键问题是营销思想的过去、现在与未来的关系（Svensson，2009）。营销思想"现在"的状态是其"过去"发展演化的结果吗？基于营销思想史的"现在"，存在一个可以预测的"未来"吗？本书遵循了绝大多数营销思想史学者采用的常规叙述方法，按照时间顺序对营销思想的发展与演进过程进行了研究。虽然营销思想史学者们并未在其著述中明确阐述他们所遵循的方法论，但这种将时间视为线性发展的历史叙事方法隐含着这样的思想：营销思想的"现在"在相当大程度上是其"过去"演进的结果，而营销思想的"现在"也部分地决定了其发展演进的"未来"。这种认知思想体现了目的论方法（teleological approach）中的形成性方法（formative approach）和转化性方法（transformative approach），其差别在于"未来"是否可以预测（Stacey, Griffin & Shaw, 2000；Svensson, 2009）。形成性方法认为未来是可以预测的，而转化性方法则认为未来是不可知或不可预测的，但二者都认为系统的演化是自组织（self-organization）的结果。就营销思想的发展与演进而言，我们认为营销社区"现在"的自组织反映了营销思想"过去"的影响，虽然它会对营销思想未来的演进产生影响，但营销思想"未来"所呈现的形态却是具有多种可能性的。

就营销思想的发展与演进而言,另一个关键的要素是其产生、发展与演进的环境。从某种程度上说,营销思想是其所处社会环境的产物,它也反过来影响和塑造了社会环境(Bartels, 1988; Hunt, Madhavaram & Hatfield, 2022)。因此,营销思想在过去一百余年中的产生、发展与演进都体现了这一个多世纪经济、社会、政治、文化与科技等环境要素的变化。考虑到我们当前所处的这个信息技术大爆炸时代,各种新技术正在影响和重塑人类社会生活的方方面面[①],营销思想演进的未来环境是完全不同于其经历过的过去一个多世纪的。也许正是这种人类社会未来发展的多种可能性与不确定性赋予了营销思想向未来演进的诸多可能。当我们面对这种不确定的未来时,对未来方向的选择则更多地反映了我们对营销思想"过去"的总结,以及对其"现在"所处状态的反思。这种总结和反思是营销社区自组织过程的重要组成部分,它至少部分地影响着营销思想演进的方向,虽然影响思想演进的最终形态是未知的,但"现在"的反思至少决定了"现在"走向未来的"去路"。

作为本书的最后一章,我们将在简要梳理与总结营销思想在过去一个多世纪的演进过程的基础上,重点呈现营销学术社区对营销思想"现在"状态的若干反思,以及营销思想面向未来演进的"去路"方向上营销学术社区面临的多种选择和试图施加影响的努力。

## 9.1 来　路

### 9.1.1　一个学科制度化分析框架

Hunt 在一系列总结与反思营销学科的"过去""现在"和可能的"未来"

---

① 本书作者在写作这些文字时,网络上铺天盖地的信息正在热烈地讨论由美国人工智能研究公司 OpenAI 发布的新一代人工智能产品——人工智能聊天机器人 ChatGPT。基于该机器人的强大人工智能,人们讨论的一个重要话题是未来什么样的工作不会被机器人替代。也许,思想史的研究就在诸多被替代的工作之列,对于浩如烟海的史料而言,任何研究者都无法做到掌握全部,但这对拥有超强人工智能的机器人来说,实在是太容易了。从一个接一个超出常人想象的新科技产品中,我们仿佛面对着一个完全未知也完全无法想象的未来。

的文章中采用了一个学科社会学（sociology of academic disciplines）的框架对营销学科的制度化（institutionalization）、重新制度化（re-institutionalization）与去制度化（de-institutionalization）过程进行了非常具有深度的分析（Hunt，2020a；Hunt，Hass & Manis，2021；Hunt，Madhavaram & Hatfield，2022）[①]。对于具有"合法性"（legitimacy）地位的学科而言，其在发展的过程中都经历了制度化的过程。从某种程度上说，一个学术研究领域制度化的过程就是其合法性建构的过程（Hunt，Madhavaram & Hatfield，2022）。这个制度化的过程需要该学术研究领域累积一个专业化的知识体系，形成关于专业知识的技术语言（technical language），以及用来组织知识体系的学科内生的（indigenous）概念、框架、模型及理论（Hunt，2020a）。一门学科成功制度化的重要标志是形成了为其提供认知身份（cognitive identity）的教学与科研的主流范式和核心关注（central focus）。这种认知身份不仅意味着该学科拥有自己的工具、技术、方法、学术导向与研究问题，还意味着它已经基于学科核心问题以及对这些问题的概念化和分析方法形成了共同的导向及目标（转引自 Hunt，2020a：190）。基于这种主流范式和核心关注的教学与科研使得成功制度化的学科能够在不同代际的学者间实现学科的"繁衍"。学科通常会通过举办专业会议、出版专业期刊和教科书，以及建立正式的学术社区等方式来促进这个制度化的过程。因此，学术会议、学术期刊、教科书以及专业的学术组织等就成为衡量一门学科制度化水平的重要指标。

在过去的一个多世纪中，营销学科从诞生到成熟，经历了一个完整的制度化过程，成功地建立了其在社会科学体系中的合法性地位。然而，随着营销学科的发展成熟，一些关键的问题也日益突显出来，从而形成了 Hunt（2020a）所称的一个去制度化的过程，即主流范式分裂、核心关注缺失的一个发展阶段，这是营销思想和营销学科面向未来发展过程中必须面对的问题。

---

[①] Shelby D. Hunt 于 2022 年 7 月 12 日逝世，享年 83 岁。这一系列文章以及 Hunt（2018a）是这位杰出学者在其即将正式退休结束自己的职业生涯时对营销学科最后的贡献。Hunt 计划 2022 年夏天正式退休，并表明退休以后就不再发表学术成果了（Vargo，2022）。Hunt 与 Madhavaram 和 Hatfield 合作发表于 AMS Review 第 12 卷的论文《营销学科的问题轨道：宣言对话、可能的核心关注及对学科重建的预测》（The Marketing Discipline's Troubled Trajectory：The Manifesto Conversation，Candidates for Central Focus，and Prognosis for Renewal）（Hunt，Madhavaram & Hatfield，2022）应是他最后署名发表的学术论文。

我们首先借鉴 Hunt（2020a）以及 Hunt、Madhavaram 和 Hatfield（2022）的学科制度化框架对过去一百多年营销思想的产生、发展与演进过程进行简要的回顾。我们之所以采用这个框架，主要是因为该框架不仅包含了对营销思想发展与演进过程的归纳和总结，更是因为该框架包含了对营销思想这一发展与演进过程的反思，这可以使我们更好地对营销思想的当前状态和未来演进方向进行分析。

### 9.1.2　营销学科的制度化、再制度化与去制度化过程

现代营销思想是时代的产物，是学界对 19 世纪末 20 世纪初由快速工业化和城市化所导致的一系列重要问题做出回应的"副产品"（Bartels，1988）。美国在 19 世纪后半叶的快速工业化和城市化促进了商业及分销系统的快速发展，各种新的商业形态不断涌现。随着商业企业，尤其是零售企业的大型化，其对经济与社会生活都产生了日益重要的影响。在这样的背景下，无论是城市还是农村，无论是政府部门还是普通消费者都更加关注这个日益庞大的分销系统所带来的问题。"分销系统带来了大量的经济与社会成本"就是其中最为重要的问题。由于传统经济学理论并不关注这个介于生产与消费之间的分销过程，因此当时的经济学理论无法充分地对这些相关的重要问题进行解释。在这样的背景下，一些对这些营销问题有兴趣的经济学者和学生开始对这些问题进行探索，其探索的一个重要结果就是现代营销思想的产生。

现代营销思想产生于密歇根大学（Jones，1902 年）、加利福尼亚大学（Litman，1902 年），以及伊利诺伊大学（Fisk，1902 年）最早开设的营销学相关课程。早期的营销学课程所关注的问题与当时社会普遍关注的问题是一致的，因此这些课程并没有使用"marketing"这一术语，而更多使用的是"distribution"或"trade"等术语，并且这些术语之间是交替使用的。与之相应，早期营销思想的研究视角是宏观的，是从全社会的角度关注分销（营销）系统的运作及其对社会的影响。用我们今天的学术术语来说，早期的营销思想基本可以被纳入宏观营销学的范畴之中。因此，Hunt、Hass 和 Manis（2021）认为宏观营销学理论是现代营销学"存在的原因"。作为一个新生的研究领域，营销学科在其产生的最初 20 年中可以说处于"前制度化"或"准制度化"阶段。在

这个阶段，营销学科正逐渐构建其知识体系，正在形成为学科内成员所共同接受与认可的技术语言、概念体系和分析方法。这个阶段营销学科没有专业的学术期刊出版，也缺乏专业而正式的学术社区和学术活动。在这个积累的过程中，营销学科内部逐渐形成了以营销功能分析、营销机构分析和商品分析方法为基本结构的知识体系，只是这些知识体系在20世纪20年代营销学原理教科书出现以前还处于相对分散的状态。

营销学科的制度化过程在20世纪20年代开始加速，并最终在20世纪30年代基本完成。首先，Butler 1917年编写的教科书首次使用"marketing"一词作为标题，使得学界越来越多地接受以"marketing"来作为整个学科的核心概念。到20世纪30年代初，早期交替使用"distribution"和"marketing"的情况逐渐没有了，两个概念之间的区分也日益清晰并为学界所普遍接受。其次，20世纪20年代初，一系列以"营销学原理"命名的教科书陆续出版，完成了营销学知识体系的第一次整合。这些早期出版的营销学原理教科书，整合了早期营销功能分析、营销机构分析与商品分析的知识体系，形成了以营销功能分析为主要结构的知识体系，并逐渐成为这一阶段营销学的主流理论范式。再次，随着美国大学商科教育在这一阶段的快速发展，营销学已经成为商学院的核心课程之一，专业化的教师队伍也日益扩大。从次，专业的营销学术社区在20世纪30年代正式组建。在20世纪20年代借助美国经济学会和世界广告俱乐部平台组织学术活动的基础上，全国营销与广告教师学会于1925年成立，并在1932年正式更名为全国营销教师学会。与此同时，一个包括营销学界和实务界的组织——美国营销社团于1931年成立。两个组织最终在1937年合并，并正式成立了美国市场营销学会，成为营销学科统一的学术组织。最后，专业的营销学术期刊在20世纪30年代正式出版。美国营销社团1934年创刊出版的 *The American Marketing Journal* 与全国营销教师学会1935年创刊出版的 *National Marketing Review* 于1936年正式合并，并更名为 *Journal of Marketing*，作为美国市场营销学会的会刊正式出版。至此，现代营销学科的制度化基本完成，营销学以一门新兴学科的身份跻身于正在快速发展的商学学科之列。

进入20世纪40年代，尤其是第二次世界大战以后，一些新的思想伴随着新的研究问题和研究方法陆续出现，从而推动营销学科进入一个范式转换的时期，也即 Hunt（2020a）所称的再制度化过程——营销学科向以营销管理为主流理论范式的转换。这个转换的过程也是相对比较漫长的，区别于已经完成制度化的以宏观营销为主流范式的视角，以微观企业管理为主并关注消费者在营销系统中作用的新视角在 20 世纪 30 年代末和 40 年代开始出现，但直到进入 20 世纪 50 年代，营销学科的再制度化过程才开始加速。首先，营销管理理论的核心观念——以消费者需求为导向的营销观念在 20 世纪 50 年代被以通用电气公司为代表的领先企业清晰地提出和讨论，并逐渐为学界和业界所普遍接受。其次，营销管理的核心框架——营销组合的概念也在 20 世纪 50 年代被提出，并被作为指导企业营销管理决策的重要框架。再次，营销管理的其他核心概念与框架，如将营销视为企业的一个管理职能、营销决策中的可控与不可控要素、企业与环境的关系，以及市场细分等核心概念与框架均在这一时期被提出。从次，这些相对分散的营销思想和知识，最终被整合到以管理为视角的教科书中（Howard，1957；McCarthy，1960；Kotler，1967），并形成了营销管理理论的基本框架。最后，福特基金会和卡耐基基金会 1959 年发布的对全美商科教育评估的报告，不仅极大地推动了营销学作为一门管理职业教育学科的转换，也极大地推动了 20 世纪 60 年代以后营销学研究的科学化进程。到 20 世纪 60 年代末，营销学科的再制度化过程基本完成，营销管理理论替代营销学第一阶段制度化后作为主流理论范式的宏观营销学成为新的主流理论范式（Hunt, Hass & Manis, 2021）。

营销学科再制度化过程的余音在进入 20 世纪 70 年代以后继续缭绕，这主要表现为营销学界为回应营销学科在 20 世纪 60 年代面临的身份危机而展开的营销观念拓展运动。这场由科特勒领导，几乎是"一边倒"的运动开始于 1969 年（Kotler & Levy, 1969a），核心是将营销观念和营销管理的框架与方法拓展至包括社会、政治、文化及宗教的诸多领域，旨在消除社会对营销学只能帮助企业解决销售问题的偏见，致力于用营销管理的观念与方法解决诸多非商业领域的问题。在这场一直持续到 20 世纪 80 年代的运动中，包括社会营销、地点（国家）营销等在内的诸多概念与理论框架被提出和讨论，使得营销学彻底突破了将企业作为主要研究对象的边界而进入诸多社会领域。

与此同时，在营销管理理论取得营销学科主流理论范式地位的同时，从20世纪60年代后期开始，一些新兴的研究领域开始出现，并在20世纪70年代以后得以快速发展。这些新兴的研究领域在营销学科内部产生了两种相反的影响：

一方面，在营销管理理论的框架内，以服务营销、组织间营销和国际营销为代表的分支理论，以及在营销范式转换之后留下的空间里继续发展的宏观营销理论，在营销管理所没有涵盖的范围内快速发展起来，它们与营销管理这一主流理论一起构成了一个更为完善的理论体系。其中，以服务营销和组织间营销理论为基础，关系营销理论在20世纪80年代快速发展起来，并试图掀起一场针对营销管理理论的"营销革命"。当然，关系营销理论的革命不但没有对营销管理理论造成冲击，反而被其吸纳、整合到理论范式中，促进了20世纪80年代以后包括客户关系管理在内的一系列新理论的发展。这些新兴的研究领域都在营销学科内不同程度地完成了制度化——它们都拥有各自的专业期刊和学术组织，并举办专业的学术会议。这些专业领域的制度化过程促进了营销学科内部理论体系的丰富与发展，并在此基础上形成了若干现代营销学派（Shaw & Jones, 2005）。

另一方面，以消费者行为和量化营销科学为代表的两个研究领域的快速发展及其相对独立的制度化过程，则推动了营销学科主流范式的碎片化（Wilkie & Moore, 2003），即Hunt（2020a）所称的去制度化过程。这两个专业领域之所以会促进营销主流范式的碎片化主要是基于两个原因。第一，在营销学科全部的学者队伍中，这两个研究领域的学者所占的比例是最高的，消费者行为研究的学者队伍占比约为45%，而量化营销科学的研究者占比也接近30%（Houston, 2016）。第二，这两个研究领域的制度化过程是在营销学科外部独立完成的，虽然这两个领域的学者并不否认他们与营销学科之间的关联，但他们似乎更愿意强调自己作为消费者行为或营销建模研究者的身份（Wilkie & Moore, 2003；Hunt, 2020a；Hunt, Madhavaram & Hatfield, 2022）。这两个领域都各自经历了完整的制度化过程，建立起各自相对独立于美国市场营销学会的学术社区——消费者研究学会与营销科学协会，建立了相对独立的学术期刊体系——JCR 与 MS。这两个领域相对独立的学术社区加上它们所包括的高比例的学者队伍，使得营销管理理论的主流地位被极大地削弱了。Hunt、Madhavaram 和 Hatfield（2022）认为 20 世纪 80 年代以后，营销学科所经历的这个去制度化的过程使得其变成了由营销管理（营销战略）、消费者行为、营销模型与宏观营销四个领域构成的一个相对松散的学科体系，并且各个分支领域制度化的结果导致了营销学科的"筒仓"（silo）格局，营销学科的主流范式和核心关注消失了。Hunt 等人的观点得到了 Eisend（2015）元元分析（meta-meta-analysis）结论的支持，该研究发现在过去一个世纪中营销知识随着时间的推移而增加，但增加的速率在变慢；而当前的营销学知识体系明显地呈现出碎片化与专业化的特征。

因此，营销学科在过去几十年中所经历的这个去制度化的过程使其进入了一个"问题轨道"（troubled trajectory）（Hunt, Madhavaram & Hatfield, 2022）。在营销学科迈入第二个世纪时，面向未来的营销学科需要再次制度化，确立新的主流范式和核心关注吗？围绕这个问题主流营销学界进行了哪些反思？思想上的争论围绕哪些焦点展开？这正是我们下面要讨论的主题。

## 9.2 路　口

在营销思想及营销学科发展成熟以后，学界对营销学发展所呈现问题的反思一直都没有停止过，这些问题涉及营销学对其他学科领域（Clark et al., 2014）和社会（Wilkie & Moore, 1999）的影响力，营销理论的借用过多与原创性不足（Day, 1996; Zeithaml et al., 2020; Hunt, Madhavaram & Hatfield, 2022），营销学术与营销实践日益脱节（Jaworski, 2018），营销学术研究过于侧重分析方法与技术而对研究问题的重要性关注日益减弱（Lehmann, McAlister & Staelin, 2011），以及在营销学专业博士研究生培养过程中日益重视方法而忽视概念、理论与学科思想史（Wilkie & Moore, 2003; Houston, 2016; Hunt, 2020a），等等。当然，这些问题之间存在复杂的关联，一些问题可能是另一些问题的原因或结果。Jaworski（2018）认为这些问题都不是停留在表面，而是直指营销学科的心脏和灵魂的。因此，在营销思想继续向前发展与演进的过程中，营销学界需要积极地面对并努力解决这些问题，因为这些问题影响着营销思想和营销学科发展的方向及未来。

### 9.2.1 营销思想的分化与整合

主流营销思想的分化是随着消费者行为和量化营销科学的快速发展而出现并且日益严重的。消费者行为研究的快速兴起与制度化呈现出两个近乎矛盾的特征。一方面，在消费者行为研究的兴起、发展及其制度化过程的早期，营销学社区起到了重要的推动与支持作用。另一方面，在其制度化的过程中，虽然消费者研究学会从未正式地表明与营销社区的割裂，但它实际上已经发展成为一个与美国市场营销学会并列的学术社区。尤其令消费者研究学会呈现出与营销社区"分裂"状态的是其主导、由来自 11 个学术组织共同资助出版的 JCR，这本消费者行为研究的旗舰期刊将自身定位成一本跨学科的期刊，而非一本营销学期刊。JCR 创刊出版以后，消费者行为研究确实呈现出很强的跨学科的特点，其结果就是越来越多的消费者行为研究开始偏离营销相关性（marketing-relevant），甚至消费者行为研究的营销相关性几乎被摒弃了（Hunt，2020a），消费者行为研究也就愈发失去了其对更广泛营销社区的影响力（MacInnis et al.，2020）。自 20 世纪 70 年代以来，消费者行为研究的这种趋向不断强化，逐渐使之成为一个相对独立的行为科学领域，而不是营销学中的一个分支（Shaw & Jones，2005；Parvatiyar & Sheth，2021）。Hunt（2020a）认为，鉴于消费者行为研究的状况，Sheth 和 Gardner（1982）预言的消费者行为与营销学的"分道扬镳"已经实质性地完成了。[①]

与消费者行为研究类似，量化营销科学的兴起与制度化过程几乎也是在营销学术社区之外完成的，主要依托运营研究与管理科学协会完成其制度化的过程。但与消费者行为研究不同的是，这个领域主要应用经济学建模方法探索营销学问题，它的核心关注是数学建模方法，而非某个理论或研究领域。

---

[①] Hunt、Madhavaram 和 Hatfield（2022）为此观点提供了一个佐证：2000—2020 年，发表在 JM、JMR 和 JAMS 上的文章摘要中，"marketing"出现的比例分别是 100%、100%和 87%；而同期发表在 JCR 和 *Journal of Consumer Psychology*（JCP）上的文章摘要中，"marketing"出现的比例仅为 13%和 12%。

在过去 20 年中，信息技术的发展带来了越来越多的可用数据，在此基础上，该领域的发展是非常迅速的，其影响力也越来越大。

随着这两个领域的快速发展，以营销战略研究为核心的主流营销学理论的影响力不断下降。Day（1992）就曾指出，营销战略研究对发展、检验与传播战略理论和观念的贡献正在边际化。而这种情况并没有随着时间的推移而得到改善，Reibstein、Day 和 Wind（2009）进一步指出，营销定量模型和消费者行为研究的快速发展削弱了营销学者对营销战略问题的研究。传统营销战略研究方法在"以方法为中心"（method-focused）或"以建模为基础"（modelling-based）的研究导向下几乎已经失去了在营销学顶级期刊上发表的机会（Hunt, 2018a）[①]，过于关注消费者行为和数据驱动的营销模型研究导致研究所关注的问题越来越微观，而对营销战略问题的关注则越来越少。Hunt（2018a）甚至认为，这是导致营销学在管理学或更广义的社会科学中缺乏影响力的一个关键原因。

可见，随着消费者行为和量化营销科学两个领域的快速发展，以营销管理为主流理论和核心关注的营销学被快速地瓦解了，破碎成以营销管理（营销战略）、消费者行为、营销模型以及宏观营销为主的四个松散的"筒仓"（Hunt, 2020a; Hunt, Madhavaram & Hatfield, 2022）。在这个去制度化的过程中，主流营销管理理论成为松散的营销学科的一个组成部分，并且是一个学者体量远小于消费者行为和量化营销科学的分支（Houston, 2016）。主流营销思想破碎成"筒仓"的一个重要结果是营销学科作为一个整体社区感的丧失，每个子领域的学者都倾向于停留在各自的"筒仓"中，并以各自的"筒仓"作为其身份识别的标签（Wilkie & Moore, 2003）。显然，这对于营销学科未来的发展是十分不利的，在整体学术社区日渐式微和瓦解的基础上，未来的营销学会沿着四个"筒仓"各自发展成几个独立的学科领域吗？如果要维护营

---

① 传统的营销战略研究是理论而非数据驱动的，主要依靠问卷调查方法获得第一手的数据（Houston, 2016），尤其是较为早期的研究依靠对单一数据来源的问卷调查获得研究数据用以检验研究假设。但营销学界对这种传统研究方法的质疑导致了 SSB 规范（"same source bias" norm）被广泛采用：因为研究只从一个数据源获得数据，所以这类研究的结论可能存在潜在偏差（即不可信），这意味着这类研究都应当被拒绝（Hunt, 2018a）。尽管营销战略学者们提出了很多解决同源偏差问题的技术和方法，但这种基于问卷调查数据的传统研究范式正在不可避免地被顶级学术期刊所"边缘化"。

销学科的完整性，那么主流理论和核心关注是否需要重建？然而，也有学者（Varadarajan，2022）认为，在学科发展演化的过程中，主流的碎片化是学科与研究领域专业化不可避免的结果，也是正常的现象。随着学科的发展，专业化的领域会通过形成交叉的领域而再次聚合。对于营销学科来说，建构一个能够解释所有市场主体行为和结果的一般营销理论对于促进营销各个专业领域的聚合是必要的。这构成了营销思想向未来演进的一种可能。

### 9.2.2 营销理论的借用与原创

从其他学科借用概念和理论在营销思想发展的过程中有着悠久的历史，并且这些来自经济学、社会学、心理学等学科的概念和理论对营销思想的发展产生了重要的推动作用。然而，随着营销学科的发展成熟，营销学并未像管理学等其他学科那样产生具有跨学科影响力的内生营销学理论，反而日益依赖从其他学科借用理论应用于营销学的研究，营销学科变成了一个以借用理论和概念为主的"理论输入学科"（theory-importing discipline），而这种状态则导致了营销学科的边缘化（Lehmann，McAlister & Staelin，2011）。Clark、Key 和 Rajaratnam（2014）针对管理学四个主要学科——营销、会计、金融和管理——的文献计量分析表明，就学术观点的引入与输出而言，营销学在输出方面是四个学科中最少的，而在跨学科引用方面，营销学科的影响也是最弱的，并且随着时间的推移，情况变得愈发糟糕。营销学科正在滑向"学术不相关"（academic irrelevance）（Hunt，2018a）。

除对营销学在管理学及更广的社会科学中影响力的不利影响以外，Zeithaml 等（2020）认为过度地从其他学科借用理论还会对营销学科产生以下三个方面的根本性影响。第一，从其他学科借用理论用于营销学研究使得营销学科的利益相关者问题无法引领营销学研究，反而使得营销学者将一个来自其他学科的理论或框架强加于研究问题之上，其结果就是研究无法产生以营销学科为基础的知识。第二，借用理论限制了营销学者对新颖和有趣现象的关注及探索，这显然不利于营销理论的建构。第三，从其他学科借用一个抽象的理论或框架用于营销学研究削弱了营销学者与营销学科利益相关者用他们容易理解的语言进行沟通的能力，这也会造成营销学术研究与营销实践之间的鸿沟进一步扩大。

造成这一局面的原因显然是多方面的。一些学者认为将营销学作为一门应用学科的认知是导致其大量从更为基础的学科（如经济学和心理学）中借用概念和理论的重要原因（Rust，2006；Hunt，2020b）。这个问题源于20世纪60年代开始的对包括营销学在内的商学职业化的教育导向，而同期开始的营销学研究的科学化也极大地促进了营销学者从其他基础学科，尤其是经济学和心理学借用理论及方法来促进科学的营销学研究。在此之前，营销学科两次制度化的过程中，虽然受到经济学等学科的影响，但是营销学者还是成功地发展了一大批营销学"本土的"概念，这些概念构成了主流营销理论的核心（MacInnis，2011；Hunt，2020b）。随着营销学科的发展成熟，不断地借用理论及方法导致原创概念和理论并没有成为营销学术社区的核心关注。

与之相关的另一个因素是对营销学科后续力量——博士研究生——的培养过程也日益注重对科学方法的训练，而忽视了营销理论及研究领域相关的内容（Houston，2016）。经历这种培养过程毕业的博士研究生，虽然具有营销学博士头衔，但往往对营销学主要研究领域的内容、这些研究领域是如何发展与演进的，以及如何继续发展相关研究领域的理论基础等重要问题几乎一无所知（Wilkie & Moore，2003；Yadav，2010）。在"以方法为中心"或"以建模为基础"的研究中，研究开始于研究者可以获得的，通常被认为其中包含着一些可以用来测量或"代理"某些营销和非营销相关概念的二手数据，然后研究者使用各种建模技术来"拷问"（interrogate）数据以期获得一些有趣的发现（Hunt，2018a），而事后再寻找理论与数据结果相匹配（Hunt，2020b）。Houston（2016）指出，由于这类研究不是由理论所驱动的，而是由研究者可以获得的二手数据或可以采用的各种高级分析技术所驱动的，因此研究结论往往无法相互比较，这类学术文献的积累并无益于系统地发展营销学的理论。① 然而，在当前的情况下，营销学科正在产出越来越多的"技术大师"

---

① 具有讽刺意味的是，虽然"以方法为中心"或"以建模为基础"的研究似乎已经"全面地战胜"了传统理论驱动的营销战略研究，但Clark等（2014）的文献计量分析却发现，在营销学科内部最具影响力的20篇论文中，营销建模和消费者行为研究的论文却一篇也没有入选。他们给出的解释是这类研究关注的问题过于微观，其他研究领域的学者对这类问题往往兴趣不足。

（technological virtuosi），即以方法为中心的学者，这些只受到狭窄的专业训练的学者正在统治并塑造营销学科未来的发展（Clark，Key & Azab，2022）。这是营销学科正在产出拥有世界领先的方法却没有影响力的研究的原因（Clark et al.，2014；Clark，Key & Azab，2022）。此外，这些博士研究生很有可能是未来的期刊编辑和审稿人，他们会强化这种以方法为中心的"恶性循环"，从而将学科带往一个未知的方向。①

尽管如此，在营销学术社区内部，学者们对内生于营销学科的概念、框架和理论的关注却从来也没有减少过。Zeithaml等（2020）发现发表在 JM 上引用率最高的 10 篇文章均是专注于营销内生概念、框架和理论的研究。一个健康的学科需要拥有自己的概念框架来组织学科的知识体系，并指明学科未来发展的方向（Hunt，Madhavaram & Hatfield，2022）。营销学只有在认识到并发展内生的理论（homegrown theory）时，其作为一门学科才能真正成熟，这个内生理论的建构与发展应该扎根于营销学独特的问题和现象，而不是基于其他基础性学科（Rust，2006）。因此，是继续借用其他学科的概念和理论，还是致力于建构和发展营销学科内生的概念和理论框架是营销学界所面对的一个重要路口，只有接受挑战发展营销学本身的概念和理论才能不断提升营销学科的影响力（Zeithaml et al.，2020）。

### 9.2.3 营销理论和实践的分野与融合

营销学作为一门应用学科的性质决定了营销学术与营销实践之间直接或间接的紧密联结（Rust，2006）。因此，营销学术研究的合法性意义（legitimate purpose）存在两个相互关联的方面：一方面，学术研究要推进营销学基础知识的积累；另一方面，学术研究需要通过应用相应的理论知识来提升营销利益相关者（企业、组织、消费者、政府与社会等）的利益。营销学科正是在这样一种共同认知下发展起来的——营销学术研究不仅要促进营销理论与方

---

① Hunt 曾分享了他在一次师资招聘面试上所经历的一幕：Hunt 问应聘者为什么选择营销领域，以及对营销领域的哪些问题有兴趣，对方的回答却出人意料："哦，我真的非常不喜欢营销。我是一个数学建模学者，我选择营销是因为这个领域有些有趣的问题可以应用我的专长"，参见 Clark、Key 和 Azab（2022：160）。

法的发展，也要对营销实践产生影响（Reibstein, Day & Wind, 2009）。

然而，在过去一百余年的学科发展史中，营销学界和业界之间的关系一直是摇摆不定的（Deighton, Mela & Moorman, 2021）。在20世纪的绝大多数时间里，无论是早期营销思想的发展与整合，还是主流营销范式的转换，营销学界与业界的关系可以说是非常紧密的，大量的营销学术思想甚至直接来自业界杰出营销管理者的贡献。学界与业界的紧密互动不仅促进了营销思想的创新和发展，也使得营销学术与营销实践的相关性保持在一个非常高的水平上。营销学界与业界的这种紧密关联可以从以下几组数据中得到强有力的证明：第一，从营销学旗舰期刊 JM 的作者结构来看，在其正式创刊出版的前16年（1937—1953）中，大约有42%的文章作者来自业界（Applebaum, 1947, 1952）。第二，JM 的编委会成员中来自业界人员的占比在20世纪60年代初达到峰值时约为60%（Kerin, 1996）。

学界与业界这种紧密的合作状态自20世纪50年代，尤其是60年代以后逐渐变得松散，主要原因是 JM 作为美国市场营销学会的旗舰期刊在内部和外部压力下开始强化其学术导向。首先，美国市场营销学会和 JM 编委会在1954年首次正式发布了 JM 的编辑方针（editorial policy），开始强调投稿论文的学术贡献（Kerin, 1996）。20世纪60年代以后，受到福特基金会和卡耐基基金会两份影响深远的报告的影响，整个营销学界开始向科学化方向转型。在这个过程中，营销学研究的科学化不足饱受批评（van Heerde et al., 2021），这促使 JM 编委会分别在1979年和1985年两次修订其编辑方针，日益强调营销研究的学术性和科学性（Kerin, 1996）。这个转向过程的影响是深远的。1960—1981年，营销业界人员在 JM 上署名发表论文的比例从几十年前的42%下降到22%（Marquardt & Murdock, 1983），而到了20世纪90年代初，这一比例进一步下降到不足1%（Kerin, 1996）。与这种趋势类似，JM 编委会中来自业界人员的比例也从20世纪60年代初的60%下降到20世纪90年代中期的不足5%（Kerin, 1996）。可见，随着营销学术研究的评价标准越来越强调分析方法的复杂性与严谨性，对营销学术研究所探索的问题重要性的评价日益降低，营销学术研究对营销实践的影响逐渐减弱，二者之间的鸿沟也日益变得宽广（Reibstein, Day & Wind, 2009; Lehmann, McAlister & Staelin, 2011）。

从营销学术研究对营销实践的影响来看，即使是在 JM 编辑方针修订前的 20 世纪 70 年代，营销学术研究对营销管理实践的影响也被认为是非常小的，一项由美国市场营销学会和营销科学研究院于 1977 年开展的联合研究证实了这一点（AMA Task Force on the Development of Marketing Thought，1988）。1984 年，为了评估营销思想的发展与传播状况，美国市场营销学会成立了"营销思想发展特别工作组"（Task Force on the Development of Marketing Thought）。该工作组的研究报告再次表明，虽然 JM 和 JMR 作为美国市场营销学会的旗舰期刊在定位上具备沟通学界与业界的功能，但该功能已经非常弱化了，学界与业界之间的鸿沟在扩大。

然而，营销学者与营销管理者之间的差异远小于他们之间的相似之处，因此，营销学者和营销管理者应当在保持各自独立角色的同时，增强互动与协作，共同"编织"一个更好的营销世界（Deighton，Mela & Moorman，2021）。营销学术社区显然已经明确地关注到这个问题，但是如何架构营销学术研究与营销实践之间的协作桥梁成为摆在营销学术社区面前的一项重要任务。

### 9.2.4 微观营销思想与宏观营销思想的失衡和矫正

在营销思想两次制度化的过程中，主流营销理论中宏观导向与微观导向的营销思想经历了一个重要的转换过程。从现代营销思想产生到营销学科的第一次制度化过程完成，主流营销思想是以宏观导向为主的，这一时期主流营销理论以整个营销系统为研究对象和核心关注，宏观营销理论成为营销学科的主流理论（Wilkie & Moore，1999；Hunt，Hass & Manis，2021）。20 世纪 50 年代，营销学科开始了以微观导向为主的再制度化过程，以企业营销活动为主要研究对象和核心关注的营销管理理论取代之前的宏观营销理论成为新的主流理论。尤其是随着消费者行为研究在 20 世纪 60 年代的快速发展和制度化，主要关注微观消费者行为的学者队伍迅速扩大，虽然消费者行为研究在客观上部分地削弱了营销管理理论作为主流营销范式的地位，但二者共同的微观导向使得主流营销理论几乎完全转换成为微观的营销理论。

当然，宏观视角的营销思想和理论并没有在微观导向的主流范式的挤压之下彻底消失。一方面，在主流营销思想向微观导向转化留下的思想和理论空间里，部分营销学者继承了 20 世纪 50 年代之前所累积的宏观营销思想，并在 20 世纪 80 年代完成了宏观营销研究领域的制度化过程，这使得宏观营销理论"重新"成为营销学科的一个学派。另一方面，为应对 20 世纪 60 年代营销学科的身份危机，Kotler 以营销管理理论为基础，领导了一直持续到 20 世纪 80 年代以后的"营销观念拓展运动"（Kotler，2005），试图将微观的营销管理思想拓展到一些宏观的领域，如社会营销、地点（国家）营销等。营销观念拓展运动对于解决营销学科面临的学科身份危机确实贡献良多，它通过展现营销管理思想对于解决诸多微观与宏观非经济领域问题的潜力，有力地消除了公众和其他学科对微观导向营销思想的误解。然而，这些被拓展的领域及其所包含的研究主题却一直徘徊在主流营销社区的边缘，部分研究主题（如社会营销）逐渐融入宏观营销理论的范畴。

因此，营销学科完成再制度化过程以后，实际上呈现出微观导向的营销思想和理论居于绝对主导地位的状态，宏观导向的营销思想作为一个"非主流"的学派而存在于营销学科中，成为主流营销思想的一个不那么重要的补充。在对营销学科影响力的讨论中，有学者认为宏微观导向的营销思想过于失衡，使得主流营销学界几乎对重大的经济与社会议题缺乏关注，是营销学科影响力下降的主要原因（Reibstein，Day & Wind，2009）。如果营销学能够充分利用其在理论建构与研究方法等方面的优势对重大社会问题予以关注和研究，提高研究的社会相关性（social relevance），营销学科将会变得更为自信、更受尊重。这显然也是摆在营销社区面前的一个重要挑战。

## 9.2.5 营销与社会界面的弱化和重构

营销与社会界面的联系和弱化是与营销学科的再制度化过程紧密关联的。在向营销管理范式转换之前，以营销系统作为基本研究对象的营销学与社会界面的联系是十分紧密的。营销系统作为社会经济系统的一个子系统，不仅受到经济与社会环境的影响，也对经济与社会系统产生多样化的影响。营销与社会之间的相互影响构成了宏观营销理论的核心研究议题（Hunt，1981）。Wilkie 和 Moore（1999）系统地阐述了营销对社会的贡献，以及营销对社会可能产生的消极影响。他们从营销系统的角度认为营销对社会的贡献主要表现为对经济福利和经济发展的贡献、对消费者福利的贡献，以及对社会系统运行及其成员生活质量提升的贡献。当然，营销系统对社会也具有一些消极的影响，包括对社会文化与价值观的影响、对消费者权益的影响，以及对环境的影响等，这构成了对营销系统批评的主要方面（Wilkie & Moore，1999）。此外，作为社会经济系统的一个子系统，营销系统也是在社会经济大环境中运作的，诸如政府的立法与政策、经济发展阶段，以及社会文化与主流价值观等方面都会对营销系统的运作施加影响。

随着营销理论完成范式转换，将微观企业和消费者作为主要研究对象的营销管理理论对上述这些较为宏大的理论命题日益缺乏关注。虽然微观企业的营销活动也会与社会在交互界面上相互作用，但更多地反映在企业对外部环境要素的识别、诊断，并据此制定有效的营销战略方面。从某种程度上说，社会经济系统对企业营销活动的影响被纳入营销管理的基本理论框架中，而企业营销活动对社会经济系统的影响，则很少受到营销管理理论的关注。显然，这个问题留给了宏观营销理论。虽然宏观营销理论依然关注营销系统与社会的相互作用，但作为一个"非主流"的营销理论，其影响力几乎主要局限在宏观营销学术社区内。从主流营销理论的发展来看，营销与社会界面的联系被极大地弱化了。这使得主流营销学术研究几乎对重大的社会问题，如贫困、平等、公平等处于"失语"状态（Chandy et al.，2021），这也是造成营销学在诸多社会科学中缺乏影响力的重要原因（Reibstein，Day & Wind，2009）。因此，如何重构营销学与社会之间的紧密联系，提高主流营销学术社区对人类社会所共同关注的诸多重大议题解决方案的贡献是营销学术社区面对的一个重要议题。

## 9.3 去　向

基于营销思想发展当前所面临的上述问题，营销学术社区在努力对这些问题予以矫正，以引领营销学科走向一个更为"健康"的未来。然而，对于这些问题本身，营销学术社区的看法并不总是一致的，从这个角度来看，探讨问题本身及其对营销学科未来发展的影响也许比找到确定的方案和解决办法更有意义。也正因为如此，营销学未来的去向实际上充满着不确定性。

### 9.3.1 一般营销理论的建构

为了改变营销学科碎片化和知识"筒仓"的状态，一些学者强调加强综合性的一般营销理论的建构。通过一般营销理论框架的建构来整合各个分支领域的理论、方法与知识体系，有助于改变学科的知识"筒仓"状态，引导学科未来的发展方向，也有助于更好地研究和解决更加基础性及重大的营销问题（Hunt，Madhavaram & Hatfield，2022）。实际上，一般营销理论的建构在营销思想演进过程中始终都不是营销学术共同体关注的核心议题，这一点我们可以从营销思想演进过程中很清晰地看到。营销学术社区第一次对一般营销理论较为集中的关注是在20世纪40—50年代，以Alderson和Cox（1948）等为代表的营销学者曾倡导建立一般营销理论，并进行了具有创新意义的尝试。其中，Alderson（1957，1965）的经典著作对后续营销思想的产生具有广泛而深远的影响。营销学术社区对一般营销理论第二次较为集中的讨论是在20世纪70年代围绕着营销观念拓展运动展开的，以Kotler（1972）和Bagozzi（1974，1975，1978）等为代表的学者试图从"交换"概念入手发展一个一般的营销理论。虽然这一系列研究最初的目的可能是为营销观念的拓展提供一个一般的理论基础，但围绕交换展开的理论探讨一直持续到20世纪80年代，甚至形成了一个学派。然而，这两次较为集中的关注都没有成功建立一个为学界所广泛接受的一般营销理论框架。20世纪80年代以后，对一般营销理论建构的关注逐渐成为少数营销学者关注的议题，Hunt（2010b）提出的资源-优势理论、Vargo和Lusch（2004）提出的服务主导逻辑是其中具有代表性的理论。

对于营销学科的知识"筒仓"问题，是否（能否）通过建构一个整合性的理论框架来解决，学界存在不同的看法。Price（2022）认为，一门学科或一个研究领域的碎片化有其积极的一面，它有助于思想的创新和新思考方式的涌现。多元化的思想是促使研究领域碎片化的原因，同时也是研究创新与发展的重要驱动因素。因此，导致一门学科内部碎片化的关键要素恰恰是最为重要的科学问题往往得益于跨学科或交叉学科的研究。就社会科学而言，创新更多的时候或者更重要的创新都是在学科交叉地带实现的，这既是学科持续碎片化的原因，也是其结果（转引自 Price，2022）。Nenonen（2022）认为很难找到一个一般的理论框架来整合碎片化的营销知识"筒仓"，他建议营销学界将视角从理论转向现象。营销现象是外部导向（而非内部导向）的，关注对多元利益相关者（而不仅仅是企业）的价值创造，可以从多元理论的视角（包括营销学内生的理论和从其他学科借用的理论）来研究，但现象驱动研究的参照点使得不同视角的理论可以共存，甚至可以"相互授粉"，从而提升营销理论建构的水平。从这个角度来看，如何看待知识"筒仓"，以及是否有必要消除知识"筒仓"是值得更加深入和系统思考的问题。对于这个问题，营销学界还没有一个获得认同的答案。

### 9.3.2 强化"内生"营销理论建构

相较于对建构一般营销理论的看法，营销学术社区对建构内生营销理论的关注与讨论由来已久（Rust，2006；Frazier，2011），对强化内生营销理论建构的看法也是相对一致的。在这个问题上，营销学术社区的"危机感"是比较强的，如果营销学科继续从其他学科借用理论，那么它就会持续地滑向"与学术无关"的困境。营销学科的未来从根本上说取决于发展其自身的理论（Hunt，2018b）。为了强化内生营销理论的建构，营销学术社区在反思的基础上已经采取了行动，提出了若干具有可行性的建议和方案。

鉴于建构内生营销理论极具挑战性，Jaworski（2018）建议营销学者可以从检验理论式的研究转向发现内生营销概念的研究。当然，营销概念是营销理论的构成要素，营销学者可以将发现新的营销概念作为建构营销理论的一个步骤。在这个致力于发现新概念的过程中，Jaworski 进一步建议营销学者从当前正在被强化的数据挖掘（database mining）转向数据忽略（database ignorance），即可以暂时不考虑实证验证的问题，而是聚焦于具有理论意义的新概念的发现。与这种概念发现的思想类似，Zeithaml 等（2020）提出了更为系统的应用理论方法（theories-in-use approach）以指导内生营销理论的建构。这种方法的目的主要是建构新理论，尤其适用于对我们知之不多的问题和现象的探索。这种方法强调通过小样本的理论抽样和访谈、焦点小组座谈等方式收集定性数据,进而遵循从数据到理论的方法来生成新构念,并指导后续的实证研究。Hunt(2020b)提出了基本前提方法(foundational premises approach)以指导和引领内生营销理论的建构,并以服务主导逻辑理论的建构过程为案例详细地解析了这种方法在建构营销理论中的应用方案。

除这些行动指导方案以外,还有一些学者对营销学术社区的学术评价导向,尤其是旗舰期刊的评审制度改革提出了建议,用以促进内生营销理论的建构。Helkkula 和 Arnould(2022)认为营销过度依赖借用概念和理论的原因是营销社区缺乏对发现导向研究(discovery oriented research)的尊重。在学术期刊越来越强调严谨性和方法复杂性的导向下,开展发现导向研究的成本是非常高昂的。他们举了一个非常典型的例子:Vargo 和 Lusch(2004)关于服务主导逻辑的经典论文在 JM 经历了五年共四轮高风险的修改,评审过程共有六位审稿人和两位主编参与。显然,这样的评审过程所呈现的导向是很难鼓励发现新概念和建构新理论的研究的,这也是理论建构类论文在以 JM 为代表的高质量学术期刊上发表数量减少的重要原因(Yadav,2010)。因此,他们建议改进营销学术社区的学术评价标准,强化对理论发现和理论建构类研究的重视,而不是一味地强调对方法和技术的关注。

在另一个不同的方向上,Deshpandé(1999)和 Price(2022)认为,鉴于学科交叉对理论创新的重要意义,也许可以进一步鼓励营销学科的理论借用。就理论建构而言,学者们在建构理论的过程中要关注的一个核心问题是对营销问题的深刻检视,包括从不同利益相关者视角对这些问题的多元看法。在解决一些重要问题时,突破现有的理论边界、寻求新的理论视角是必需的,这也可能是建构营销内生理论的一条重要途径。

### 9.3.3 跨越理论与实践的"鸿沟"

营销学术研究偏离营销实践不仅是导致营销理论与实践之间的"鸿沟"日益宽广的原因(Lehmann,McAlister & Staelin,2011),也是营销学术影响力趋于下降的原因(Houston,2016)。如果营销学术研究继续偏离真实的营销世界,营销学术研究就会愈发关注微小而缺乏产生足够大影响力结果的研究,就会导致营销学科的影响力持续下降（van Heerde et al., 2021）。解决这一问题的基本路径就是保持与营销实践和营销真实世界的紧密联系，提高学术研究的现实相关性，这一点也是营销学术社区较为广泛的共识。

学术研究的重要性是通过研究结论对于解决某个既定利益相关者实际问题的有用性来体现的（Sridhar et al., 2023），这意味着学术研究的问题应该来自营销相关的现象和问题，而非来自文献。为了跨越营销理论与营销实践之间的"鸿沟"，营销学界首先需要改变内向思维模式（inward-looking mindset），进入真实的营销世界，做更多现象驱动的研究（Zeithaml et al., 2020; van Heerde, et al., 2021）。Jaworski（2018）建议营销学者进行两个转换：从办公室转向营销实践，从在文献阅读中寻找研究问题转向与营销管理者一起探索研究问题。这两个转换都要求营销学者摒弃从文献到文献的"闭门造车"式的学术研究，走向营销实践，与营销管理者互动，从营销实践中发现研究问题，做与实践真正相关的学术研究。这一观点得到了诸多学者的认同，van Heerde 等（2021）在 JM 主编评论中倡导营销学界保持与营销真实世界（"real world" of marketing）更紧密的关系，走进营销活动、营销生态系统，以及市场的原始发生地（natural habitat），以此提高营销研究的"生态价值"（ecological value）——研究能够反映营销在利益相关者和营销生态系统中的存在及演化。他们提出了包括 24 个条目的现实检查（reality check）清单，用以引导营销学者做真正与营销真实世界相关、具有生态价值的研究。

除这些倡议以外，营销学术社区的行动也是切实的。如 JM 与营销科学研究院自 20 世纪 90 年代起不定期地合作推出专刊，这些以营销科学研究院发布的营销经理最为关心的营销问题为基础的专刊有力地促进了学界与业界的联系，是弥合营销实践与学术研究之间鸿沟的重要举措（Deshpandé, 1999; Kumar, Keller & Lemon, 2016; Deighton, Mela & Moorman, 2021）。在一些领军学者的倡议下，致力于整合营销理论与实践，为二者之间的互动搭建平台的"营销理论+实践会议"（Theory + Practice in Marketing Conference）于 2011 年在哥伦比亚大学召开首届会议，并持续举办，会议的优秀论文也以专刊的形式在 JM 上发表（Kumar, 2017）。

营销领军学者以旗舰期刊为平台的这一系列举措无疑释放了强烈的信号：

营销学术共同体希望持续地加强与营销业界的联系，提高营销学术研究的现实相关性。当然，学术与实践之间的鸿沟并不是依靠几份专刊或几次学术会议就能够轻易填平的，而是需要营销学术社区以及营销业界的专业人员持续地努力与协作。

### 9.3.4 "为了更好的世界而更好地营销"

营销如何能够更好地影响和服务社会一直都是宏观营销理论所关注的主题（Hunt, Hass & Manis, 2021），然而，这个主题始终没能成为营销学界关注的核心议题（Chandy et al., 2021）。早在20世纪70年代初，营销学的旗舰期刊JM就出版了一期专刊《营销改变社会/环境的作用》（*Marketing's Changing Social/Environmental Role*），探讨营销学研究的社会相关性问题（Dawson, 1971; Kelley, 1971）。与科特勒提出的将营销管理框架应用于社会事务的社会营销观点不同，营销研究的社会相关性是强调营销学研究在解决诸如环境污染、贫困等重大社会议题中的贡献。然而，自营销学完成管理范式的转换以后，企业利润与消费者行为似乎成为营销学研究最为关注的核心议题，对重大社会问题的关切无法进入学科的核心视野（Chandy et al., 2021）。如Kelley（1971）所言，利润一直都是企业生存最为基本的要素，但是如今（指20世纪70年代初）企业所面对的主要挑战是如何满足环境变化所带来的社会需求。然而，50年之后，Chandy等（2021）在JM专刊《为了更好的世界而更好地营销》（*Better Marketing for a Better World*）的主编评论中写道，"我们相信我们对营销在'改善'和'伤害'我们的世界方面的作用仍然知之甚少"（p. 1）。

Chandy等（2021）倡议营销学界更多地关注营销与社会相互作用这个界面，虽然这是几十年前宏观营销在确立其核心范畴时就已经确立的主题（Hunt, 1981）。在这个界面上，营销学不仅要关注社会对营销的影响，更要关注营销可能会对社会产生的积极或消极影响。Chandy等（2021）以营销对企业和世界的影响——是否对企业具有长期积极影响与是否对世界具有长期积极影响——为基本维度构建了一个2×2的矩阵，并据此将营销对两个层面的影响分成了四类。第一类是"企业与世界的双输（lose-lose）"结果，即营销对企业和世界都没有长期的积极影响。在这种情况下，研究的核心议题是如何避免营销活动的近视症。第二类是"企业与世界的赢-输（win-lose）"结果，即营销活动对企业具有长期的积极影响，而对世界则没有。显然，在这种情况下，研究的核心议题是如何避免营销对世界的"阴暗面"（dark side）。实际上，这类问题在现实中是广泛存在的。第三类是"企业与世界的输-赢（lose-win）"结果，即营销对世界具有长期的积极影响，而对企业则没有。这种情况下的核心研究议题是如何在财务不可持续的情况下能够让对世界产生积极影响的营销活动持续下去。最后一类是"企业与世界的双赢（win-win）"结果，即营销对企业和世界都具有长期的积极影响。这显然是一个最为理想的状态，此类情况下的核心研究议题是如何赋能营销活动，使其能够对多元利益相关者产生持续的积极影响。

在营销与社会的这个界面上，社会环境的变化对营销活动的影响早已被内化为营销管理范式的一个基本观点——企业（消费者）的营销决策是在环境要素的影响和约束下做出的。然而，关于营销如何影响社会、营销对社会产生了怎样的影响等问题确实是学界缺乏关注的。而只要我们对身边的营销现象加以关注，就不难发现我们所习惯的企业的微观营销活动，实际上对我们的社会产生了非常大的影响。比如，企业产品开发与包装对诸如能源消耗、环境污染、社会公共卫生等方面的影响，企业的产品开发与营销传播等活动对消费者尤其是青少年的（消费）价值观、社会主流文化等方面的影响，大量网络营销和购买产生的包装等资源浪费、社会公共空间的拥挤和浪费问题，等等。Chandy 等（2021）的分类虽然简洁，但其确实为习惯了从微观视角（企业）出发寻找研究选题的营销学者提供了一个非常具有操作性的思考框架。显然，上述四类研究主题都可以进入营销学术研究的核心领域，其中的关键是营销学者需要更多地从"更好的世界"的角度来思考营销问题。加强对"为了更好的世界而更好地营销"议题的关注，不仅可以矫正营销学科微观与宏观视角的失衡问题，更有助于提升营销学科在社会科学领域的地位。

### 9.3.5 拥抱科技新世界

如果说 20 世纪 90 年代初学者们对信息技术和数据对于营销学科发展的影响是一种预见的话（Silk, 1993），那么在进入 21 世纪的二十余年中，技术和数字革命正在越来越有力地重塑营销实践、消费者行为、竞争机制，也对社会变革提出了新的挑战（Lamberton & Stephen，2016；Kumar，2018）。尤其是在技术的驱动下，营销实践变化的速度已经比学术研究的跟进更快，快速发展的人工智能、物联网、大数据、共享经济、社交媒体、影响者营销及对消费者隐私的关注等正在对营销研究产生新知识的速度，以及营销如何贡献于一个更好的世界提出挑战（Moorman et al.，2019）。

一般而言，科技进步对营销学术的影响主要来自两个方面：一个方面是技术进步会通过改变或重塑营销实践的方式来为营销学术研究提供新的问题；另一个方面则是技术会直接影响和改变研究工作的运行方式（Rust，2006）。Hoffman等（2022）将新技术对营销的影响归结为四个方面。第一，新技术为消费者与企业之间新形式的互动提供了支持。这里所指的消费者与企业之间的互动包括消费者之间（consumer-to-consumer）、消费者与企业之间（consumer-to-firm）、企业与消费者之间（firm-to-consumer），以及企业之间（firm-to-firm）的互动。第二，新技术为研究者提供了新的数据和新的分析方法。显然，无论数据的类型还是数据的体量都随着信息技术的发展而迅速变化，这些可以获得的各种类型的大数据加上新的分析技术，使得营销学者可以拥有更强的数据分析能力。第三，新技术为营销实践创新提供了新的营销工具和技术。诸如人工智能、增强现实等技术的发展，使得传统的营销方式正在发生翻天覆地的变化。第四，新技术使得建立新的战略营销框架成为可能。此外，新技术也正在从根本上改变营销决策的过程模型（Hoffman et al.，2022）。随着技术推动的各类大数据质量、体量与丰富性的提升，以及更新、更好的分析方法的出现，无论是企业还是消费者都可以做出更快、更好的决策。在新技术驱动的营销变革，尤其是在数据丰富的营销环境中，企业开展有效营销活动所依赖的资源（如顾客信息资产）、能力（如顾客信息分析能力）和知识（如顾客知识）都在发生变化（Kumar，2015；Varadarajan，2018），这些变化不仅对企业营销管理构成了挑战，对营销研究更是提出了新的要求和挑战。

为了应对这种挑战，领军学者们提醒营销学界，营销学应当避免落入库恩（2003）所称的"常规科学"（normal science）陷阱——局限于当前的理论边界内，而应当努力挑战常规营销理论的边界，拥抱科技新世界，促进营销理论的创新和知识边界的拓展（Moorman et al., 2019）。从这个角度来看，拥抱科技新世界不仅是面对新技术、新现象和新问题的挑战，更是营销学界拓展理论边界、建构新理论的机遇。但如前所述，营销学界在拥抱科技新世界的过程中，似乎依然需要在理论建构与借用、技术方法与概念等方面做好平衡。

### 9.3.6 培育面向未来的营销学者队伍

博士研究生培养被视为营销学科的"阿喀琉斯之踵"（Clark, Key & Azab, 2022），因为一个学科的自我繁衍主要是通过博士研究生培养实现的，博士研究生培养的方式和质量直接决定了一个学科下一代学者的状态。从最基本的角度来看，要实现学科健康、持续的自我发展，一个学科所培养出来的博士研究生必须了解其学科的理论、方法和思想史等方面的内容。很难想象缺乏上述训练和知识背景的博士研究生如何能够产生对学科的身份认同，如何能够正确、深入地思考学科所面临的问题，以及如何将学科推向新的发展方向和高度。

然而，营销学科当前的博士研究生项目可能恰恰处于这种比较尴尬的境地——越来越多的营销学博士只有一个博士学位是营销学的（本科或硕士往往都是非营销或管理专业的），并且这个博士研究生的培养过程只有很少的课程直接与营销相关（Yadav, 2020; Hunt, Madhavaram & Hatfield, 2022），博士研究生缺乏对营销学理论、思想史等内容系统深入的学习。Yadav（2020）不无忧虑地指出，营销学博士研究生课程表被大量非营销（非管理）的课程，主要是研究方法、经济学或其他社会科学的课程占据，很多博研究士生项目的课程表中只包含一门营销专业课程。当营销专业的博士研究生课程表被非营销专业课程占据时，不仅对博士研究生深入思考营销问题的学术能力和兴趣是巨大的伤害，对营销学博士研究生培养质量以及营销学科健康发展的影响也是巨大的。

营销学科去制度化的过程和结果与这一问题是相互关联的。营销知识"筒仓"的形成让处于各个专业"筒仓"领域的博士研究生只关注其所在专业领域的文献、理论与方法，而缺乏对营销学科知识体系全局的了解。如此，营销学博士研究生的知识结构和方法虽然能够实现"精深",却很难避开"坐井观天"的偏误。这些博士研究生是未来营销学教学与研究的主力,很难想象当他们走上讲台以营销学教授的身份向下一代学生传授营销知识时,经过百余年时间发展而来的营销思想和知识体系如何能够得到有效的传授与继承。此外,如同 Wilkie 和 Moore（2003）所指出的那样,处于"筒仓"深井中的营销学博士研究生们,自我标识与认同的学术标签更可能是他们所熟知的"筒仓"标签,而营销学者这个标签对于他们的意义则可能是无所谓的。经历这样的培养过程的未来一代营销学者,如何对营销学科产生认同感和责任感是存疑的。因此,营销学科去制度化的过程强化了营销学博士研究生培养项目所呈现的问题,而这样的博士研究生项目培养出来的下一代营销学者又会进一步强化这个去制度化和主流碎片化的过程。

因此,学者们都在呼吁要优化和改进当前的营销学博士研究生培养项目,增大营销学博士研究生课程中营销理论、方法和思想史知识的比重,要让学生在学习过程中有机会深入地浸润到营销学科的思想和知识体系中（Jones & Shaw, 2018; Clark, Key & Azab, 2022）。通过强化一般营销理论和思想史的学习,营销学博士研究生有望在博士学习期间建立对营销学科知识体系更为系统和全局性的认知及视野,这无论是对打破专业领域"筒仓"的区隔,还是对建立未来一代营销学者对于共同的营销学科、营销学术社区的认同感和使命感都具有重要意义。"向营销学博士研究生的课程表中增加营销的内容"（Yadav, 2020：56）,这真是一个无比尴尬的建议。但唯有如此,营销学科才能在学者之间实现健康的自我繁衍,并把营销学科带往一个光明的未来（Hunt, 2020a）。

本节讨论的问题主要是基于一般的营销学术社区,而并没有特意关注中国的状况。实际上,随着中国营销教育和学术与世界接轨的完成,本节讨论的诸多问题在中国营销学界和营销学教育中也都广泛地存在。对于中国营销学者而言,除对一般的营销学术社区所面对的这些问题负有思考和解决的责任以外,更大的责任在于如何结合中国实践通过高质量的营销教育和学术为中国现代化的进程贡献力量,以及如何为世界一般营销思想的发展贡献更多的中国智慧。

思考题：

1. 从学科制度化的角度看，现代营销思想的发展经历了哪几个阶段？
2. 现代营销思想和营销学科的发展面临的主要挑战有哪些？
3. 如何看待营销思想去制度化过程对营销学科未来发展的影响？
4. 如何平衡微观导向和宏观导向的营销思想发展？
5. 如何弥合营销实践与学术之间的鸿沟？
6. 当代科技的发展为营销思想的发展带来了哪些机遇与挑战？
7. 如何看待营销学博士研究生培养项目对营销学科未来发展的影响？

# 附录 1 营销学先驱

本附录列出了 42 位营销学先驱及其主要贡献,这些内容作为本书正文部分内容的补充,可以更全面地展示早期营销思想的发展状况。本附录名单主要参考了 4 篇重要的文献:Converse(1959a)列出的 20 人名单;Bartels(1962)附录 A 中列出的 18 人名单;*Journal of Marketing* 传记委员会遴选的 24 人名单,以及 Jones(2012)[①] 列出的 8 人名单。其中,Converse 的遴选标准是 1925 年之前至少有一篇公开发表的文献对营销思想做出了贡献。Bartels 的名单并未说明遴选标准,其对所列出学者的思想贡献的阐述主要来自他与这些学者于 1940—1941 年的通信,他请这些学者回忆并阐述他们在营销思想早期发展过程中受到的影响以及他们对营销思想发展的贡献与看法。*Journal of Marketing* 传记委员会成员由 7 位资深营销学者组成,由 Perry Bliss 担任主席,意在遴选并致敬那些在早期营销思想发展过程中做出重要贡献的学者。这一系列传记于 1956—1961 年在 *Journal of Marketing* 上陆续发表。在该委员会列出的 24 人中,我们排除了 Edward A. Filene 和 Lincoln Filene 兄弟,以及 Stanley Resor,因为他们并不是学者。作为企业家,前者的主要贡献是在他们经营的零售店中进行的一系列创新(Bloomfield,1959),后者的贡献则是在广告行业(Wood,1961)。我们也排除了 Jones(2012)名单中的 David D. Monieson(1927—2008)和 William R. Davidson(1919—2012),因为他们的主要贡献是在 20 世纪 50 年代以后做出的。由于不同来源的名单难免存在交叉与重叠,我们在附表 1-1 中及表格下方注明了学者名单的来源。表格中的营销学者按照姓氏首字母顺序排列。我们也在附表 1-1 中列出了相关学者生平与学术贡献的主要文献来源,供有兴趣的读者参考。

---

[①] 该书第 4 页给出了一个早期营销学者师承关系的谱系图,感兴趣的读者可以参阅。

附表 1-1　营销学先驱信息一览表

| 学者 | 主要贡献 | 相关文献来源 |
| --- | --- | --- |
| Hugh E. Agnew[1,2]（1875—1955） | 他的主要贡献是在广告领域，尤其是在广告媒体的测量方面，他所著的 Advertising Media—How to Weigh and Measure（1932）是这一领域的先驱性著作；他是 1915 年全国广告教师学会的创始成员，并在 1936 年担任美国市场营销学会前身全国营销教师学会的主席 | McKeon（1960） |
| Theodore N. Beckman[2,4]（1895—1973） | 他的主要贡献包括三个方面：一是对信贷研究的贡献，代表性著作是 Credits and Collections（1924）；二是对批发领域的贡献，代表性著作是 Wholesaling（1926）；三是对一般营销理论的贡献，他与 Maynard 和 Weidler 合著的 Principles of Marketing（1927）是营销学原理时代影响力最大的教科书 | Jones（2012） |
| Neil H. Borden[2]（1895—1980） | 他的早期贡献主要是在广告领域，代表性著作是哈佛商学院的案例系列 Problems in Advertising（1927） | Bartels（1951b，1962） |
| Ralph F. Breyer[2]（生卒年不详） | 他的主要贡献是早期一般营销理论的发展，代表性著作是 Commodity Marketing（1931）和 Marketing Institution（1934） | Bartels（1962） |
| Norris A. Brisco[1]（1875—1944） | 他的主要贡献是在零售领域，尤其是在零售人员培训教育方面，代表性著作是 Retailing（1935） | Wingate（1960） |
| Ralph Starr Butler[1,2,3]（1882—1971） | 他的主要贡献是被认为最早在教科书的标题中使用了"marketing"一词，使得"marketing"逐渐替代了早期使用的"distribution"等专业术语；Marketing Methods and Salesmanship（1914），以及后续修订的 Marketing Method（1917）是其代表性著作 | Wood（1961）Converse（1959a） |
| Earnest E. Calkins[3]（1868—1964） | 他是广告领域的先驱之一，代表性著作是与 Ralph Holden 合著的 Modern Advertising（1905） | Converse（1959a） |

(续表)

| 学者 | 主要贡献 | 相关文献来源 |
| --- | --- | --- |
| Paul T. Cherington[1,3]<br>(1876—1943) | 他所著的 *Advertising as a Business Force*（1913）是最早的广告（营销）学教材之一；他所著的 *The Elements of Marketing*（1920）是最早采用功能分析方法写作的营销学教材之一；他讲授了哈佛商学院最早的营销学课程 | Crossley（1956）<br>Converse（1959a） |
| Fred E. Clark[1,2,3]<br>(1890—1948) | 他所著的 *Principles of Marketing*（1922）是最早出版的营销学原理教科书之一；他与 Weld 合著的 *Marketing Agricultural Products in the United States*（1932）是最被广泛采用的农产品营销教科书之一 | Clewett（1957）<br>Converse（1959a） |
| N. H. Comish[2]<br>(生卒年不详) | 他的主要贡献是在农产品营销领域，代表性著作是 *The Cooperative Marketing of Agricultural Products*（1929） | Bartels<br>(1951b, 1962) |
| P. D. Converse[1,2]<br>(1889—?) | 他所著的 *Marketing Methods and Policies*（1921）是最早出版的对早期营销学知识进行整合的教材之一；他是较早对营销思想史和营销实践史进行系统研究的学者（Converse，1959a，1959b）；他是早期推动建立美国市场营销学会前身营销学术社团的核心成员之一，1946年，美国市场营销学会以他的名字设立了 Paul D. Converse Award，用以奖励对营销思想发展做出杰出贡献的学者 | Huegy（1958） |
| Melvin T. Copeland[1,2,3]<br>(1884—1975) | 他所著的 *Marketing Problems*（1920）是最早出版的哈佛商学院的案例书；在 *Principles of Merchandising*（1924）一书中他做出了对营销思想最杰出的贡献——对消费品和工业品的分类以及对消费者购买动机的细致研究；他是哈佛企业研究所的第二任主任，对案例采编与教学做出了重要贡献 | McNair（1957）<br>Converse（1959a） |
| Archer W. Douglas[3]<br>(1858—1935) | 他的主要贡献是早期一般营销理论，代表性著作是 *Merchandising*（1918） | Converse（1959a） |

（续表）

| 学者 | 主要贡献 | 相关文献来源 |
| --- | --- | --- |
| C. S. Duncan[2,3]<br>（1878—?） | 他的主要贡献是早期一般营销理论；他所著的 *Marketing: Its Problems and Methods*（1920）是营销学原理时代最早出版的著作之一 | Converse（1959a） |
| Henry E. Erdman[1]<br>（1884—1977） | 他的主要贡献是在农产品营销领域，两本代表性著作是 *The Marketing of Whole Milk*（1921）和 *American Produce Markets*（1928） | Mehren（1960） |
| J. George Frederick[3]<br>（1882—1964） | 他的主要贡献是在销售管理领域，代表性著作是 *Modern Sales Management*（1919） | Converse（1959a） |
| S. Roland Hall[3]<br>（1876—1952） | 他的主要贡献是在广告和销售管理领域，其贡献主要体现在写作了一系列适用于20世纪早期函授教育的教材 | Converse（1959a） |
| B. H. Hibbard[1,2]<br>（1870—1955） | 他的主要贡献集中在农产品营销领域，是威斯康星大学农业经济学系早期的核心教授之一；他在美国大学中最早开设了"合作社与营销"课程，代表性著作是 *Marketing Agricultural Products*（1921） | Erdman（1959） |
| George B. Hotchkiss[1,4]<br>（1884—1953） | 他的主要贡献是在广告领域，尤其是在文本写作方面，*Advertising Copy*（1924）是这一领域杰出的代表性著作；他也是最早对营销思想史进行研究的学者之一，*Milestones of Marketing*（1938）是其在这一领域的代表性著作 | Lucas（1961）<br>Jones（2012） |
| Edward D. Jones[4]<br>（1870—1944） | 他开设了营销思想史上第一门营销学课程"美国的分销与规制产业"（1902） | Jones（2012） |
| Simon Litman[4]<br>（1873—1965） | 他开设了最早的营销学课程之一"贸易与商业技术"（1902） | Jones（2012） |
| Leverett S. Lyon[1]<br>（1885—1959） | 他参与创立了美国市场营销学会前身全国营销与广告教师学会，并于1933年担任主席；主要学术贡献是在销售管理和广告领域 | Engle（1959） |
| Theodore Macklin[2]<br>（生卒年不详） | 他的主要贡献是在农产品营销领域，代表性著作是 *Efficient Marketing for Agriculture*（1921） | Bartels<br>（1951b, 1962） |

（续表）

| 学者 | 主要贡献 | 相关文献来源 |
| --- | --- | --- |
| H. H. Maynard[1,2]<br>（1889—1957） | 他的早期贡献主要集中在农产品营销领域，他与 Weidler 和 Beckman 合著的 *Principles of Marketing*（1927）是营销学原理时代最有影响力的教科书 | Beckman（1959） |
| W. D. Moriarty[3]<br>（1877—1936） | 他的主要贡献是在一般营销理论和广告领域，尤其是从经济学视角对营销和广告进行分析，其代表性著作是 *Economics of Marketing and Advertising*（1923） | Converse（1959a） |
| Edwin G. Nourse[1]<br>（1883—1974） | 他的主要贡献是在农产品营销领域，*Chicago Produce Market*（1918）是其在这一领域的代表性著作，以一个重要的市场为研究对象探索了市场的运行机制及其对农民与城市居民的影响 | Grether（1958） |
| Paul H. Nystrom[1,2,3]<br>（1878—1969） | 他的主要贡献是在零售领域，*Economics of Retailing*（1915）是这一领域里程碑式的著作，对零售运营与管理做了细致的分析，该书第三版于1930年出版，被称为"零售宝典" | Duncan（1957）<br>Converse（1959a） |
| Charles C. Parlin[1,3]<br>（1872—1942） | 他是市场研究和广告领域的先驱；他的主要贡献是基于消费者购买行为对百货店商品的分类：便利品、选购品和应急品；"消费者为王"是他对消费者在营销活动中角色认知的核心思想 | Alderson（1956）<br>Converse（1959a） |
| Frederick A. Russell[3]<br>（1886—?） | 他的主要贡献是在销售管理领域，他所著的 *The Management of the Sales Organization*（1922）和 *Salesmanship*（1924）是销售管理领域的早期代表性著作 | Converse（1959a） |
| Wheeler Sammons[3]<br>（1889—1956） | 他的主要贡献是在零售领域，尤其是零售成本管理方面，其代表性著作是 *Keeping Up with Rising Costs*（1915） | Converse（1959a） |
| Walter D. Scott[1,3]<br>（1869—1955） | 他的主要贡献是在广告领域，是广告心理学的先驱，其代表性著作是 *The Theory of Advertising*（1903）和 *Psychology of Advertising*（1908） | Sandage（1961）<br>Converse（1959a） |

(续表)

| 学者 | 主要贡献 | 相关文献来源 |
| --- | --- | --- |
| Horace Secrist[3]<br>(1881—1943) | 他的主要贡献是在零售领域,作为一名统计学者,他主要基于零售运营统计数据来对零售运营成本进行分析;其代表性著作是 *Cost, Merchandising Practices, Advertising, and Sales in Retail Distribution of Clothing*(共5卷,1921) | Converse(1959a) |
| Arch W. Shaw[1,2,3]<br>(1876—1962) | 他所写的"Some Problems in Market Distribution"(1912)是最早发表的关于营销功能的学术文献,他对营销功能的分类奠定了营销功能分析的基础 | Copeland(1958)<br>Converse(1959a) |
| Daniel Starch[1,3]<br>(1883—1979) | 他是广告领域的先驱,尤其是从心理学的角度研究广告的先驱;*Advertising: Its Principles, Practice, and Techniques*(1914)和 *Principles of Advertising*(1923)是他的代表性著作,也是早期广告领域的引领性著作 | Borden(1957)<br>Converse(1959a) |
| W. H. S. Stevens[3]<br>(1885—?) | 他的主要贡献是在市场竞争领域,代表性著作是 *Unfair Competition*(1917) | Converse(1959a) |
| Henry C. Taylor[4]<br>(1873—1969) | 他是农业经济学和农产品营销领域的奠基性学者之一;他于1908年担任威斯康星大学在全美建立的第一个农业经济学系的系主任,极大地推动了农产品营销研究和教育的早期发展 | Jones(2012) |
| Harry R. Tosdal[1]<br>(1889—1978) | 他的主要贡献是在销售管理领域,*Problems in Sales Management*(1921)和 *Principles of Personal Selling*(1925)是其在该领域的代表性著作,尤其后者是最早对销售管理进行学术分析的著作 | Cunningham(1958) |
| Roland S. Vaile[1,2]<br>(1889—1970) | 他的主要贡献是对营销问题的经济学分析,包括农产品营销、广告和营销系统;他所著的 *Economics of Advertising*(1927)是最早整合理论与实证分析的广告学著作;他是 *Journal of Marketing* 的首任主编(1937—1941);他也是最早倡导建构营销理论的学者之一 | Grether(1956) |

(续表)

| 学者 | 主要贡献 | 相关文献来源 |
| --- | --- | --- |
| W. C. Weidler[2]<br>(生卒年不详) | 他的主要贡献是在一般营销理论领域；他与 Beckman 和 Maynard 合著的 *Principles of Marketing*（1927）是营销学原理时代影响最大的教材 | Bartels<br>(1951b, 1962) |
| Percival White[4]<br>(1887—1970) | 他的主要贡献是在市场研究领域，被认为是最早将科学管理原理应用于营销的人；他的代表性著作 *Market Analysis*（1921）是最早对市场研究进行分析的专业性著作之一 | Jones（2012） |
| L. D. H. Weld[1,2,3]<br>(1882—1946) | 他的杰出贡献主要有两个：一是 *The Marketing of Farm Products*（1916），该书是最早的农产品营销教材之一，对农产品营销教学产生了重要影响；二是"Marketing Functions and Mercantile Organizations"（1917），是继 Shaw（1912）之后对营销功能理论做出重要贡献的研究 | Cowan（1960）<br>Converse（1959a） |

注：1 *Journal of Marketing* 传记委员会名单中的学者。
2 Bartels（1962）名单中的学者。
3 Converse（1959a）名单中的学者。
4 Jones（2012）名单中的学者。

# 附录 2　营销思想史研究重要参考文献

本附录包括 30 篇一般营销思想史研究的重要文献，可配合"营销思想史"相关课程教学使用，也可供对营销思想史研究有兴趣的读者参考。

Bartels, Robert (1951), "Influences on the Development of Marketing Thought, 1900-1923", *Journal of Marketing*, 16 (1): 1-17.

Bartles, Robert (1962), *The Development of Marketing Thought*. Homewood, IL: Richard D. Irwin, Inc.

Bartles, Robert (1976), *The History of Marketing Thought* (2nd ed.). Columbus, OH: Grid.

Bartles, Robert (1988), *The History of Marketing Thought* (3rd ed.). Columbus, OH: Publishing Horizons.

Converse, P. D. (1959), *The Beginning of Marketing Thought in the United States: With Reminiscences of Some of the Pioneer Marketing Scholars*. Texas: Bureau of Business Research, University of Texas.

Coolsen, Frank G. (1960), *Marketing Thought in the United States in the Late Nineteenth Century*. Lubbock, TX: The Texas Tech Press.

Dixon, Donald F. (1999), "Some Late Nineteenth-Century Antecedents of Marketing Theory", *Journal of Macromarketing*, 19 (2): 115-125.

Hollander, Stanley C., Kathleen M. Rassuli, D. G. Brian Jones et al. (2005), "Periodization in Marketing History", *Journal of Macromarketing*, 25 (1): 32-41.

Hotchkiss, George Burton (1938), *Milestones of Marketing*. New York: Macmillan.

Hunt, Shelby D. (2018), "Advancing Marketing Strategy in the Marketing Discipline and Beyond: From Promise, to Neglect, to Prominence, to Fragment (to Promise?)", *Journal of Marketing Management*, 34 (1-2): 16-51.

Hunt, Shelby D. (2020), "For Re-institutionalizing the Marketing Discipline in Era V", *AMS Review*, 10 (3): 189-198.

Hunt, Shelby D., Ashley Hass, and Kerry T. Manis (2021), "The Five Stages of the Macromarketing Field of Study: From Raison D'etre to Field of Significant Promise", *Journal of Macromarketing*, 41 (1): 10-24.

Hunt, Shelby D., Sreedhar Madhavaram, and Hunter N. Hatfield (2022), "The Marketing Discipline's Troubled Trajectory: The Manifesto Conversation, Candidates for Central Focus, and Prognosis for Renewal", *AMS Review*, 12 (3): 139-156.

Jones, D. G. Brian (2012), *Pioneers in Marketing: A Collection of Biographical Essays*. New York: Routledge.

Jones, D. G. Brian and David D. Monieson (1990a), "Historical Research in Marketing: Retrospect and Prospect", *Journal of the Academy of Marketing Science*, 18 (4): 269-278.

Jones, D. G. Brian and David D. Monieson (1990b), "Early Development of the Philosophy of Marketing Thought", *Journal of Marketing*, 54 (1): 102-113.

Jones, D. G. Brian and Mark Tadajewski (2017), *Foundations of Marketing Thought: The Influence of the German Historical School*. London: Routledge.

Savitt, Ronald (1980), "Historical Research in Marketing", *Journal of Marketing*, 44 (4): 52-58.

Shaw, Eric H. and D. G. Brian Jones (2005), "A History of Schools of Marketing Thought", *Marketing Theory*, 5 (3): 239-281.

Shaw, Eric H. and Robert D. Tamilia (2001), "Robert Bartels and the History of Marketing Thought", *Journal of Macromarketing*, 21 (2): 156-163.

Sheth, Jagdish N., David M. Gardner, and Dennis E. Garrett (1988), *Marketing Theory: Evolution and Evaluation*. New York: John Wiley & Sons.

Tadajewski, Mark (2006), "The Ordering of Marketing Theory: The Influence of McCarthyism and the Cold War", *Marketing Theory*, 6 (2): 163-199.

Tadajewski, Mark and D. G. Brian Jones (2008), *History of Marketing Thought*,

Volume Ⅰ-Ⅲ. Thousand Oaks, CA: Sage Publications Inc.

Tadajewski, Mark and D. G. Brian Jones (2014), "Historical Research in Marketing Theory and Practice: A Review Essay", *Journal of Marketing Management*, 30 (11-12): 1239-1291.

Usui, Kazuo (2008), *The Development of Marketing Management: The Case of the USA c. 1910-1940*. Burlington: Ashgate Publishing Company.

Wilkie, William L. and Elizabeth S. Moore (2003), "Scholarly Research in Marketing: Exploring the '4 Eras' of Thought Development", *Journal of Public Policy & Marketing*, 22 (2): 116-146.

Wilkie, William L. and Elizabeth S. Moore (2006), "Macromarketing as a Pillar of Marketing Thought", *Journal of Macromarketing*, 26 (2): 224-232.

Winer, Russell S. and Scott A. Neslin (2014), *The History of Marketing Science*. Singapore: World Scientific Publishing Co.

Witkowski, Terrence H. (2010), "The Marketing Discipline Comes of Age, 1934-1936", *Journal of Historical Research in Marketing*, 2 (4): 370-396.

Witkowski, Terrence H. and D. G. Brian Jones (2016), "Historical Research in Marketing: Literature, Knowledge, and Disciplinary Status", *Information & Culture*, 51 (3): 399-418.

# 附录3 一般营销理论重要参考文献

本附录包括21篇一般营销理论研究的重要文献，可配合"经典营销文献选读""营销思想史"等相关课程教学使用，也可供对一般营销理论研究有兴趣的读者参考。为了展现营销理论发展的轨迹，文献按时间顺序排列。

Shaw, A. W. (1912), "Some Problems in Market Distribution", *Quarterly Journal of Economics*, 26 (4): 703-765.

Weld, L. D. H. (1917), "Marketing Functions and Mercantile Organization", *American Economic Review*, 7 (2): 306-318.

Alderson, Wroe (1937), "A Marketing View of Competition", *Journal of Marketing*, 1 (3): 189-190.

Alderson, Wroe and Reavis Cox (1948), "Towards a Theory of Marketing", *Journal of Marketing*, 13 (2): 137-152.

Bartels, Robert (1951), "Can Marketing Be a Science?", *Journal of Marketing*, 15 (3): 319-328.

Alderson, Wroe (1957), *Marketing Behavior and Executive Action: A Functionalism Approach to Marketing Theory*. Homewood, IL: Richard D. Irwin Inc.

Keith, Robert J. (1960), "The Marketing Revolution", *Journal of Marketing*, 24 (3): 35-38.

Levitt, Theodore (1960), "Marketing Myopia", *Harvard Business Review*, 38 (4): 45-56.

Borden, Neil H. (1964), "The Concept of Marketing Mix", *Journal of Advertising Research*, 2: 7-12.

Alderson, Wroe and Miles W. Martin (1965), "Towards a Theory of Marketing", *Journal of Marketing Research*, 2 (2): 117-127.

Bartles, Robert (1968), "The General Theory of Marketing", *Journal of Mar-

*keting*, 32 (1): 29-33.

Kotler, Philip and Sidney J. Levy (1969), "Broadening the Concept of Marketing", *Journal of Marketing*, 33 (1): 10-15.

Kotler, Philip (1972), "A Generic Concept of Marketing", *Journal of Marketing*, 36 (2): 46-54.

Bagozzi, Richard P. (1975), "Marketing as Exchange", *Journal of Marketing*, 39 (4): 32-39.

Hunt, Shelby D. (1976a), "The Nature and Scope of Marketing", *Journal of Marketing*, 40 (3): 17-28.

Hunt, Shelby D. (1976b), *Marketing Theory: Conceptual Foundations of Research in Marketing*. Columbus, OH: Grid.①

Hunt, Shelby D. (1983), "General Theories and the Fundamental Explananda of Marketing", *Journal of Marketing*, 47 (4): 9-17.

Houston, Franklin and Jule B. Gassenheimer (1987), "Marketing and Exchange", *Journal of Marketing*, 51 (4): 3-18.

Fullerton, Ronald A. (1988), "How Modern is Modern Marketing? Marketing's Evolution and the Myth of the 'Production Era'", *Journal of Marketing*, 52 (1): 108-125.

Grönroos, Christian (1994), "From Marketing Mix to Relationship Marketing: Towards a Paradigm Shift in Marketing", *Management Decision*, 32 (2): 4-20.

Hunt, Shelby D. (2003), *Controversy in Marketing Theory: For Reason, Realism, Truth, and Objectivity*. New York: Routledge.②

---

① 此书第二版为 Hunt, Shelby D. (1983), *Marketing Theory: The Philosophy of Marketing Science*. Homewood, IL: Irwin, Inc.; 第三版为 Hunt, Shelby D. (1991), *Modern Marketing Theory: Critical Issues in the Philosophy of Marketing Science*. Cincinnati, OH: South-Western Publishing; 第四版为 Hunt, Shelby D. (2002), *Foundations of Marketing Theory: Toward a General Theory of Marketing*. New York: Routledge。

② 此书是 Hunt (2002) 关于营销理论基础的"姊妹篇",集中探讨营销理论中的科学哲学问题。上海财经大学的陈启杰教授领衔翻译了这两本书,中文版文献信息如下:〔美〕谢尔比·D. 亨特:《市场营销理论基础——市场营销学的一般理论》,陈启杰等译,上海:上海财经大学出版社,2006;〔美〕谢尔比·D. 亨特:《市场营销理论论争——理性、现实主义、真实性与客观性》,陈启杰等译,上海:上海财经大学出版社,2006。

# 参考文献

**中文文献**

贝克，迈克尔·J.，1998，《市场营销百科》，李垣主译，沈阳：辽宁教育出版社。

波兰尼，卡尔，2020，《大转型：我们时代的政治与经济起源》，冯钢、刘阳译，北京：当代世界出版社。

晁钢令，2005，《中国市场营销发展报告》，上海：上海财经大学出版社。

陈歆磊，梁屹天，2018，《营销领域中国问题的研究及思考》，《营销科学学报》，13（4）：124—131。

陈煜波，2021，《创刊词》，《营销科学学报》，1（1）：1—2。

陈祝平，1993，《论开展对服务营销的研究》，《财经研究》，19（4）：47—50。

段传敏，黄坤，2002，《中国家电10年营销》（上下册），广州：广东经济出版社。

恩尼斯，本·M.，基思·K. 考克斯，迈克尔·P. 莫克瓦，2000，《营销学经典权威论文集（第8版）》，郑琦、许晖、赵路等译，大连：东北财经大学出版社。

范秀成，1994，《Christian Grönroos：来自千湖之国的客人》，《销售与市场》，（7）：4—5。

范秀成，1998，《从交易营销到关系营销：营销学领域的一场重要变革》，《国际经贸研究》，（3）：10—17。

范秀成，1999，《服务质量管理：交互过程与交互质量》，《南开管理评论》，(1)：8—12。

范秀成，2000a，《基于顾客的品牌权益测评：品牌联想结构分析法》，《南开管理评论》，(6)：9—13。

范秀成，2000b，《论西方跨国公司品牌管理的战略性调整》，《外国经济与管理》，(10)：30—37。

符国群，1996，《论商标资产投资》，《财贸经济》，(10)：28—32。

符国群，桑德斯，1995，《中、美、新三国消费者对品牌延伸的评价》，《经济评论》，5：65—69。

福克纳，2018，《美国经济史（上下卷）》，王锟译，北京：商务印书馆。

甘碧群，1985，《关于市场学几个问题的探讨》，《武汉大学学报（社会科学版）》，（5）：15—18。

甘碧群，1986，《建立具有中国特色的社会主义市场学问题初探》，《武汉大学学报（社会科学版）》，(5)：40—43。

冈德森，杰拉尔德，1994，《美国经济史新编》，杨宇光等译，北京：商务印书馆。

郭碧翔，1985，《关于市场学研究中的若干问题——兼与陶桓祥同志商榷》，《财贸经济》，(4)：36—40。

郭国庆，刘凤军，王晓东，1999，《市场营销理论》，北京：中国人民大学出版社。

韩玉珍，1994，《市场营销新理论：关系营销》，《中国软科学》，(3—4)：77—80。

何佳讯，卢泰宏，2004，《中国营销25年（1979—2003）》，北京：华夏出版社。

何永琪，1991，《菲力普·科特勒的〈市场营销管理〉第七版评介》，《商业经济与管理》，(6)：14—15。

贺名仑，1985，《关于我国市场学的建立与发展问题》，《商业经济研究》，(3)：6—11。

黄胜兵，卢泰宏，2000，《品牌结构战略的选择：公司品牌与独立品牌》，《中国流通经济》，(4)：24—27。

黄燕，1986，《关于市场营销学几个基本概念》，《商业经济与管理》，(4)：86—88。

蒋青云，褚荣伟，陆雄文，2021，《中国市场营销学：如何从必然王国走向自由王国》，《营销科学学报》，1(1)：43—58。

科特勒，菲利普，1990，《营销管理：分析、计划和控制（第5版）》，梅汝和等译校，上海：上海人民出版社。

科特勒，菲利普，2001，《营销管理（新千年版·第10版）》，梅汝和、梅清豪、周安柱译，北京：中国人民大学出版社。

科特勒，菲利普，2019，《我的营销人生："现代营销学之父"菲利普·科特勒自述》，陶鹏译，北京：中信出版社。

科特勒，菲利普，凯文·莱恩·凯勒，卢泰宏，2009，《营销管理（第13版·中国版）》，卢泰宏、高辉译，北京：中国人民大学出版社。

科特勒，菲利普，凯文·莱恩·凯勒，2012，《营销管理（第14版）》，王永贵、于洪彦、何佳讯等译，上海：格致出版社。

科特勒，菲利普，凯文·莱恩·凯勒，亚历山大·切尔内夫，2022，《营销管理（第16版）》，陆雄文、蒋青云、赵伟韬译，北京：中信出版集团。

克雷纳，斯图尔特，2003，《管理百年：20世纪管理思想与实践的批判性回顾》，邱琼、钟秀斌等译，海口：海南出版社。

库恩，托马斯，2003，《科学革命的结构》，金吾伦、胡新和译，北京：北京大学出版社。

邝鸿，1985，《论市场学的研究对象和方法》，《财贸经济》，（9）：35—39。

邝鸿，1990，《现代市场营销大全》，北京：经济管理出版社。

雷恩，丹尼尔·A.，1997，《管理思想的演变》，李柱流等译，北京：中国社会科学出版社。

李东进，任星耀，李研，2010，《中国营销研究的发展趋势——基于国内外主要期刊论文的内容分析，2000—2008》，《营销科学学报》，6（1）：124—146。

李飞，2000，《中国零售革命的特征》，《财贸经济》，（7）：68—70。

李飞，2013，《中国营销学史》，北京：经济科学出版社。

李飞，2018a，《中国零售学术研究学习吸收期的历史回顾（1978—2000年）——中国零售学术研究40年发展历史回顾之一》，《北京工商大学学报（社会科学版）》，（3）：1—10。

李飞，2018b，《中国零售学术研究理论创新期的历史回顾（2001—2017年）——中国零售学术研究40年发展历史回顾之二》，《北京工商大学学报（社会科学版）》，（4）：1—12。

李飞，2021，《由案例研究讲好中国营销故事》，《营销科学学报》，1（1）：78—90。

李平，2010，《中国管理本土研究：理念定义及范式设计》，《管理学报》，7（5）：633—641。

梁觉，李福荔，2010，《中国本土管理研究的进路》，《管理学报》，7（5）：642—648。

林一民，卢泰宏，1999，《商业传播中的儒家传统与现代规范——中国老字号与西方品牌的文化比较》，《南昌大学学报（人文社会科学版）》，30（3）：50—57。

刘方棫，张少龙，1991，《对消费者决策行为的理论分析》，《消费经济》，（5）：43—49。

卢泰宏，2002a，《营销在中国Ⅱ：2002中国营销蓝皮书》，广州：广州出版社。

卢泰宏，2002b，《跨国公司行销中国》，广州：广东旅游出版社。

卢泰宏，2003，《营销在中国（2002—2003）》，北京：企业管理出版社。

卢泰宏，黄胜兵，罗纪宁，2000，《论品牌资产的定义》，《中山大学学报（社会科学版）》，（4）：17—22。

卢泰宏，秦朔，2001，《营销中国：2001营销蓝皮书》，《南风窗》增刊。

卢泰宏，谢飙，1997，《品牌延伸的评估模型》，《中山大学学报（社会科学版）》，（6）：8—13。

罗尔，埃里克，2021，《经济思想史》，包玉香译，北京：商务印书馆。

罗真嵩，1982，《一门新兴的市场管理学科——现代销售学》，《国际贸易问题》，（4）：36—46。

梅汝和，张桁，1986，《论市场营销学的过去、现在和未来》，《商业经济与管理》，(3)：49—53。

闵建蜀，1981，《市场学的性质与研究方法》，《陕西财经学院学报》，(4)：12—18。

聂元昆，2017，《吴健安先生：中国市场营销学发展史上的一座丰碑——在吴健安先生受聘商学院终身教授会上的介绍》，云南财经大学商学院网站，https：//www.ynufe.edu.cn/pub/sxy/xygk/xwzx/152263.htm，2021年2月2日访问。

钱德勒，小艾尔弗雷德·D.，1987，《看得见的手——美国企业的管理革命》，重武译，北京：商务印书馆。

钱德勒，小艾尔弗雷德·D.，1999，《企业规模经济与范围经济：工业资本主义的原动力》，张逸人等译，北京：中国社会科学出版社。

任之光，2021，《营销科学学科回顾、展望与未来方向》，《营销科学学报》，1(1)：31—42。

沈卯元，1991，《消费行为研究的发展》，《消费经济》，(1)：59—63。

苏勇，陈小平，2000，《关系型营销渠道理论与实证研究》，《中国流通经济》，(1)：50—53。

汤正如，2008，《改革开放30年市场营销学在中国传播应用的发展变化》，《市场营销导刊》，(6)：3—10。

陶桓祥，1984，《马克思的市场营销思想初探》，《财贸经济》，(7)：8—12。

陶婷芳，1994，《试论服务营销的特征与策略》，《外国经济与管理》，(6)：32—35。

涂平，谢贵枝，2004，《中国营销廿五年经典论文集》，北京大学-香港大学，内部发行。

汪纯孝，1994，《有形证据在服务营销中的作用》，《商业经济文荟》，(4)：41—43。

王卫国，1992，《市场营销的新发展——关系营销》，《外国经济与管理》，(2)：44—45。

王卓，邱小立，林思勉等，2004a，《中国营销的教育启蒙——有中国特色的观念转移》，《成功营销》，(9)：32—36。

王卓，邱小立，林思勉等，2004b，《中国营销的启蒙书籍》，《成功营销》，(9)：37—40。

沃尔顿，加里·M.，休·罗考夫，2018，《美国经济史(第12版)》，王珏等译，北京：中国人民大学出版社。

吴健安，1988，《市场营销学在中国的传播与展望》，《云南财贸学院学报》，(3)：13—17。

吴健安，2002，《市场营销学在中国的传播》，《市场营销导刊》，(4)：4—7。

吴健安，2004，《中国市场营销学与时俱进的20年——庆祝中国高校市场学研究会成立20周年》，《云南财贸学院学报(社会科学版)》，(4)：56—60。

吴健安，2014，《中国高校市场学研究会30年的那些事》，《营销科学学报》，10（3）：1—18。

吴小丁，1999，《新"零售之轮"理论及其对我国零售业态发展的启示》，《财贸经济》，（5）：46—49。

吴晓波，2001，《大败局》，杭州：浙江人民出版社。

吴晓波，2007，《大败局Ⅱ》，杭州：浙江人民出版社。

吴晓云，1997，《中国经济发展需要服务市场营销——兼评西方服务市场营销理论》，《南开经济研究》，（6）：58—64。

夏蔚莼，1982，《社会主义市场学研究的对象和方法》，《社会科学辑刊》，（3）：66—70。

夏扬，1996，《论品牌资产价值及其评估方法》，《财贸经济》，（10）：47—49。

谢赞，赵平，杜晖，1998，《用户满意度指数模型结构分析》，《中国质量》，（9）：22—24。

熊彼特，约瑟夫，1994，《经济分析史（第三卷）》，朱泱等译，北京：商务印书馆。

严学军，1999，《市场营销中国化的思考》，《市场营销导刊》，（2）：36—38。

杨凯衡，1984，《谈MARKETING的译法》，《国际贸易问题》，（1）：63。

杨岳全，1984，《全国高等院校市场学教学研究会成立》，《经济学动态》，（4）：14—15。

姚作为，刘人怀，田广，2019，《营销研究中国本土化路径选择——基于主导研究范式与人类学研究范式的比较》，《科技管理研究》，39（17）：179—187。

叶晓峰，陈亚平，王俊恒，1987，《发展和完善具有中国特色的社会主义市场学体系——中国高等院校市场学会第三次年会理论观点综述》，《商业研究》，（10）：6—8。

张闯，2005，《美国商品流通渠道的结构与变迁——基于美国经济史的研究》，《商业经济与管理》，（8）：19—25。

张闯，庄贵军，周南，2013，《如何从中国情境中创新营销理论？本土营销理论建构的路径、方法及其挑战》，《管理世界》，（12）：89—100。

张建康，陈建华，1991，《消费者行为动态理论》，《北方交通大学学报》，（2）：109—113。

赵平，1992，《论我国的消费质量需求对产品质量的影响》，《经济科学》，（5）：57—61。

赵平，1995，《用户满意度指数（CSI）》，《质量管理》，（12）：33—36。

赵平，谢赞，杜晖，1998，《关于构建中国用户满意度指数体系若干问题的探讨》，《中国质量》，（3）：21—24。

中国市场学会，上海市场学会，2000，《沉痛悼念梅汝和教授》，《市场营销导刊》，（ZI）：62。

周南，2011，《三十年营销学旅反思："自胜者强，知足者富"？》，《营销科学学报》，7（3）：1—7。

周南，曾宪聚，2012，《"情理营销"与"法理营销"：中国营销理论发展过程中若干问题思考》，《管理学报》，(4)：481—491。

庄贵军，1996a，《西方零售业结构演变的有关理论》，《北京商学院学报》，(4)：42—46。

庄贵军，1996b，《零售企业的市场定位策略》，《商业经济与管理》，(5)：30—33。

庄贵军，1997a，《关于关系营销的几个问题——兼与林有成先生商榷》，《企业经济》，(6)：48—49。

庄贵军，1997b，《国有大中型零售企业的竞争战略》，《商业经济与管理》，(2)：32—38。

庄贵军，2000，《权力、冲突与合作：西方的渠道行为理论》，《北京商学院学报》，(1)：8—11。

庄贵军，2019，《基于中国本土企业营销实践的案例分析与理论创新——以郫酒的移动互联营销为例》，《商业经济与管理》，(2)：41—50。

庄贵军，冯根福，2000，《中国百货零售企业规模经济的实证分析》，《财贸经济》，(9)：44—48。

庄贵军，席酉民，2003，《关系营销在中国的文化基础》，《管理世界》，(10)：98—109。

## 英文文献

Achrol, Ravi S., Torger Reve, and Louis W. Stern (1983), "The Environment of Marketing Channel Dyads: A Framework for Comparative Analysis", *Journal of Marketing*, 47 (4): 55-67.

Agnew, Hugh E. (1941), "The History of the American Marketing Association", *Journal of Marketing*, 5 (4): 374-379.

Albaum, Gerald and Robert A. Peterson (1984), "Empirical Research in International Marketing: 1976-1982", *Journal of International Business Studies*, 15 (1): 161-173.

Alderson, Wroe (1937), "A Marketing View of Competition", *Journal of Marketing*, 1 (3): 189-190.

Alderson, Wroe (1954), "Factors Governing the Development of Marketing Channels", in Richard Clewett (ed.), *Marketing Channels for Manufactured Products*. Homewood, IL: Richard D. Irwin, Inc., 5-34.

Alderson, Wroe (1956), "Charles Coolidge Parlin", *Journal of Marketing*, 21 (1): 1-2.

Alderson, Wroe (1957), *Marketing Behavior and Executive Action: A Functionalism Approach to Marketing Theory*. Homewood, IL: Richard D. Irwin, Inc.

Alderson, Wroe (1964), "A Normative Theory of Marketing Systems", in R. Cox, W. Alderson, and S. Shapiro (eds.), *Theory in Marketing*. Homewood, IL: Richard D. Irwin, Inc., 92-108.

Alderson, Wroe (1965), *Dynamic Marketing Behavior: A Functionalism Theory of Marketing*. Homewood, IL: Richard D. Irwin, Inc.

Alderson, Wroe and Miles W. Martin (1965), "Towards a Formal Theory of Transactions and Transvections", *Journal of Marketing Research*, 2 (2): 117-127.

Alderson, Wroe and Reavis Cox (1948), "Towards a Theory of Marketing", *Journal of Marketing*, 13 (2): 137-152.

Alexander, R. S., F. M. Surface, R. F. Elder et al. (1940), *Marketing*. New York: Ginn & Company.

AMA Task Force on the Development of Marketing Thought (1988), "Developing, Disseminating, and Utilizing Marketing Knowledge", *Journal of Marketing*, 52 (4): 1-25.

Applebaum, William (1947), "The Journal of Marketing: The First Ten Years", *Journal of Marketing*, 11 (4): 355-363.

Applebaum, William (1952), "The Journal of Marketing: Postwar", *Journal of Marketing*, 16 (3): 294-300.

Arndt, Johan (1978), "How Broad Should the Marketing Concept Be?", *Journal of Marketing*, 42 (1): 101-103.

Arndt, Johan (1981), "The Political Economy of Marketing Systems: Reviving the Institutional Approach", *Journal of Macromarketing*, 1 (2): 36-47.

Aspinwall, L. (1958), "The Characteristics of Goods and Parallel System Theories", in E. J. Kelly and W. Lazer (eds.), *Managerial Marketing: Perspectives and Viewpoints*. Homewood, IL: Richard D. Irwin, Inc., 434-450.

Aspinwall, L. (1962), "The Depot Theory", in E. J. Kelly and W. Lazer (eds.), *Managerial Marketing: Perspectives and Viewpoints*. Homewood, IL: Richard D. Irwin, Inc., 652-659.

Aulakh, Preet S. and Masaaki Kotabe (1993), "An Assessment of Theoretical and Methodological Development in International Marketing: 1980-1990", *Journal of International Marketing*, 1 (2): 5-28.

Bagozzi, Richard P. (1974), "Marketing as an Organized Behavioral System of Exchange", *Journal of Marketing*, 38 (4): 77-81.

Bagozzi, Richard P. (1975), "Marketing as Exchange", *Journal of Marketing*, 39 (4): 32-39.

Bagozzi, Richard P. (1978), "Marketing as Exchange, A Theory of Transactions in the Marketplace", *American Behavioral Scientist*, 21 (4): 535–556.

Bagozzi, Richard P. (1979), "Toward a Formal Theory of Marketing Exchanges", in O. C. Ferrell, Stephen W. Brown, and Charles W. Lamb, Jr. (eds.), *Conceptual and Theoretical Developments in Marketing*. Chicago, IL: American Marketing Association, 431–447.

Bagozzi, Richard P. (1995), "Reflections on Relationship Marketing in Consumer Markets", *Journal of the Academy of Marketing Science*, 23 (4): 272–277.

Bagozzi, Richard P. (2010), "The Evolution of Marketing Thought: From Economic to Social Exchange and Beyond", in Pauline Maclaran, Michael Saren, Barbara Stern et al. (eds.), *Handbook of Marketing Theory*. London: Sage Publications Inc., 244–265.

Balderston, F. (1964), "Design of Marketing Channels", in Reavis Cox, Wroe Alderson, and Stanley J. Shapiro (eds.), *Theory in Marketing*. Homewood, IL: Richard D. Irwin, Inc., 163–175.

Ballantyne, David, Martin Christopher, and Adrian Payne (2003), "Relationship Marketing: Looking Back, Looking Forward", *Marketing Theory*, 3 (1): 159–166.

Banks, Seymour (1968), "A Non-Systematic Look at Systems: A Triumph of Optimism over Experience", in Robert L. King (ed.), *Marketing and the New Science of Planning*. Chicago, IL: American Marketing Association, 24–28.

Barksdale, H. C. (1980), "Wroe Alderson's Contributions to Marketing Theory", in Charles W. Lamb, Jr. and Patrick M. Dunne (eds.), *Theoretical Development in Marketing*. Chicago, IL: American Marketing Association, 1–4.

Barron, Steve, Gary Warnaby, and Philippa Hunter-Jones (2014), "Service (s) Marketing Research: Developments and Directions", *International Journal of Management Reviews*, 16 (2): 150–171.

Bartels, Robert (1951a), "Can Marketing Be a Science?", *Journal of Marketing*, 15 (3): 319–328.

Bartels, Robert (1951b), "Influences on the Development of Marketing Thought, 1900–1923", *Journal of Marketing*, 16 (1): 1–17.

Bartels, Robert (1962), *The Development of Marketing Thought*. Homewood, IL: Richard D. Irwin, Inc.

Bartels, Robert (1968a), "The General Theory of Marketing", *Journal of Marketing*, 32 (1): 29–33.

Bartels, Robert (1968b), "Are Domestic and International Marketing Dissimilar?", *Journal of

*Marketing*, 32 (3): 56-61.

Bartels, Robert (1974), "The Identity Crisis in Marketing", *Journal of Marketing*, 38 (4): 73-76.

Bartels, Robert (1976), *The History of Marketing Thought* (2nd ed.). Columbus, OH: Grid.

Bartels, Robert (1988), *The History of Marketing Thought* (3rd ed.). Columbus, OH: Publishing Horizons.

Bartels, Robert and Roger Jenkins (1977), "Macromarketing", *Journal of Marketing*, 41 (4): 17-20.

Bass, Frank M. (2001), "Some History of the TIMS/INFORMS College on Marketing as Related to the Development of Marketing Science", *Marketing Science*, 20 (4): 360-363.

Bass, Frank M., Robert D. Buzzell, Mark R. Greene et al. (1961), *Mathematical Models and Methods in Marketing*. Homewood, IL: Richard D. Irwin, Inc.

Bateson, John E. G. (1989), *Managing Services Marketing: Text and Readings*. Hinsdale, IL: Dryden Press.

Beckman, T. N. (1959), "A Pioneer in Marketing: Harold H. Maynard", *Journal of Marketing*, 23 (4): 428-431.

Beckman, T. N. and N. H. Engle (1937), *Wholesaling: Principles and Practice*. New York: The Ronald Press Company.

Beckman, T. N., H. H. Maynard, and William Davidson (1957), *Principles of Marketing* (6th ed.). New York: The Ronald Press Company.

Beckman, Terry (2007), "The Wroe River: The Canyon Carved by Alderson", *European Business Review*, 19 (6): 452-467.

Bedeian, A. G. (2004), "The Gift of Professional Maturity", *Academy of Management Learning and Education*, 3 (1): 92-98.

Belk, Russell W. (1986), "What Should ACR Want to Be When It Grows Up", in R. J. Lutz (ed.), *Advances in Consumer Research*, Vol. 13. Provo, UT: Association for Consumer Research, 423-424.

Berry, Leonard L. (1980), "Services Marketing Is Different", *Business*, 30: 24-29.

Berry, Leonard L. (1981), "The Employee as Customer", *Journal of Retail Banking*, 3 (1): 33-40.

Berry, Leonard L. (1983), "Relationship Marketing", in Leonard L. Berry, Lynn G. Shostack, and Gregory D. Upah (eds.), *Emerging Perspectives on Services Marketing*. Chicago, IL: American Marketing Association, 25-28.

Berry, Leonard L. (1995), "Relationship Marketing of Services—Growing Interest, Emerging Perspectives," *Journal of the Academy of Marketing Science*, 23 (4): 236-245.

Berry, Leonard L. and A. Parasuraman (1991), *Marketing Services—Competing Through Quality*. New York: Free Press.

Berry, Leonard L. and A. Parasuraman (1993), "Building a New Academic Field—The Case of Services Marketing", *Journal of Retailing*, 69 (1): 13-60.

Berry, Leonard L., Valarie A. Zeithaml, and A. Parasuraman (1984), "Synchronizing Supply and Demand in Services Businesses", *Business*, 34 (October-December): 35-37.

Bilkey, W. J. and E. Nes (1982), "Country-of-Origin Effects on Product Evaluation", *Journal of International Business Studies*, 13 (1): 89-99.

Bloom, Paul N. and William D. Novelli (1981), "Problems and Challenges in Social Marketing", *Journal of Marketing*, 45 (2): 79-88.

Bloomfield, Daniel (1959), "Pioneers in Marketing: Edward A. Filene and Lincoln Filene", *Journal of Marketing*, 23 (3): 296-300.

Boddewyn, Jean J. (1981), "Comparative Marketing: The First Twenty-Five Years", *Journal of International Business Studies*, 12 (1): 61-79.

Boddewyn, Jean J. and James D. Goodnow (2020), *A Short History of the Academy of International Business*. Academy of International Business.

Borch, Fred J. (1958), "The Marketing Philosophy as a Way of Business Life", in E. J. Kelly and W. Lazer (eds.), *Managerial Marketing: Perspectives and Viewpoints*. Homewood, IL: Richard D. Irwin, Inc., 18-24.

Borden, Neil H. (1964), "The Concept of Marketing Mix", *Journal of Advertising Research*, 2: 7-12.

Borden, Neil H. (1957), "Daniel Starch", *Journal of Marketing*, 21 (3): 265-267.

Borden, Neil H. (1961), "Testimonial to Ralph Starr Butler", *Journal of Marketing*, 25 (5): 73.

Bourassa, Maureen A., Peggy H. Cunningham, and Jay M. Handelman (2007), "How Philip Kotler Has Helped to Shape the Field of Marketing", *European Business Review*, 19 (2): 174-192.

Breyer, R. F. (1931), *Commodity Marketing*. New York: McGraw-Hill.

Breyer, R. F. (1934), *The Marketing Institution*. New York: McGraw-Hill.

Brown, Stephen (2002), "The Spectre of Kotlerism: A Literary Appreciation", *European Management Journal*, 20 (2): 129-146.

Bucklin, L. P. (1962), "Retail Strategy and the Classification of Consumer Goods", *Journal of Marketing*, 27 (1): 50–55.

Bucklin, L. P. (1965), "Postponement, Speculation and the Structure of Distribution Channels", *Journal of Marketing Research*, 2 (1): 26–31.

Bucklin, L. P. (1970), *Vertical Marketing Systems*. Glenview, IL: Scott Foresman.

Bucklin, L. P. (1976), "Retrospective Comment on Retail Strategy and the Classification of Consumer Goods", in H. A. Thompson (ed.), *The Great Writings in Marketing*. Plymouth, MI: The Commerce Press, 474–480.

Bussière, Dave (2000), "Evidence of a Marketing Periodic Literature within the American Economic Association: 1895–1936", *Journal of Macromarketing*, 20 (2): 137–143.

Butler, R. S. (1917). *Marketing Methods*. New York: Alexander Hamilton Institute.

Butler, R. S. and J. B. Swinney (1918), *Marketing and Merchandising*. New York: Alexander Hamilton Institute.

Buzzell, Robert D. (1964), *Mathematical Models and Marketing Management*. Cambridge, MA: Harvard University Press.

Cassels, J. M. (1936), "The Significance of Early Economic Thought on Marketing", *Journal of Marketing*, 1 (2): 129–133.

Cavusgil, S. Tamer (1980), "On the Internationalization Process of Firms", *European Research*, 8 (6): 273–281.

Cavusgil, S. Tamer (1998), "Knowledge Development in International Marketing", *Journal of International Marketing*, 6 (2): 103–112.

Cavusgil, S. Tamer, Seyda Deligonul, and Attila Yaprak (2005), "International Marketing as a Field of Study: A Critical Assessment of Earlier Development and a Look Forward", *Journal of International Marketing*, 13 (4): 1–27.

Chaganti, Rajeswararao (1981), "Macromarketing: Elements of a Framework for Normative Evaluation", *Journal of Macromarketing*, 1 (2): 56–60.

Chandy, Rajesh K., Gita Venkataramani Johar, Christine Moorman et al. (2021), "Better Marketing for a Better World", *Journal of Marketing*, 85 (3): 1–9.

Cherington, P. T. (1920), *The Elements of Marketing*. New York: Macmillan.

Christopher, M., A. Payne, and D. Ballantyne (1991), *Relationship Marketing*. Oxford: Butterworth-Heinemann.

Clark, E. (1922), *Principles of Marketing*. New York: Macmillan.

Clark, Terry, Thomas Martin Key, and Carol Azab (2022), "Marketing as an Emergent Discipline: Commentary on Shelby Hunt's Final Contribution to Our Field", *AMS Review*, 12 (3): 157–161.

Clark, Terry, Thomas Martin Key, Monica Hodis et al. (2014), "The Intellectual Ecology of Mainstream Marketing Research: An Inquiry into the Place of Marketing in the Family of Business Disciplines", *Journal of the Academy of Marketing Science*, 42 (3): 223–241.

Clewett, R. M. (1957), "Fred Emerson Clark", *Journal of Marketing*, 22 (1): 1–2.

Cochoy, F. (2014), "The American Marketing Association: A Handrail for Marketers and Marketing History", *Journal of Historical Research in Marketing*, 6 (4): 538–547.

Collins, V. D. (1935), *World Marketing*. Philadelphia: J. B. Lippincott, Co.

Comish, N. H. (1935), *Marketing Manufactured Goods*. Boston: Stratford, Co.

Converse, P. D. (1921), *Marketing Methods and Policies*. Englewood Cliffs, NJ: Prentice-Hall.

Converse, P. D. (1933), "The First Decade of Marketing Literature", *Natma Bulletin Supplement* (November): 1–4.

Converse, P. D. (1945), "The Development of the Science of Marketing—An Exploratory Survey", *Journal of Marketing*, 10 (1): 14–23.

Converse, P. D. (1949), "New Laws of Retail Gravitation", *Journal of Marketing*, 14 (3): 379–384.

Converse, P. D. (1952), "Notes on Origin of the American Marketing Association", *Journal of Marketing*, 17 (1): 65–67.

Converse, P. D. (1959a), *The Beginning of Marketing Thought in the United States: With Reminiscences of Some of the Pioneer Marketing Scholars*. Texas: Bureau of Business Research, University of Texas.

Converse, P. D. (1959b), *Fifty Years of Marketing in Retrospect*. Texas: Bureau of Business Research, University of Texas.

Converse, P. D. and Harvey Huegy (1940), *The Elements of Marketing*. New York: Prentice-Hall, Inc.

Cooke, Ernest F. (1986), "What is Business and Industrial Marketing?", *Journal of Business & Industrial Marketing*, 1 (1): 9–17.

Coolsen, Frank G. (1960), *Marketing Thought in the United States in the Late Nineteenth Century*. Lubbock, TX: The Texas Tech Press.

Copeland, M. T. (1920), *Marketing Problems*, Chicago, IL: A. W. Shaw Company.

Copeland, M. T. (1923), "The Relation of Consumers' Buying Habits to Marketing Methods", *Harvard Business Review*, 1 (3): 282-289.

Copeland, M. T. (1924), *Principles of Merchandising*. Chicago, IL: A. W. Shaw Company.

Copeland, M. T. (1958), "Arch W. Shaw", *Journal of Marketing*, 22 (3): 313-315.

Cortez, Roberto Mora and Wesley J. Johnston (2017), "The Future of B2B Marketing Theory: A Historical and Prospective Analysis", *Industrial Marketing Management*, 66: 90-102.

Cowan, Donald R. G. (1960), "Louis D. H. Weld", *Journal of Marketing*, 25 (2): 63-66.

Cox, Reavis and Wroe Alderson (1950), *Theory in Marketing*. Chicago, IL: Richard D. Irwin, Inc.

Cox, Reavis (1965), "The Search for Universals in Comparative Studies of Domestic Marketing Systems", in P. D. Bennett (ed.), *Marketing and Economic Development: Proceedings of the 1965 Fall Conference*. Chicago, IL: American Marketing Association, 143-162.

Crossley, Archibald M. (1956), "Paul Terry Cherington", *Journal of Marketing*, 21 (2): 135-136.

Culliton, J. W. (1948), *The Management of Marketing Costs*. Cambridge, MA: Harvard University Press.

Cundiff, E. W. and R. R. Still (1964), *Basic Marketing: Concepts, Environment, and Design*. Englewood Cliffs, NJ: Prentice-Hall.

Cunningham, Peggy (2003), "The Textbooks of Philip Kotler: Their Role in Defining Marketing Thought and Practice", *Journal of the Academy of Marketing Science*, 31 (2): 201-207.

Cunningham, Peggy and D. G. Brian Jones (1997), "Early Development of Collegiate Education in International Marketing", *Journal of International Marketing*, 5 (2): 87-102.

Cunningham, Ross M. (1958), "Harry R. Tosdal", *Journal of Marketing*, 23 (1): 65-67.

Cunningham, William H. and Jagdish N. Sheth (1983), "From the Editor", *Journal of Marketing*, 47 (4): 7-8.

Dahl, Robert A., Mason Haire, and Paul F. Lazarsfeld (1959), *Social Science Research on Business: Product and Potential*. New York: Columbia University Press.

Dant, Rajiv P. and Aaron Gleiberman (2011), "Preventing and Combating Onset of Dark-Side Symptoms", *Journal of Marketing Management*, 27 (13-14): 1426-1443.

Darby, M. R. and E. Karni (1973), "Free Competition and the Optimal Amount of Fraud", *Journal of Law and Economics, 16 (1): 67-86.

Davidson, William R. (1964), "Introducing the Journal of Marketing Research", Journal of Marketing Research, 1 (1): 9-10.

Dawson, Leslie M. (1971), "Marketing Science in the Age of Aquarius", Journal of Marketing, 35 (3): 66-72.

Day, George S. (1992), "Marketing's Contribution to the Strategy Dialogue", Journal of the Academy of Marketing Science, 20 (4): 323-329.

Day, George S. (1996), "Using the Past as a Guide to the Future: Reflections on the History of the Journal of Marketing", Journal of Marketing, 60 (1): 14-16.

Deighton, John A., Carl F. Mela, and Christine Moorman (2021), "Marketing Thinking and Doing", Journal of Marketing, 85 (1): 1-6.

Deshpandé, Rohit (1999), "'Foreseeing' Marketing", Journal of Marketing, 63 (4): 164-167.

Dixon, Donald F. (1967), "A Social Systems Approach to Marketing", Social Science Quarterly, 48 (2): 164-173.

Dixon, Donald F. (1999), "Some Late Nineteenth-Century Antecedents of Marketing Theory", Journal of Macromarketing, 19 (2): 115-125.

Douglas, Susan P. (1976), "Cross-National Comparisons and Consumer Stereotypes: A Case Study of Working and Non-Working Wives in the U. S. and France", Journal of Consumer Research, 3 (1): 12-20.

Douglas, Susan P. and C. Samuel Craig (2006), "On Improving the Conceptual Foundations of International Marketing Research", Journal of International Marketing, 14 (1): 1-22.

Douglas, Susan P. and Y. Wind (1987), "The Myth of Globalization", Columbia Journal of World Business, 22 (4): 19-29.

Dowling, Graham R. (1983), "The Application of General Systems Theory to an Analysis of Marketing Systems", Journal of Macromarketing, 3 (2): 22-32.

Duddy, E. A. and D. A. Revzan (1947), Marketing: An Institutional Approach. New York: McGraw-Hill.

Duncan, C. S. (1920), Marketing: Its Problems and Methods. New York: D. Appleton & Co.

Duncan, D. J. (1957), "Paul H. Nystrom", Journal of Marketing, 21 (4): 393-394.

Dwyer, F. R., P. H. Schurr, and S. Oh (1987), "Developing Buyer-Seller Relationships", Journal of Marketing, 51 (2): 11-27.

Egan, John (2003), "Back to the Future: Divergence in Relationship Marketing Research", *Marketing Theory*, 3 (1): 145-157.

Eisend, Martin (2015), "Have We Progressed Marketing Knowledge? A Meta-Meta-Analysis of Effect Sizes in Marketing Research", *Journal of Marketing*, 79 (3): 23-40.

Elder, R. F. (1935), *Fundamentals of Industrial Marketing*. New York: McGraw-Hill.

El-Ansary, Adel I. and Louis W. Stern (1972), "Power Measurement in the Distribution Channel", *Journal of Marketing Research*, 9 (1): 47-52.

El-Ansary, Adel I. and Oscar E. Kramer, Jr. (1973), "Social Marketing: The Family Planning Experience", *Journal of Marketing*, 37 (3): 1-7.

Engel, J. F., D. T. Kollat, and R. D. Blackwell (1968), *Consumer Behavior*. New York: Holt, Rienhard & Winston.

Engle, N. H. (1959), "Leverett Samuel Lyon", *Journal of Marketing*, 24 (1): 67-69.

Enis, B. M. and K. J. Roering (1980), "Product Classification Taxonomies: Systhesis and Consumer Implications", in Charles W. Lamb, Jr. and Patrick M. Dunne (eds.), *Theoretical Development in Marketing*. Chicago, IL: American Marketing Association, 186-189.

Erdman, Henry E. (1959), "Benjamin Horace Hibbard", *Journal of Marketing*, 24 (2): 77-78.

Etgar, Michael (1978), "Intrachannel Conflict and Use of Power", *Journal of Marketing Research*, 15 (2): 273-274.

Farmer, Richard N. (1967), "Would You Want Your Daughter to Marry a Marketing Man?", *Journal of Marketing*, 31 (1): 1-3.

Farmer, Richard N. (1977), "Would You Want Your Son to Marry a Marketing Lady?", *Journal of Marketing*, 41 (1): 15-18.

Fayerweather, John (1965), *International Marketing*. Englewood Cliffs, NJ: Prentice-Hall.

Ferrell, O. C. and J. R. Perrachione (1980), "An Inquiry into Bagozzi's Formal Theory of Marketing Exchanges", in Charles W. Lamb, Jr. and Patrick M. Dunne (eds.), *Theoretical Development in Marketing*. Chicago, IL: American Marketing Association, 158-161.

Fisk, G. (1967), *Marketing Systems: An Introductory Analysis*. New York: Harper & Row.

Fisk, G. (1981), "An Invitation to Participate in Affairs of the Journal of Macromarketing", *Journal of Macromarketing*, 1 (1): 3-6.

Fisk, Raymond P., Stephen W. Brown, and Mary Jo Bitner (1993), "Tracking the Evolution of the Services Marketing Literature", *Journal of Retailing*, 69 (1): 61-103.

Fox, Edward J. (1967), "Three Emphases", *Journal of Marketing*, 31 (3): 103-104.

Fox, Karen F. A. and Philip Kotler (1980), "The Marketing of Social Causes: The First 10 Years", *Journal of Marketing*, 44 (4): 24-33.

Frank, Ronald E., A. A. Kuehn, and W. F. Massy (1962), *Quantitative Techniques in Marketing Analysis: Text and Readings*. Homewood, IL: Richard D. Irwin, Inc.

Frank, Ronald E. (1974), "The Journal of Consumer Research: An Introduction", *Journal of Consumer Research*, 1 (1): i-vi.

Frank, Ronald E. (1995), "Notes on the Journal of Consumer Research: The Unexpected Challenges of a Start-up," in Frank R. Kardes and Mita Sujan (eds.), *Advances in Consumer Research*, 22, Provo, UT: Association for Consumer Research, 486-487.

Frazier, Gary L. (1983), "On the Measurement of Interfirm Power in Channels of Distribution", *Journal of Marketing Research*, 20 (2): 158-166.

Frazier, Gary L. (2011), "From the Incoming Editor", *Journal of Marketing*, 75 (4): 1-2.

Frederick, John H. (1934), *Industrial Marketing (A Century of Marketing)*. New York: Prentice Hall.

Frey, A. W. (1956), *The Effective Marketing Mix*. Hanover, NH: Amos Tuck School, Dartmouth College.

Fullbrook, Earl S. (1940), "The Functional Concept in Marketing", *Journal of Marketing*, 4 (3): 229-237.

Fullerton, Ronald A. (1988), "How Modern is Modern Marketing? Marketing's Evolution and the Myth of the 'Production Era'", *Journal of Marketing*, 52 (1): 108-125.

Fullerton, Ronald A. (1990), "The Art of Marketing Research: Selections from Paul F. Lazersfeld's 'Shoe Buying in Zurich' (1933)", *Journal of the Academy of Marketing Science*, 18 (4): 317-325.

Fullerton, Ronald A. (2011), "Historical Methodology: The Perspective of a Professionally Trained Historian Turned Marketer", *Journal of Historical Research in Marketing*, 3 (4): 436-448.

Fullerton, Ronald A. (2013), "The Birth of Consumer Behavior: Motivation Research in the 1940s and 1950s", *Journal of Historical Research in Marketing*, 5 (2): 212-222.

Fullerton, Ronald A. (2015), "The Beginnings of Motivation Research, 1934-1954: A Prequel to Fullerton 2013", *Journal of Historical Research in Marketing*, 7 (4): 509-523.

Fullerton, Ronald A. and B. B. Stern (1990), "The Rise and Fall of Ernest Dichter", *Werbeforschung und Praxis* (June): 208–211.

Furrer, Olivier and Pierre Sollberger (2007), "The Dynamics and Evolution of the Service Marketing Literature: 1993–2003", *Service Business*, 1 (2): 93–117.

Gardner, B. B. (1959), "The ABC of Motivation Research", *Business Topics*, 7: 35–41.

Gardner, Edward H. (1945), "Consumer Goods Classification", *Journal of Marketing*, 9 (3): 275–276.

Gaski, John F. (1984), "The Theory of Power and Conflict in Channels of Distribution", *Journal of Marketing*, 48 (3): 9–29.

George, William R. and Hiram C. Barksdale (1974), "Marketing Activities in the Service Industries", *Journal of Marketing*, 38 (4): 65–70.

Gordon, Robert A. and James E. Howell (1959), *Higher Education for Business*. New York: Columbia University Press.

Grether, E. T. (1950), "A Theoretical Approach to the Study of Marketing", in R. Cox and W. Alderson (eds.), *Theory in Marketing*. Homewood, IL: Richard D. Irwin, Inc., 113–123.

Grether, E. T. (1956), "Roland S. Vaile", *Journal of Marketing*, 20 (4): 333–335.

Grether, E. T. (1958), "Edwin Griswold Nourse", *Journal of Marketing*, 22 (4): 417–419.

Grether, E. T. (1976), "The First Forty Years", *Journal of Marketing*, 40 (3): 63–69.

Grether, E. T. (1983), "Regional-Spatial Analysis in Marketing", *Journal of Marketing*, 47 (4): 36–43.

Grewal, Rajdeep and Gary L. Lilien (2012), "Business-to-Business Marketing: Looking Back, Looking Forward", in Gary L. Lilien and Rajdeep Grewal (eds.), *Handbook of Business-to-Business Marketing*. Northampton, MA: Edward Elgar Publishing.

Grewal, Rajdeep, Gary L. Lilien, Sundar Bharadwaj et al. (2015), "Business-to-Business Buying: Challenges and Opportunities", *Customer Need and Solution*, 2: 193–208.

Grönroos, Christian (1978), "A Service-Oriented Approach to the Marketing of Services", *European Journal of Marketing*, 12 (8): 588–601.

Grönroos, Christian (1981), "Internal Marketing—An Integral Part of Marketing Theory", in James H. Donnelly and William R. George (eds.), *Marketing of Services*. Chicago, IL: American Marketing Association, 236–238.

Grönroos, Christian (1990), *Service Management and Marketing: Managing the Moments of Truth* in Service Competition. Lexington, MA: Lexington Books.

Grönroos, Christian (1991), "The Marketing Strategy Continuum: Towards a Marketing Concept for the 1990s", Management Decision, 29 (1): 7-13.

Grönroos, Christian (1994a), "Quo Vadis, Marketing? Toward a Relationship Marketing Paradigm", Journal of Marketing Management, 10 (5): 347-360.

Grönroos, Christian (1994b), "From Marketing Mix to Relationship Marketing: Towards a Paradigm Shift in Marketing", Management Decision, 32 (2): 4-20.

Grönroos, Christian (2000), "Relationship Marketing: The Nordic School Perspective", in Jagdish N. Sheth and Atul Parvatiyar (eds.), Handbook of Relationship Marketing. Thousand Oaks, CA: Sage Publications Inc., 95-118.

Grönroos, Christian (2017), "Christian Grönroos: I Did It My Way", Journal of Historical Research in Marketing, 9 (3): 277-301.

Grönroos, Christian (2020), "Viewpoint: Service Marketing Research Priorities", Journal of Services Marketing, 34 (3): 291-298.

Gummesson, Evert (1987), "The New Marketing—Developing Long-Term Interactive Relationships", Long Range Planning, 20 (4): 10-20.

Gummesson, Evert (1997), "Relationship Marketing as a Paradigm Shift: Some Conclusions from the 30R Approach", Management Decision, 35 (4): 267-272.

Gummesson, Evert, U. Lehtinen and C. Grönroos (1997), "Comment on 'Nordic Perspectives on Relationship Marketing'", European Journal of Marketing, 31 (1): 10-16.

Hadjikhani, A. and P. LaPlaca (2013), "Development of B2B Marketing Theory", Industrial Marketing Management, 42 (3): 294-305.

Hagerty, J. E. (1936), "Experiences of an Early Marketing Teacher", Journal of Marketing, 1 (1): 20-27.

Harker, Michael John and John Egan (2006), "The Past, Present and Future of Relationship Marketing", Journal of Marketing Management, 22 (1-2): 215-242.

Heede, Søren (1981), "From Micromarketing to Macromarketing: Radical Social System Paradigms", Journal of Macromarketing, 1 (2): 60-61.

Helkkula, Anu and Eric Arnould (2022), "Developing and Renewing Marketing as a Scientific Discipline through Reflexive Cocreation", AMS Review, 12 (3-4): 168-173.

Heskett, James L. (1986), Managing in the Service Economy. Boston: Harvard Business School

Press.

Hess, J. M. and P. R. Cateora (1966), *International Marketing*. Homewood, IL: Richard D. Irwin, Inc.

Hobart, Donald M. (1965), "Tribute to Past Presidents of American Marketing Association", *Journal of Marketing*, 29 (4): 25-28.

Hoffman, Donna L., C. Page Moreau, Stefan Stremersch et al. (2022), "The Rise of New Technologies in Marketing: A Framework and Outlook", *Journal of Marketing*, 86 (1): 1-6.

Holbrook, M. B. and J. A. Howard (1977), "Frequently Purchased Nondurable Goods and Services", in R. Ferber (ed.), *Selected Aspects of Consumer Behavior*. Washington, DC: National Science Foundation, 189-222.

Hollander, Stanley C. (1960), "The Wheel of Retailing", *Journal of Marketing*, 25 (1): 37-42.

Hollander, Stanley C. (1963), "Anti-Salesman Ordinances of the Mid-Nineteenth Century", in Stephen Greyser (ed.), *Toward Scientific Marketing*. American Marketing Association, 344-351.

Hollander, Stanley C. (1966), "Notes on the Retail Accordion", *Journal of Retailing*, 42: 29-40.

Hollander, Stanley C. (1986), "The Marketing Concept: A Déjà Vu", in George Fisk (ed.), *Marketing: Management Technology as Social Process*. New York: Praeger Publishers, 3-29.

Hollander, Stanley C. (1989), "Preface", in T. Nevett, K. R. Whitney, and S. C. Hollander (eds.), *Marketing History: The Emerging Discipline*. East Lansing, MI: Michigan State University.

Hollander, Stanley C. (1995), "My Life on Mt. Olympus", *Journal of Macromarketing*, 15 (1): 86-106.

Hollander, Stanley C. and K. M. Rassuli (1993), *Marketing*. Cheltenham, MA: Edward Elgar Publishing.

Hollander, Stanley C., Kathleen M. Rassuli, and Terence R. Nevett (1998), "From the Editors", *Journal of Macromarketing*, 18 (1): 3-8.

Hollander, Stanley C., Kathleen M. Rassuli, D. G. Brian Jones et al. (2005), "Periodization in Marketing History", *Journal of Macromarketing*, 25 (1): 32-41.

Holloway, Robert J. and Robert S. Hancock (1964), *The Environment of Marketing Behavior: Selections from the Literature*. New York: John Wiley & Sons.

Holton, R. H. (1958), "The Distinction Between Convenience Goods, Shopping Goods and Specialty Goods", *Journal of Marketing*, 23 (1): 53-56.

Hotchkiss, George Burton (1938), *Milestones of Marketing*. New York: Macmillan.

Houston, Franklin and Jule B. Gassenheimer (1987), "Marketing and Exchange", *Journal of Marketing*, 51 (4): 3-18.

Houston, M. B. (2016), "Is 'Strategy' a Dirty Word?", *Journal of the Academy of Marketing Science*, 44 (5): 557-561.

Howard, J. A. and Jagdish N. Sheth (1969), *The Theory of Buyer Behavior*. New York: John Wiley & Sons.

Howard, J. A. (1957), *Marketing Management: Analysis and Decision*. Homewood, IL: Richard D. Irwin, Inc.

Howard, J. A. (1963), *Marketing Management: Analysis and Planning*, Homewood, IL: Richard D. Irwin, Inc.

Huegy, Harvey W. (1958), "Paul Dulaney Converse", *Journal of Marketing*, 23 (2): 188-190.

Huff, D. L. (1964), "Defining and Estimating a Trading Area", *Journal of Marketing*, 28 (3): 34-38.

Hui, Michael K., Xiande Zhao, Xiucheng Fan et al. (2004), "When Does the Service Process Matter? A Test of Two Competing Theories", *Journal of Consumer Research*, 31 (2): 465-475.

Hunt, Shelby D. (1976a), "The Nature and Scope of Marketing", *Journal of Marketing*, 40 (3): 17-28.

Hunt, Shelby D. (1976b), *Marketing Theory: Conceptual Foundations of Research in Marketing*. Columbus, OH: Grid.

Hunt, Shelby D. (1977), "The Three Dichotomies Models of Marketing: An Elaboration of the Issues", in C. C. Slater (ed.), *Macromarketing: Distributive Processes from a Societal Perspective*. Boulder, CO: Business Research Division, University of Colorado.

Hunt, Shelby D. (1981), "Macromarketing as a Multidimensional Concept", *Journal of Macromarketing*, 1 (1): 7-8.

Hunt, Shelby D. (1983), "General Theories and the Fundamental Explananda of Marketing", *Journal of Marketing*, 47 (4): 9-17.

Hunt, Shelby D. (1992), "Marketing is…", *Journal of the Academy of Marketing Science*, 20 (4): 301-311.

Hunt, Shelby D. (2002), *Foundations of Marketing Theory: Toward a General Theory of Marketing*. New Yourk: Routledge.

Hunt, Shelby D. (2010a), "Doctoral Seminars in Marketing Theory: For Incorporating the History of Marketing Practice and Thought", *Journal of Historical Research in Marketing*, 2 (4): 443-456.

Hunt, Shelby D. (2010b). *Marketing Theory: Foundations, Controversy, Strategy, Resource-advantage Theory*. New York: Routledge.

Hunt, Shelby D. (2018a), "Advancing Marketing Strategy in the Marketing Discipline and Beyond: From Promise, to Neglect, to Prominence, to Fragment (to Promise?)", *Journal of Marketing Management*, 34 (1-2): 16-51.

Hunt, Shelby D. (2018b), "The Prospects for Marketing Strategy and the Marketing Discipline in Era V: Is the Prognosis Promising or Problematic?", *Journal of Marketing Management*, 34 (1-2): 86-95.

Hunt, Shelby D. (2020a), "For Re-institutionalizing the Marketing Discipline in Era V", *AMS Review*, 10 (3): 189-198.

Hunt, Shelby D. (2020b), "Indigenous Theory Development in Marketing: The Foundational Premises Approach", *AMS Review*, 10 (1): 8-17.

Hunt, Shelby D. and Jerry Goolsby (1988), "The Rise and Fall of the Functional Approach to Marketing: A Paradigm Displacement Perspective", in Nevett Terence and Fullerton Ronald (eds.), *Historical Perspectives in Marketing: Essays in Honor of Stanley Hollander*. Lexington, MA: Lexington Books, 35-51.

Hunt, Shelby D., Ashley Hass, and Kerry T. Manis (2021), "The Five Stages of the Macromarketing Field of Study: From Raison D'etre to Field of Significant Promise", *Journal of Macromarketing*, 41 (1): 10-24.

Hunt, Shelby D., Sreedhar Madhavaram, and Hunter N. Hatfield (2022), "The Marketing Discipline's Troubled Trajectory: The Manifesto Conversation, Candidates for Central Focus, and Prognosis for Renewal", *AMS Review*, 12 (3): 139-156.

Hutchinson, Kenneth D. (1952), "Marketing as a Science: An Appraisal", *Journal of Marketing*, 16 (3): 286-293.

Håkansson, Håkan (1982), *International Marketing and Purchasing of Industrial Goods: An Interaction Approach*. New York: John Wiley & Sons.

Håkansson, Håkan and Ivan Snehota (1995). *Developing Relationships in Business Networks*. London: Routledge.

Håkansson, Håkan and Ivan Snehota (2000), "The IMP Perspective: Assets and Liabilities of Business Relationships", in Jagdish N. Sheth and Atul Parvatiyar (eds.), *Handbook of Relationship Marketing*. Thousand Oaks, CA: Sage Publications Inc., 69-94.

Håkansson, Håkan, David I. Ford, Lars-Erik Gadde et al. (2009), *Business in Networks*. New York: John Wiley & Sons.

Inkpen, Andrew C. and Paul W. Beamish (1994), "An Analysis of Twenty-Five Years of Research in the Journal of International Business Studies", *Journal of International Business Studies*, 25 (4): 703-713.

Ivey, Paul W. (1921), *Principle of Marketing*. New York: The Ronald Press Company.

Jackson, B. B. (1985a), "Build Customer Relationships that Last", *Harvard Business Review*, 63: 120-128.

Jackson, B. B. (1985b), *Winning & Keeping Industrial Customers: The Dynamics of Customer Relationships*. Lexington, MA: D. C. Health and Company.

Jaworski, B. J. (2018), "Commentary: Advancing Marketing Strategy in the Marketing Discipline and Beyond", *Journal of Marketing Management*, 34 (1-2): 63-70.

Johanson, J. and J. E. Vahlne (1977), "The Internationalization Process of the Firm—A Model of Knowledge Development and Increasing Foreign Market Commitments", *Journal of International Business Studies*, 8 (1): 23-32.

Johnson, Eugene M. (1969), "Are Goods and Services Different? An Exercise in Marketing Theory", Ph. D. Dissertation, St. Louis, MO: Washington University.

Jones, D. G. Brian (2009), "Making (Marketing) History!", *Journal of Historical Research in Marketing*, 1 (1): https://doi.org/10.1108/jhrm.2009.41201aaa.001.

Jones, D. G. Brian (2012), *Pioneers in Marketing: A Collection of Biographical Essays*. New York: Routledge.

Jones, D. G. Brian and Alan Richardson (2007), "The Myth of the Marketing Revolution", *Journal of Macromarketing*, 27 (1): 15-24.

Jones, D. G. Brian and David D. Monieson (1990a), "Historical Research in Marketing: Retrospect and Prospect", *Journal of the Academy of Marketing Science*, 18 (4): 269-278.

Jones, D. G. Brian and David D. Monieson (1990b), "Early Development of the Philosophy of

Marketing Thought", *Journal of Marketing*, 54 (1): 102-113.

Jones, D. G. Brian and Eric H. Shaw (2002), "A History of Marketing Thought", in Barton A. Weitz and Robin Wensley (eds.), *Handbook of Marketing*, London: Sage Publications Inc., 39-66.

Jones, D. G. Brian and Eric H. Shaw (2006), "Historical Research in the *Journal of Macromarketing*, 1981-2005", *Journal of Macromarketing*, 26 (2): 178-192.

Jones, D. G. Brian and Eric H. Shaw (2018), "Avoiding Academic Irrelevance in the Marketing Discipline: The Promise of the History of Marketing Thought", *Journal of Marketing Management*, 34 (1-2): 52-62.

Jones, D. G. Brian and Mark Tadajewski (2011), "Percival White (1887-1970): Marketing Engineer", *Marketing Theory*, 11 (4): 455-478.

Jones, D. G. Brian and Mark Tadajewski (2017), *Foundations of Marketing Thought: The Influence of the German Historical School*. London: Routledge.

Jones, D. G. Brian, Eric H. Shaw, and Deborah Goldring (2009), "Stanley C. Hollander and the Conferences on Historical Analysis & Research in Marketing", *Journal of Historical Research in Marketing*, 1 (1): 55-73.

Jones, D. G. Brian, Eric H. Shaw, and Paula A. McLean (2010), "The Modern Schools of Marketing Thought", in Pauline Maclaran, Michael Saren, Barbara Stern et al. (eds.), *Handbook of Marketing Theory*, London: Sage Publications Inc., 42-58.

Jones, Fred Mitchell (1936), "Retail Stores in the United States 1800-1860", *Journal of Marketing*, 1 (2): 134-142.

Judd, Robert (1964), "The Case for Redefining Services", *Journal of Marketing*, 28 (1): 58-59.

Kaish, S. (1967), "Cognitive Dissonance and the Classification of Consumer Goods", *Journal of Marketing*, 31 (4): 28-31.

Kassarjian, Harold H. (1994), "Scholarly Traditions and European Roots of American Consumer Research", in G. Laurent, G. L. Lillien, and B. Pras (eds.), *Research Traditions in Marketing*. Boston: Kluwer Academic Publishers, 265-279.

Kassarjian, Harold H. and Ronald C. Goodstein (2010), "The Emergence of Consumer Research", in Pauline Maclaran, Michael Saren, Barbara Stern et al. (eds.), *Handbook of Marketing Theory*. London: Sage Publication Inc., 59-73.

Katona, George C. (1951), *Psychological Analysis of Economic Behavior*. New York: McGraw-Hill.

Katona, George C. (1953), "Rational Behavior and Economic Behavior", *Psychological Review*, 60 (5): 307-318.

Keith, Robert J. (1960), "The Marketing Revolution", *Journal of Marketing*, 24 (3): 35-38.

Kelley, Eugene J. (1971), "Marketing's Changing Social/Environmental Role", *Journal of Marketing*, 35 (3): 1-2.

Kelley, Eugene J. and W. Lazer (1958), *Managerial Marketing: Perspectives and Viewpoints*. Homewood, IL: Richard D. Irwin, Inc.

Kerin, Roger A. (1996), "In Pursuit of an Ideal: The Editorial and Literary History of the Journal of Marketing", *Journal of Marketing*, 60 (1): 1-13.

Kernan, Jerome B. (1995a), "Declaring A Discipline: Reflections on ACR's Silver Anniversary", *Advances in Consumer Research*, 22: 553-560.

Kernan, Jerome B. (1995b), "Framing a Rainbow, Focusing the Light: JCR's First Twenty Years", *Advances in Consumer Research*, 22: 488-496.

Kotabe, Masaaki (1990), "Corporate Product Policy and Innovative Behavior of European and Japanese Multinationals: An Empirical Investigation", *Journal of Marketing*, 54 (2): 19-33.

Kotler, Philip (1967), Marketing Management: Analysis, Planning, and Control. Englewood Cliffs, NJ: Prentice-Hall.

Kotler, Philip (1971), "The Elements of Social Action", *American Behavioral Scientist*, 14 (5): 691-717.

Kotler, Philip (1972), "A Generic Concept of Marketing", *Journal of Marketing*, 36 (2): 46-54.

Kotler, Philip (1973), "The Major Tasks of Marketing Management", *Journal of Marketing*, 37 (4): 42-49.

Kotler, Philip (1975), "Strategies Marketing for Nonprofit Organizations", *Journal of Marketing*, 43 (1): 37-44.

Kotler, Philip (1977), "From Sales Obsession to Marketing Effectiveness", *Harvard Business Review*, 55: 67-75.

Kotler, Philip (1979), "Strategies for Introducing Marketing into Nonprofit Organizations",

*Journal of Marketing*, 43 (1): 37-44.

Kotler, Philip (2005), "The Role Played by the Broadening of Marketing Movement in the History of Marketing Thought", *Journal of Public Policy & Marketing*, 24 (1): 114-116.

Kotler, Philip and Gerald Zaltman (1971), "Social Marketing: An Approach to Planned Social Change", *Journal of Marketing*, 35 (3): 3-12.

Kotler, Philip and Richard A. Connor, Jr. (1977), "Marketing Professional Services", *Journal of Marketing*, 41 (1): 71-76.

Kotler, Philip and Sidney J. Levy (1969a), "Broadening the Concept of Marketing", *Journal of Marketing*, 33 (1): 10-15.

Kotler, Philip and Sidney J. Levy (1969b), "A New Form of Marketing Myopia: Rejoinder to Professor Luck", *Journal of Marketing*, 33 (3): 55-57.

Kotler, Philip and Sidney J. Levy (1971), "Demarketing, Yes, Demarketing", *Harvard Business Review*, 79: 74-80.

Kotler, Philip and Sidney J. Levy (1973), "Buying is Marketing Too!", *Journal of Marketing*, 37 (1): 54-59.

Kramer, Roland L. (1964), *International Marketing*. Burlingame, CA: South-Western Publishing Company.

Krugman, H. E. (1965), "The Impact of Television Advertising: Learning Without Involvement", *Public Opinion Quarterly*, 29 (3): 349-356.

Kumar, Nirmalya, Lisa K. Scheer, and Jan-Benedict E. M. Steenkamp (1995), "The Effects of Perceived Interdependence on Dealer Attitudes", *Journal of Marketing Research*, 32 (3): 348-356.

Kumar, V. (2015), "Evolution of Marketing as a Discipline: What Has Happened and What to Look Out For", *Journal of Marketing*, 79 (1): 1-9.

Kumar, V. (2017), "Integrating Theory and Practice in Marketing", *Journal of Marketing*, 81 (2): 1-7.

Kumar, V. (2018), "Transformative Marketing: The Next 20 Years", *Journal of Marketing*, 82 (4): 1-12.

Kumar, V., Kevin Lane Keller, and Katherine N. Lemon (2016), "Introduction to the Special Issue-Mapping the Boundaries of Marketing: What Needs to Be Known", *Journal of Marketing*, 80 (6): 1-5.

Kunz, Werner H. and Jens Hogreve (2011), "Toward a Deeper Understanding of Service Marketing: The Past, the Present, and the Future", *International Journal of Research in Marketing*, 28 (3): 231-247.

Laczniak, Gene R., Robert F. Lusch, and Patrick E. Murphy (1979), "Social Marketing: Its Ethical Dimensions", *Journal of Marketing*, 43 (2): 29-36.

Lamberton, Cait and Andrew T. Stephen (2016), "A Thematic Exploration of Digital, Social Media, and Mobile Marketing: Research Evolution from 2000 to 2015 and an Agenda for Future Inquiry", *Journal of Marketing*, 80 (6): 146-172.

LaPlaca, Peter J. (1997), "Contributions to Marketing Theory and Practice from Industrial Marketing Management", *Journal of Business Research*, 38 (3): 179-198.

LaPlaca, Peter J., and J. M. Katrichis (2009), "Relative Presence of Business-to-Business Research in the Marketing Literature", *Journal of Business-to-Business Marketing*, 16 (1-2): 1-22.

LaPlaca, Peter J. and W. J. Johnston (2006), "A History of the *Journal of Business & Industrial Marketing*", *Journal of Business & Industrial Marketing*, 21 (7): 408-413.

Lauterborn, Robert (1990), "New Marketing Litany: Four P's Passe: C-Words Take Over", *Advertising Age*, 61 (41): 26.

Lavidge, Robert J. (1970), "The Growing Responsibilities of Marketing", *Journal of Marketing*, 34 (1): 25-28.

Layton, Roger A. (2007), "Marketing Systems—A Core Macromarketing Concept", *Journal of Macromarketing*, 27 (3): 227-242.

Layton, Roger A. (2011), "Marketing: Is Management All That There Is?", *Journal of Historical Research in Marketing*, 3 (2): 194-213.

Layton, Roger A. (2019), "Marketing Systems—Looking Backward, Sizing up and Thinking Ahead", *Journal of Macromarketing*, 39 (2): 208-224.

Layton, Roger A. and Sanford Grossbart (2006), "Macromarketing: Past, Present, and Possible Future", *Journal of Macromarketing*, 26 (2): 193-213.

Lazer, William (1969), "Marketing's Changing Social Relationships", *Journal of Marketing*, 33 (1): 3-9.

Lazer, William, Shoji Murata, and Hiroshi Kosaka (1985), "Japanese Marketing: Towards a Better Understanding", *Journal of Marketing*, 49 (2): 69-81.

Lazo, H. and A. Corbin (1961), *Management in Marketing*. New York: McGraw-Hill.

Lee, Charles E. (1965), "Measurement and the Development of Science and Marketing", *Journal of Marketing Research*, 2 (1): 20-25.

Lehmann, D. R., L. McAlister, and R. Staelin (2011), "Sophistication in Research in Marketing", *Journal of Marketing*, 75 (4): 155-165.

Leigh, W. W. (1936), "Wholesaling of Automobile Tires", *Journal of Marketing*, 1 (2): 91-105.

Lester, B. (1936), "Changing Methods in the Marketing of Industrial Equipment", *Journal of Marketing*, 1 (1): 46-52.

Leung, Kwok (2009), "Never the Twain Shall Meet? Integrating Chinese and Western Management Research", *Management and Organization Review*, 5 (1): 121-129.

Levitt, Theodore (1960), "Marketing Myopia", *Harvard Business Review*, 38 (4): 45-56.

Levitt, Theodore (1983a), "The Globalization of Markets", *Harvard Business Review*, 61 (3): 92-102.

Levitt, Theodore (1983b), "After the Sale is Over", *Harvard Business Review*, 61 (1): 87-93.

Levy, Sidney and Philip Kotler (1969), "Beyond Marketing: The Furthering Concept", *California Management Review*, 12 (2): 67-73.

Lewis, E. H. (1968), *Marketing Channels: Structure and Strategy*. New York: McGraw-Hill.

Lewis, H. T. (1936), "Standards of Purchasing Performance", *Harvard Business Review*, 14 (4): 480-493.

Li, Tiger and S. Tamer Cavusgil (1995), "A Classification and Assessment of Research Streams in International Marketing", *International Business Review*, 4 (3): 251-277.

Lichtenthal, J. David and Leland L. Beik (1984), "A History of the Definition of Marketing", in Jagdish N. Sheth (ed.), *Research in Marketing: A Research Annual*. London: JAI Press Inc., 133-163.

Litman, Simon (1950), "The Beginnings of Teaching Marketing in American Universities", *Journal of Marketing*, 15 (2): 220-223.

Londe, Bernard J. La and Edward J. Morrison (1967), "Marketing Management Concepts Yesterday and Today", *Journal of Marketing*, 31 (1): 9-13.

Lovelock, Christopher H. (1983), "Classifying Services to Gain Strategic Marketing Insights", *Journal of Marketing*, 47 (3): 9-20.

Lovelock, Christopher H. (1984), *Services Marketing: Text, Cases, and Readings*. Englewood

Cliffs, NJ: Prentice-Hall.

Lucas, D. B. (1961), "George Burton Hotchkiss", *Journal of Marketing*, 25 (3): 72–73.

Luck, David J. (1959), "On the Nature of Specialty Goods", *Journal of Marketing*, 24 (1): 61–64.

Luck, David J. (1965), "Is Marketing Education Driving or Drifting?", *Journal of Marketing*, 29 (2): 22–24.

Luck, David J. (1969), "Broadening the Concept of Marketing—Too Far", *Journal of Marketing*, 33 (3): 53–55.

Luck, David J. (1974), "Social Marketing: Confusion Compounded", *Journal of Marketing*, 38 (4): 70–72.

MacInnis, D. J. (2011), "A Framework for Conceptual Contributions in Marketing", *Journal of Marketing*, 75 (4): 136–154.

MacInnis, D. J., V. G. Morwitz, S. Botti et al. (2020), "Creating Boundary-Breaking, Marketing-Relevant Consumer Research", *Journal of Marketing*, 84 (2): 1–23.

Magee, J. F. (1954), "Application of Operations Research to Marketing and Related Management Problems", *Journal of Marketing*, 18 (4): 361–369.

Mallen, B. E. (1963), "A Theory of Retailer-Supplier Conflict, Control, and Cooperation", *Journal of Retailing*, 39 (2): 24–33, 51.

Mallen, B. E. (1967), *The Marketing Channel: A Conceptual Viewpoint*. New York: John Wiley & Sons.

Mallen, B. E. (1973), "Functional Spin-Off: A Key to Anticipating Change in Distribution Structure", *Journal of Marketing*, 37 (3): 18–25.

Manischewitz, D. Beryl and John A. Stuart (1962), "Marketing under Attack", *Journal of Marketing*, 26 (3): 1–6.

Marquardt, Raymond A. and G. W. Murdock (1983), "Analysis of Authorship in the Journal of Marketing 1960–1981", *Journal of Marketing Education*, 5 (3): 53–55.

Massey, W. F., D. B. Montgomery, and D. G. Morrison (1970). *Stochastic Models of Buying Behavior*. Cambridge, MA: The MIT Press.

Mattsson, L. (1997), " 'Relationship Marketing' and the 'Markets-as-Networks Approach' — A Comparative Analysis of Two Evolving Streams of Research", *Journal of Marketing Management*, 13 (5): 447–461.

Maynard, H. H. (1941), "Marketing Courses Prior to 1910", *Journal of Marketing*, 5 (4): 382–384.

Maynard, H. H. (1942), "Early Teachers of Marketing", *Journal of Marketing*, 7 (2): 158–159.

Maynard, H. H., W. C. Weidler, and T. N. Beckman (1927), *Principles of Marketing*. New York: Ronald Press.

McCammon, Bert (1965), "The Emergence and Growth of Contractually Integrated Channels in the American Economy", in Peter Bennett (ed.), *Economic Growth, Competition, and World Markets*. Chicago, IL: American Marketing Association, 496–515.

McCarthy, E. J. (1960), *Basic Marketing: A Managerial Approach*. Homewood, IL: Richard D. Irwin, Inc.

McDowell, W. J. (1953), "The Marketing of Consumer Services", Ph. D. Dissertation, University of Iowa.

McGarry, E. D. (1950), "Some Functions of Marketing Reconsidered", in R. Cox and W. Alderson (eds.), *Theory in Marketing*. Homewood, IL: Richard D. Irwin, Inc., 263–279.

McGarry, E. D. (1953), "Some New Viewpoints in Marketing", *Journal of Marketing*, 18 (1): 33–40.

McGarry, E. D. (2011), "Wroe Alderson's Marketing Theory Seminar: An Experiment In Higher Education (1951–1965)", *Journal of Historical Research in Marketing*, 3 (2): 244–250.

McInnes, William (1964), "A Conceptual Approach to Marketing", in Reavis Cox, Wroe Alderson, and Stanley J. Shapiro (eds.), *Theory in Marketing*. Homewood, IL: Richard D. Irwin, Inc., 51–67.

McKeon, William J. (1960), "Hugh Elmer Agnew", *Journal of Marketing*, 24 (3): 75–77.

McKitterick, John B. (1957), "What is the Marketing Management Concept", in Frank Bass (ed.), *The Frontiers of Marketing Thought and Action*. Chicago, IL: American Marketing Association, 71–82.

McNair, Malcolm P. (1957), "Melvin T. Copeland", *Journal of Marketing*, 22 (2): 181–184.

Mehren, George L. (1960), "Henry E. Erdman", *Journal of Marketing*, 24 (4): 77–79.

Montgomery, David B. (2001), "Management Science in Marketing: Prehistory, Origin, and Early Years of the INFORMS Marketing College", *Marketing Science*, 20 (4): 337–348.

Montgomery, David B. and Glen L. Urban (1969). *Management Science in Marketing*. Englewood Cliffs, NJ: Prentice-Hall.

Moore, C. W. (1937), "The Integration of Merchandising and Selling in Marketing Industrial Equipment", *Harvard Business Review*, 15 (4): 497-505.

Moorman, Christine, Harald J. van Heerde, C. Page Moreau et al. (2019), "Challenging the Boundaries of Marketing", *Journal of Marketing*, 83 (5): 1-4.

Morgan, Robert M. and Shelby D. Hunt (1994), "The Commitment-Trust Theory of Relationship Marketing", *Journal of Marketing*, 58 (3): 20-38.

Morrison, Donald G. (2001), "Founding Marketing Science", *Marketing Science*, 20 (4): 357-359.

Murphy, P. E. and B. M. Enis (1986), "Classifying Products Strategically", *Journal of Marketing*, 50 (3): 24-42.

Möller, Kristian and Aino Halinen (2000), "Relationship Marketing Theory: Its Roots and Direction", *Journal of Marketing Management*, 16 (1-3): 29-54.

Möller, Kristian and David Wilson (1995), *Business Marketing: An Interaction and Network Perspective*. Norwell, MA: Kluwer Academic Publishers.

Nason, Robert W. and P. D. White (1981), "The Visions of Charles C. Slater: Social Consequences of Marketing", *Journal of Macromarketing*, 1 (2): 4-18.

Nason, Robert W. (2011), "Institutionalization of Macromarketing", *Journal of Historical Research in Marketing*, 3 (2): 261-268.

Nelson, P. J. (1970), "Information and Consumer Behavior", *Journal of Political Economy*, 78 (2): 311-329.

Nenonen, Suvi (2022), "Resurrecting Marketing: Focus on the Phenomena!", *AMS Review*, 12: 174-176.

Neslin, Scott A. and Russell S. Winer (2014), "The History of Marketing Science: Beginnings", in Russell S. Winer and Scott A. Neslin (eds.), *The History of Marketing Science*. Singapore: World Scientific Publishing Co., 1-15.

Newman, J. W. (1957), *Motivation Research and Marketing Management*. Boston: Harvard University Press.

Nickels, William G. (1974), "Conceptual Conflicts in Marketing", *Journal of Economics and Business*, 27 (1), 140-143.

Nicosia, F. (1966), *Consumer Decision Processes: Marketing and Advertising Implications*. Englewood Cliffs, NJ: Prentice-Hall.

Oliveira, Nuno and Fabrice Lumineau (2019), "The Dark Side of Interorganizational Relationships: An Integrative Review and Research Agenda", *Journal of Management*, 45 (1): 231-261.

Oxenfeldt, Alfred R. (1962), "The Formulation of a Market Strategy", in Eugene J. Kelly and William Lazer (eds.), *Managerial Marketing: Perspectives and Viewpoints*. Homewood, IL: Richard D. Irwin, Inc., 34-44.

Palmatier, Robert W., Rajiv P. Dant, and Dhruv Grewal (2007), "A Comparative Longitudinal Analysis of Theoretical Perspectives of Interorganizational Relationship Performance", *Journal of Marketing*, 71 (4): 172-194.

Palmer, Roger, Adam Lindgreen, and Joëlle Vanhamme (2005), "Relationship Marketing: Schools of Thought and Future Research Directions", *Marketing Intelligence & Planning*, 23 (3): 313-330.

Parasuraman, A., Leonard L. Berry, and Valarie A. Zeithaml (1983), "Service Firms Need Marketing Skills", *Business Horizons*, 26 (6): 28-31.

Parasuraman, A., Valarie A. Zeithaml, and Leonard L. Berry (1985), "A Conceptual Model of Service Quality and Its Implications for Future Research", *Journal of Marketing*, 49 (4): 41-50.

Parasuraman, A., Valarie A. Zeithaml, and Leonard L. Berry (1988), "SERVQUAL: A Multiple-item Scale for Measuring Consumer Perceptions of Service Quality", *Journal of Retailing*, 64 (1): 12-40.

Parker, Donald D. (1958), "The Marketing of Consumer Services", D. B. A. Dissertation, University of Washington.

Parsons, Kenneth H. (1970), "Henry Charles Taylor: A Personal Tribute by a Colleague", *Land Economics*, 46 (2): 191-193.

Parvatiyar, Atul and Jagdish N. Sheth (2000), "The Domain and Conceptual Foundations of Relationship Marketing", in Jagdish N. Sheth and Atul Parvatiyar (eds.), *Handbook of Relationship Marketing*. Thousand Oaks, CA: Sage Publications Inc., 3-38.

Parvatiyar, Atul and Jagdish N. Sheth (2021), "Toward an Integrative Theory of Marketing", *AMS Review*, 11 (3): 432-445.

Payne, Adrian (2000), "Relationship Marketing: The U. K. Perspective", in Jagdish N. Sheth and Atul Parvatiyar (eds.), *Handbook of Relationship Marketing*. Thousand Oaks, CA: Sage

Publications Inc., 39-68.

Payne, Adrian, Martin Christopher, Helen Peck et al. (1998), *Relationship Marketing for Competitive Advantage: Winning and Keeping Customers*. Butterworth-Heinemann.

Penn, R. J. (1969), "Henry Charles Taylor 1873-1969", *American Journal of Agricultural Economics*, 51 (5): 999-1002.

Peters, L. D., A. D. Pressey, M. Vanharanta et al. (2013), "Theoretical Developments in Industrial Marketing Management: Multidisciplinary Perspectives", *Industrial Marketing Management*, 42 (3): 275-282.

Peterson, Robert A. (1995), "Relationship Marketing and the Consumer", *Journal of the Academy of Marketing Science*, 23 (4): 278-281.

Phillips, C. F. (1938), *Marketing*. New York: Houghton Mifflin.

Phillips, C. F. and D. J. Duncan (1948), *Marketing: Principles and Methods*. Chicago, IL: Richard D. Irwin, Inc.

Pierson, Frank C. (1959), *The Education of American Businessmen*. New York: McGraw-Hill.

Pollay, Richard W. (1977), "The Importance, and the Problems of Writing the History of Advertising", *Journal of Advertising History*, 1 (1): 3-5.

Pollay, Richard W. (1979), *Information Sources in Advertising History*. Riverside, CT: Greenwood Press.

Powers, Thomas L. (2015), "Forgotten Classics: Marketing Methods by Ralph Starr Butler (1918)", *Journal of Historical Research in Marketing*, 7 (4): 584-592.

Price, Linda L. (2022), "Folds in Historical Time and Possible Worlds for the Marketing Discipline: A Commentary", *AMS Review*, 12 (3): 162-167.

Rao, Sally and Chad Perry (2002), "Thinking about Relationship Marketing: Where are We Now?", *Journal of Business & Industrial Marketing*, 17 (7): 598-614.

Rathmell, John M. (1966), "What Is Meant by Services?", *Journal of Marketing*, 30 (4): 32-36.

Regan, W. J. (1963), "The Service Revolution", *Journal of Marketing*, 27 (3): 57-62.

Reibstein, D., G. Day, and J. Wind (2009), "Guest Editorial: Is Marketing Academia Losing Its Way?", *Journal of Marketing*, 73 (4): 1-3.

Reid, D. A. and R. E. Plank (2000), "Business Marketing Comes of Age: A Comprehensive Review of the Literature", *Journal of Business-to-Business Marketing*, 7 (2/3): 9-186.

Reilly, W. J. (1931), *The Law of Retail Gravitation*. New York: William J. Reilly Co.

Ridgeway, Valentine F. (1957), "Administration of Manufacturer-Dealer Systems", *Administrative Science Quarterly*, 1 (4): 464–483.

Rust, R. T. (2006), "From the Editor: The Maturation of Marketing as an Academic Discipline", *Journal of Marketing*, 70 (3): 1–2.

Ryan, F. W. (1935), "Functional Elements in Market Distribution", *Harvard Business Review*, 13: 137–143.

Sandage, C. H. (1961), "Walter Dill Scott", *Journal of Marketing*, 25 (5): 74–75.

Savitt, Ronald (1980), "Historical Research in Marketing", *Journal of Marketing*, 44 (4): 52–58.

Savitt, Ronald (1981), "The Theory of Interregional Trade", in F. Balderson, J. Carman, and F. M. Nicosia (eds.), *Regulation of Marketing and the Public Interest*. New York: Pergamon Press, 229–238.

Savitt, Ronald (1990), "Pre-Aldersonian Antecedents to Macromarketing: Insights from the Textual Literature", *Journal of the Academy of Marketing Science*, 18 (4): 293–301.

Savitt, Ronald (2009), "Teaching and Studying Marketing History: A Personal Journey", *Journal of Historical Research in Marketing*, 1 (2): 189–199.

Schultz, D. E., S. I. Tannenbaum, and R. F. Lauterborn (1994), *The New Marketing Paradigm: Integrated Marketing Communications*. New York: McGraw-Hill.

Schwartz, George (1963), *Development of Marketing Theory*. Cincinnati, OH: South-Western Publishing.

Scott, R. A. and N. E. Marks (1968), *Marketing and Its Environment*, Belmont, CA: Wadsworth Publishing Company.

Shapiro, Stanley (1964), "Marketing in America: Settlement to Civil War", in L. George Smith (ed.), *Reflections on Progress in Marketing*. Chicago, IL: American Marketing Association, 566–569.

Shapiro, Stanley, and Alton F. Doody (1968), *Readings in the History of American Marketing, Settlement to Civil War*. Homewood, IL: R. D. Irwin, Inc.

Shaw, A. W. (1912), "Some Problems in Market Distribution", *Quarterly Journal of Economics*, 26 (4): 703–765.

Shaw, Eric H. (1995), "The First Dialogue on Micromarketing", *Journal of Macromarketing*,

15 (1): 7-20.

Shaw, Eric H. (2009), "Reflections on the History of Marketing Thought", *Journal of Historical Research in Marketing*, 1 (2): 330-345.

Shaw, Eric H. and D. G. Brian Jones (2005), "A History of Schools of Marketing Thought", *Marketing Theory*, 5 (3): 239-281.

Shaw, Eric H. and Robert D. Tamilia (2001), "Robert Bartels and the History of Marketing Thought", *Journal of Macromarketing*, 21 (2): 156-163.

Shaw, Eric H., D. G. Brian Jones, and Paula A. McLean (2010), "The Early Schools of Marketing Thought", in Pauline Maclaran, Michael Saren, Barbara Stern et al. (eds.), *Handbook of Marketing Theory*. London: Sage Publications Inc., 27-41.

Shaw, Eric H., William Lazer, and Stephen F. Pirog III (2007), "Wroe Alderson: Father of Modern Marketing", *European Business Review*, 19 (6): 440-451.

Shawver, Donald L. and William G. Nickels (1981), "A Rationalization for Macromarketing Concepts and Definitions", *Journal of Macromarketing*, 1 (1): 8-10.

Sheth, Jagdish N. (1973), "A Model of Industrial Buyer Behavior", *Journal of Marketing*, 37 (4): 50-56.

Sheth, Jagdish N. (1992), "Acrimony in the Ivory Tower: A Retrospective on Consumer Research", *Journal of the Academy of Marketing Science*, 20 (4): 345-353.

Sheth, Jagdish N. (2000), "Relationship Marketing: Paradigm Shift or Shaft?", in Jagdish N. Sheth and Atul Parvatiyar (eds.), *Handbook of Relationship Marketing*. Thousand Oaks, CA: Sage Publications Inc., 609-620.

Sheth, Jagdish N. and Atul Parvatiyar (1995a), "The Evolution of Relationship Marketing", *International Business Review*, 4 (4): 397-418.

Sheth, Jagdish N. and Atul Parvatiyar (1995b), "Relationship Marketing in Consumer Markets: Antecedents and Consequences", *Journal of the Academy of Marketing Science*, 23 (4): 255-271.

Sheth, Jagdish N. and Atul Parvatiyar (2000), *Handbook of Relationship Marketing*. Thousand Oaks, CA: Sage Publications Inc.

Sheth, Jagdish N. and Atul Parvatiyar (2002), "Evolving Relationship Marketing into a Discipline", *Journal of Relationship Marketing*, 1 (1): 3-16.

Sheth, Jagdish N. and Dennis E. Garrett (1986), *Marketing Theory: Classical and Contemporary*

*Readings*. Cincinnati, OH: South-Western Publishing.

Sheth, Jagdish N. and David M. Gardner (1982), "History of Marketing Thought: An Update", Working Paper.

Sheth, Jagdish N., David M. Gardner, and Dennis E. Garrett (1988), *Marketing Theory: Evolution and Evaluation*. New York: John Wiley & Sons.

Shostack, G. Lynn (1977), "Breaking Free from Product Marketing", *Journal of Marketing*, 41 (2): 73-80.

Shostack, G. Lynn (1984), "Designing Services That Deliver", *Harvard Business Review*, 62 (1): 133-139.

Shostack, G. Lynn (1987), "Service Positioning Through Structural Change", *Journal of Marketing*, 51 (1): 34-43.

Shuptrine, F. Kelly and Frank A. Osmanski (1975), "Marketing's Changing Role: Expanding or Contracting?", *Journal of Marketing*, 39 (2): 58-66.

Silk, Alvin J. (1993), "Marketing Science in a Changing Environment", *Journal of Marketing Research*, 30 (4): 401-404.

Slater, C. C. (1977), "Macro-marketing: Distributive Processes from a Societal Perspective", in C. C. Slater (ed.), *Proceedings of the Macro-marketing Seminar*, Business Research Division, Graduate School of Business Administration, University of Colorado, 1-3.

Smith, W. R. (1956), "Product Differentiation and Market Segmentation as Alternative Marketing Strategies", *Journal of Marketing*, 21 (1): 3-8.

Smith, W. R. (1966), "Leaders in Marketing: Wroe Alderson", *Journal of Marketing*, 30 (1): 64-65.

Solomon, Michael R., Carol Surprenant, John A. Czepiel et al. (1985), "A Role Theory Perspective on Dyadic Interactions: The Service Encounter", *Journal of Marketing*, 49 (1): 99-111.

Sridhar, Shrihari, Cait Lamberton, Detelina Marinova et al. (2023), "JM: Promoting Catalysis in Marketing Scholarship", *Journal of Marketing*, 87 (1): 1-9.

Stacey, R. D., D. Griffin, and P. Shaw (2000), *Complexity and Management: Fad or Radical Challenge to Systems Thinking*. New York: Routledge.

Stainton, Robert S. (1952), "Science in Marketing", *Journal of Marketing*, 17 (1): 64-65.

Steckel, Joel H. and Ed Brody (2001), "2001: A Marketing Odyssey", *Marketing Science*,

20 (4): 331-336.

Stern, Louis W. (1969), *Distribution Channels: Behavioral Dimensions*. New York: Houghton Mifflin.

Stern, Louis W. and Jay W. Brown (1969), "Distribution Channels: A Social Systems Approach", in Louis W. Stern (ed.), *Distribution Channels: Behavioral Dimensions*. New York: Houghton Mifflin.

Stern, Louis W. and Torger Reve (1980), "Distribution Channels as Political Economics: A Framework for Comparative Analysis", *Journal of Marketing*, 44 (3): 52-64.

Svensson, Göran (2009), "Subject Trends in the History of Marketing Thought: From Simplicity Towards Complexity", *Journal of Historical Research in Marketing*, 1 (2): 361-370.

Sweeney, Daniel J. (1972), "Marketing: Management Technology or Social Process?", *Journal of Marketing*, 36 (4): 3-10.

Tadajewski, Mark (2006), "The Ordering of Marketing Theory: The Influence of McCarthyism and the Cold War", *Marketing Theory*, 6 (2): 163-199.

Tadajewski, Mark (2009a), "Editing *The History of Marketing Thought*", *Journal of Historical Research in Marketing*, 1 (2): 318-329.

Tadajewski, Mark (2009b), "The Foundations of Relationship Marketing: Reciprocity and Trade Relations", *Marketing Theory*, 9 (1): 9-38.

Tadajewski, Mark and D. G. Brian Jones (2008a), "The History of Marketing Thought: Introduction and Overview", in Mark Tadajewski and D. G. Brian Jones (eds.), *History of Marketing Thought*, Vol. 1, London: Sage Publications Inc., xi-xlii.

Tadajewski, Mark and D. G. Brian Jones (2008b), *History of Marketing Thought*, Vol. I - III, Thousand Oaks, CA: Sage Publications Inc.

Tadajewski, Mark and D. G. Brian Jones (2014), "Historical Research in Marketing Theory and Practice: A Review Essay", *Journal of Marketing Management*, 30 (11-12): 1239-1291.

Tadajewski, Mark and M. Saren (2008), "The Past is a Foreign Country: Amnesia and Marketing Theory", *Marketing Theory*, 8 (4): 323-338.

Tadajewski, Mark and M. Saren (2009), "Rethinking the Emergence of Relationship Marketing", *Journal of Macromarketing*, 29 (2): 193-206.

Takas, Andrew (1974), "Societal Marketing: A Businessman's Perspective", *Journal of Marketing*, 38 (4): 2-7.

Tamilia, Robert D. (2009), "An Overview of *The History of Marketing Thought*", *Journal of Historical Research in Marketing*, 1 (2): 346-360.

Taylor, Weldon J. (1965), "'Is Marketing a Science?' Revisited", *Journal of Marketing*, 29 (3): 49-53.

Thomas, Dan R. E. (1978), "Strategy is Different in Service Businesses", *Harvard Business Review*, 56 (4): 158-165.

Tsui, A. S. (2004), "Contributing to Global Management Knowledge: A Case for High Quality Indigenous Research", *Asia Pacific Journal of Management*, 21 (4): 491-513.

Tucker, W. T. (1974), "Future Directions in Marketing Theory", *Journal of Marketing*, 38 (2): 30-35.

Usui, Kazuo (2000), "The Interpretation of Arch Wilkinson Shaw's Thought by Japanese Scholars", *Journal of Macromarketing*, 20 (2): 128-136.

Usui, Kazuo (2008), *The Development of Marketing Management: The Case of the USA c. 1910-1940*. Burlington: Ashgate Publishing Company.

Vail, R. S., E. T. Grether, and R. Cox (1952), *Marketing in the American Economy*. New York: Ronald Press.

Vaile, R. S. (1949), "Towards a Theory of Marketing: A Comment", *Journal of Marketing*, 13 (4): 520-522.

van Heerde, Harald, Christine Moorman, C. Page Moreau et al. (2021), "Reality Check: Infusing Ecological Value into Academic Marketing Research", *Journal of Marketing*, 85 (2): 1-13.

van Waterschoot, Walter and Christophe van den Bulte (1992), "The 4P Classification of the Marketing Mix Revisited", *Journal of Marketing*, 56 (4): 83-93.

Vanderblue, Homer B. (1921), "The Functional Approach to the Study of Marketing", *Journal of Political Economy*, 29 (8): 676-683.

Varadarajan, P. Rajan (2018), "A Commentary on 'Transformative Marketing: The Next 20 Years'", *Journal of Marketing*, 82 (4): 15-18.

Varadarajan, P. Rajan (2022), "A General Theory of Marketing: Conceivable, Elusive, or Illusive", *AMS Review*, 12 (3): 177-183.

Varadarajan, P. Rajan and Margaret H. Cunningham (1995), "Strategic Alliances: A Synthesis of Conceptual Foundations", *Journal of the Academy of Marketing Science*, 23 (4): 282-296.

Vargo, Stephen L. (2022), "Fostering Scholarly Discussion in Marketing", *AMS Review*, 12 (3-4): 137-138.

Vargo, Stephen L. and Robert F. Lusch (2004), "A Service-Dominant Logic for Marketing", in Pauline Maclaran, Michael Saren, Barbara Stern et al. (eds.), *Handbook of Marketing Theory*. London: Sage Publications Inc., 219-234.

Wang, Hao (2004), "Do Returns Policies Intensify Retail Competition?", *Marketing Science*, 23 (4): 611-613.

Wang, Xin (Shane), Neil T. Bendle, Feng Mai et al. (2015), "The Journal of Consumer Research at 40: A Historical Analysis", *Journal of Consumer Research*, 42 (1): 5-18.

Wasson, C. (1960), "What is 'New' about a New Product?", *Journal of Marketing*, 24: 52-56.

Webster, Frederrick E., Jr. (1965), "Modeling the Industrial Buying Process", *Journal of Marketing Research*, 2 (4): 370-376.

Webster, Frederrick E., Jr. (1992), "The Changing Role of Marketing in the Corporation", *Journal of Marketing*, 56 (4): 1-17.

Webster, Frederrick E., Jr. and Yoram Wind (1972), "A General Model for Understanding Organization Buying Behavior", *Journal of Marketing*, 36 (2): 12-19.

Weinberger, Marc G. and Stephen W. Brown (1977), "A Difference in Informational Influences: Services vs. Goods", *Journal of the Academy of Marketing Science*, 5 (3): 389-407.

Weitz, Barton A. and Sandy D. Jap, "Relationship Marketing and Distribution Channels", *Journal of the Academy of Marketing Science*, 23 (4): 305-320.

Weld, L. D. H. (1916). *The Marketing of Farm Products*. New York: Macmillan.

Weld, L. D. H. (1917), "Marketing Functions and Mercantile Organization", *American Economic Review*, 7 (2): 306-318.

Weld, L. D. H. (1934), "The American Marketing Society", *American Marketing Journal*, 1 (1): 5.

Weld, L. D. H. (1941), "Early Experience in Teaching Courses in Marketing", *Journal of Marketing*, 5 (4): 380-381.

White, P. (1927), *Scientific Marketing Management: Its Principles and Methods*. New York: Harper & Bros.

White, Phillip D. (1981), "The Systems Dimension in the Definition of Macromarketing", *Journal of Macromarketing*, 1 (1): 11-13.

Wilkie, William L. and Elizabeth S. Moore (1999), "Marketing's Contributions to Society", *Journal of Marketing*, 63 (Special Issue): 198-218.

Wilkie, William L. and Elizabeth S. Moore (2003), "Scholarly Research in Marketing: Exploring the '4 Eras' of Thought Development", *Journal of Public Policy & Marketing*, 22 (2): 116-146.

Wilkie, William L. and Elizabeth S. Moore (2006), "Macromarketing as a Pillar of Marketing Thought", *Journal of Macromarketing*, 26 (2): 224-232.

Wilson, David T. (1995), "An Integrated Model of Buyer-Seller Relationships", *Journal of the Academy of Marketing Science*, 23 (4): 335-345.

Wind, Jerry and Susan P. Douglas (1982), "Comparative Consumer Research: The Next Frontier?", *Management Decision*, 20 (4): 24-35.

Winer, Russell S. and Scott A. Neslin (2014), *The History of Marketing Science*. Singapore: World Scientific Publishing Co.

Wingate, John W. (1960), "Norris Arthur Brisco", *Journal of Marketing*, 25 (1): 70-71.

Witkowski, Terrence H. (1989), "History's Place in the Marketing Curriculum", *Journal of Marketing Education*, 11 (2): 54-57.

Witkowski, Terrence H. (2010), "The Marketing Discipline Comes of Age, 1934-1936", *Journal of Historical Research in Marketing*, 2 (4): 370-396.

Witkowski, Terrence H. and D. G. Brian Jones (2016), "Historical Research in Marketing: Literature, Knowledge, and Disciplinary Status", *Information & Culture*, 51 (3): 399-418.

Wittink, Dick R. (2001), "Market Measurement and Analysis: The First 'Marketing Science' Conference", *Marketing Science*, 20 (4): 349-356.

Wood, James Playsted (1961), "Ralph Starr Butler", *Journal of Marketing*, 25 (4): 69-71.

Wooliscroft, Ben (2003), "Wroe Alderson's Contribution to Marketing Theory Through His Textbooks", *Journal of the Academy of Marketing Science*, 31 (4): 481-490.

Wooliscroft, Ben (2008), "Re-inventing Wroe?", *Marketing Theory*, 8 (4): 367-385.

Wooliscroft, Ben, R. D. Tamilia, and S. J. Shapiro (2006), *A Twenty First Century Guide to Aldersonian Marketing Thought*. New York: Springer.

Yadav, M. S. (2010), "The Decline of Conceptual Articles and Implications for Knowledge Development", *Journal of Marketing*, 74 (1): 1-19.

Yadav, M. S. (2020), "Reimagining Marketing Doctoral Programs", *AMS Review*, 10 (1):

56-64.

Zaltman, G. Christian, R. A. Pinson, and R. Angelmar (1973), *Metatheory in Consumer Research*. New York: Holt, Rienhard & Winston.

Zeithaml, Valarie A., A. Parasuraman, and Leonard L. Berry (1985), "Problems and Strategies in Services Marketing", *Journal of Marketing*, 49 (2): 33-46.

Zeithaml, Valarie A., B. J. Jarworski, A. K. Kohli et al. (2020), "A Theories-in-Use Approach to Building Marketing Theory", *Journal of Marketing*, 84 (1): 32-51.

Zinn, W. and S. D. Johnson (1990), "The Commodity Approach in Marketing Research: Is It Really Obsolete?", *Journal of the Academy of Marketing Science*, 18 (4): 345-353.

# 后　记

写一本《营销思想史》的想法最初萌生于2007年，那年我博士研究生毕业以后在加拿大西安大略大学访学。我至今都还记得在毅伟商学院的图书馆借到罗伯特·巴特尔斯的《营销思想史》（1976年出版的第2版）时那种兴奋与激动的心情。我迫不及待地从头到尾读完了那本经典著作，它让我对市场营销学有了一种全新的认识。像许多2000年左右入学读研究生的同行一样，我对营销学理论的系统学习是从菲利普·科特勒的经典教材《营销管理》开始的。限于那个时期国内营销学教学与科研的发展状况，在我的认知里，营销学和营销管理几乎是同义词。然而，巴特尔斯的那本著作却仿佛为我打开了一扇门，通过这扇门我仿佛走进了一个全新的营销世界。那些经过近百年演进的营销思想脉络就像是一条蜿蜒的河流，对历史的兴趣驱使我迫不及待地溯流而上去追寻我们在教材中读到、在课堂上听到和讲到的那些"想当然"的概念及理论的思想源头，这使我对营销理论的认识和理解也随之变得更为深入了。

出于研究的兴趣，我在那次访学期间大量地检索和下载了与营销思想史、营销理论发展相关的文献资料。回国以后，在教学与科研工作中我也特别注意积累相关的中英文资料。这期间，随着JMS等营销学术社区的建设，中国营销学教学和科研逐渐与国际学术界接轨。随着博士研究生培养过程对研究方法的日益重视，以及学术研究领域的日益精细化，我发现虽然营销学博士的科研水平在快速提高，但他们对一般营销理论的理解却并没有因此而变得深入，反而变得浅薄了。我在本书最后一章中写到的那些出现在美国大学博士研究生项目中的问题，在国内也变得日益严峻起来。博士研究生们往往只对与自己研究主题相关的文献具有相对深入的了解，他们当中相当比例的人对其研究领域之外的营销学理论，甚至营销管理理论的基本框架都知之甚少。尤其是本科和硕士阶段为非营销（或非管理）专业的博士研究生，对基础营销理论的了解更为肤浅。虽然具有越来越强的国际发表能力，但这些即将走上讲台的未来的营销学教授将会如何向他们的学生传授营销学知识呢？观察到的这些问题使我编写《营销思想史》的想法变得日益强烈起来。

但我深知，编写这样一本书的难度和工作量将会是巨大的，我必须做好充分的准备才能动笔。2016 年，我开始招收市场营销专业的博士研究生，并决定以此为契机，先开设"营销思想史"课程，在准备讲义的同时进行文献资料的梳理。准备这样一门课程的工作量也是极大的，不过过去十年中我所积累的文献资料充分发挥了作用。以巴特尔斯的经典著作为基础，结合其他文献资料，我在 2017 年春季学期正式开设"营销思想史"课程。由于几乎所有的文献资料都是英文的，为了提高效率，我也直接用英文准备课程讲义和演示文稿。此后，在每年春季开课时，我都根据资料的梳理和学生们的反馈来优化及调整课程内容。随着几轮课程的开设，我感觉这本书的写作思路和框架结构基本清晰了。

2020 年年初，我联系了北京大学出版社的贾米娜编辑，向她提出编写一本《营销思想史》教科书的想法。我的想法得到她的热情回应，接下来出版社的选题论证顺利通过了。2020 年 7 月，我与北京大学出版社签订了出版合同，约定 2021 年年底交稿。显然，我还是过于乐观地估计了写作的工作量和难度，新冠疫情防控期间，行政工作占据了我的大量时间和精力，这使得本书的写作一度被搁置下来。2022 年的寒假，为了避免疫情防控期间校园封闭式管理的影响，我把全部资料都从办公室搬回家里，并开始利用假期集中精力进行写作。这个假期的写作状态和进展都很不错，我下定决心要把写作状态保持下去，尽可能地连续撰写。就这样，等我完成全部书稿的写作，时间已经到了 2023 年的春天。虽然比原定计划延后了一年多，但终于可以向出版社"交差"了。

看着办公桌上堆积的一摞摞打印资料、电脑里数十个文献分类文件夹以及里面存储的千余篇电子文档资料，我有一种如释重负的感觉——一个自己职业生涯中的重要工作目标算是基本达成了。写作这本书的过程可以说是一趟非凡的思想旅程——在浩繁的文献资料中回到现代营销思想产生的时空原点，然后追随它发展与演进的轨迹走完一百余年的思想史历程。阅读那些文献资料是与不同时代的营销学者进行思想对话的过程，仿佛是在营销思想史演进的长河中去捕捉一朵朵浪花，正是这些或大或小的浪花构成了营销思想澎湃汹涌的长河。那些或闪光或晦涩或严肃或诙谐的思想或者表达既在某种意义上重塑了我对营销思想的理解，也让我在这趟非凡的思想旅程中感受到了无比的快乐。我由衷地希望本书的读者也能够在阅读中像我一样感悟过去一百多年营销思想发展与演进过程中那些富有启迪的闪光思想，抑或是乐享发生在这个过程中作为思想史一部分的各种"趣闻轶事"。当然，我们学习思想史的目的是通过了解学科思想的发展史，能够"站上巨人的肩膀"，从而看得更远。因此，我希望本书的读者，尤其是作为营销学科未来骨干群体的博士和硕士研究生们，能够从本书中获得一些启迪，对营销学科的思想发展脉络和知识体系结构有一个更加完整的认识。我相信这种认识无论是对个人的学术生涯还是对整个学术社区都是具有重要意义的。

我要感谢在本书写作过程中给予我大力支持和帮助的人。首先要感谢东北财经大学2017年至今修习"营销思想史"课程的七届市场营销学专业的博士研究生们。你们对这门课程投入的热情以及对课程内容的反馈是这本书得以最终完成的重要原因，我从你们的热情和反馈中更加肯定了开设这门课程和写作这本书的意义。

我要感谢在本书写作过程中在各类文献资料的检索和收集方面给予我大力支持的人。感谢我博士研究生团队的周晶、张志坤、鄂嫚迪、马田园、郝凌云、斯浩伦、刘孟潇、窦志慧、王震、王玉婷和郭乐等同学在文献资料检索方面提供的支持。由于一些年代久远的文献检索非常困难，他们尝试了各种方法和途径来帮助我获得所需的资料。尤其是在我写作本书的后期，斯浩伦同学充当了我的助理角色，他几乎总是以最高的效率来满足我提出的文献检索的各种要求，保证我的写作进度。感谢澳大利亚新南威尔士大学的董松挺教授、知名财经作家吴晓波先生、东北财经大学出版社原社长田世忠先生、清华大学出版社经管与人文社科分社社长刘志彬先生、机械工业出版社编辑张有利先生在文献资料方面提供的支持。由于写作周期比较长，提供帮助和支持的朋友众多，此处难免遗漏，敬请谅解！

感谢郭国庆教授和李飞教授的鼓励与支持。两位教授是国内营销学界少有的对营销思想史进行系统研究的学者，我从他们的著述中获益良多。郭国庆教授早年关于美国营销思想史的著述是我最早读到的与营销思想史有关的资料，那些文字读起来令人耳目一新。李飞教授关于中国营销学史的研究处处彰显着历史研究的考证风格，我从那些文字中能够深切地体会到那段研究过程的快乐。李飞教授的《中国营销学史》是本书第 8 章最重要的参考资料之一，它让我写作那一章的"压力"减轻了许多。

感谢我的三位学术领路人——周南教授、夏春玉教授和庄贵军教授。在我个人学术生涯的不同阶段，三位老师都给予了我毫无保留的指导和支持。没有他们一直以来的鼓励和支持就不会有这本书。

感谢北京大学出版社给予本书出版的机会，尤其要感谢贾米娜编辑在本书写作和出版过程中的耐心、理解与宽容，以及专业细致的编辑工作。没有她的支持和专业细致的编辑工作，这本书绝不会以现在的面貌呈现在大家的面前。

感谢北京大学彭泗清教授、中国人民大学郭国庆教授、复旦大学蒋青云教授和著名财经作家吴晓波先生拨冗推荐本书，你们对本书的肯定让我备受鼓舞。

写作本书期间，我担任东北财经大学工商管理学院院长职务，感谢学院行政团队成员，尤其是学院党总支书记王玮女士在校园疫情防控等工作上承担了大量任务，让我能有更多的时间投入本书的写作。

最后，感谢本书引用的各类文献的所有著作者，他们的工作是本书写作的重要基础。当然，由于写作过程中阅读和引用的文献数量众多，难免产生遗漏或错误，敬请学界同仁批评指正。

书籍的出版并不意味着研究工作的结束，对营销思想史这一研究选题而言更是如此。因此，我由衷地希望能够获得学界同仁和读者朋友们关于本书的各种反馈，以便能够不断地改进及完善未来的研究和本书的修订再版工作。

张 阎

2024 年 5 月于大连

## 教辅申请说明

北京大学出版社本着"教材优先、学术为本"的出版宗旨,竭诚为广大高等院校师生服务。为更有针对性地提供服务,请您按照以下步骤通过**微信**提交教辅申请,我们会在 1~2 个工作日内将配套教辅资料发送到您的邮箱。

◎ 扫描下方二维码,或直接微信搜索公众号"北京大学经管书苑",进行关注;

◎ 点击菜单栏"在线申请"—"教辅申请",出现如右下界面:

◎ 将表格上的信息填写准确、完整后,点击提交;

◎ 信息核对无误后,教辅资源会及时发送给您;如果填写有问题,工作人员会同您联系。

**温馨提示**:如果您不使用微信,则可以通过以下联系方式(任选其一),将您的姓名、院校、邮箱及教材使用信息反馈给我们,工作人员会同您进一步联系。

**联系方式:**

北京大学出版社经济与管理图书事业部

通信地址:北京市海淀区成府路 205 号,100871

电子邮箱:em@pup.cn

电　　话:010-62767312

微　　信:北京大学经管书苑(pupembook)

网　　址:www.pup.cn